개정2판 **쇼핑의 과학**

Why We Buy by Paco Underhill

Copyright © 1999, 2000, 2009 by Obat, Inc.

All right reserved.

This Korean edition was published by Sejong Books, Inc. in 2011 by arrangement with
Peckshee LLC c/o Writers' Representatives, LLC through KCC(Korea Copyright Center Inc.), Seoul.

이 책은 (주)한국저작권센터(KCC)를 통한 저작권사와의 독점계약으로 세종서적(주)에서 출간되었습니다.
저작권법에 의해 한국 내에서 보호를 받는 저작물이므로 무단전재와 무단복제를 금합니다.

쇼핑의 과학

초판   1쇄 발행 2000년 11월 10일
초판   34쇄 발행 2011년 2월 15일
개정1판 1쇄 발행 2011년 9월 30일
개정1판 12쇄 발행 2018년 9월 3일
개정2판 1쇄 인쇄 2021년 6월 28일
개정2판 1쇄 발행 2021년 7월 6일

지은이 파코 언더힐
옮긴이 신현승
펴낸이 오세인
펴낸곳 세종서적(주)

주간 정소연 ㅣ **기획·편집** 이진아 김하얀
표지 디자인 HEEYA ㅣ **디자인** 전성연 전아름
마케팅 임종호
경영지원 홍성우
인쇄 더블비

출판등록 1992년 3월 4일 제4-172호
주소 서울시 광진구 천호대로132길 15, 세종 SMS 빌딩 3층
전화 마케팅 (02)778-4179, **편집** (02)775-7011
팩스 (02)776-4013
홈페이지 www.sejongbooks.co.kr
네이버 포스트 post.naver.com/sejongbook
페이스북 www.facebook.com/sejongbooks
원고모집 sejong.edit@gmail.com

ISBN 978-89-8407-953-3 03320

* 잘못 만들어진 책은 바꾸어드립니다.
* 값은 뒤표지에 있습니다.

쇼핑의 과학

고객을 사로잡는 오프라인 리테일의 전략

파코 언더힐 지음 · **신현승** 옮김

Why We
Buy

세종

「쇼핑의 과학」과
파코 언더힐에게
보내는 찬사들

"달라이 라마는 '쇼핑은 21세기의 박물관이다' 라고 말했다. 파코 언더힐은 그 이유를 설명하고 있다. 그것도 훌륭하게."

페이스 팝콘, 작가겸 미래학자

"『쇼핑의 과학』은 소매업자들을 위한 실용서로서 아주 유용하지만, 쇼퍼들은 이책에서 우리 시대의 밴스 패커드(Vance Packard)를 발견하게 될 것이다. 금세기에 숨겨진 위대한 설득자의 뒤를 따라가는 여정이기 때문이다."

하디 그린, 「비즈니스 위크」

"이 책은 소매업자들이 반드시 읽어야 한다. 다른 독자들도 충분히 재미있게 읽을 만한 책이다."

하비 쇽터, 「글로브 앤드 메일」(토론토)

"쇼퍼 혹은 소매업자로서 어떤 관점을 지녔든, 당신은 언더힐의 조언이 때로는재미있고, 때로는 자극적이며, 대개는 유용하다는 사실을 깨닫게 될 것이다."

「샌디에이고 유니온 트리뷴」

"마음을 사로잡는 이 매혹적인 책에서 언더힐이 제공하는 것은 '쇼핑의 과학' 에대한 기본 지침이라 할 수 있다. 이 책을 읽으면서 얻을 수 있는 효과는 흥미진진한 이야기에서 오는 즐거움과 통렬한 관찰에서 오는 깨우침이다."

「뉴스데이」

"우리의 쇼핑 방식을 바라보는 언더힐의 관점은 업계에 일대 혁신을 몰고 올지도 모른다. 오늘날과 같은 치열한 경쟁 시대에서, 이 책의 조언은 소매업자에게 생존에 필요한 경쟁력을 가져다줄 수 있다. 이 책은 소매업자들이 자기 매장을 점검할 수 있고, 고객을 매장 안으로 끌어들일 수 있는 훌륭한 방안들을 알려주고 있다."

테레사 매큐직, 「스타─텔레그램」 (포트워스)

"소매 컨설팅의 권위자가 구매자와 판매자 모두에게 성공적인 쇼핑 경험에 관한 풍부한 통찰력을 제공하고 있다."

크레이그 라이언, 「오리거니언」

"현대 소매 심리학, 특히 소비자 쇼핑의 새로운 역학에 대한 당신의 눈을 뜨이게 할 매혹적인 여정이다."

G. 윌리엄 그레이, 「템파 트리뷴」

"외관상으로는 상인들을 겨냥한 비즈니스 서적처럼 보이지만, 쇼핑의 기술과 판매의 과학을 알고 싶어 하는 소비자들에게도 매력적인 책이다."

저스틴 애덤스, MSNBC

"파코 언더힐은 소매업자들을 위한 셜록 홈즈이다. 이 탐정이 쇼퍼들로 하여금 매장을 좀 더 비판적인 시각으로 바라볼 수 있게 해주고 있다."

트리시 도널리, 「샌프란시스코 크라니클」

"수많은 기록과 테이프를 엄선하여 유용하고, 재치 있고, 애정 어린 방식으로 포장한 놀라운 비즈니스 도구이다."

케이스 H. 해먼즈, 「패스트 컴퍼니」

"쇼핑의 행동 과학에 관한 읽기 쉽고 재미있는 연구서이다."

에이드리엔 밀러, 「에스콰이어」

"시각적 자극을 주는 게임을 좋아하는 이들과 싫어하는 이들 모두에게 흥미진진한 책이다."

「북리스트」

"맘 편히 가벼운 시선으로 쇼핑을 바라볼 수 있게 해주는 이 책을 구매자와 판매자 모두에게 적극 권하고 싶다."

랍 맥도널드, 아마존닷컴

1997년 봄에 이 글을 쓰려고 처음으로 타자를 치기 시작했을 때, 10년 후 27개 국에서 번역되어 이 책이 여전히 살아남으리라고 누가 상상이나 했겠는가? 이 책이 출간되었던 1999년 여름, 나는 아버님인 프랜시스 언더힐에게 이 책을 보여드렸다. 설령 아버님이 책을 다 읽으셨다 할지라도 실제로 그 내용을 다 이해하시지는 못했을 거라는 생각이 든다. 아버님의 관심사는 많았지만 쇼핑은 거기에 속해 있지 않았으니 말이다. 그해 가을, 아버님은 세상을 떠나셨다. 나는 그 자리에 있었다. 아버님을 위해 마티니를 만들었고 침대에 편히 누울 수 있도록 도와드렸다. 결국 돌아가신 아버님은 50년이 넘도록 아내 역할을 했던 내 어머님 곁에 잠드셨다. 그러나 지금도 나는 아버님께 말을 건네고 있다.

몇몇 독자들에게는 어디서 구입했든 간에 수중에 있는 이 책이 오래된 친구처럼 여겨진 모양이다. 이 책을 선택해준 것에 대해 다시금 감사한다. 서점의 비즈니스 코너에 비치된 책들은 대부분 진열대에서 그리 오래 살아남지 못한다. 반짝 인기를 끌다가 채 1년도 되지 않아 잊히기 때문이다. 그러나 이 책은 10년 동안 살아남았으며, 27개국에서 출간되었다. 1997년에 처음 이 책을 집필할 때만 하더라도 내 이야기가 이토록 많은 독자들의 관심을 끌 수 있으리라고는 생각지도 못했다.

러시아와 일본에서부터 스페인과 태국에 이르기까지 나는 많은 국가들을 방문했으며, 안부를 전하는 독자들에게서 이메일을 받았다. 많은 독자들이 내게 자신의 이야기를 들려주었다. 중국의 대학 교수도 있었고, 벵골 지방 정부의 마르크스주의 각료도 있었으며, 스페인의 보석 디자이너도 있었다. 그중에서 특히 내 마음을 사로잡았던 것은 미주리 주에서 오수 정화조 청소부로 일하는 한 사내가 보낸 편지였다. 그것은 편지지에 손으로 직접 쓴 편지였다. 그가 1년 동안 얼마나 많은 편지를 쓰는지 잘 모르겠지만 그 편지를 받았다는 것만으로도 영광이 아닐 수 없다. 내 책을 다 읽은 그는 자신의 트럭에 어떤 색상의 페인트칠을 해야 하는지 조언을 구했다.

나는 2007년에 『쇼핑의 과학』을 읽으면서 이야기의 일부분이 변화했으며, 내가 인용한 몇몇 사례들도 시대에 뒤떨어졌다는 사실을 깨달았다. 새로 고쳐 써야 할 내용도 있었다. 그 결과물이 바로 이번 개정판이다. 만약 과거의 책이 마음에 들었다면 개정판은 한층 더 당신의 마음에 들 것이다. 또 이 책을 처음으로 읽는 거라면, 쇼핑을 좋아하든 싫어하든 간에 당신은 분명 예전과 다른 시각으로 쇼핑과 소비의 세계를 바라보게 될 것이다.

2009년 1월
파코 언더힐

차례

1부

쇼핑의 과학

쇼핑의 과학이란 무엇인가?

좋아, 어슬렁어슬렁 거닐다가……그 자리에 멈춘다.

쉿, 종려나무 화분 뒤로 몸을 숨기고 클립보드와 펜을 꺼낸다.

우리가 추적하는 대상은 황갈색 외투와 푸른색 셔츠 차림의 40대 여성이다. 그녀는 목욕용품 코너에서 수건을 만지고 있다. 그녀의 동작을 표시한다. 한 번, 두 번, 세 번, 네 번. 지금까지 그녀는 수건을 네 번 만졌다. 그녀는 방금 수건의 가격표를 확인했다. 이 동작도 표시한다. 그녀에게 너무 바짝 다가가지 않도록 조심해야 한다. 들키지 않아야 하기 때문이다. 그녀는 테이블에 진열된 수건 두 장을 집어 들고 그곳을 떠난다. 시각을 표시한다. 이제 그녀의 뒤를 쫓아 다음에 그녀가 머물 장소로 이동한다.

이런 식으로 과학, 특히 쇼핑의 과학이라는 영역에서 또 다른 하루가 열리고 있다. 기본적인 질문부터 해보자. 이런 학구적인 지식 분야가 대체 언제부터 존재한 것일까?

인류학에서는 소매 환경(매장을 비롯한 은행과 식당), 즉 실제 또는 가상의 사업장에서 상호작용을 하는 쇼퍼들에 대한 연구로 이 분야를 다루고 있다. 이러한 환경에는 매장의 각종 진열대, 선반, 상품의 테이블 진열, 간판, 현수막, 안내 책자, 안내 표지와 컴퓨터 처리된 상호 정보 장치, 입구와 출구, 창문과 벽, 엘리베이터와 에스컬레이터, 계단과 경사로, 계산대와 창구와 휴게실에 늘어선 줄, 각종 등이 포함된다. 즉, 쇼핑의 과학은 멀리 떨어져 있는 주차장에서 쇼핑의 중심이 되는 매장에 이르기까지 도처에 영향을 미친다.

그러나 인류학에서 이미 이러한 조사를 모두 했다면, 다시 말해 단순히 일반 매장뿐만 아니라 그 매장 안에서 인간이 어떤 행동을 하는지, 그들이 어느 곳을 방문하거나 방문하지 않는지, 어떤 통로를 이용하는지, 무엇을 보거나 보지 못하는지, 무엇을 읽거나 읽지 않는지, 만나는 물건들을 어떻게 다루고 쇼핑하는지에 대해서도 연구(그들이 선반에서 스웨터를 꺼내는 방식, 진통제 박스나 패스트푸드점의 메뉴를 읽는 방식, 쇼핑 바구니를 배치하는 방식, 자동 현금 출납기 앞에 늘어선 줄을 보고 반응하는 방식 등에 관한 '해부학적인 기계학' 또는 '행동 심리학'으로 부를 만한 연구)했다면, 우리는 쇼핑의 과학을 만들어내지 않았을 것이다.

또한 인류학에서 단순히 쇼핑에 관심을 보이는 데에 그치지 않고, 넓게는 평범한 토요일 아침에 연령과 성별, 쇼핑 집단의 크기에 따라 분류되는 쇼퍼들이 한 매장에 몇 명이나 방문했는지부터, 좁게는 시리얼 박스 옆면에 적힌 영양 정보를 읽은 35세 이하의 남성 슈퍼마켓 이용자들이 박스 앞면의 그림만 보는 사람들에 비해 시리얼을 얼마나 더 많이 구입했는지에 이르기까지 온갖 상세한 자료들을 조합하고 요약, 도표화, 참조하는 것에도 관심을 쏟았다면, 쇼핑의 과학은 아예 탄생하지도 않았을 것이다. 1997년에 이 책을 처음 집필할 무렵만 하더라도 학계에서는 지역 슈퍼마켓이나 쇼핑몰보다 파푸아뉴기니에서 열리는 시장에 대해 더 많이 알고 있었다. 20세기의 인류학이 정작 자신의 뒷마당에서 무슨 일이 벌어지는지는 무관심했던 것이다.

1997년 당시, 나는 내가 알고 있는 것이 10년 이상 올바른 평가를 받을지 모르는 상태에서 고군분투했다. 그리고 그 이후로 너무나 많은 변화가 있었다. 현재 전 세계 도처의 기업들은 쇼퍼들과 소비자 인사이트 그룹(insight group)이란 명칭의 직원을 보충하려고 인류학자들을 고용하고 있다. 민족학 연구(인간들을 인종과 문화, 그리고 그들의 다양한 특성들로 나누어 분석하는 학문)도 주류 시장 조사의 일부이다. 그러나 내가 처음으로 내 사업의 간판을 내걸었을 때 학계의 동료들은 나를 마치 배신자처럼 생각했으며, 내가 도움을 주고자 했던 마케터와 소매업자들도 나를 외계인 보듯 바라보았다.

예나 지금이나 내 사무실 복도를 따라가면 100여 대의 카메라들을 보관하고 있는 장비실이 있다. 그곳에는 8mm 비디오카메라와 하드 드라이브에 곧장 연결되는 디지털카메라는 물론, 해묵은 몇 대의 슈퍼8 저속 촬영 필름 카메라들도 있다. 잘 살펴보면, 모든 카메라에는 이름이 붙어 있다. 비디오카메라는 록 스타들의 이름을, 디지털 스틸 카메라는 별자리 12궁도의 이름을 땄다. 숫자 표기 대신 이름을 붙이는 식이다. 그 장비실에는 8mm 비디오 공테이프가 담긴 상자들도 쌓여 있는데, 한 상자에 2시간 분량을 촬영할 수 있는 테이프가 500개씩 담겨 있다. 지금까지 우리가 전 세계 곳곳에서 촬영한 비디오는 5만 시간을 상회한다. 그리고 수천 건의 쇼퍼 인터뷰가 담긴 수십 대의 포켓용 PDA와 노트북이 있으며, 각종 삼각대, 받침대, 렌즈, 여타 카메라 부속품과 도관 테이프도 있다. 오랜 세월 동안 각지를 돌아다닌 단단한 케이스들도 빼놓을 수 없다. 그밖에도 그곳에는 많은 장비들이 있다. 한편 장비실 옆 스튜디오에는 완벽한 디지털 편집실 두 곳과 우리가 촬영한 모든 테이프를 볼 수 있는 열한 곳의 스튜디오가 있다. 이 정도면 방송용 다큐멘터리도 충분히 제작할 수 있다. 또한 전 세계에서 수집한 몇 톤 분량의 조사 자료는 유명한 대학의 사회 인류학부나 실험 심리학부에서 사용하는 장비와 비교하더라도 전혀 부족함이 없을 것이다.

그러나 이런 각종 첨단 기술 장비들이 있음에도 불구하고 지난 30년 동안 우리에게 가장 중요한 조사 도구는 '추적자(tracker)'라 불리는 개인들이 작성한 '추적 용지'라는 종잇조각이었다. 추적자들은 쇼핑의 과학과 쇼핑의 과학자를 위한, 나아가 쇼퍼들을 위한 현장 조사자들이다. 그들의 주요 작업은 매장 안에서 쇼퍼의 뒤를 그림자처럼 몰래 따라가며 일거수일투족을 기록하는 것이다. 대개의 경우, 추적자들은 매장 입구에서 한가롭게 서성이는 것부터 시작한다. 그들은 입구에서 매장 안으로 들어오는 쇼퍼들을 기다리는데, 그곳이 바로 '추적'의 시발점이다. 추적자는 매장 안에서 자신의 존재를 전혀 모르는 쇼퍼를 졸졸 따라다니며 그의 행동을 빠짐없이 기록한다.

쇼핑의 과학은 대학의 상아탑 분위기와는 달리, 철저히 현실을 기반으로 성장한 학문이다. 따라서 추적자들은 통상적인 조사 유형을 따르지 않는다. 우리는 작업 초기에 환경심리학을 전공하는 대학원생들을 고용했으나, 그들은 우리 작업에 적합하지 않았다. 자신들이 검증하고 싶어 하는 새로운 교과서적 이론에 얽매였기 때문이다. 그들은 많은 쇼퍼들이 실제로 무엇을 하는지 장시간 살피기만 하는 단순 작업을 견디지 못했다. 그들보다는 오히려 극작가, 미술가, 배우, 소설가, 인형극 공연자 같은 창조적인 사람들이 우리의 작업에 더 어울렸다. 그들은 자신이 지지하거나 반대하는 이론을 가지고 있지 않았으며, 열린 마음으로 사람들의 행동 방식과 그 이유에 많은 관심을 보였다. 또한 소매 환경에서 인간의 행동 방식을 정확히 기록하는 능력이 부족하다는 점만 제외하면 공평하면서도 열정적인 관찰자였다. 그들은 숲과 함께 나무와 그 사이에 있는 모든 것들을 볼 줄 알았다.

우리는 이런 작업에 적합한 기질과 사고력을 지닌 누군가를 발견하면, 가장 먼저 그를 우리 회사에 있는 연수 기관으로 보냈다. 그들은 그곳에서 관찰하는 동시에 기록하는 법, 쇼퍼들이 광고를 읽는 건지 그 옆에 있는 거울을 보는지 구별하는 법 등등, 많은 것을 배운다. 그중에서도 추적자가 배워야 할 가장 중요한 기술은, 사람들에게 들키지 않으면서 쇼퍼를 조사하기에 충분할 만큼 가까운 거리에 서 있는 것이다. 자신이 관찰당하고 있다는 사실을 그들이 알아차리지 못하는 것이 우리 작업에서는 아주 중요하다. 우리의 행동이 자연스럽게 보이려면 달리 방도가 없다. 실제로 우리는 지금도 매장 안에서 들키지 않은 채 누군가에게 바짝 다가서는 광경을 보면서 깜짝 놀랄 때가 있다. 우리는 쇼퍼의 뒤에 위치하는 것이 좋지 않은 생각임을 알게 되었다. 누군가가 뒤에 있으면 관찰당한다는 느낌이 강해지기 때문이다. 그러나 쇼퍼의 옆에 서 있으면 그의 주변 시야에 들어가게 되고, 그러면 불안감을 느끼게 하지 않는다. 관찰당한다는 느낌을 주지 않는 것이다. 따라서 그 위치에서는 쇼퍼의 행동을 면밀히 관찰할 수 있는 거리까지 접근할 수 있다. 그가 골프 장갑을 여덟 번 만졌는지 아홉 번 만졌는지 확실히 알 수 있는 것이다. 이러한 교육을 마치면 우리는 추적자로 지원한 이들을 실제 매장에 투입시킨 다음, 그들의 작업을 지켜본다. 대다수 지원자들은 이 시점에서 낙오한다. 기민함이 부족하거나 매력을 느끼지 않으면 이 일을 잘해낼 수 없기 때문이다. 묘하게도 이 일은 중독성이 있다. 그래서인지 우리 회사의 추적자들은 대부분 10년 이상 우리와 함께 일하고 있다.

존은 나의 회사를 위해 10년 이상 현장 작업을 하고 있다. 그의 본업은 유치원 교사이다. 다섯 살배기 어린아이들을 관리하는 것에 익숙한 덕분에 그에게 인내심이 있는 것일까? 그는 막 이백 번째 현장 작업 임무를 마쳤다. 중간 정도의 키에 갈색 머리카락을 가진 존은 마른 체격에다 눈가에 잔주름이 있으며, 크고 넓은 발을 가지고 있다. 그는 온종일 서 있어도 별 불편함을 못 느낀다. 물론 우리 회사가 보유하고 있는 추적자의 인적 자원 중에는 잦은 실수를 하는 신참도 있고, 중간 수준의 추적자도 있으며, 노련한 추적자도 있고, 팀 리더들도 있다. 예를 들어 13년간 추적자로 일하다가 지금은 팀 리더 역할을 하고 있는 노아는, 뉴욕 본사에서 40명이 넘는 추적자들을 이끌고 있다. 우리는 내슈빌에서 노아를 처음 발굴했다. 당시에 고생하던 음대생이었던 그는, 마지막 대체 직원으로 3시간 동안 일하면서 자신의 천직을 발견했다. 처음 내 사무실로 들어왔을 때 긴장한 나머지 식은땀을 줄줄 흘렸던 그가 기억난다(그는 이전에 뉴욕을 방문한 적이 없었다). 그렇게 13년이 흘렀건만, 그는 지금도 나를 '미스터 파코'라고 부르고 있다.

추적자들은 이동하며 쇼핑하는 쇼퍼의 모든 움직임을 측정하고 계산해야 한다. 뿐만 아니라, 쇼퍼의 행동에 담긴 미묘한 차이를 설명하는 현장 기록도 전달해야 하고, 자신이 관찰한 것에 근거하여 합리적인 추론도 해야 한다. 이러한 기록에는 추적 당시의 일화, 즉 특별한 환경과 사람들이 그 환경을 어떻게 이용하는지에 관한 정보도 추가된다. 우리의 추적자들은 미국 대륙을 종횡무진 이동할 뿐 아니라, 세계 곳곳에 산재해 있다. 2008년 현재, 우리는 멕시코 시티, 상파울루, 밀라노, 방갈로르, 모스크바와 도쿄에 사무소를 가지고 있으며, 각각의 사무소는 저마다 이용 가능한 추적자 인력을 확보하고 있다. 전 세계 도처에 있는 회사의 추적자들이 한 달 동안 매장에서 보내는 시간은 일반인들이 몇 년 동안 매장에서 쇼핑하는 시간보다 더 많다. 그들은 은행에서부터 패스트푸드점, 최고급 패션 부티크, 소규모 할인점에 이르기까지 각양각색의 소매업체들을 방문한다. 1997년 이래로 우리는 현장 작업을 위한 공간을 확장하기 위해 많은 노력을 기울였다. 그렇게 해서 콘서트홀, 스타디움, 기차역, 공항, 도서관, 박물관, 호텔, 웹사이트 등도 우리의 작업 공간이 되었다. 우리에게 특히 매력적인 작업 공간은 우리와 함께 자주 일했던 업체들의 매장이다. 전 세계 상위 50대 소매업체들 중에서 우리와 함께 작업한 업체는 대략 절반쯤 된다. 미국만 따지면, 『포천』에 실린 상위 100대 기업 중에서 우리 고객이 3분 1을 넘어선다.

그렇다면 추적자들이 사용하는 용지는 어떤 양식을 가지고 있을까? 그것은 자료 수집의 경이라 해도 과언이 아니다. 이러한 양식들은 우리가 조사를 진행한 지난 30년 동안 지속적으로 발전했는데, 이것이 정보 저장과 검색 기술에서 기업 전체에 핵심적인 역할을 했다는 것에는 의심의 여지가 없다. 우리는 스캐닝 시스템 같은 새로운 소프트웨어를 시도한 적도 있지만 결국 과거의 시스템으로 다시 돌아갔다. 이 시스템은 효율적이고 탄력적이다. 게다가 화이트아웃 수정 펜과 복사기를 사용하여 즉각적인 수정이 가능하다. 어디에 위치한 매장이든 우리의 성공에 매우 중요한 것은 그곳에서 발견한 것에 반응하는 우리의 능력이다. 짐작컨대 방문했던 매장들 중 적어도 3분의 1에서 우리는 사전에 고객이 알려준 것과 다른 무언가를 발견했다. 일례로 한 달 전에 우리가 조사했던 한 매장의 경우, 사전에 알려준 것과 달리 통로가 일곱 군데가 아니라 여섯 군데였으며, 선반 배치도 또한 정반대로 되어 있었다.

우리가 최초로 사용한 추적자 용지에서는 쇼퍼의 행동과 관련하여 대략 열 가지 정도의 변수를 기록할 수 있었다. 지금은 그 변수가 사십 가지나 된다. 추적자 용지 양식은 우리가 조사 프로젝트에 착수할 때마다 다시 만들어지지만 기본적으로 매장 구내를 상세히 묘사한 지도에서 출발한다. 그 지도에는 출입문, 통로, 진열대, 선반, 테이블, 계산대 등이 빠짐없이 그려져 있다. 용지에는 쇼퍼에 관한 정보(성별, 인종, 추정 연령, 복장 등) 및 매장에서 그들의 행동에 대한 정보를 기록하는 공간도 마련되어 있다. 우리는 장기간에 걸쳐 기호와 문자와 표시를 조합하여 신속하게 기록할 수 있는 시스템을 고안했다. 이러한 시스템을 이용하여 추적자들은 다음과 같은 기록을 할 수 있다. 붉은 스웨터와 청바지 차림에 수염을 기른 사내가 토요일 오전 11시 7분에 백화점에 들어온다. 그는 1층 지갑 코너로 곧장 다가가 총 열두 차례 지갑을 만지고 나서 가격표를 네 차례 확인한 후 하나를 선택한다. 그 후 11시 16분에 근처에 있는 넥타이 코너로 이동하여 넥타이를 일곱 차례 만진 후 콘텐츠

태그를 총 일곱 차례, 가격표를 두 차례 읽은 다음 아무것도 사지 않고 곧장 계산대로 향한다. 잠깐, 그는 마네킹 앞에서 잠시 걸음을 멈추고 마네킹이 입은 재킷의 가격표를 확인한다. 마침내 그는 11시 23분에 계산대 앞에 서서 자기 차례를 기다리다 11시 30분에 매장을 빠져나간다. 매장 규모 및 쇼퍼가 머무는 시간에 따라 차이가 나지만 추적자는 하루 동안 50명까지 조사할 수 있다. 홈센터(자가 조립용 물품을 찾는 쇼퍼와 건축업자가 필요로 하는 재료와 도구를 판매하는 카테고리 전문점)나 대량 판매점 같은 대형 매장의 경우, 우리는 10명에서 12명의 추적자를 배치한다.

추적자의 작업이 끝날 무렵에는 믿기지 않을 정도로 많은 정보가 용지에 가득 채워진다. 이 용지가 사무실로 전달되면 노련한 직원이 하루쯤 걸려 추적자들의 용지에 적힌 기록을 빠짐없이 타이핑하여 전산 자료로 만든다. 우리는 오랜 기간 동안 수만 달러를 쏟아붓고 컴퓨터 프로그래머들과 수많은 좌절의 시간을 보내면서, 작업을 처리할 수 있는 데이터베이스를 구축하려고 심혈을 기울였다. 우리가 부딪쳤던 큰 난관은, 작업마다 동일한 방식으로 동일한 수치를 처리하는 동안 각각의 프로젝트에 조금씩 다른 무언가가 필요하다는 것이었다. 서로 다른 유형의 자료를 수집해야 하거나 우리가 막 발견한 사실을 새롭게 다시 비교해야 하는 상황이 발생했다. 그래서 우리는 6개월을 함께 보내며 컴퓨터 시스템을 구축할 수 있는 일류 컨설턴트들을 고용했다. 그들은 프로그램에 들어간 모든 사항들을 목록으로 삭성해줄 것을 우리에게 부탁했다. 그러나 매주 여섯 가지의 새로운 사실들이 목록에 추가되었다. 총 소요 시간은 빠듯했다. 그 때문에 각각의 작업을 하면서 시스템을 완전히 변화시킬 만한 시간적 여유가 없었다. 그러자 어떤 프로젝트를 새롭게 비교하더라도 7개월이 지나면 그 기능을 다시 수행하지 못하는 상황이 발생했다.

1990년대 초반에 마이크로소프트에서 엑셀이 출시되었다. 엑셀은 회계원이 비교적 간단한 계산을 할 수 있도록 하기 위한 스프레드시트 프로그램으로 설계되었다. 그러나 엑셀의 진정한 강점은 개방형 구조에 있었다. 게다가 대규모 자료나 코드의 라인들을 기입하는 방식도 아주 간단했기 때문에 쉽게 수정할 수도 있었다. 지금도 우리는 여전히 엑셀을 사용하고 있지만 주로 애용하는 것은 액세스나 SPSS 같은 프로그램들이다. 그러나 오랫동안 우리의 작업을 가능하게 해준 장본인은 엑셀이었다. 비유하자면, 마이크로소프트에서 만든 아주 근사한 자전거를 우리가 전천후 산악자전거로 탈바꿈시킨 격이었다. 마이크로소프트가 우리의 고객이 되었을 때 우리가 엑셀로 작업한 것을 그들에게 보여준 적이 있었는데, 그들은 놀라움을 감추지 못했다.

현장에서 비디오테이프가 넘어오면 촬영된 모든 장면들을 누군가 면밀히 조사한다. 매장 규모에 따라 다소 차이가 나지만 특정 공간(출입구 또는 물건들을 올려놓은 선반)에 설치된 카메라의 하루 촬영 시간은 보통 8시간이다. 비디오는 좀 더 구체적인 자료를 제공하기도 한다. 예를 들어 고객이 특정한 계산대 설계가 작업자의 피로에 미치는 영향을 알고 싶어 할 경우, 우리는 비디오와 스톱워치를 함께 사용하여 오전 10시와 오후 4시에 계산대 직원이 계산을 하는 데에 걸리는 시간을 각각 비교한다.

우리가 조사할 수 있는 사항들(우리는 이것을 '제출 사항'이라고 부른다)은 새로운 프로젝트에 착수할 때마다 증가한다. 최종적으로 쇼퍼와 매장 간의 상호작용으로부터 우리가 찾아낸 이러한 사항들은 거의 천 가지에 달했다. 그 결과, 우리는 매장 내에서 이루어지는 인간 행위에 대해 많은 사실들을 알게 되었다. 우리는 탈의실에 청바지를 들고 들어간 남성이 여성과 비교하여 그 물건을 구입할 확률이 얼마인지 알고 있다(65퍼센트 대 25퍼센트). 지하철에서 점심 식사를 하는 사람들과 비교했을 때, IBM 직원 식당에서 얼마나 많은 사람들이 콘칩을 사기 전에 봉지에 있는 영양 정보를 읽는지 알고 있다(2퍼센트 대 18퍼센트). 토요일 오후 5시 이후와 비교했을 때, 오전에 얼마나 많은 구경꾼들이 실제로 컴퓨터를 구매하는지도 알고 있다(21퍼센트 대 4퍼센트). 또 가정용품 쇼핑몰에서 얼마나 많은 고객들이 쇼핑 바구니를 사용하는지(8퍼센트), 그리고 쇼핑 바구니를 사용하지 않는 이들과 비교하여 바구니를 선택한 이들이 실제로 물건을 구입할 확률이 얼마인지(34퍼센트 대 75퍼센트)도 알고 있다. 이 경우, 우리는 과거부터 습득한 모든 자료들을 참고하여 쇼핑 바구니를 선택한 고객들의 수를 증가시키는 방안을 제시한다. 이런 식으로 매장과 제품이 쇼퍼들에게 좀 더 순응할 수 있도록 조사와 분석, 비교를 활용하는 실용적인 지식 분야가 비로 쇼핑의 과학이다.

쇼핑의 과학은 우리의 작업과 함께 탄생했기 때문에 생생하게 살아 숨 쉬는 연구 분야이다. 우리는 쇼핑의 과학을 발견할 때까지 우리가 무엇을 발견할지 전혀 몰랐다. 심지어 우리가 어느 방향으로 가고 있는지 파악하기 위해 종종 작업을 중단하기도 했다. 물론 지금까지 30년이 넘도록 수많은 작업을 해왔기 때문에 작업 결과에 대해 뛰어난 감각을 가지고 있다. 그러나 쇼핑의 과학을 진정 흥미롭게 만드는 것은 상황이 수시로 변하며 이러한 변화가 우리를 계속 놀라게 한다는 것이다. 나는 소매 활동을 인류 진화의 척도로 생각한다. 인간이 하나의 종으로 변화하면서 쇼핑하는 대상과 그 방식 또한 변화했기 때문이다. 그런데 생물학적인 인간이란 존재와 관련하여 변하지 않는 무언가가 있다. 그리고 이 책에 나오는 내용도 대부분 이런 불변성에 관한 것이다.

예를 들어 '부딪침 효과(butt-brush effect)'로 알려진 현상도 우연히 발견한 것이었다. 우리는 어느 백화점을 조사하면서 1층의 주 출입구에 카메라를 설치하고 가까운 복도의 넥타이 코너에 렌즈를 고정시킨 적이 있었다. 그러고는 바쁜 시간대에 고객들이 어떻게 출입구를 빠져나가는지 살피기 위해 테이프를 검토했다. 그때 넥타이 코너에서 뭔가 이상한 점이 발견되었다. 출입구에서 넥타이 코너로 향하던 고객들이 백화점 안으로 들어가는 사람들과 한두 차례 부딪치면서 멈칫거리는 것이었다. 이렇게 한두 차례 부딪친 고객들은 대부분 넥타이 쇼핑을 포기하고 출구로 빠져나갔다. 우리는 이 현상을 몇 번이고 되풀이해서 관찰하다가 마침내 한 가지 사실을 깨달았다. 그것은 쇼퍼들이 뒤쪽에서 누군가와 부딪치거나 접촉하는 것을 몹시 꺼린다는 것이었다(꺼려하는 정도는 여성들이 더 심했지만, 남성들도 꺼려하긴 마찬가지였다). 그런 부딪침을 피하는 과정에서 고객들은 관심을 가졌던 물건에서 멀어져갔다. 백화점 측에 확인해본 결과, 넥타이 코너는 메인 통로에 위치해 있음에도 불구하고 매출은 기대치를 밑돌았다. 우리는 '부딪침 요소' 때문에 그 코너가 제 기능을 발휘하지 못하는 것으로 추정했다.

우리는 이 조사 결과를 백화점 사장에게 전달했다. 그러자 사장은 즉시 1층에 전화를 걸어 넥타이 코너를 메인 통로에서 조금 떨어진 곳으로 옮기라고 지시했다. 몇 주 후, 나는 백화점 넥타이 코너의 매상이 껑충 뛰어올랐다는 소식을 들었다. 우리는 그날 이후 번잡한 장소에서 쇼퍼들이 흠칫 놀랐던 것과 유사한 상황을 수없이 목격했다. 물론 이러한 사례들에서 가장 시급한 것은 신속히 해결책을 강구하는 것이었다. 그렇다고 사람들이 무조건 군중을 싫어하는 것은 아니다. 모여 있는 군중은 아주 신나는 경험을 선사할 수 있다. 양키 스타디움이나 지역 의류점을 방문할 때 사람들은 타인과의 만남을 기대한다. 물론 밀실 공포증이 있을 수도 있고, 때로 두려움을 느낄 수도 있다. 그러나 이러한 장소를 찾아가는 당사자는 결국 우리 자신이다. 다만 중대한 시점에 부딪침 효과가 발생하는 장소에서 그런 상황을 미처 예상치 못할 뿐이다.

다음은 끈기 있는 관찰과 분석을 통해 발견한 또 다른 '우연한 현상'이다. 애완견 사료 제조업체의 의뢰를 받고 슈퍼마켓을 조사할 때였다. 애완동물 통로를 관찰하면서 우리는 한 가지 흥미로운 사실을 발견했다. 성인은 애완견의 주식을 구입하는 반면, 어린이와 노인들은 주로 간식거리(고기 향이 풍기는 비스킷 따위)를 구입한다는 것이었다. 우리는 이 상황에 대해 곰곰이 생각해보았다. 노인들에게 애완동물은 응석받이 어린애 같은 존재였다. 아이들은 강아지에게 사료를 먹이는 것은 귀찮아해도 비스킷을 던져주는 것은 아주 재미있는 놀이로 여겼다. 아이들은 쿠키 통로에서처럼 애완동물 통로에서도 간식을 사달라고 떼를 썼다. 그러면 어른들은 이러한 아이들의 간청을 쉽게 뿌리치지 못했다.

그러나 그때까지는 정확히 누가 애완동물 간식을 구입하는지 아무도 알지 못했기 때문에, 그 제품은 주로 슈퍼마켓 선반의 맨 위쪽에 진열되어 있었다. 그래서 한 아이가 애완동물 간식을 잡기 위해 선반을 기어오르는 장면과 노부인이 비스킷을 떨어뜨리려고 알루미늄 호일을 사용하는 장면이 비디오에 담겼다. 우리는 슈퍼마켓의 사장에게 아이들과 키 작은 노부인들의 손이 닿을 수 있는 곳으로 애완동물 간식을 옮기라고 조언했다. 그러자 매출은 바로 껑충 뛰어올랐다.

때로는 지극히 평범한 것들이 매장 계획 및 보관에 관한 세부 사항에서 누락될 때가 있다. 나는 개인적으로 "너무 빤하다고 해서 항상 확실한 것은 아니다"라는 말을 고객들에게 자주 한다. 잡화점 체인의 화장품 코너를 조사할 때였다. 우리는 벽 진열대로 다가가는 60대 여인을 지켜보았다. 그녀는 주의 깊게 진열대를 훑어보더니, 자신이 원하는 주름살 제거 크림을 찾으려고 무릎을 꿇었다. 그리 매력적이지 못한 제품이라 진열대의 맨 아래에 위치한 탓이었다. 이와 유사하게, 뚱뚱한 남자가 속옷을 찾으려고 큰 통로의 진열대를 두리번거리다가 아래쪽에 진열된 속옷을 살피기 위해 위태로워 보일 정도로 몸을 구부리는 장면을 목격한 적도 있다. 이 두 사례에서 필요한 것은 실용성이었다. 즉 제품을 만드는 디자이너가 아니라, 쇼퍼들 위주로 진열대의 조정이 이루어져야 했다. 우리는 주름살 제거 크림을 위쪽에 진열하고, 아래쪽에는 10대들을 겨냥한 제품을 진열하라고 조언했다. 10대 쇼퍼들이라면 원하는 제품이 어디에 있든 잘 찾아낼 수 있을 것이기 때문이다.

우리는 이용 가능한 모든 정보들을 취합하여 하나의 매장이나 백화점에 관한 전반적인 상황을 파악한다. 어느 대형 청바지 제조업체가 자신들의 제품이 백화점에서 어떻게 팔리는지 알고 싶어 했을 때, 우리는 일주일 동안 뉴잉글랜드 두 곳과 남부 캘리포니아 두 곳에 직원들을 파견했다. 백화점 청바지 코너는 8단에서 12단의 탁상식 진열대와 일부 벽식 진열대를 갖춘 사각형 구조로, 모두 엇비슷했다. 우리는 진열대와 그 코너를 드나드는 통로는 물론, 각종 광고 및 판촉물이 설치된 장소들도 표시하면서 상세한 지도부터 그리기 시작했다. 그 한 주 동안 우리는 총 727명의 고객들을 추적했고, 비디오카메라로 그보다 더 많은 사람들을 관찰했다. 특히 '출입구(매장으로 드나드는 모든 통로)'에 주목했다. 그러나 백화점 측에서 어느 통로가 가장 붐비는지 알지 못하는 한, 무엇을 어디에 보관해야 할지, 또 고객 유인용 판촉물을 어디에 설치해야 할지 공식적인 결정을 내릴 수 없었다.

조사가 끝날 무렵, 우리는 각각의 코너를 이용하는 고객의 비율을 알게 되었다. 그러자 몇몇 사실들이 명확해졌다. 그중 하나는 광고판의 위치가 잘못 정해져 있다는 것이었다. 상식적으로 판단하면, 광고판의 적절한 위치는 매장 중앙 출입구와 마주하는 곳이었다. 그러나 실제로 청바지를 찾는 고객들은 대부분 전혀 다른 방향에서 접근했다. 심지어 대형 네온 로고와 록 비디오가 나오는 모니터조차 가급적 많은 고객들의 시선을 끌려는 본연의 목적과는 달리 엉뚱한 방향을 향하고 있었다. 우리는 각 진열대를 추적하면서 고객들이 어디에서 멈추는지, 어떤 광고를 읽는지, 상품을 어떻게 다루는지, 비디오 모니터를 쳐다보는지, 탈의실로 물건을 가져가는지 등등을 관찰했다. 고객들이 친구에게 청바지를 보여주는 듯한 광경이 보이면 그것도 기록했다. 비디오에 포착된 고객들 중 일부는 우리 인터뷰 담당자에게서 질문을 받기도 했다. 고객들의 인구 통계학적 정보와 태도 및 의견이 실제 행동과 상관관계가 있는지를 파악하기 위해서였다. 예를 들어 청바지를 고를 때 브랜드에 의존한다고 말했던 고등 교육을 받은 젊은 쇼퍼들이 가격표를 읽는지의 여부를 물어보는 식이었다. 조사를 마친 후 각종 정보를 처리하고 분석하면 우리가 한 조사의 의미를 알 수 있었다.

상당수의 남성 고객들이 처음 마주치는 진열대에서 청바지를 구입하고, 또 그들이 여성 액세서리 코너가 아닌 남성 액세서리 코너로 향하는 통로를 통해, 혹은 에스컬레이터로 향하는 통로를 통해 청바지 코너로 진입할 경우, 우리는 남성 액세서리 코너에서 가장 가까운 곳에 진열대를 설치하라고 조언한다. 그런가 하면 어떤 남자가 여자를 대동하고 여성용품 코너에서 청바지 코너로 이동할 경우, 그는 혼자일 때보다 청바지를 더 많이 구입할 가능성이 있다. 이 경우, 청바지 진열을 위한 최적의 장소는 여성용품 코너에서 아주 근접한 곳이다. 그러나 자료를 수집할 때까지 아무도 이 사실을 모르고 있었다.

또 다른 예를 들어보자. 어느 고급 샴푸 제조업체에서 일반 브랜드 제품과 매장 브랜드 제품을 구입하는 여성 고객들의 의사 결정 과정에 대해 알고 싶어 했다. 그 업체의 관심사는 쇼핑을 하는 여성들의 '가치 평가'였다. 아침에는 슈퍼마켓에서 일반 브랜드 제품을 구입하고 오후에는 고급 백화점에서 고급 브랜드 제품을 구입하는 쇼퍼라면, 그는 어떻게 어디서 무엇을 사야 할지 결정하는 것일까? 자신의 피부를 위해서는 고급 브랜드를 사용하지만 머리 손질에는 일반 브랜드를 사용해야 한다고 판단한 것일까? 예전에는 오직 비용을 의식하는 이들만 매장 브랜드 제품을 구입했다. 그러나 지금은 모든 이들의 쇼핑 바구니에서 그런 제품들이 발견된다. 그 비밀이 무엇일까?

이제 그 쇼퍼를 24번이라고 부르기로 하자. 그녀는 노란색 바지에 흰색 스웨터를 입고 유치원에 다니는 여자아이를 동반한 30대 여성이다. 그녀는 수요일 오전 10시 37분에 슈퍼마켓의 건강 미용 용품 통로로 다가갔다. 쇼핑 카트 대신 바구니를 든 그녀는 이미 매장 브랜드 비타민 C 캡슐과 대형 용기에 든 존슨즈 베이비파우더를 골랐다. 손에는 쇼핑 목록과 매장 광고 전단을 쥐고 있다. 샴푸 진열대로 다가간 그녀는 팬틴 브랜드의 샴푸를 집어 들고 앞면의 라벨을 읽었다. 그리고 가격표를 읽고, 이어서 매장 브랜드 제품의 가격표도 읽었다. 잠시 후, 그녀는 매장 브랜드 샴푸를 바구니에 넣고 통로에 들어온 지 정확히 49초 만에 출구로 나갔다.

그녀의 방문은 짧았지만 많은 데이터를 수집할 수 있다. 즉 그녀가 무엇을 만지고 무엇을 읽었으며, 어떤 순서를 거쳤는지 등등 수집된 자료는 스물다섯 가지에 달한다. 만약 우리가 건강 미용용품 통로에서 하루에 100명가량의 고객들을 관찰한다면, 이것은 곧 개별적인 데이터가 이천오백 가지에 달한다는 것을 뜻한다. 그리고 그 여성들이 출구로 나올 때 우리는 인터뷰를 하면서 스무 가지의 질문을 한다. 결국 스물다섯 가지 데이터와 스무 가지 질문을 가지고 일람표를 작성할 수 있다. 최근까지 그 어떤 대학도 이런 방식의 연구를 진행한 적이 없다. 따라서 쇼핑의 과학은 전 세계 곳곳에 분포한 사업체들(소매업체, 은행, 레스토랑 체인점, 진열 및 포장 제조업체와 설계업자 등)에 의해 탄생한 셈이다. 그들은 우리를 고용하여 '현장'에 보냄으로써 쇼핑의 과학을 탄생시키는 작업을 했고, 현재도 계속하고 있다.

나는 쇼핑의 과학에서 우연성의 측면을 중시한다. 아마도 이것은 내가 미국의 저명한 사회과학자이자 『조직 인간(*The Organization Man*)』, 『마지막 풍경(*The Last Landscape*)』, 『도시(*City: Rediscovering the Center*)』, 『좁은 도시 공간에서의 사회생활(*The Social Life of Small Urban Spaces*)』의 저자인 윌리엄 H. 화이트의 제자이자 숭배자였을 때 이러한 작업을 처음 시작했기 때문일 것이다. 화이트는 1974년에 공공 공간을 위한 프로젝트(PPS)를 창립하기도 했는데, 지금도 이 조직은 도시 풍경 보존 및 건전성을 위해 많은 기여를 하고 있다.

윌리엄 H. 화이트는 한창 활동하던 시기에 돈키호테처럼 공상적이면서도 사랑받는 인물이었다(그는 1999년에 세상을 떠났다). 그는 백발에 WASP(White Anglo-Saxon Protestant) 계층의 은행업자 같은 고상한 풍모의 소유자였지만, 누구보다 뉴욕 거리를 사랑했으며 그 거리를 잘 활용할 수 있는 방법을 찾기 위해 심혈을 기울였다. 화이트가 이룩한 가장 큰 공적은 시민들이 공공 공간(거리, 공원, 광장 등)을 이용하는 방식에 관한 그의 조사였다. 그와 그의 동료들은 저속도 촬영 사진과 숨겨진 추적자와의 인터뷰를 이용하여 도시 광장이나 소공원을 면밀히 관찰하면서, 며칠에 걸쳐 분 단위로 그곳을 조사하고는 했다. 그러다가 작업이 끝날 무렵이면 그곳에 있는 모든 벤치, 바위, 통로, 분수, 관목에 관한 정보는 물론, 그것이 인간과 어떻게 상호작용하는지도 파악할 수 있었다. 즉 그 장소를 활용하여 사람들이 점심 식사를 하는지, 햇빛을 즐기는지, 사회적 교류를 하는지, 지나가는 이들을 구경하는지, 낮잠을 자는지, 흰

가로이 어슬렁거리는지 등을 알 수 있었다. 화이트와 그의 동료들은 자리에 앉기 위한 돌출부의 이상적인 넓이가 얼마인지, 햇빛과 그늘과 바람이 공원 이용에 어떤 영향을 미치는지, 그리고 오피스 파워, 건설 현장, 학교, 이웃 같은 공공 공간의 주변 환경이 어떻게 그곳에서의 삶의 질을 결정하는지 등등, 가능한 모든 사항들을 점검했다.

『포천』의 편집자로 사회생활에 처음 발을 내디뎠던 화이트는 사실상 거리의 과학자였다. 그의 작업은 공공 공간을 시민에게 좀 더 유용하게 만드는 것이었는데, 결론적으로 그것이 도시를 더 유용하게 만들었다. 화이트는 이런 방식을 통해 물리적 환경을 연구하고 발전시켰다. 쇼핑에 관한 나의 작업도 그의 이러한 방식으로부터 지대한 영향을 받았다.

1977년으로 거슬러 올라가보면, 당시에 나는 뉴욕 시립 대학의 시간 강사로 일하며 환경심리학과에서 현장 기술 과정을 가르치고 있었다. 동시에 맨해튼 도심에 위치한 이어 인(Ear Inn)이라는 바(Bar)의 공동 소유주이기도 했다. 그런데 그 바에 찾아온 고객 중에 메트로폴리탄 오페라 하우스와 에이버리 피셔 홀 같은 공연장(총 10여 곳의 극장들로 구성되어 있는 공연장)을 갖춘 링컨 센터에서 광고 시스템을 설계한 인물이 있었다. 그는 링컨 센터의 건물들을 주차장과 지하철로 연결하는 지하 중앙 홀의 이용 및 순환 패턴을 조사할 누군가가 필요하다고 내게 말했다. 당시 그곳에는 소규모 임시 선물 매장이 위치해 있었다. 그런데 링컨 센터에서는 그곳에서 더 큰 규모의 매장 운영이 가능한지 알고 싶어 했다. 하지만 그보다 앞서, 그 매장이 보행자들의 통행에 혼잡을 야기할 수 있는지 여부를 아는 것이 급선무였다. 나는 그 고객의 도움으로 일거리를 얻을 수 있었다.

　나는 도움을 줄 몇몇 학생들을 모집한 후 카메라 몇 대를 가지고 관찰 장소를 찾아가 보행자들의 수를 헤아리고 지도 그리는 작업을 진행했다. 혼잡 문제에 대한 해결책은 간단했다. 우리는 그곳에서 그들이 원하는 매장과 동일한 면적을 로프로 차단한 후, 가장 분주한 시간대에 오가는 보행자들을 지켜보면서 촬영했다. 작업을 마친 후, 우리는 그곳에 이용 가능한 실내 공간과 함께 몇 개의 벤치를 추가함으로써 통로가 아닌 목적지 같은 분위기를 풍겨야 한다고 조언했다. 당시에 그들은 우리의 조언을 받아들이지 않았지만, 지금 그곳에는 벤치들이 자리하고 있다. 나는 여자 화장실의 규모도 두 배로 확장해야 한다고 강력히 권유했다. 어느덧 30년의 세월이 지났건만, 지금도 분주한 시간대가 되면 그곳의 여자 화장실 앞에 길게 줄지어 서 있는 사람들이 보인다. 참으로 수치스러운 일이 아닐 수 없다.

　나는 보고서 작성을 위해 자료 편집을 하면서 내가 찍은 장시간의 필름을 살펴보았다. 그러다가 금전 등록기가 위치한 지점까지 선물 매장의 내부가 들여다보이는 카메라 한 대를 발견했다. 금전 등록기 앞에는 2명의 고객이 줄 서서 기다리고 있었다. 오페라를 자주 찾는 부유한 여성처럼 보이는 한 고객은 계산내에 직은 박스들을 수북이 쌓아놓고 있었다. 그리고 그녀의 옆에는 작은 갈색 봉지 하나에 들어갈 물품을 구입한 10대 소녀가 있었다. 정확히 어떤 상황인지 알 수는 없었지만 뭔가 호기심을 자극하는 장면이었다.

다음 날 나는 그 매장을 방문하여 점원에게 말을 걸었다. 그러자 점원은 그 여성이 멕시코 외교관의 아내인데, 모국에 가져갈 선물로 고급 뮤직 박스를 구매한 것이라고 설명했다. 그녀가 구입한 고가의 그 뮤직 박스는 10개 남짓으로, 가격을 다 합치면 9,000달러에 육박했다. 그녀는 중간 휴식 시간이 끝나기 전에 얼른 계산을 마쳐야 했으며, 자신에게 전달되도록 박스 정돈도 해야 했다. 게다가 외교관 신분이었기 때문에 면세 절차를 거쳐야 하는 문제도 남아 있었다. 한마디로 꽤 복잡한 거래였다. 그러나 점원이 10대 소녀를 상대하는 동안 그녀는 하릴없이 기다려야 했다. 소녀가 구입한 물품은 달랑 볼펜 한 자루였지만, 그녀가 계산대에 먼저 도착했기 때문이다.

이런 상황은 나 같은 학구적인 사람에게도 계산대 절차에 약간의 조정이 불가피한 것처럼 보였다. 이 두 거래가 동일한 직원의 관심을 놓고 서로 경쟁하는 구도여서는 안 되기 때문이다. 그때 불현듯 한 가지 생각이 뇌리에 떠올랐다. 도시 인류학자들이 사용하는 도구를 선택하여 사람들이 소매 환경과 상호작용하는 방식을 연구할 수 있지 않을까?

몇 해 전에 나는 고명한 사회학자이자 저자인 어빙 고프먼과 뉴욕과 뉴저지에 위치한 포트 어서러티(The Port Authority) 수석 엔지니어인 잭 프루인 간의 논쟁을 구경한 적이 있다. 당시 잭 프루인은 뉴어크(Newark) 국제공항의 기획 및 건설을 담당하는 대형 사업을 진행 중이었다. 잭은 학계에 대한 자신의 불만을 단호하게 표출했다. 그는 자신의 사업에 참여하고 있는 엔지니어와 건축 기사들을 지도할 학계 전문가들을 몇 명 고용하려고 했다. 그러나 학자들이 보여준 것은 기대했던 명쾌한 조언이 아닌 무능력함이었다. 그들은 연구를 통해 완벽하게 입증되지 않는 한, 아주 사소한 사실주장에도 주저하는 모습을 보였다. 물론 논쟁의 지적인 측면에서 우위를 보인 사람은 고프먼이었다. 그러나 어느 순간 나는 이런 생각을 하게 되었다. '만약 내가 어빙이 아니라 잭과 함께 일한다면 훨씬 더 재미있을 거야. 어빙은 상아탑에 숨어 있어. 하지만 잭은 그곳에서 빠져나와 제대로 일을 하고 있으니까.'

링컨 센터에서의 작업을 마치고 얼마 지나지 않아, 나는 그리니치 빌리지에 위치한 한 나이트클럽에서 몇몇 친구들과 자리를 함께했다. 때마침 우리의 테이블에는 CBS의 자회사인 에픽 레코드 소속의 젊은 간부가 있었다. 나는 그에게 매장에서 벌어지는 상황을 평가할 수 있는 방안에 대해 설명했다. 그것은 과학적 수단을 쇼핑에 적용함으로써 뭔가 가치 있는 것을 얻을 수 있다는 개념이었다. 몇 잔의 맥주를 마시며 내가 이러한 개념을 설명하자, 그는 솔깃해하며 이렇게 물었다. "제게 제안서를 한번 보내주실 수 있나요?"

이튿날 아침, 나는 한껏 기대에 부풀어서 일찍 일어나 수동 타자기를 꺼내들고 제안서를 작성하기 시작했다. 그러고는 얼른 제안서를 보낸 다음 답변을 기다렸다. 장장 1년을 그렇게 기다렸다. 그동안 나는 제안서를 다시 작성하고 수차례 전화도 걸었다. 그러나 어느 누구도 내게 응답하지 않았다. 돌이켜보면 그때가 쇼핑의 과학의 암흑기였다.

그 후 CBS 레코드에서 시장 조사를 담당하던 한 여성이 갑자기 내게 연락을 했다. 그녀는 먼지투성이인 파일들의 어딘가에서 내 제안서를 발견했는데, 그것이 아주 흥미로웠다며 이렇게 물었다. "혹시 지금도 레코드점 조사에 관심을 갖고 계신가요?"

나는 당연히 그렇다고 대답했다. 그러면서 미국의 한 대기업이 현대 쇼퍼들의 습성을 밝히려는 나의 조사에 거금 5,000달러를 들여 동참하려 한다는 사실에 속으로 쾌재를 불렀다. 나는 곧바로 내 학생들을 몇 명 불러들인 후, 몇 권의 노트와 저속도 카메라를 준비하여 뉴저지 북부에 위치한 쇼핑몰의 레코드점으로 향했다.

지난 20여 년간 100만 시간 분량의 비디오테이프를 촬영하고 수없이 많은 개인들을 관찰해온 현재의 시각에서 보자면, 그날의 조사는 그야말로 초보적인 것이었다. 그러나 당시에는 무슨 대단한 발견이라도 한듯 우쭐한 기분이 들었다.

일례로 70년대 후반에 우리가 조사를 진행하고 있을 무렵만 하더라도 전통적인 싱글 45rpm 레코드는 잘 팔리는 품목이었다. 현명하게도 레코드점에서는 매출 촉진을 위해 레코드 선반 근처에 『빌보드』지의 베스트셀러 싱글 차트를 걸어놓았다. 테이프를 관찰해보니 싱글 레코드의 구입자들은 대부분 청소년들이었다. 그런데 벽에 걸린 그 차트는 제법 높은 곳에 위치해 있었다. 그 때문에 아이들이 차트의 상위에 오른 목록을 보려면 발끝으로 서서 목을 길게 빼야 했다. 우리는 관리자에게 차트의 높이를 낮출 것을 제안했다. 일주일 후 그 관리자에게서 싱글 레코드의 판매율이 20퍼센트 증가했다는 전갈을 받았다. 바로 이거였다! 차트의 높이만 낮춰도 금세 효과가 나타났던 것이다!

그 주말에 우리는 계산대에서 줄 서서 기다리는 사람들을 관찰하며 많은 시간을 보냈다. 매장 설계자와 물품 관리자들이 어떤 생각을 가지고 있든, 여러 가지 측면에서 계산대는 매장에서 가장 중요한 구역이다. 만약 그곳에서 거래가 순조롭게 이루어지지 않는다면, 또 그 체계가 명확히 한눈에 들어오지 않는다면 쇼퍼들은 실망감과 싫증을 느끼게 될 것이다. 계산대에 늘어선 줄이 길거나 혼잡해 보이면 고객들이 아예 매장 안으로 들어오지 않는 경우도 있다.

우리가 조사한 레코드점의 경우 새로 출시된 레코드를 전시하는 대형 진열대가 여럿 있었는데, 그 위치가 계산대에서 근접한 곳이었다. 매장이 한가할 때는 별 문제가 없었다. 그러나 고객들이 계산대 앞에서 길게 줄을 서면 그들의 몸이 진열대를 완전히 가렸다. 우리는 기둥과 로프를 설치하여 늘어선 고객들의 줄이 진열대를 가리지 않도록 해줄 것을 제안했다. 우리의 조언은 즉시 효력을 발휘했다. 그 진열대에서 레코드 매출이 급증했던 것이다.

이러한 사실들이 조금은 자명해보이지 않는가? 우리도 그렇게 생각한다. 실제로 수많은 시간 동안 관찰하고 촬영하고 시간을 재고 인터뷰하며 보낸 터라, 우리에겐 더더욱 그렇게 보일 수밖에 없다. 그러나 뻔해 보이는 상황임에도 불구하고, 우리가 조사하기 전까지 이 같은 문제점들은 고쳐지지 않고 그대로 남아 있었다.

레코드점의 고객들을 관찰하는 동안 우리는 한 가지 특이한 양상을 목격했다. LP 코너와 카세트 코너의 매출이 서로 동일했음에도 불구하고 LP 코너가 늘 카세트 코너보다 더 붐비는 상황이 바로 그것이었다. 고객들을 추적하자 그 이유가 명확해졌다. LP는 커버가 더 컸기 때문에 노래 목록과 사진을 보는 것이 더 용이했다. 그때문에 카세트를 구매하려는 고객들은 LP를 구경하며 미리 마음을 정한 다음에, 카세트테이프 코너로 이동하여 자신이 원하는 물건을 찾았다. 우리는 LP 코너의 통로를 더 확장할 것을 제안했다. 그러자 쇼퍼들은 혼잡함을 느끼지 않게 되었고, 매출도 덩달아 껑충 뛰어올랐다. 아울러 우리는 LP 코너에 사람들의 왕래가 훨씬 더 많기 때문에 내구성 있는 카펫에도 투자해야 한다고 조언했다.

그 조사에 대한 나의 마지막 기억은 지금도 내가 청중에게 자주 보여주는 비디오 클립에 고스란히 담겨 있다. 그것은 한 젊은 사내가 클래식 테이프를 훔치는 장면이었다. 그가 테이프를 가져가는 장면을 반복적으로 관찰한 후에야 비로소 나는 그가 훔친 테이프를 몰래 담던 가방이 그 쇼핑몰의 어디에서도 팔지 않는 제품임을 알게 되었다. 나는 이 사실을 보안 담당 간부에게 알리면서, 매장 내에서 '부적절한' 가방이 눈에 띌 때마다 예의 주시할 것을 당부했다. 나중에 이러한 탐지 방식을 활용하여 절도로 새어나가는 수천 달러의 돈을 확인할 수 있었다는 전갈을 받았다. 요컨대 이러한 과정을 통해 쇼핑의 과학이 탄생했다.

물론 쇼핑의 과학이 탄생하기 이전에 매장 내에서 벌어지는 상황을 측정하는 방식이 전혀 없었던 것은 아니다. 최소한 두 가지는 있었다. 그중 가장 일반적인 방법은 단순히 '테이프'—금전 등록기를 통해 제품을 구입한 시기와 가격을 알려주는 정보—를 점검하는 것이다. 그 테이프에는 규모가 크고 복잡한 다국적 체인점에서부터 길모퉁이에 위치한 가판대에 이르기까지 사실상 거의 모든 소매업체의 운영 과정이 담겨 있다. 이것은 4분기나 1년 혹은 특정한 하루, 나아가 특정 시간대의 매장 상태를 파악할 수 있을 뿐 아니라, 매장의 전반적인 건전성과 성장(또는 쇠퇴) 정도도 측정할 수 있는 좋은 방식이다. 그러나 정확한 진단을 위한 도구로써, 혹은 매장 내에서 발생하는 상황을 파악하는 수단으로써 이러한 방식은 그리 유용하지 않다. 매출 조사로는 좋은 수단이라 할지라도 손실은 제대로 파악하지 못하기 때문이다. 예를 들어 쇼퍼가 매장 안으로 들어와 통로를 따라 걸어가다가 제품 바로 앞에 섰는데 어떤 이유에서인지 그것을 구입하지 않는다면 이것도 눈에 보이지 않는 손실이다. 실무자가 매출 자료에 지나치게 의존하여 추론할 경우, 이 같은 손실에 대해 잘못된 판단을 할 수 있다.

다음 사례는 매사추세츠의 한 쇼핑몰에 위치한 잡화 체인점에서 벌어진 상황이다. 그 체인점은 본사에서 처음으로 직접 운영하는 쇼핑몰 잡화점이었다. 그 때문에 경영진은 다른 무엇보다 실적부터 알고 싶어 했다. 그들은 총 매출에 근거하여 전반적으로 만족했다. 특히 아스피린 코너가 잘 운영되고 있는 것으로 평가했다. 그러나 우리의 사전 조사에 근거하여 잡화점과 아스피린 코너를 검토하자, 한 가지 중요한 수치가 낮게 나타났다. 상품의 전환 비율(conversion rate, 실제로 제품을 구입한 고객의 비율)이 예상보다 저조했던 것이다. 다시 말해 아스피린 코너에 멈춰 서서 포장의 내용을 읽은 고객들은 많았지만, 실제로 아스피린을 구입한 고객은 아주 적었다. 하지만 아스피린은 한가로이 둘러보면서 고르는 품목이 아니므로 전환 비율이 대체로 높은 편이었다. 사람들은 꼭 필요할 때만 아스피린 코너를 찾는 경향이 있기.때문이다. 우리는 한동안 아스피린 진열대를 관찰하기로 하고, 비디오카메라를 설치했다.

사흘이 지나자 한 가지 패턴이 나타나기 시작했다. 아스피린은 매장의 메인 통로에 진열되어 있었는데, 그 통로에는 청량음료를 저장한 냉장고가 위치한 탓에 많은 고객들이 들락거렸다. 아마도 이것이 아스피린이 잘 팔릴 거라는 기대감을 낳게 했을 것이다. 그러나 실상은 정반대였다. 청량음료를 찾는 주고객층은 10대 아이들이었다. 우리의 관찰에 따르면, 그들은 대부분 매장에 들어서자마자 곧장 냉장고를 향해 달려갔다. 사실 그곳은 젊은 직원들이 휴식 시간에 차가운 음료수를 재빨리 집어 들기에 아주 적당한 위치였다.

이들 젊은 고객들은 아스피린에 도통 관심을 보이지 않았다. 정작 아스피린을 원하는 쇼퍼들(주로 노인들)은 다소 불안한 표정으로 진열대에 서 있었다. 애용하는 브랜드를 찾거나 적당한 제품을 궁리하는 동안 통로로 달려드는 10대들을 피해야 했기 때문이다. 실제로 아스피린을 찾는 상대수의 고객들이 10대들의 이러한 과격한 행동에 일찌감치 구경을 단념하고 빈손으로 매장을 빠져나가곤 했다. 이것은 일종의 '부딪침 효과'의 변형판이었다. 고객들은 실제로 부딪치진 않았을지라도 당혹감을 느꼈다. 몇몇 고객들이 움찔움찔하면서 진열대를 껴안는 장면이 비디오테이프에 고스란히 담겨 있었다. 그것은 자연스럽게 쇼핑하는 자세가 아니었다. 그리고 시간을 측정해본 결과, 그들이 진열대에 머무는 시간도 예상보다 훨씬 적은 것으로 나타났다.

작업하다 보면 이런 상황들이 비일비재하다. 어느 매장이나 한 가지 이상의 고객층을 가지고 있다. 따라서 매장은 동일한 구내에서 다양한 기능을 수행하지 않으면 안 된다. 때로는 이런 기능들이 완벽한 조화를 이루며 공존한다. 그러나 때로는 이런 기능들이 서로 충돌(특히 청량음료와 의약품 같은 다양한 제품을 파는 매장에서)하기도 한다. 우리는 할리 데이비슨 대리점에서 이 같은 상황을 목격한 적이 있다. 대략 84평 면적의 그 전시장에는 오토바이를 구입함으로써 젊음을 되찾고자 하는 부유한 중년 남성들과 그곳에서 여분의 부품을 찾는 육체 노동자들, 그리고 할리 데이비슨 로고가 박힌 패션에 관심을 갖는 10대 몽상가들을 위한 공간이 마련되어 있다. 이 세 집단이 원하는 것은 서로 아무 관련이 없기 때문에 충돌할 일이 없다. 그러나 동일한 구내에서 기능들이 서로 충돌한다면 가능한 한 많은 용도를 수용할 수 있는 방안을 강구해야 한다. 위에 언급한 잡화점의 경우, 우리는 아스피린 코너를 번잡한 통로에서 벗어난 지점에 다시 설치하라고 조언했다. 우리는 방문하는 고객의 수는 줄어들겠지만 아스피린은 더 많이 팔릴 것으로 예상했다. 실제로 아스피린 진열대를 옮기자, 매출이 20퍼센트나 증가했다.

다음은 한 대형 서점의 사례이다. 우리가 조사를 진행할 무렵, 그 서점은 입구 바로 안쪽에 할인 도서를 판매하는 커다란 테이블을 설치해두고 있었다. 서점에 들어서는 거의 모든 고객들이 최소한 구경을 하기 위해서라도 걸음을 멈췄기 때문에 그 테이블은 잘 운영되고 있는 것처럼 보였다. 게다가 책을 한 권 이상 구입하는 고객의 비율도 높았다. 따라서 금전 등록기의 기록만 가지고 판단하면 그 테이블은 굉장한 성공을 거둔 것처럼 보였다.

그러나 막상 쇼퍼들을 추적해보니, 그 테이블에 머문 후 서점의 다른 지점으로 이동하는 고객의 수가 예상보다 적었다. 이런 경우, 추적자는 매 시간마다 휴식 공간과 커피숍을 포함한 서점 전체를 바삐 돌아다니면서 각각의 코너에 얼마나 많은 고객들이 있는지 일일이 확인한다. 이것이 바로 매장 조사에서 꼭 필요한 밀집도 점검(density check)이라는 것이다. 밀집도 점검은 우리에게 아주 많은 정보를 전달한다. 예를 들어 매장에 머무는 고객들의 수가 얼마인지, 그들이 어디로 모여드는지 바로바로 알려준다. 뿐만 아니라 건축이나 설계상의 문제로 고객이 특정 지역을 찾아가는 데에 방해를 받는지, 그들이 구내에서 어떻게 이동하는지도 알려준다. 실제로 그 서점의 코너들을 모두 확인해본 결과, 할인 도서용 탁자를 제외한 서점의 나머지 구역을 통과하는 고객의 수는 한결같이 적은 것으로 나타났다. 고객의 이동을 표시한 우리의 추적 용지 지도에도 '짧은 고리 형태'의 이동선이 나타나기 시작했다. 매장에 들어선 고객들이 할인 도서용 탁자에 잠시 머문 후 다른 코너에 한두 군데 더 들르기도 했지만, 계산대로 향하기 전에 매장 입구에서 멀리 떨어진 곳에는 좀처럼 머물지 않았다.

물론 이것은 우연한 현상이 아니었다. 할인 도서용 테이블에서 책을 고른 고객들은 대금 지불을 위해 곧장 계산대로 향했다. 그 때문에 그들은 정상가로 판매되는 베스트셀러나 다른 도서들은 구경도 하지 않았다. 고객들과의 인터뷰에서도 부정적인 효과가 드러났다. 할인 도서용 테이블이 유명세를 타는 바람에 사람들은 그 매장을 신간 판매보다 할인 판매하는 서점으로 더 많이 알고 있었다. 요컨대 할인 도서 판매대의 성공이 서점 내 다른 코너의 실패를 초래했던 것이다.

매장 상황 파악이 가능한 또 다른 방식으로는, 사람들이 보거나 행한 것에 대해 단순히 질문하는 것이 있다. 직접 대면하거나 온라인이나 전화로 질문할 수 있고, 포커스 그룹(시장 조사나 여론 조사를 위해 각 계층을 대표하는 소수의 사람들로 이뤄진 그룹) 내에서 질문할 수도 있다.

민주당원과 공화당원들을 대상으로 실시되는 전화 여론 조사, 혹은 매장이나 쇼핑센터에서 빠져나오는 고객들을 대상으로 하는 인터뷰 같은 것들이 있다. 긴 목록의 질문을 마치면 기본적인 인구 통계학적 정보(연령, 교육, 수입, 성별, 인종 등)를 얻을 수 있다. 수집된 정보는 이런 식이다. 대학 교육을 마친 40대 백인으로, 노스웨스트 교외에 거주하며 스테이션왜건을 몰고 다니는 두 아이의 어머니들은 저지방임에도 불구하고 지프 치즈를 선호한다. 편의점에서 코카콜라를 구입한 남자들은 빨간색이 아니었으면 그 브랜드를 찾지 못했을 거라고 말한다. 대학 졸업생의 4분의 1은 일주일에 한 번 파스타를 먹는다. 이 같은 정보를 토대로 무수히 많은 사항들을 상호 참조할 수 있다. 그리고 이러한 조사를 통해 지혜로운 마케팅이 가능하다.

그러나 이런 조사들도 고객과 제품이 같은 공간 안에서 최종적으로 마주치게 되는 상황에 대해 충분히 알려주지 못한다. 고객들이 매장 안에서 무엇을 보았는지, 또 어떤 행동을 했는지 질문하더라도 종종 그 답변이 의심스러울 때가 있기 때문이다. 사람들은 종종 매장 안에서 자신이 보고 행한 사소한 것들을 잘 기억하지 못한다. 나중에 다시 기억해야지 하는 생각을 품고 쇼핑하지는 않기 때문이다. 우리가 향수 조사를 진행할 때 몇몇 고객들은 인터뷰에서 진지하게 구매를 고려했던 브랜드에 대해 말했지만, 그 브랜드가 매장에 존재하지 않을 때도 있다. 또 편의점에서 담배 판촉을 조사할 때는 몇몇 고객들이 말버러 광고를 봤다고 기억했지만, 매장 내에 그런 광고는 어디에도 없었다.

만약 우리가 오직 무언가를 구매할 때만 매장을 찾는다면, 그리고 오직 우리에게 필요한 것만 구매한다면, 아마도 경제는 붕괴하고 말 것이다. 다행히 20세기 후반의 경제적 당사자들은 기대 이상으로 쇼핑을 활성화시켰다. 덕분에 그 어느 때보다 많은 쇼핑이 이루어지고 있다. 오늘날에는 쇼핑을 회피하는 것이 더 어렵게 느껴질 정도다. 매장이나 박물관이나 테마 레스토랑을 찾지 않는다 해도 일주일 내내 24시간 계속되는 인터넷 쇼핑이나 TV에서 방영되는 홈쇼핑까지 피하긴 힘들기 때문이다. 게다가 매일같이 날아드는 각종 카탈로그의 홍수에서 벗어나기도 힘들다.

그 결과, 지금 우리는 위험하리만치 과도한 쇼핑에 노출되어 있다. 즉 지나치게 많은 매장들에서 과도한 판매가 이루어지고 있다. 심지어 절정의 호황을 누리는 경제도 소매의 빠른 성장을 미처 따라잡지 못하는 형국이다. 출생률로 보더라도 새로운 세대의 고객이 창출되는 속도보다 매장이 양산되는 속도가 훨씬 더 빠르다.

현재 전 세계의 선진국에서는 새로운 고객에게 봉사하기 위해서가 아니라, 다른 매장의 고객들을 끌어들이기 위해 매장과 쇼핑몰을 짓고 있다. 오늘날에는 북미와 서구 유럽은 물론, 모스크바, 두바이, 상하이와 뭄바이 등지에서도 첨단 소매 활동을 목격할 수 있다. 그러나 우리가 미국에서 주로 관심을 갖는 것은 동일한 매장에서 이루어지는 소매 활동이다. 즉 동일한 공간이나 장소에서 어떻게 더 많은 매출을 올릴 수 있느냐에 초점을 맞추는 것이다. 그리고 이러한 방식이 쇼핑의 과학의 성장에서 또 다른 기폭제 역할을 하고 있다.

그런데 오늘날 쇼핑의 과학이 효력을 발휘할 수 있는 것에는 또 다른 이유도 있다. 수세대 전만 하더라도 고객의 관심을 끌기 위한 상업적 메시지는 고도로 집중된 신뢰성 있는 정보에서 나왔다. 당시에는 정보를 얻는 수단이 세 가지 TV 네트워크와 AM 라디오, 그리고 전국적으로 유통되는 소수의 잡지들과 각 도시에서 발행되는 일간신문들이 전부였다. 대형 브랜드 제품들은 이러한 미디어를 통해 광고했으며, 그 메시지는 명확하고 신뢰할 만했다. 그러나 오늘날에는 수백 개의 TV 채널이 있으며, 리모컨과 티보(TiVo, 디지털 비디오 녹화기)를 이용하여 선택적으로 광고를 건너뛸 수 있다. 그뿐만이 아니다. FM과 위성 라디오, 개별적인 사소한 관심사까지 충족시켜주는 넘치는 잡지들, 정보와 오락을 찾는 이들을 위한 사이트들이 거의 무한대로 들어 있는 인터넷도 있다. 그리고 이것은 고객에게 접근하여 그들을 설득하는 과정이 한층 더 어려워졌음을 의미한다.

이와 동시에, 우리는 브랜드의 영향력이 차츰 약화되는 것을 목격하고 있다. 한두 세대 전만 하더라도 사람들은 어려서부터 자신의 브랜드를 선택했기 때문에 쇼핑을 할 때면 언제나 그 브랜드의 구입을 고수했다. 가령 뷰익을 고수하는 사람은 언제나 뷰익만 구입했으며, 말버러를 고수하는 사람은 오직 말버러 담배만 피웠다. 그러나 오늘날에는 모든 결정이 새롭게 이루어지며, 그 무엇도 당연시되지 않는다.

이것은 매장 외부에서 영향을 받는 구매 결정이 점점 감소하고 있음을 의미한다. 반면, 훨씬 더 많은 구매 결정이 매장 내부에서 이루어지고 있다. 또 이것은 고객들이 브랜드나 광고, 혹은 마케팅에 의존하기보다 매장에서 얻는 인상과 정보에 더 민감히 반응하면서 구매 결정을 한다는 것을 의미한다. 슈퍼마켓이든 어디든 충동구매 비율은 급등하고 있다. 심지어 중요한 구매 결정도 매장 안에서 바로 이루어진다.

그 결과, 지금은 매장과 통로가 메시지 전달과 최종 판매를 위한 중요한 매체 역할을 하고 있다. 매장이 위치한 건물과 장소가 그 자체로 초대형 3차원 광고가 되는 식이다. 광고판, 선반 위치, 진열 공간, 특별한 시설물도 고객들의 제품 구입에 영향을 주고 있다. 그리고 이러한 모든 수단의 활용법을 알려주는 것이 바로 쇼핑의 과학이다. 예컨대, 쇼퍼들이 실제로 읽게 되는 광고를 어떻게 디자인하는지, 각각의 메시지가 적절한 장소에 위치하려면 어떻게 해야 하는지, 쇼퍼들이 편리하고 쉽게 살펴볼 수 있는 진열대를 어떻게 만드는지, 쇼퍼들이 매장 곳곳을 찾아가게 하려면 어떻게 해야 하는지 등을 알려주는 것이다. 아마도 이런 목록을 일일이 열거하자면 족히 책 한 권 분량은 될 것이다.

마지막으로, 우리는 조사를 통해 쇼퍼가 매장에서 오래 머물수록 더 많은 제품을 구매한다는 사실을 입증했다. 그리고 쇼핑 경험이 얼마나 편안하고 즐겁냐에 따라 그들이 매장에서 보내는 시간도 차이를 보였다. 화이트의 노력에 의해 도시의 공원과 광장이 개선된 것처럼, 쇼핑의 과학의 목적은 좀 더 나은 소매 환경을 창출하는 것이다. 궁극적으로 우리는 고객에게도 이득이 되는, 일종의 소비자 보호 운동을 전개하고 있는 셈이다.

내가 1997년에 이 책을 처음 집필할 때만 하더라도, 나의 회사 인바이로셀(Envirosell)은 매장을 비롯한 상업적 환경의 세계에서 선구자 같은 존재였다. 그러나 10년이 지나자 '쇼핑의 과학'은 상인과 마케터들의 입에 자주 오르내리는 용어가 되었다. 지금은 많은 기업들이 우리가 수행하는 것과 똑같은 작업을 하고 있다고 주장한다. 사실, 관찰은 인간이 배움을 얻는 중요한 방식 중 하나이다. 그러니 관찰을 통해 비즈니스를 시작하지 못할 이유가 없다. 나는 우리의 작업을 모방하는 기업이 있더라도 그들이 인간의 삶에 도움이 되는 공동체에 속한다면 반갑게 맞아들일 것이다. 그러나 맑은 물을 흙탕물로 만드는 침입자들이 존재하는 것도 사실이다.
첫 번째 침입자는 자료 수집의 효율성을 모색하는 테크놀로지 기업들이다. 그들은 시설물에 감시 카메라를 설치하여 사람의 수를 차례로 셀 수 있는 소프트웨어 패키지를 가지고 있다. 그렇다면 이것이 광고나 진열대를 지나치는 사람들의 수를 계산하는 것과 얼마나 밀접한 관련이 있을까? 뉴욕 시 21번가와 브로드웨이의 모퉁이에 위치한 내 사무실에 앉아 있으면, 많은 테크놀로지 기업들이 최첨단 기술을 소개하기 위해 나를 찾아오고는 한다. 나는 "이것이 소매업계에 엄청난 변화를 몰고 올 것이다"라는 표현을 숱하게 들었다. 그 기술은 대부분 응용 프로그램을 찾는 것이었다. 응용 프로그램을 만들면 원하는 정보를 수집할 수 있는 방식이다. 물론 이 같은 기술에 대가를 지불할 용의가 있는 이들도 있다.

  그런가 하면, 1시간만 시간을 달라고 간청하며 전화를 하는 이들도 있다. 그런데 그들과의 만남에 동의하면, 만남이 성사되기도 전에 17쪽에 달하는 비공개 계약서가 먼저 도착한다. 만약 누군가가 나를 고용한다면 나는 기꺼이 각종 서류에 서명할 것이다. 그러나 난데없이 전화를 걸어 17쪽에 달하는 법적 문서를 검토해주길 기대한다면 몹시 언짢을 수밖에 없다. 어쨌든 누군가가 내게 무언가를 보여주고자 한다면, 나는 1시간 동안 그를 만나서 솔직한 답변을 할 것이다. 다만, 내 스스로 정한 한 가지 조건이 있는데, 그것은 자선 단체에 750달러를 기부하는 것이다. 지금까지 나는 이런 식으로 수만 달러를 모금하여 뉴욕의 홈리스 여성들을 위한 시설에 지원했다.

  내가 접한 몇몇 기술들은 스파이 위성을 통해 탱크를 추적하도록 설계된 소프트웨어 패키지처럼 그야말로 유용하지 않은 것들이었다. 천장에 광각렌즈를 장착한 카메라를 잔뜩 설치하기만 하면 바로 쇼핑의 과학이 가능하다는 식이다. 이 같은 기술을 가진 상당수의 회사들이 거액의 벤처 자금을 지원받고 있다. 그들은 번

드르르한 프레젠테이션과 호화로운 만찬, 그리고 많은 장밋빛 약속을 하면서 사업을 추진한다. 창업 투자 회사들은 그들을 리서치나 컨설팅 기업이 아닌 소프트웨어 벤처 기업으로 바라본다. 일단 준비를 마치면 사업 진행은 일사천리로 이루어진다. 누군가가 매주 보고서 제출을 약속하는 2년짜리 계약서에 서명한다. 유일한 문제는 두 달쯤 지나면 또 다른 주간 보고서를 훑어보다가 '대체 우리가 이것으로 무얼 하고 있는 거지?'라는 의구심이 생긴다는 것이다. 우리 회사의 고객들 중에서 우리와의 계약을 해지하고 근사한 소프트웨어를 구입했다가 2년 후에 다시 돌아온 업체들이 적지 않은 것도 그 때문이다.

내가 반대하는 또 다른 침입자는, 인바이로셀을 모방하면서 경험이 부족하고 미숙한 사람들을 현장에 보내는 회사들이다. 그들 역시 우리처럼 고객들이 보고 만지고 읽은 것을 관찰한다. 얼핏 이것이 쉬워 보일 수도 있다. 그러나 이 과정의 다른 측면은 몹시 까다롭다. 현재에도 우리와 같은 일을 저가로 해주는 많은 경쟁업체들이 있다. 그러나 대가를 지불한 만큼만 얻는 법이다.

2
매장 관리자가
의외로 모르는 것들

　이 장에서는 좀 더 실용적으로 과학자가 아닌 사업자, 즉 소매업
자와 마케터의 시각으로 쇼핑의 과학을 살펴볼까 한다. 여기서 사
업자란 제품 서비스와 쇼핑 체험의 제공자로, 우리의 연구 과제에
꼭 필요한 한 부분을 말한다. 소매업자는 우리가 알려준 교훈과 원
칙을 모두 흡수하여 적용해야 하며, 마케터는 자신이 판매하는 제
품이나 카탈로그를 고객들이 어떤 식으로 쇼핑하고 구입하는지
알고 있어야 한다. 우리는 그들의 매장을 조사한다. 따라서 "소매
업자들은 이미 많은 사실들을 알고 있지 않을까?"라는 질문은 당
연할지도 모른다.
　그러나 예상과 현실은 얼마든지 다를 수 있다. 일례로 수십억 달
러 규모의 체인점에서 근무하는 아주 지적이고 유능한 한 중견 간

부라 할지라도 "당신의 매장에서 물건을 사기 위해 방문하는 고객의 수가 어느 정도 됩니까?"라는 간단한 질문에 어처구니없는 답변을 할 수 있다.

만약 당신이 그 간부라면 이 정도 사실은 당연히 알고 있어야 할 것이다. 그렇지 않은가? 물론 그 간부는 담당 부서의 운영 현황을 모를 만큼 무능한 사람이 아니다. 그는 체인에 소속된 수천 개 매장의 현황을 소상히 알고 있다. 또 일일 기준으로 전표의 총계, 평균 매출, 특정 매장의 작년과 금년의 매상 비교, 지역별 매상 비교, 품목과 매장의 수익률 등도 훤히 알고 있다. 한마디로 그는 매장 운영과 관련된 모든 사항들을 알고 있다.

그런데 물건을 구입하기 위해 매장에 들어오는 고객의 수에 대해 물었을 때 그의 답변은 명확하지 않았다. 그것은 마음대로 데이터와 수치를 조작할 수 있는 대형 PC 네트워크의 답변이나 마찬가지였다. 그 회사의 사원들은 이른바 전환 비율(구매자가 되는 쇼퍼의 비율)이 100퍼센트에 이른다는 사실에 모두 동의했다. 그들의 추론에 따르면, 대리점들은 명확한 목적을 가진 매장이기 때문에 고객들이 특정한 구매 물품을 이미 마음속으로 정한 다음에 방문한다는 것이었다. 따라서 고객들이 물품을 구매하지 않는 경우는 물건이 품절되었을 때뿐이라고 생각했다.

그러나 실제로 쇼퍼가 구매자로 전환되는 비율은 회사와 직원들의 생각과 일치하지 않았다(지금껏 성공을 거둔 다른 많은 기업과 경영자들의 경우도 마찬가지다).

우리는 수백 시간에 걸쳐 매장에 들어온 쇼퍼의 수와 물품을 구매한 쇼퍼의 수를 일일이 헤아렸기 때문에, 이를 근거로 한 전환 비율을 정확히 알고 있었다. 그곳은 이러한 유형의 매장치고는 전환 비율이 아주 높은 편이었다. 그러나 간부의 예상에 비하면 절반에 불과했다. 정확히 말하면, 쇼퍼의 48퍼센트만 무언가를 구매했다.

간부는 조사 결과를 듣고 놀라워했지만, 정보의 가치를 신뢰하는 사람이었기에 더 많은 사실을 알고 싶어 했다. 그러나 그의 조직에 속한 몇몇 사원들은 의심과 분노, 경멸의 감정을 드러내며 우리의 계산이 엉터리라고 주장했다. 그러면서 그들 나름의 방식으로 우리와 같은 조사를 실시했다. 그들은 매장 출입구에 서서 매장 안으로 들어오는 고객의 수와 쇼핑백을 들고 나가는 고객의 수를 헤아렸다. 그 결과는 우리의 조사 결과와 동일했다. 결론적으로 이것은 회사의 입장에서 매우 긍정적인 소식이었다. 특정한 몇몇 사항들을 바꾸는 것이 더 나은 회사가 될 수 있는 기회를 제공했기 때문이다. 경영진은 우리의 조사 덕분에 '회사에 오랫동안 뿌리내린 선입견에 대해 근본적인 변화'가 가능했다고 말했다. 그들은 매장 배열, 진열, 상품화 계획, 직원 배치에서 새로운 방식을 모색하기 시작했다. 그 결과, 전환 비율이 개선되었으며 이윤도 증가했다.

우리의 조사 결과는 회사의 전반적인 계획 수립에도 중요한 역할을 했다. 연료가 곧 바닥나는 고비용 전략을 통한 세력 확장 방식을 선택하지 않더라도, 매장 차원에서 얼마든지 의미 있는 성장이 가능함을 입증했기 때문이다. 현재 동일한 매장의 매출은 체인점의 건전성을 알려주는 지표 역할을 하고 있다.

마케터들 또한 20세기 말에 암흑기를 통과했다. 10년 전만 하더라도 매출 자료나 기록 테이프 편집이 전부였다. 그러나 오늘날에는 거의 모든 소비자 제품 기업들이 쇼퍼 인사이트 그룹(shopper insight group)과 소비자 인사이트 그룹(consumer insight group)을 가지고 있다. 그들은 종종 매장 내 사람들에게서 발생한 상황(쇼퍼)과 구매한 물건을 가정으로 가져간 상황(소비자) 간의 차이점을 두고 격렬한 논쟁을 벌인다. 여기서 무엇보다 중요한 점은, 인사이트 그룹이 긍정적인 변화를 가져왔다는 것이다. 그러나 교외에 위치한 대학에 몸담고 있는 마케터들의 경우, 이따금 상당한 간극을 보여주기도 한다. 2008년 현재 시점에서는 그 의미를 이해하기보다 자료 수집이 더 쉬운 접근법이다. 쇼핑의 과학이 생겼기 때문에 지금은 많은 기업들이 자사의 데이터베이스 규모—우리는 보안 카메라를 가지고 수백만 명의 쇼퍼들을 추적했다—를 언급하고 있다. 그렇다면 쇼핑의 과학이란 대체 무슨 의미일까? 10년 전에 이 책의 초판을 출간했을 때만 하더라도 쇼핑의 과학의 올바른 발전 과정은 기업들이 이 같은 정보를 가지고 기업 활동을 고찰하는 것이었다. 그리고 그들이 사용하는 나름의 수단에 근거하여 한 가지 질문을 던졌다. 이것이 우리에게 이윤을 창출해주고 있는 것일까?

이쯤에서 기본 원리로 다시 돌아가자. 전환 비율은 매장이나 제품 유형에 따라 천차만별이다. 예컨대 슈퍼마켓의 어떤 코너에서는 전환 비율이 거의 100퍼센트에 달한다(일기장이나 화장지 같은 제품이 여기에 속할 듯싶다). 그러나 고가의 물품들로 가득한 화랑이나 고급 보석점 같은 경우라면 100명 중 단 한 명만 구매하더라도 그 것으로 충분할 것이다. 그러므로 어떤 제품을 판매하든 전환 비율이 매장 운영의 효율을 측정하는 중요한 수단이라는 주장은 무의미한 논쟁이다. 마케팅, 광고, 판촉, 매장 위치 등과 같은 요소들은 쇼퍼를 끌어들일 수 있다. 제품과 직원, 매장의 본분은 이러한 쇼퍼들을 구매자로 전환시키는 것이다. 그러나 전환 비율은 자신이 가진 자산으로 무엇을 만들어내는지 측정하는, 즉 전체 사업이 매장 내에서 어떤 식으로 운영되는지 알려주는 수단이다. 전환 비율과 소매의 관계는 타율과 야구의 관계와 흡사하다. 만약 이러한 타율을 모른다면 어떤 선수가 지난 시즌에 100안타를 기록했다 할지라도 그가 300타석에 들어섰는지 혹은 1,000타석에 들어섰는지 알 수 없을 것이다. 다시 말해 전환 비율을 모르면 정확한 실상을 알 수 없다.

그러나 이러한 간단한 형태의 전환 비율도 한계를 가지고 있다. 지난 10년 동안 많은 기업들이 매장 출입구에 전자 계수기를 설치하여 데이터를 기록했다. 그것은 즉각적으로 현재의 전환 비율을 계산할 수 있는 보일라(Voilà)라는 장치였다. 그러나 진실은 종종 다음과 같은 세부적인 사실들을 감추곤 한다. 남성과 여성 간의 차이점은 무엇일까? 이 과정에 어린이 혹은 흑인이나 남미인들을 추가할 경우, 또 어떤 상황이 벌어질까? 계수기는 출입구를 지나치는 사람들의 수를 헤아릴 뿐이다. 4명으로 구성된 한 가족이 각자 대형 TV를 하나씩 짊어지고 매장을 빠져나갈 가능성은 극히 희박하다는 사실은 고려되지 않는다. 물론 사람들을 한 무리로 계산하고, 사람의 성별도 구분하는 좀 더 개선된 장치들이 없는 것은 아니다. 하지만 나는 이러한 장치들을 그다지 신뢰하지 않는다. 우리는 계산 시스템을 설치한 기업들로부터 많은 요청을 받았다. 보통 그들은 석 달 동안 매일 기록을 했지만 어떻게 하면 그 정보를 지속적으로 실행 가능한 수단으로 전환시킬 수 있는지 여전히 갈피를 잡지 못했다. 일례로 본사에서 계산된 수치를 전달받았을 때 매장 관리자들은 당혹감을 감추지 않으며 다음과 같은 반응을 보였다. "그래요, 우리의 전환 비율 수치가 낮은 건 당연한 사실입니다. 하지만 그건 출입구에 서서 무관심하게 시간만 때우는 사람들이 많기 때문입니다. 보면 아시겠지만, 우리들은 부엌용품 매장 바로 옆에 위치해 있습니다. 이곳은 남편들이 무더기로 매장을 빠져나오는 길목입니다."

지금도 대다수 사업자들은 전환 비율을 제대로 구분하지 못하고 있다. 경영대학원에서 강조하는 비즈니스 측정 방식에는 전환 비율이 포함되지 않았다. 전환 비율은 이윤폭이나 투자 수익률, 통화 공급량과는 무관하다. 오직 매장 안에서만 발생하는 상황이기 때문이다.

이쯤에서 매장 내에서 벌어지는 상황을 측정하는 또 다른 방식들도 살펴보기로 하자. 예전에 나는 화장품 회사의 한 간부에게 여성들이 매장을 방문할 때마다 화장품 구매에 실제로 어느 정도의 시간을 소비하는지 질문한 적이 있다.

"대충 10분쯤 사용할 겁니다"라고 그가 대답했다. 그러나 나는 조사를 통해 고객들이 화장품 코너에 평균적으로 2분쯤 머문다는 사실을 알고 있었다. 그리고 제품을 구매한 고객들은 이보다 30초쯤 더 머물렀다. 범주를 더 넓혀보면, 슈퍼마켓을 방문하는 고객들의 쇼핑 시간은 평균 25분이다. 또 하이퍼마켓—미국의 월마트, 프랑스의 까르푸, 남아공의 픽앤페이 같은 대형 쇼핑센터—을 방문하는 고객들의 쇼핑 시간은 대략 30분이다. 이것은 모두 스톱워치를 사용하여 일일이 측정한 시간이다. 그러나 고객들에게 매장 안에서 소비한 시간을 물으면, 그들은 종종 그 시간을 두 배로 늘여서 답하곤 한다. 모든 상업적 환경에서 시간은 세 가지 유형으로 나타난다. 첫 번째는 실제 시간이고, 두 번째는 사람에게 인지되는 시간이며, 세 번째는 이 두 가지가 결합한 시간이다.

오늘날 쇼퍼들이 제품 구입을 결정하는 데에 있어, 매장 내에서 그들의 쇼핑 시간(줄을 서서 기다리지 않고 쇼핑만 하는 시간)이 다시금 중요한 요소로 부각되고 있다. 그리고 조사를 되풀이할수록 이런 수치들 간에 직접적인 연관성이 있는 것으로 나타났다. 만약 고객이 매장을 구석구석 돌아다니면서 많은 제품들을 실제로 보고 만지며 구매를 고려한다면 상당히 많은 시간이 소요될 것이다. 조사에 따르면, 전자제품 매장에서 비구매자들은 5분 6초 동안, 구매자들은 9분 29초 동안 머무는 것으로 나타났다. 장난감 매장에서는 비구매자들은 10분, 구매자들은 17분 동안 머무는 것으로 나타났다. 특히 몇몇 매장들의 경우에는 구매자들이 비구매자들보다 서너 배쯤 더 오랜 시간 매장에 머물렀다. 여기서 고객들의 쇼핑 시간을 늘리고 싶다면 여러 가지 요소들을 활용할 수 있다. 이 같은 요소들을 연구하는 것이 바로 우리가 해야 할 일이다. 우리가 소매업자들에게 건네는 조언들은 대부분 고객들이 더 오랜 시간 동안 쇼핑할 수 있도록 하는 방법에 관한 것이다. 그러나 쇼핑 시간을 증가시키는 방법을 알기 전에 사람들이 매장 안에서 얼마나 오랫동안 머물러 있는지부터 알아야 한다.

이러한 측정 방식의 또 다른 면으로 혼란 지수(confusion index)라는 것이 있다. 이것은 매장을 두서없이 돌아다니기만 하는 사람들의 비율을 말하는 것이다. 시간이 상대적임을 명심해야 한다. 만약 대형 쇼핑몰에서 쳇바퀴를 돌듯 돌아다니며 시간을 보낸다면 마치 30분쯤 매장에 머물러 있는 것처럼 느껴질 것이다. 뭔가 좋은 물건을 찾아 나섰다가 매장에서 그 제품을 발견하지 못한다면 쇼핑이 대체 무슨 의미가 있겠는가?

지난 10년간 우리가 거둔 노력의 결실 중 하나는 사무용품을 파는 대형 매장에서 새로운 변화가 발생했다는 것이다. 1997년에 스테이플스, 오피스맥스, 오피스디포 같은 사무용품 회사들은 새롭게 매장을 개설할 때마다 창고형 매장을 사용했다. 그들은 4~5미터 높이에 달하는 선반을 설치했다. 그 때문에 매주 그 매장에서 쇼핑하지 않은 한 물품을 찾는 것이 쉽지 않았다. 대부분의 통로에서 고객의 3분의 1은 물건을 고르지 않았다. 그들은 여기저기를 훑어보거나 마냥 시간만 때울 뿐이었다. 그들은 복사지가 어디에 쌓여 있는지조차 알지 못했다. 거의 모든 고객들이 자신의 목록에 적힌 물건들을 발견하면 바로 매장을 떠났다. 스테이플스는 우리의 제안에 따라 변화를 모색한 최초의 대형 사무용품 매장이었다. 그들은 이른바 '활동 장소 개념(arena concept)'을 개발했다. 여기서 활동 장소란, 매장의 중간 지점을 낮게 설계한 후 고객들의 눈길이 미치는 지점까지 차츰 높아지는 통로를 뜻한다. 이것은 아주 놀라운 변화였다. 일단 실내로 걸어 들어가면 대형 매장이라 할지라도 모든 제품들을 한눈에 볼 수 있었기 때문이다. 그러자 자신이 원하는 물품이 있는 통로만 찾는 고객들이 대폭 감소했다. 이윽고 오피스맥스와 오피스디포도 이런 흐름에 동참했다. 어떤 경우에는 동일 매장의 매출이 20퍼센트 이상 증가했다. 그렇다면 새로운 매장들이 고객을 더 오랫동안 머물게 한 걸까? 물론이다. 매장에서 고객들이 소비한 시간은 현저히 증가했다.

매장 상황을 점검하는 또 다른 좋은 방법으로 인터셉션 비율(interception rate)이 있다. 이것은 직원들과 접촉하는 고객의 비율을 뜻한다. 이 비율은 최근 들어 특히 주목받고 있는데, 많은 사업체들이 간접비를 줄일 요량으로 정규직 직원들을 줄이는 대신 최저 임금자들을 늘리고 있기 때문이다. 우리는 조사를 통해 직접적인 연관성을 발견했다. 고객과 직원 간에 접촉이 많이 발생할수록 평균 매출이 더 증가했다. 직원과의 대화가 고객을 더 가까이 끌어들이는 방식으로 작용한 것이다.

우리는 인터셉션 비율이 25퍼센트인 대형 의류 체인점을 조사한 적이 있다. 이 비율은 모든 고객의 4분의 3이 판매 사원과 단 한마디도 주고받지 않았다는 것을 의미한다. 이것은 위험하리만치 낮은 비율이었다. 그만큼 고객들이 필요한 정보를 알려줄 직원을 찾아 매장을 헤매다가 실망감을 느낄 공산이 크기 때문이다. 이것은 직원들이 적극적으로 판매 활동에 나설 수 있는 시간이 충분하지 않음을 의미하는 것이기도 했다. 그들은 진열대에 물건을 올려놓고 금전 등록기를 사용하는 것만으로도 눈코 뜰 새 없이 바빴다. 이것은 매장이 효율적으로 운영되지 않음을 단적으로 보여주면서 동시에 그 이유에 대한 실마리를 제공하는 사례였다.

또 다른 간단한 측정 방식으로는 대기 시간(waiting time)이 있다. 앞서 논의했듯이, 대기 시간은 소비자의 만족도에 지대한 영향을 미친다. 그럼에도 고객들이 장시간 줄 서서 기다려야 하는 상황을 초래할 경우, 고객 서비스와 관련된 이미지가 크게 나빠진다는 사실을 깨달은 소매업자들은 그리 많지 않다. 바쁜 경영자들은 기다리는 거라면 무엇이든 질색한다. 그러나 그들 중에는 일반인들 역시 똑같은 생각을 가지고 있다는 사실을 망각하는 이들이 있다. 한 가정용품 체인점의 부사장은 우리가 보여준 비디오를 보고 깜짝 놀란 적이 있다. 화면 속에서는 한 여성이 계산대 앞에 늘어선 줄에서 정확히 22분 동안 기다리고 있었다. 그때까지 선 채로 기다리던 그녀는 계산대 앞이 뒤죽박죽임을 깨닫기 시작했다. 그러자 그녀는 카트에 가득 담긴 짐을 팽개치고 곧장 매장을 빠져나갔다. 물론 우리는 늘 이런 상황을 봐왔기 때문에 그리 놀라지 않았다. 어느 은행에서 작업할 때도 비슷한 일이 있었다. 당시 그 은행에서는 5분 이상 기다린 고객에게 5달러를 보상하는 정책을 실시하려던 참이었다. 우리는 이틀에 걸쳐 금전 출납원 앞에 늘어선 줄을 조사한 후, 애초에 예상했던 것보다 세 배나 많은 비용이 필요할 거라고 보고했다. 그러자 그들은 곧 그 계획을 철회하고 대기 시간을 줄이는 방안을 강구하기 시작했다.

마지막은 매장 상황을 파악하는 데에 있어 특별한 방법이 불필요한 측정 방식이다. 그러나 이것은 사업자들의 무지함을 잘 보여주는 사례이다. 즉 그들은 종종 쇼핑하는 고객이 누구인지조차 모른다. 앞에서 이미 애완동물 간식 제조업체에 대해 논의한 적이 있다. 그들은 주로 높은 위치의 선반에 물품을 쌓아놓았는데, 그 물품의 주요 구매자가 노인과 어린이들이라는 사실을 전혀 몰랐다. 한번은 2인용 테이블은 남아도는데, 4인용 테이블은 부족한 패밀리 레스토랑 체인점을 조사한 적이 있다. 바쁜 시간대에는 이 문제가 늘 두통거리였다. 유일한 이유는 식사하는 집단의 규모에 대해 진지하게 고민한 사람이 아무도 없었다는 것이었다. 우리가 조사했던 또 다른 패밀리 레스토랑 체인점에서는 각 매장마다 대략 10퍼센트의 공간을 스탠드식 좌석으로 남겨두고 있었다. 한가한 시간대에 그 좌석은 텅 비어 있었다. 홀로 식당을 방문한 고객들이 잡지나 신문을 읽을 수 있는 널찍한 테이블을 더 선호했기 때문이다. 그런데 바쁜 시간대에도 그 좌석은 텅 비어 있었다. 2~3명 혹은 4명씩 무리지어 식당을 찾아온 고객들 역시 널찍한 테이블을 원했던 것이다. 심지어 고객들이 테이블에 앉기 위해 줄 서서 기다릴 때도 스탠드식 좌석은 비어 있기 일쑤였다.

이렇듯 소매업자들은 매장으로 찾아오는 고객들에 대해 잘 모르는 경우가 흔하다. 일례로, 뉴욕 시에 위치한 그릴리 광장의 한 신문 가판대에서 매출 증가를 위해 잡지류 공간 확충을 계획한 적이 있다. 그곳 고객의 대다수는 한국인—광장에 인접하여 대형 한인촌이 형성되어 있었다—이나 남미인들이었다. 그래서 우리는 한국 잡지(한국 신문은 이미 불티나게 팔려나가고 있었다)나 라틴 시장에서 인기 있는 청량음료를 구비해놓으라고 조언했다. 그들이 우리의 조언을 따르자, 매출이 곧바로 증가하기 시작했다.

뉴욕이나 로스앤젤레스 같은 대도시(매장과 레스토랑에서 잠시 휴식을 취하고 싶어 하는 외국인들이 많은 도시들)에서는 항상 이러한 문제들이 발생한다. 예를 들어, 그곳에는 고가의 사치품들을 구매하려는 아시아계 쇼퍼들이 많음에도 불구하고 그들을 위한 편의 시설은 찾아보기 힘들다. 외국인 고객을 위한 환전표나 환율표는 물론이고, 고객에게 신용카드를 받는 곳임을 알려주는 일본어나 한국어 표지조차 눈에 띄지 않는다. 재치 있는 소매업자라면 임금을 더 주고서라도 일본어나 독일어, 프랑스어, 또는 스페인어를 웬만큼 구사할 수 있는 직원을 고용하려 할 것이다. 단 몇 마디라도 쇼퍼의 모국어로 대화를 주고받는 것이 큰 효과를 발휘하기 때문이다. 외국에서 쇼핑해본 경험이 있다면 누구든 이러한 효과를 십분 이해할 것이다.

그런데 외국인 고객은 차치하고, 자신의 매장을 찾아오는 현지인들이 누구인지조차 까맣게 모르는 소매업자들도 있다. 나는 전국적인 체인망을 갖춘 워싱턴 DC의 어느 잡화점을 방문했을 때 어처구니없는 장면을 목격한 적이 있다. 그곳은 쇼퍼의 95퍼센트 이상이 흑인임에도 불구하고 다양한 종류의 금발용 염색약과 헤어 제품들을 판매하고 있었다. 그런가 하면 플로리다가 본사인 약국 체인점의 미니애폴리스 지점에서는 가장 눈에 잘 띄는 장소에 각종 선탠로션을 진열해놓고 있었는데, 공교롭게도 그때는 가을이 한창인 10월이었다.

2부

인간의 보편성이 만드는
쇼핑의 과학

쇼핑의 과학 제1원칙은 아주 간단하다. 모든 사람들에게 공통적으로 특정한 신체적·해부학적 능력, 성향, 한계 및 요구가 존재하므로 이런 특징에 맞게 소매 환경을 조정해야만 한다는 것이다. 우리는 이것을 전문용어로 '생물학적 상수(the biological constants)'라고 부른다.

다시 말해, 매장, 은행, 레스토랑 같은 공간이 인간의 생물학적 특성에 친숙해져야 한다는 의미이다. 쇼퍼는 성별, 나이, 수입과 취향에 따라 천차만별이다. 또 현실적으로 상대적 인구 밀집도, 기후, 보안 문제, 지역의 경제적 행복 등에 따라서도 차이를 보인다. 그러나 그들에게는 이러한 차이보다 훨씬 더 많은 유사성이 존재한다. 모든 건축 환경(매장, 은행, 호텔, 경기장, 일반 주택, 아파트 등등)

은 그것을 이용하는 존재의 특성을 반영해야 한다. 굳이 언급하지 않아도 이것은 당연한 사실이다, 그렇지 않은가? 결국 이러한 환경을 설계하고 운영하는 주체는 인간일 수밖에 없고, 그들 중 대다수는 또 다른 쇼퍼이거나 이용자임이 분명하다. 따라서 언뜻 보기에 이런 원리를 실행에 옮기는 것이 쉬워 보일 수도 있다.

그러나 우리는 작업을 하면서 인간이라는 기계가 어떻게 만들어지는지, 또 인간의 생리학적·해부학적 특징이 어떻게 인간 행동을 결정하는지, 쇼핑 환경을 제대로 파악하지 못하고 있음을 알게 되었다. 여기서 내가 말하고자 하는 것은 아주 기본적인 사실들이다. 예컨대 인간은 2개의 팔을 가지고 있으며, 휴식을 취할 때 팔은 대략 90센티미터 높이에 위치한다. 그리고 우리의 시선은 바로 눈앞에 있는 대상들뿐만 아니라, 환경적 요소에 의해 그 크기가 결정되는 주변 대상들도 주목한다. 또 우리는 물건보다 사람을 더 자주 바라본다. 뿐만 아니라, 사람들이 어디서 어떻게 걸어가는지 예상하며 그것을 결정하기까지 한다. 예컨대 우리는 예측 가능한 통로로 이동하면서 주변 상황에 맞게 움직이는 속도를 높이거나 줄이거나 멈출 수 있다.

내가 위치한 곳이 도쿄든, 파리든, 케이프타운이든 캘리포니아주의 오렌지카운티이든, 또 내 키가 2미터이든, 1미터 50센티미터이든, 인간으로서 기본적인 척도는 예측 가능한 범위를 벗어나지 않는다. 나는 중국인이나 인도인, 혹은 멕시코인일 수 있다. 이것은 문제가 되지 않는다. 세상 어디서에서든 우리의 시선은 동일한 방식으로 작용하기 때문이다.

이러한 사실들이 가지고 있는 함축적 의미는 명확하다. 즉 고객들이 어디로 가는지, 그들이 무엇을 보는지, 그들이 어떤 식으로 반응하는지 등등, 이러한 요소들이 그들의 경험에서 핵심적인 특성을 결정한다는 것이다. 고객들은 상품과 광고를 볼 수도 있고, 보지 않을 수도 있다. 어떤 물건에 쉽게 접근할 수도 있고, 어렵게 접근할 수도 있다. 그 장소에 느릿느릿 걸어갈 수도 있고, 신속하게 걸어갈 수도 있으며, 아예 움직이지 않을 수도 있다. 결국 이런 모든 생리학적·해부학적 요소들이 동시에 작용하면서 복잡한 행동 기반을 형성한다. 따라서 쇼핑 환경이 인간의 생물학적 속성에 잘 적응하려면 이러한 행동 기반을 반드시 이해해야 한다.

쇼핑의 과학을 통해 우리가 얻은 무엇보다 중요한 교훈은, 이러한 원칙을 따르는 것과 수익성 사이에 불가분의 관계가 있다는 것이다. 어떤 형태든 전자에 유념하면 후자는 저절로 보장된다. 쇼퍼들의 특별한 요구에 부응하는 소매 환경을 구축해보자. 그러면 매장은 저절로 성공 가도를 달릴 수 있을 것이다. 2부에서는 가장 기본적인 문제들(인간의 손이 물건을 잡는 능력, 움직이는 와중에 글을 읽을 수 있는 한계 수준, 쇼핑을 하지 않는 고객들의 물리적 요구 등등)이 쇼핑 경험을 결정하는 데에 있어 어떤 영향을 미치는지 살펴볼 것이다.

당신이 처한 상황과 동일한 모델을 선택해보라. 그러면 당신이 관계하는 모든 물리적 환경에 이를 적용할 수 있음을 알게 될 것이다.

3 쇼핑하는 고객은
정면을 회피한다

그 자리에 멈춘다.

1분 동안 나와 함께 이곳에 머문다. 질문은 하지 말고 단지 관찰만 한다.

지금 우리는 주차장 한가운데에 서 있다. 이것이 핵심이다.

주차장에서 매장을 향해 접근하는 사람들이 바삐 움직이는 모습을 주시한 적이 있는가? 그들이 매장에 가고 싶은 마음에 지나치게 흥분한 것일까? 어쩌면 그럴지도 모른다. 하지만 오랜 시간 동안 주차장에서 사람들의 움직임을 관찰한 결과, 모든 이들이 빠르게 움직인다는 사실을 알게 되었다. 주차장은 산책하듯이 한가로이 거니는 장소가 아니다. 그곳은 비, 바람, 추위, 열기 같은 기상뿐만 아니라, 질주하는 자동차와 배기가스, 아스팔트 같은 열악한 환경에 그대로 노출된 공간이다.

그렇다면 이쯤에서 매장을 향해 바삐 움직이는 사람들과 합류해보자. 정면에 무엇이 보이는가? 진열창이다. 그 안에 무엇이 있을까? 어떤 물품일까, 아니면 광고물일까? 혹은 그것들이 함께 뒤섞여 있는 걸까? 구별하기가 쉽지 않다. 진열창에 반사되는 햇빛에 눈이 부시거나 조명이 너무 어둡기 때문이다. 그런데도 대다수 소매업자들은 낮이든 밤이든 어느 한쪽에 의존하는 조명을 바꿀 생각을 하지 않는다. 결국 어느 특정 시간대에는 가시도가 몹시 나쁠 수밖에 없다.

이번에는 진열창 안에 있는 물건들을 실제로 들여다보자. 거기에는 마네킹이나 정물 같은 것들이 진열되어 있다. 그것들의 크기는 적당하지 않다. 멀리서는 잘 보이지 않는 자잘한 물건들이 너무 많은 탓이다. 걸음을 빨리할수록 사람의 주변 시야는 더 좁아진다. 게다가 물건이나 광고물이 잘 보일 정도로 진열창에 가까이 간다 하더라도, 걸음을 멈추고 안을 들여다볼 마음이 생기지 않는다. 주차장부터 숨 가쁘게 걸어온 터라 출입구로 곧장 향하기 때문이다. 그러므로 여기서 명심할 점은, 매장의 진열창이 주차장을 정면으로 바라보고 있을 경우에 그 내용물은 크고 단순하고 간결해야 한다는 것이다. 그렇지 않으면 그것들이 전하는 메시지는 무용지물이 되고 말 것이다.

이제 문을 열고 매장 안으로 들어가보자. 물론 이 순간에도 움직임은 계속 된다. 당신은 매장의 문턱을 넘어서자마자 석고상처럼 멈춰 서는 사람을 본 적이 있는가? 만약 그렇다면 사람들이 연쇄적으로 충돌하는 사태가 발생하고 말 것이다. 일단 고객들이 매장 안으로 들어오면 어떤 상황이 벌어질까? 아마 그들은 부지런히 매장 분위기에 적응할 것이다. 즉 그들은 걸음걸이 속도를 늦추고 빛의 변화와 사물의 크기에 시야를 적응시키면서 모든 사물을 눈여겨보기 시작한다. 동시에 그들의 귀와 코, 말초신경은 나머지 다른 자극들을 구별하면서 소리와 냄새를 분석하고 매장 안이 추운지 따뜻한지 판단한다. 그들은 여전히 움직임을 멈추지 않는다. 아직은 그들이 매장 안에 완전히 들어선 상황이 아니다. 실제로 매장 안에 들어서기까지 몇 초의 시간이 더 필요하다. 오랜 시간 관찰하다 보면, 대다수의 고객들이 걸음을 늦추고 매장 밖에서 안으로 들어서는 지점이 명확히 눈에 들어온다. 그곳은 매장 전면의 배치에 따라 다소 차이가 나지만, 거의 엇비슷하다.

이것은 곧 그 지점을 넘어서기 전까지는 그 무엇도 고객들의 시선을 끌지 못함을 의미한다. 그곳에 상품이 진열되어 있어도 고객들은 그냥 지나칠 것이다. 거기에 광고물이 있어도 빨리 움직이는 바람에 광고에 적힌 내용을 미처 읽지 못할 것이다. 설령 친절한 직원이 "제가 도와드릴까요?"라고 물어도 십중팔구 "고맙지만 괜찮습니다"라고 대답할 것이다. 입구 바로 안쪽에 광고 전단지나 쇼핑 바구니가 수북이 쌓여 있다고 생각해보자. 아마 대다수의 쇼퍼들이 그것들을 보지 못하거나 집어 들려고 하지 않을 것이다. 그러나 광고 전단지와 쇼핑 바구니들을 3미터만 더 안쪽으로 옮기면 그것들은 금세 사라질 것이다. 이것이 바로 본능의 법칙이다. 요컨대 쇼퍼들에게는 숨 돌릴 곳이 필요하다.

호텔 로비에서도 상황은 똑같이 벌어진다. 객실 호수를 알려주는 게시판이 현관문 바로 앞에 위치해 있다고 가정해보자. 그럴 경우 프런트 데스크 직원들은 내내 고객들의 성가신 질문에 답해야 할 것이다. 비즈니스호텔의 로비를 관찰하면서, 우리는 소위 말하는 '정보 건축 계획(information architecture plan)'의 부족이 고객 서비스에 재앙 같은 효과를 낳을 수 있음을 알게 되었다. 만약 호텔 안내원이 하루 종일 호텔 방문객들에게 욕실이 어디에 있는지 알려야 하는 상황에 처해 일주일에 오백 번쯤 똑같은 답변을 반복한다면, 당연히 짜증이 치밀어 오를 것이다. 진열창과 출입구는 고객의 경험이 시작되는 출발점이다. 그리고 이것은 호텔 고객들의 경우도 마찬가지다.

고객들과 대화를 나눴을 때, 그들은 우리의 작업 중 가장 의미 있고 유용한 것으로 '이동 지대(decompression zone)'의 발견을 꼽았다. 아마 그것이 그들에게 가장 놀라운 뉴스였을 것이다. 주된 이유는 우리의 조언이 '정면'에 대한 인간의 뿌리 깊은 열망을 무시했기 때문이다. 사람들은 누구나 늘어선 줄의 앞쪽에, 학급의 상위권에 속하고 싶어 한다. 일등 주자가 전리품을 얻는 법이기 때문이다. 그러나 소매 환경에서는 종종 맨 앞이 가장 기피해야 하는 장소가 되곤 한다. 예를 들어, 소매업자들은 입구에 자신의 브랜드를 전시해달라고 제작자들에게 요구한다. 언뜻 보기에 이것은 마케팅 비용을 현명하게 사용하는 것처럼 보인다. 모든 사람들이 입구를 바라보기 때문이다. 그러나 정작 입구로 접근하는 고객들의 시선이 머무는 곳은 문손잡이와 밀고 당김을 알려주는 안내 표지뿐이다. 우리는 입구에 적힌 글을 읽기 위해 걸음을 멈춘 한 고객을 관찰한 적이 있는데, 그렇게 걸음을 멈춘 사람은 그가 처음이자 마지막이었다. 그런데 막상 그가 읽은 것은 매장 마감 시간을 알려주는 안내판이었다. 물론 그곳에서도 무언가 가치 있는 마케팅 수단이 가능할 것이다. 하지만 기대 이상의 효과를 기대하긴 힘들다.

오늘날 많은 매장들이 고객 편의를 위해 자동문을 설치하고 있다. 이것은 꾸러미나 아기를 안고 가는 고객들에게 특히 편리한 시설물이다. 그러나 고객들이 힘들이지 않고 매장 안으로 들어오면서 이동 지대의 범위가 더 넓어졌다. 걸음 속도를 늦출 필요가 없어졌기 때문이다. 회전문은 더 심각한 경우에 속한다. 고객들이 빠른 속도로 한순간에 매장 안으로 밀려들기 때문이다. 다만 몇몇 소형 매장들은 아직까지 출입구의 문턱이 제공하는 혜택을 누리고 있다. 심지어 작게 삐걱거리는 문소리나 입구의 특별한 조명도 나름의 효과를 낳는다. 이런 요소들이 매장 바깥과 안쪽을 명확히 구별해주는 역할을 하기 때문이다. 매장 바닥의 색조 변화 같은 다른 요소들을 통해서도 이와 같은 효과를 얻을 수 있다.

대형 매장에서는 현관의 공간을 사용하지 않고 내버려둘 만한 여유가 있다. 하지만 소형 매장에서는 그럴 만한 여유 공간이 없다. 이 경우 매장의 마케팅 담당자들은 이동 지대와 관련하여 두 가지 합리적인 방안을 선택할 수 있다. 하나는 이런 이동 지대에서 뭔가 의미 있는 성과를 얻으려고 애쓰지 않는다는 것이고, 다른 하나는 이동 지대의 범위를 최대한 작게 만들 수 있는 조치를 취한다는 것이다.

출입구와 이동 지대를 멀리해야 한다는 점과 관련된 좋은 교훈은 우수한 대기업의 사례에서도 찾아볼 수 있다. 1980년대 초반에 버거킹은 새로운 샐러드 바를 시험적으로 운영하고 있었다. 그들은 샐러드 바를 도입하면서 입구와 출구를 서로 바꾸기로 결정했다. 예전에는 주차장을 향해 있는 문이 입구였다. 그들은 입구를 출구로 바꾼 후 그 옆에 위치한 대형 유리창 바로 뒤에 샐러드 바를 설치했다. 고객들이 자동차에서 걸어 나와 이전의 입구로 향하면 자연스럽게 샐러드 바가 눈에 들어오는 구조였다. 버거킹에서는 고객들이 새로운 입구로 들어설 때쯤이면 입가에 저절로 군침이 돌 거라고 예상했다.

그러나 현실은 아주 딴판이었다. 예전의 입구로 다가간 고객들은 손잡이(출구로 바꾸기 위해 이미 없애버린 손잡이)부터 찾으려고 애썼다. 손잡이가 보이지 않자, 그들은 머리를 긁적이며 안으로 들어가기 위한 방법을 궁리하기 시작했다. 샐러드 바 따위는 안중에도 없고 오로지 입구를 찾는 데에만 열중하고 있었다. 게다가 일단 출입구를 발견하자, 그들은 허기와 당혹감에 허겁지겁 레스토랑 안으로 달려갔다. 그들이 원하는 것은 오로지 평소처럼 카운터에서 햄버거와 감자튀김을 주문하는 것뿐이었다. 이런 상황에서 샐러드 바를 찾을 겨를이 어디 있겠는가.

이동 지대를 잘못 활용한 또 다른 예로 한 운동용품 체인점이 있었다. 그곳의 경영 방침은 고객이 매장 안에 들어올 때마다 판매 사원에게 5초 안에 인사하도록 하는 것이었다. 어떤 상황이 벌어졌을까? 고객이 매장 안에 들어서자마자 열정적인 직원들이 마치 독수리 떼처럼 줄지어 튀어나와 인사하기 시작했다. 여기서 주목할 점은, 너무 일찍 고객에게 인사하면 그들이 위협감을 느끼고, 너무 늦게 말을 걸면 다수의 고객들이 실망감을 느낀다는 사실이다. 우리는 화장품 회사인 에스티로더에서 이런 특성을 그대로 활용한 적이 있다. 우리가 시도한 방식은 최소한 1분 동안 고객들이 혼자 움직이도록 내려두는 것이었다. 그리고 나서 판매 사원들이 고객들과 화장품 상담을 할 수 있도록 했다.

수년 전에도 이동 지역을 잘못 활용한 또 다른 사례를 목격한 적이 있다. 당시 우리는 IBM의 계열사가 K마트를 위해 설계한 대화형 컴퓨터 정보 장치를 시험하고 있었다. 그 장치는 터치스크린과 키보드를 갖추고 있어 남성 내의를 찾는 사람이 있으면 매장의 위치를 알려줄 뿐 아니라, 티셔츠나 양말을 구입하는 쿠폰도 제공했다. 제대로 운영된다면 기막힌 아이디어였다. 고객들에게 도움을 주는 것은 물론이고, 데스크에서 계산을 하며 하루 동안 수십 차례나 동일한 답변을 해야 하는 직원들의 수고를 덜어줄 것이 분명했기 때문이다.

그러나 얼마 지나지 않아 차질이 발생했다. 그 장치를 사용하는 고객이 거의 없었던 것이다. 문제는 고객들이 매장 안으로 여섯 걸음을 내딛기까지 자신이 어디로 향하는지 모른다는 것이었다. 고객들은 그 지점에서 거의 주위를 둘러보지 않았다. 결국 컴퓨터를 너무 현관문 가까이에 설치하는 바람에 그것이 고가의 전자 조각품 신세가 되었던 것이다. 매장에서는 곧바로 그 장치를 없애버렸다. 그러나 만약 매장 안 3분의 1 지점에 그 컴퓨터를 설치했다면, 틀림없이 제대로 효과를 발휘했을 것이다.

그렇다면 이동 지대를 어떻게 활용할 수 있을까? 우선 고객들에게 인사를 건네는 방법이 있다. 굳이 특정한 장소로 그들을 인도할 필요는 없다. "안녕하세요"라고 인사를 하면서 지금 그들이 어디에 있는지 일깨워주는 것으로 충분하기 때문이다. 보안 전문가들에 따르면, 좀도둑들의 절도 행위를 단념시키는 가장 손쉬운 방법은 모든 고객들에게 인사를 건네며 직원의 존재를 확실히 인식시키는 것이다. 월마트 설립자인 샘 월튼은 이렇게 조언했다. "매장 안으로 들어오는 고객들에게 상냥한 인사를 건네는 노부인을 고용하면 아무도 도둑질할 엄두를 내지 못할 것이다."

그리고 바구니나 지도, 혹은 쿠폰을 활용하는 방식도 있다. 맨해튼에는 '다카시마야'라는 한 팬시점이 있다. 그곳에서는 제복 차림의 도어맨이 고객을 매장 안으로 안내하면서 평범한 지갑 크기의 매장 안내서를 증정한다. 이동 지대에 속한 입구 바로 오른편에는 꽃 판매 코너가 있다. 매장 안으로 들어갈 때 고객들은 곁눈질로 그곳을 보지만, 그리로 걸음을 옮기진 않을 것이다. 그 대신 이렇게 생각할 것이다. '음, 꽃이군. 그래, 나갈 때 사들고 가야겠어.' 이 생각은 다분히 일리가 있다. 물기가 있는 꽃다발을 들고 다른 코너에서 쇼핑하고 싶진 않을 것이기 때문이다.

H&M이나 갭, 혹은 월마트의 현관문 바로 안쪽에는 이른바 '파워 디스플레이(Power display)'라고 불리는 것—스웨터나 청바지, 혹은 콜라 캔을 커다란 수평 진열대에 쌓아놓음으로써 마치 과속방지턱처럼 쇼퍼들의 걸음을 늦추게 하는 장애물 같은 역할을 하는 시설물—이 있다. 이런 시설물은 대형 광고판과 같은 기능을 한다. 제품을 사달라고 소리칠 필요가 없다. 이미 그 시설물이 고객들에게 매장 안에서 무언가를 사야겠다는 충동을 유발하고 있기 때문이다. 나중에 고객들은 그 매장의 다른 코너에서 물건을 살 공산이 크다. 고객들이 매장에서 쇼핑을 하며 자신이 적어온 구매 목록에 없는 물건들을 더 많이 사들인다는 점을 명심하라. 그 비중을 따지면 60퍼센트를 넘어선다. 게다가 이것은 결코 충동구매가 아니다. 다음과 같은 물음을 던지며 구매하기 때문이다. "이 물건이 필요 없을까? 당장은 불필요하지만 머지않아 필요하지 않을까?"

가령 잘 진열된 음료를 구경하다 보면, 다음 주 화요일에 대학을 떠나 집으로 올 예정인 누군가가 떠오를지도 모른다. 그리고 당신이 주말을 보낼 계획인 메인 주의 쌀쌀한 날씨에 필요한 스웨터도 뇌리에 떠오를 수 있다. 자, 이제 보자. 당신은 6개짜리 진저에일 (생강 맛을 첨가한 탄산음료) 두 팩과 새로 나온 플리스 스웨터를 가지고 매장을 떠나고 있다.

이동 지대 문제를 해결한 또 다른 사례로는 파일린스 베이스먼트(Filene's Basement)가 있다. 그런데 그들의 해법은 파격적으로 원칙을 어기는 것이었다. 아니, 원칙을 어기는 것이 아니라 깡그리 무시하는 수준이었다. 그들은 매장의 바로 안쪽에 대폭 할인된 상품이 담긴 커다란 통을 갖다놓았다. 장사가 잘되자 고객들은 그곳에서 걸음을 멈추었다. 여기서 우리는 원칙과 관련하여 한 가지 교훈을 얻을 수 있었다. 원칙을 잘 따르던가, 아니면 과감히 그 원칙에서 탈피하라는 것이다. 그러나 어설프게 원칙을 무시하거나 변형하면 대개의 경우 최악의 결과를 가져올 뿐이다.

다음은 개인적으로 내가 좋아하는 전략이다. 이것은 매장을 입구 안쪽이 아니라 바깥쪽에 설치하는 방식이다. 주차장에 판매 공간을 마련하는 것부터 살펴보자. 일부 축구 팬들은 궂은 날씨에도 아스팔트 위에서 바비큐 파티를 하면서 먹고 마시며 사회적 교류를 하는 용도로 주차장을 활용하고 있다. 전국 곳곳의 드라이브인 영화관들은 낮 시간대에 사람들이 노천에서 편안하게 쇼핑할 수 있는 벼룩시장으로 활용되고 있다. 그리고 몇몇 슈퍼마켓에서는 여름철에 주차장을 계절상품을 파는 장소로 활용하고 있다. 예전에 나는 해변 휴양지를 방문한 적이 있는데, 그곳에서는 2명의 점원과 현금 계산원이 텐트에서 바비큐 용품, 해변 장난감, 선탠로션, 샌들 등을 팔고 있었다. 행락객들은 차를 멈춘 후 필요한 물품 몇 가지를 집어 들고 바로 떠났다. 덕분에 그들은 모래투성이의 젖은 몸으로 식료품 코너와 길게 늘어선 계산대를 지나지 않을 수 있었다.

이렇듯 매장을 야외에 설치하자, 미국에서 한 가지 흥미로운 상황이 벌어지기 시작했다. 많은 땅이 주차장으로 변하기 시작했던 것이다. 건물들도 다양한 용도로 활용되었다. 의류 매장에서 전자 제품이나 잡화를 팔기도 했다. 심지어 그곳을 사무실 공간으로 활용하기도 했다. 그러나 드넓은 아스팔트 공간을 활용하려면 아직은 좀 더 창조적인 사고가 필요할 듯하다. 수년 전 나는 남아프리카공화국의 요하네스버그에 위치한 한 쇼핑몰을 방문한 적이 있다. 그 쇼핑몰에서는 도심 주차장 지붕에 드라이브인 영화관을 설치해두고 있었다. 그리고 아우디 진열장도 목격했다. 그곳에는 형형색색의 각종 아우디 47대가 촘촘히 열을 지어 늘어서 있었다. 구경꾼들이 떼 지어 몰려들었음은 물론이다.

그런데 우리의 조사에 따르면, 매장의 맨 앞부분이 쇼핑을 위한 최적의 장소가 아니라는 사실은 이동 지대를 넘어서서 좀 더 안쪽까지 확장되는 것으로 나타났다. 매장의 모든 코너에서 고객들에게 제일 먼저 눈에 띄는 제품이 항상 이점을 갖는 것은 아니다. 가끔은 정반대의 상황도 발생한다. 실제로 매장 입구와 제품 사이에 얼마간 공간을 두면 고객들이 접근하면서 그 물건을 둘러볼 시간적 여유를 가질 수 있다. 그리고 어느 정도 시각적 기대감도 생긴다. 컴퓨터 프린터 매장을 관찰한 한 조사원은, 고객들이 나중에 다른 모델들과 비교하지 않고 맨 처음 눈에 들어오는 모델을 보고 걸음을 멈추는 경우는 아주 희박하다고 말했다. 하지만 프린터 매장의 중간쯤에 이르자, 고객들은 제품 구입을 결정할 만한 충분한 정보와 자신감을 얻었다. 무역 박람회의 경우, 현관문의 바로 안쪽에 위치한 부스가 가장 이상적인 것처럼 여겨질 수 있다. 그러나 그곳은 아주 안 좋은 장소이다. 흔히 방문객들은 통로를 따라 그곳을 휑하니 지나친다. 혹은 현관 옆을 친구들과 만남의 장소로 이용한다. 그 결과, 첫 번째 부스는 번잡하다는 (그릇된) 선입견이 만들어지면서 진짜 고객들이 그곳을 기피하는 불상사가 생길 수 있다. 게다가 입구 바로 안쪽은 대개 통풍이 되기 때문에 매장이라기보다 현관 같다는 느낌을 주기 십상이다.

대체로 화장품과 미용용품 회사들은 백화점 코너의 메이크업 특매장 입구 바로 안쪽에 첫 번째 카운터를 설치하려 하지 않는다. 여자들이 거울 앞에서 화장을 고칠 때 타인의 시선을 피하려 하는 심리를 알기 때문이다. 만약 당신이 가정용 머리 염색약을 판매한다면, 매장에서 가장 좋은 위치를 고집하지는 않을 것이다. 젊은 여자들은 염색약을 일종의 패션으로 생각한다. 즉 그들은 주로 자신의 매력과 변화를 돋보이게 하려고 새로운 제품들을 구입한다. 반면, 나이 든 여자들은 15년간 줄곧 특정한 컬러를 사용해왔기 때문에 그것을 일상용품처럼 구입한다. 따라서 그들은 자신이 원하는 염색약을 바로 들고 나간다. 하지만 젊은 고객들은 제품을 구입하기 전에 한동안 진열대와 포장지를 찬찬히 훑어본다.

조사에 따르면 머리 염색약의 경우, 나이 든 고객들이 2.2 대 3.3의 비율로 젊은 고객들보다 제품 선택의 폭이 좁은 것으로 나타났다. 따라서 젊은 고객들이 주로 찾는 매장에서는 혼잡한 장소를 피해 머리 염색약을 진열해놓는 것이 바람직하다. 하지만 고객이 나이 든 여자들이라면 입구 가까이에 진열해도 상관없을 것이다.

마지막으로 칩과 비스킷 판매를 위해 많은 돈과 정성을 쏟은 슈퍼마켓 진열물을 예로 들어보자. 그 진열물은 만화 주인공 체스터 치타를 모방한 멋진 시설물로, 동작 감지 장치를 갖추고 있어 손님들이 지나칠 때마다 "당신이 입맛을 사로잡는 것을 찾고 있다면, 제대로 찾아오신 겁니다"라는 음성이 흘러나왔다. 그 시설물의 소유주는 일부 슈퍼마켓 앞에 그것을 전시하기 위해 많은 돈을 투자했다.

초기에 그것은 효과적이었다. 그러나 끊임없이 인사말이 흘러나오자 8시간 내내 그 소리에 시달린 금전 출납원들이 마침내 짜증을 내기 시작했다. 얼마 후 슈퍼마켓의 한 직원이 간단히 그 문제를 해결했다. 체스터가 떠들지 못하도록 아예 전원을 꺼버렸던 것이다.

4 고객의 손을 자유롭게 하라

으슬으슬하게 추운 날씨다. 한 여성이 매장에서 쇼핑을 하고 있다. 이것은 어떤 상황일까? 십중팔구 그녀는 핸드백을 들고, 코트를 걸치고 있을 것이다. 일단 매장 안으로 들어온 그녀는 코트를 벗고 싶을 것이다. 그러니 핸드백과 함께 코트를 손에 들고 있을 것이다. 하느님은 그녀에게 두 손을 주셨다. 그러나 지금 그녀는 한 손으로 쇼핑을 할 수밖에 없는 처지다.

만약 그녀가 어떤 물건을 선택한다면 자유로운 손으로 그 물건을 집어들 것이다. 이제 그녀에겐 사용할 수 있는 손이 없다. 그나마 작고 가벼운 물건이라면 팔에 낄 수 있을 것이다. 핸드백은 어깨나 팔에 걸칠 것이다. 그러나 물건 하나를 더 고르려 한다면 여분의 손이 없다. 기필코 물건을 사겠다고 작정하지 않는 이상 그녀는 물건 구입을 포기할 것이다. 인간의 신체 구조상 더 이상 쇼핑이 불가능하기 때문이다.

이것은 쇼핑의 과학에서 아주 중요한 요소이다. 쇼퍼들이 2개의 손을 가지고 있다는 물리적 사실은 누구나 알고 있을 것이다. 그러나 이러한 사실에 내재된 함축적 의미는 상상되지도 감지되지도 고려되지도 않으며, 무시된다.

손을 어디에 두느냐는 쇼핑의 과학에서 초창기부터 제기된 문제였다. 1970년대 후반에 나는 북미 최대의 가판 운영업체인 이스턴 뉴스스탠드(Eastern Newsstand)에서 일할 기회가 있었다. 가판 운영은 아주 힘든 사업이다. 장시간 근무해야 하고 아침 일찍 배달해야 할 뿐 아니라, 팔리지 않은 신문과 잡지를 모두 반납하는 복잡한 체계까지 완수해야 하기 때문이다. 당시 내 여자 친구는 그 가판 운영업체 사장의 아내와 안면이 있었다. 나는 잔뜩 호의를 드러내며 매장 안으로 들어섰다. 그들은 나의 호의를 받아들였다. 하지만 처음에 그들은 몹시 회의적인 기색을 보였던 기억이 난다. 그렇다고 누가 그들을 탓할 수 있겠는가?

나는 급료를 받지 않았지만, 대신 경험을 통해 많은 배움을 얻을 수 있었다. 아울러 이를 계기로 미국 신문 협회(Newspaper Association of America, NAA)를 알게 되어, 그들과 10년 이상 돈독한 관계를 유지할 수 있었다.

미국 신문 협회에서 알선한 장소는 인파로 혼잡한 뉴욕 중앙역의 한 가판대였다. 우리는 가판대를 향해 카메라를 설치한 다음,

가장 번잡한 시간대인 아침저녁의 러시아워에 관찰을 시작했다.

그 가판대의 경우, 모든 사람들이 분주하게 움직이는 그 시간대에 얼마나 많은 매출을 올리느냐에 사업의 성패가 달려 있었다. 바삐 움직이는 통근자들은 매장 안이 혼잡한지 살피려고 가판대를 흘끗 쳐다보았다. 그들은 재빨리 매장 안으로 들어갈 수 있다 싶으면 신문, 잡지, 담배나 껌을 사기 위해 걸음을 멈추었다. 하지만 계산을 위해 기다리는 이들이 몰려 있으면 신경질적으로 시계를 보며 가판대를 그냥 지나쳤다. 그들은 아마 이렇게 혼잣말로 중얼거렸을 것이다. "너무 복잡한걸. 까딱하면 기차를 놓치겠어. 다른 곳에서 사는 게 더 빠르겠어."

가판대에서 우리가 발견한 또 다른 사실은, 모든 고객들이 이미 한 손에 서류 가방이나 지갑, 도시락 같은 물건들을 들고 있다는 것이었다. 오늘날 빈손으로 직장에 출근하는 사람은 거의 찾아볼 수 없다. 현대인의 삶에서 두 손이 완전히 자유로운 순간은 아주 드물다. 물론 젊은 층이 선호하는 백 팩이나 메신저 백 같은 배낭을 메고 다닐 수도 있다. 하지만 이것은 우리 자신을 더더욱 짐꾼처럼 보이게 할 뿐이다. 게다가 그들도 대개 휴대폰이나 커피, 혹은 아이스크림을 손에 들고 있다. 대부분의 상업 환경에서 최소한 절반의 사람들은 한 손에 무언가를 들고 움직인다. 심지어 두 손이 모두 자유로우면 어딘가에 물건을 두고 왔다는 허전한 느낌이 들 정도다.

우리의 두 번째 관찰은 아주 간단한 것이었다. 인간의 90퍼센트는 오른손잡이이기 때문에 왼손으로 물건을 들고 다니거나 왼쪽 어깨에 숄더백을 메고 다닌다. 그래야 오른손을 자유롭게 사용하면서 무언가 집을 수 있기 때문이다. 여기서 잠시 비행기 탑승을 기다리는 동안 공항 대기실에 앉아 이 책을 읽고 있다고 가정해보자. 중앙 통로를 주시하면서 사람들이 여행 가방이나 손가방을 어느 쪽 손으로 들고 있는지 얼른 헤아려보자. 왼손잡이와 오른손잡이의 비율은 약 6대 1이다. 사람들이 오른손으로 가방을 드는 이유는 무게나 크기, 혹은 다른 환경적 요소에서 기인할 수 있다. 이러한 요소를 없애버리면 어떻게 될까? 그러면 아마 이 비율의 격차가 훨씬 더 커질 것이다. 따라서 신문을 팔든, 광고 전단을 집어 들든 공항에서 탑승 수속을 밟든, 오른손잡이의 편중은 아주 중요한 의미를 갖는다(왼손잡이에겐 미안하지만 말이다).

우리가 관찰한 마지막 요소는 가판대 그 자체였다. 보통 가판대의 아래 선반에는 당일 신문이 올려져 있고, 그 위에는 잡지를 올려놓는 선반이 있으며, 그 위 선반에는 사탕과 껌이 진열되어 있다. 원형 구조물의 맨 위쪽에는 계산원이 자리하고 있다.

우리는 비디오테이프를 통해 매매가 이루어질 때마다 아주 세세한 부분까지 관찰했다. 다음은 우리가 목격한 장면이다. 손님들은 서류 가방을 들고 가판대로 접근했다. 그들은 신문을 집어 들기 위해 허리를 굽혔다. 그러고는 상체를 세우고 점원이 볼 수 있도록 신문을 들어보였다. 이 순간 그들은 바닥에 서류 가방을 내려놓거나 서류 가방 밑에 신문을 끼워 넣었다. 그리고 자유로운 손으로 돈을 꺼내 점원에게 건네준 후 그 손을 뻗어 거스름돈을 기다리며 점원 쪽으로 상체를 약간 구부렸다. 그들은 거스름돈을 주머니에 넣은 다음 서류 가방을 집어 들었다. 그러고는 물건을 사려고 모여드는 다른 사람들을 헤치며 가판대를 빠져나갔다.

가판대 설계자는 최대한 많은 물품을 진열하는 것이 최선이라고 확신했음이 분명하다. 가판대 주인 역시 그렇게 생각했을 것이다. 그러나 고객의 입장에서 보면 아주 잘못된 설계이다. 당연히 팔꿈치 높이에 받침대가 하나 있어야 했다. 그래야 현금을 꺼내거나 거스름돈을 기다리는 동안 서류 가방이나 지갑, 혹은 구입한 물품을 그곳에 내려놓을 수 있기 때문이다.

그러나 그곳에는 정강이 높이에 선반이 위치해 있었다. 그 높이라면 신문을 진열하기엔 안성맞춤이지만, 한 손을 사용하는 통근자들이 물건을 사려면 허리를 굽혀야 했기 때문에 그들에겐 불편한 위치였다. 그 결과, 판매 단계에서 불필요한 과정이 추가되어 거래가 끝나기까지 더 많은 시간이 소요되었으며, 러시아워에 가능한 거래도 제약을 받았다. 게다가 혼잡해지자 고객들은 그곳을 기피하게 되었고, 가판대 매출도 감소했다. 만약 인체 해부학을 고려한 더 나은 설계를 했다면, 진열하는 상품은 줄었겠지만 더 많은 고객을 유치할 수 있었을 것이다.

30년 전, 가판대 경영자들에게 우리의 조사를 소개할 때만 해도 그들은 지루한 표정으로 멀뚱멀뚱 쳐다보기만 했다. 지금 돌이켜보면, 몇 단계 더 구체적으로 조사하여 낭비된 비용을 계산하거나 간단한 테스트라도 했더라면 그들의 관심을 더 끌 수 있지 않았을까 하는 아쉬움이 남는다. 어쨌든 당시에 배운 소중한 교훈은, 아이디어나 정보를 제시하는 방식이 아이디어 그 자체만큼, 아니 그보다 더 중요할 수도 있다는 것이었다. 오늘날 우리는 지도, 차트, 도표, 포토샵 처리한 사진, 비디오 클립 등의 도움을 받으며 아이디어를 고객들에게 전달하고 있다. 개인적으로 나는 비즈니스 청중 앞이든, 교실에 있는 학생들 앞이든, 교회의 교구민들 앞이든 '에듀테인먼트(edutainment, 교육과 오락의 합성어로, 교육용 소프트웨어에 오락성을 가미하여 게임하듯이 즐기면서 학습하는 방법이나 프로그램/옮긴이)'의 효과를 적극적으로 지지하는 편이다. 웃음과 지식이 합쳐지면 강력한 칵테일 효과를 낳는 법이다. 예컨대 몇 장의 사진과 이미지를 추가하는 것만으로 훨씬 더 나은 결과를 얻을 수 있다.

우리는 드라이브스루(drive-thrus) 패스트 푸드점을 조사할 때도 이와 유사한 결과를 얻었다. 드라이브스루 레스토랑의 경우, 거래 속도가 특히 중요하다. 일반 레스토랑에서 줄 서서 기다리는 사람들보다 이 레스토랑에서 줄 서서 기다리는 차량들이 잠재 고객이 될 확률이 훨씬 더 높기 때문이다. 특히 운전대가 좌측에 위치한 북미의 경우, 운전자는 왼손을 사용하여 햄버거와 감자튀김을 잡고 요금을 계산한다. 따라서 혼잡한 점심시간대에 평균 거래 시간을 10초만 줄여도 순이익에 즉시 변화가 발생한다.

이 장의 첫머리에서 언급했던 그 여성이라면 아마 월그린스(Walgreens) 같은 대형 약국 체인점에서 쇼핑했을 것이다. 우리는 그런 체인점 중 한 곳을 조사하면서 '손 부족 문제'에 대한 아주 간단하면서도 효율적인 해결책을 발견했다.

불볕더위가 기승을 부리던 8월의 어느 날 밤, 나는 사무실에서 라디오로 야구 경기를 청취하면서 비디오로 쇼핑하는 고객들을 살펴보고 있었다. 그때 계산대 라인에 설치된 카메라 촬영 필름에서 묘한 광경을 목격했다. 그것은 서너 개의 작은 병과 박스를 든 고객이 물건들을 놓치지 않으려 쩔쩔매고 있는 장면이었다. 그 순간 불쌍한 사내에게 바구니가 필요하다는 생각이 뇌리를 스쳤다.

그는 왜 바구니를 들고 있지 않을까? 바구니는 매장 입구 안쪽에 수북이 쌓여 있었다. 아마도 고객들이 약국이라서 쇼핑 바구니를 들 생각을 미처 못 한 듯했다. 아니면 한두 가지 품목만 염두에 두고 있다가 더 많은 물건을 고르게 된 것인지도 모른다. 하지만 가장 큰 원인은 이동 지대였다. 바구니가 입구에 너무 가까이 놓여 있는 바람에 매장에 들어오는 고객들이 그냥 지나쳤던 것이다.

나는 사흘 내내 비디오를 샅샅이 훑어보면서 바구니를 이용하는 쇼퍼들이 전체의 10퍼센트도 되지 않는다는 사실을 알게 되었다. 이것은 곧 매장 안에서 많은 고객들이 쩔쩔매며 물건을 들고 있음을 의미했다. 그 순간 나는 생각했다. '누군가가 그들에게 바구니를 건네주면 더 많은 물건을 구입하지 않을까? 분명 구매 물품을 줄이지는 않을 거야.' 여기서 얻은 한 가지 깨달음은 쇼퍼의 팔과 손을 사용하게 만드는 것이 궁극적으로 그들이 소비하는 돈의 씀씀이를 결정한다는 것이다.

그래서 우리는 물건을 세 가지 이상 들고 있는 고객이 눈에 띄면 그 즉시 바구니를 건네도록 직원들을 교육시키라고 조언했다. 경영진은 우리의 조언을 바로 실행에 옮겼다. 대체로 사람들은 누군가가 자신에게 도움을 주려 하면 관대함을 보인다. 그래서인지 고객들은 건네주는 바구니를 기꺼이 받아 들었다. 얼마 후 바구니 사용은 눈에 띄게 늘었고, 매상도 그만큼 증가했다.

장기간 조사를 통해, 우리는 바구니나 카트를 사용하는 쇼퍼들의 비율과 평균 거래 규모 사이에 직접적인 연관관계가 있음을 확인했다. 과연 바구니를 든 사람들이 돈을 더 많이 소비하고 싶어 했을까? 여기서 명심할 점은, 대다수의 사람들이 어떤 유형이든 쇼핑에 도움이 되는 수단을 활용하고 있다는 점이다. 상인 공동체에서도 이 같은 사실을 알고 있었지만 숨겨진 뜻을 제대로 이해하지 못했다. 그들의 선택은 카트의 크기를 더 크게 하는 것이었다. 월마트와 타깃에서부터 유럽의 까르프와 오샹에 이르기까지, 대형 할인점의 카트는 점점 더 대형화되었다. 우리는 2006년에 슈퍼마켓이든 대형 할인점이든, 전 세계적으로 카트와 바구니를 사용하는 사람들의 수가 감소했음을 알게 되었다. 사람들은 "난 단지 몇 개의 물건을 사러 왔을 뿐이야"라고 혼잣말을 했다. 카트나 바구니를 이용하지 않는 것이 쇼핑하는 고객들에게 하나의 패턴이 된 것이다. 만약 어떤 고객이 두세 가지의 물건을 사기 위해 매장을 찾았다면, 그는 대형 카트를 끌고 통로를 오르내리고 싶어 하지 않을 것이다. 그런데 두어 가지 물건을 고른 그가 와인 코너를 발견하는 상황에서 곤란한 문제가 발생할 수 있다. 그가 너무나 좋아하는 피노 그리지오(pinot grigio) 와인 두 병을 한 병 가격에 파격 세일 중이다. 이제 그는 어떻게 할까?

우리의 해결책은 쇼퍼들이 매장에 들어설 때 입구에서 그들에게 도움이 되는 쇼핑 수단을 제공하는 것이다. 그들은 카트나 바구니를 선택할 수 있다. 우리는 전략적으로 중요한 매장 곳곳에 다른 바구니를 놓아두었다. 만약 그곳에서 아무도 바구니를 들지 않으면 다른 장소에서 바구니를 놓아야 한다. (우리는 평범한 플라스틱 바구니는 멀리하라고 조언했다. 이상적인 바구니는 고객들이 돈을 주고 사거나 훔치고 싶은 마음이 생길 정도로 근사한 것이다. 플라스틱 바구니는 투박하고 그다지 매력적이지 않다. 특히 장을 보러가는 자신의 모습을 상상하기 힘들어하는 남자들의 경우, 이런 플라스틱 바구니는 그들의 남자다움에 흠집을 낼 수도 있다. 요컨대 우리에겐 단지 더 나은 바구니가 필요할 뿐이다.)

어린이 전용 카트를 추가시킨 쇼핑몰과 매장들도 많이 등장했다. 그것은 어린아이가 모형 경주차에 앉아 있는 동안 부모가 그 위에 바구니를 올려놓을 수 있는 구조를 가진 카트이다.

올해 초, 나는 이탈리아 밀라노의 기차역에서 새로운 모델인 스파(Spar) 편의점을 조사했다. 스파는 미국의 세븐일레븐과 유사한 유럽식 체인형 편의점이다. 유럽 전역과 과거 유럽의 식민지였던 신흥 시장에 이 편의점이 들어서 있다. 유럽 전역에서 통근 기차역의 식품 쇼핑은 점점 개선되고 있다. 미국의 경우, 뉴욕 시의 그랜드 센트럴 역은 아주 장엄하고 고급스러우며, 샌프란시스코의 이스트 베이에 위치한 바트 역에는 소규모 농산물 직판장이 들어서 있다. 이런 경향은 올바른 방향이라고 할 수 있다. 그러나 파리 북부 역과 핀란드 헬싱키 중앙 역, 그리고 일본의 거의 모든 기차역에서 이루어지는 식품 공급은 북미 기차역을 훨씬 앞서 나가고 있다. 그곳의 식품은 좋은 품질에 가격도 적당하며, 신속히 제공된다. 기차역에서는 특히 속도가 아주 중요하다. 통근 기차는 분 단위로 도착하며, 그때마다 고객들이 우르르 타고 내린다. 상인의 입장에서 중요한 것은 거래를 성사시키는 일이다. 결국 그곳에서 식품을 구매하는 고객은 쇼핑백을 가지고 있지 않은 누군가이다.

밀라노에 위치한 스파 편의점의 사장과 나는 약 1시간 동안 매장 안을 거닐었다. 개인적으로 나는 그곳을 무척 좋아한다. 그곳에는 품질 좋은 채소 및 과일즙을 파는 코너와 작은 제과점이 있다. 문제는 모든 바구니들이 현관문 옆에 수북이 쌓여 있다는 것이었다. 사장은 매장에서 실적을 올리려면 무엇을 해야 하는지 내게 물었다. 그래서 나는 "절 지켜보십시오"라고 대답했다. 나는 바구니 3개를 집어 들고 매장 안으로 들어갔다. 그리고 식품을 한 아름 안고 있는 사람을 볼 때마다 환한 미소와 함께 바구니를 건넸다. 나의 호의를 거절하는 사람은 아무도 없었다. 사람들의 마음속에서 무언가 번쩍이는 순간을 보게 될 때가 있다. 편의점 사장과 함께 시간을 보내는 동안, 나는 그가 미소 짓는 것을 자주 목격했다. 하지만 그가 함박웃음을 짓는 모습을 본 것은 그때가 처음이었다.

쇼핑의 과학이 진화하면서 내게는 큰 걱정거리가 생겼다. 기술-쇼핑 카드에 삽입된 센서, 매장의 폐쇄 회로에 장착된 소프트웨어 패키지 같은 것-에 대한 의존도가 점점 커짐에 따라, 상인들이 데스크에 앉아 컴퓨터 스크린을 주시하는 것만으로도 매장에서 직접 관찰하는 것이 가능하다는 그릇된 선입견이 만들어졌기 때문이다.

우리 사무실 근방에 장사가 잘되는 서점이 하나 있다. 그런데 그 서점의 바구니는 엉뚱한 장소, 즉 입구 바로 안쪽에 비치되어 있었다. 이동 지대라는 점은 제쳐놓고라도 또 다른 이유에서 그것은 아주 잘못된 선택이었다. 왜냐하면 이것은 소매업자들이 매장 안에서 고객들이 무엇을 하는지 전혀 모르고 있음을 말해주기 때문이다. 이러한 잘못을 가볍게 생각해서는 안 된다. 적어도 사업자라면 고객의 입장에서, 또 그런 시각으로 세상을 바라보아야 하기 때문이다. 그러나 현실은 그렇지 않았다.

바구니가 놓여 있는 지점으로 판단하건대, 소매업자들은 고객들이 "음, 오늘은 책 네 권과 예쁜 인사 카드 한 상자, 그리고 잡지를 살 거야. 그러려면 우선 바구니부터 챙겨야겠지"라고 혼잣말을 하며 서점 안으로 들어온다고 생각한 것처럼 보인다. 하지만 상식적으로 생각해봐도 사람들은 그런 식으로 행동하지 않는다. 대다수 고객들은 책 한 권을 사러 서점에 들렀다가 우연히 읽을 만한 다른 책들을 발견한다. 이것이 바로 소매의 핵심이다. 만약 쇼퍼가 어느 순간 갑자기 충동구매를 멈춘다면 우리를 지탱하는 경제가 한순간에 붕괴할지도 모른다. 대다수 매장의 경우 추가구매와 충동구매에 의해 적자와 흑자가 판가름 난다.

서점에 있던 고객이 우연히 또 다른 책과 마주쳤다고 하자. 그에 겐 또 한 권의 책을 담을 바구니가 있었으면 하는 바람이 생길 것이다. 그리고 그 순간 바구니가 눈앞에 보이면, 그것을 집어 들고 서너 권의 책을 더 구입할지도 모른다.

여기서 교훈은 당연히 고객들의 필요에 맞춰 매장 곳곳에 바구니를 비치해야 한다는 것이다. 실제로 매장 안에 있는 바구니들을 앞쪽에서 뒤쪽으로 옮겨놓기만 해도 금세 효과가 나타난다. 대다수 고객들은 일단 구경을 마친 후에야 상품에 대해 진지하게 생각한다. 이때 유의해야 할 점은 바구니를 놓아두는 선반의 높이가 1.5미터 이상이어야 한다는 것이다. 그래야 사람들이 쉽게 바구니를 볼 수 있고, 또 일부러 허리를 굽히지 않아도 되기 때문이다.

바구니 자체에 대해서도 생각해보자. 그 서점에서는 철제 손잡이가 달린 낮은 높이의 딱딱한 플라스틱 바구니를 사용하고 있었다. 슈퍼마켓이나 편의점에서 사용하는 것과 동일한 바구니였다. 하지만 그런 바구니라면 병이나 부서지기 쉬운 물건들을 담는 데에는 안성맞춤일지 모르나, 책이나 사무용품, 혹은 의류를 담기에는 적당치 않았다. 내용물이 무거워질수록 들고 다니기 불편한 구조였기 때문이다. 고객들이 바구니를 가득 채우지 않는 것도 그 때문이었다. 사람들은 흔히 가방 속에, 특히 커다란 쇼핑백 속에 책을 넣어 가지고 다닌다. 서점이라면 바구니 대신 까칠한 천 쇼핑백이나 나일론 쇼핑백이 훨씬 나을 수 있다. 게다가 그것이 판매 가능한 물건이라면 추가 이익도 기대해봄직하다. 일단 고객이 쇼핑백을 비워 계산을 마치면, 그 쇼핑백을 구입할 용의가 있는지 물어보는 식으로 말이다.

지금껏 내가 보아온 매장들 중에서 가장 지혜롭게 바구니를 사용한 곳은 맨해튼에 위치한 올드 네이비(Old Navy)였다. 올드 네이비 체인은 흥망성쇠의 과정을 거치긴 했지만, 이 특별한 매장의 관리자들은 모두 자기 일을 훌륭히 잘해냈다. 도시에서 가장 생기 넘치고 활동적인 쇼핑 경험을 제공하는 그곳을 방문해보라. 매장 안으로 들어서자마자 직원이 미소 띤 얼굴로 고객들에게 인사하면서 구매 상품을 담을 검은색 망사 쇼핑백을 일일이 건네준다. 매장 입장에서 보면 쇼핑백은 플라스틱 바구니에 비해 더 가볍고 저렴하며 간편하다. 나중에 고객이 계산할 때 점원이 쇼핑백 구매 여부를 물으면 대부분 구매하겠다고 대답한다. 이로써 마지막 순간에 최종 매상이 추가된다.

이와 반대로, 나는 어느 크리스마스 시즌에 남부의 한 백화점에서 최악의 상황을 목격한 적이 있다. 그곳에는 입구 바로 안쪽, 그야말로 완벽한 이동 지대에 망사 쇼핑백 선반이 자리하고 있었다. 게다가 한 판매 사원이 그 앞에 산타 인형들로 만들어진 대형 전시물을 설치하기로 결정한 탓에 매장 안으로 들어오는 고객들 눈에는 쇼핑백이 아예 보이지도 않았다. 그렇게 해서 산타 인형을 얼마나 많이 팔았는지는 모르겠지만, 잘못된 결정을 상쇄할 정도는 분명 아니었을 것이다.

우리가 그 매장을 조사하고 있을 무렵, 탁상용품 제조업체인 팰츠그래프(Pfaltzgraff)에서는 고객들에게 바구니와 함께 쇼핑 카트를 제공하고 있었다. 그러나 그곳 계산대에서 용량을 초과하여 그릇과 사발들이 수북이 쌓여 있는 카트를 발견했다. 이 사실을 지적하자 회사는 곧 40퍼센트쯤 용량이 늘어난 새로운 카트로 기존 카트를 모조리 교체했다. 그러자 고객 일인당 평균 매상이 바로 증가하기 시작했다.

내가 좋아하는 매장 중 하나로 스페인 바르셀로나에 위치한 빈손(Vinçon)이 있다. 그들은 시즌마다 자사 쇼핑백을 새로 디자인하는데, 거기에는 종종 재미있고 신랄하며 사회적 비판의 메시지가 담겨 있다. 그 시즌의 쇼핑백을 얻으려고 그곳에서 쇼핑하는 이들도 적지 않을 듯싶다. 시카고나 뉴욕 시를 거닐 때면 '아메리칸 걸 플레이스 백'을 쉽게 목격할 수 있다. 군중을 헤치고 당당히 나아가는 그 쇼핑백은 비용을 들이지 않은 걸어 다니는 광고판이나 다름없다.

이 같은 사실은 소매업 세계에서 가장 중요한 문제 중 하나를 상기시킨다. 그것은 쇼핑 경험을 최대한 편리하고 실용적으로 만들어주지 않는 한, 고객이 얼마나 많은 물건을 사들일지 알 수 없다는 것이다.

몇몇 소매업자들은 고객의 손을 완전히 자유롭게 하기 위한 방안을 강구하고 있는데, 고객들이 전혀 부담감을 느끼지 않도록 하는 것이 이 계획의 목적이다.

이런 아이디어를 토대로 코트와 구매 물품들을 직원에게 맡기고 쇼핑을 마친 후 다시 찾아가는 '콜 시스템'의 운영도 가능하다. 이 시스템을 활용하면 고객들은 매장에 들어서자마자 모든 불편함을 훌훌 털어버릴 수 있다. 코트와 자신이 고른 물품들을 일일이 들고 다니는 대신, 판매 사원들에게 쇼핑백과 상자들을 출구 가까이에 있는 '윌콜 데스크(will-call desk)'로 보내달라고 부탁만 하면 되기 때문이다. 빈손으로 쇼핑을 마친 고객은 출구로 가서 코트와 구매한 제품들을 챙긴 후 밖으로 나가 자가용이나 택시에 오른다.

2006년에 우리는 거대 양조 회사인 안호이저 부시(Anheuser-Busch) 산하의 공원 운영부에서 작업을 진행했는데, 그 기업은 미국 전역에서 부시 가든과 씨월드 같은 놀이공원을 운영하고 있었다. 우리가 작업했던 곳은 사람들이 공원 내 모든 기념품점에서 구입한 물건들을 정문의 중앙 매장으로 보내는 시스템이 갖추진 공원이었다. 예를 들어 놀이기구를 타기 전에 사진을 찍고(구입한 머그잔에 스탬프도 찍는다) 물건을 미리 정문으로 보낸 후 자유롭게 빈손으로 기구에 올라탈 수 있다. 놀랍지 않은가! 이론상으로 고객들은 공원 전체에서 자신이 구입한 모든 물품들을 가지고 나갈 수 있다. 다른 문제는 없었을까? 고객들은 흔히 뭔가 물건을 구입하고 나서야 이 같은 서비스가 있다는 사실을 알 수 있었다. 심지어 필요한 서비스에 관한 명확한 설명조차 없었다. 나는 공원 곳곳을 돌아다니거나 기념품점을 훑어보는 사람들 중에서 이 서비스에 대해 알고 있는 이들이 얼마나 될지 궁금했다. 맥주 머그잔을 무릎에 올려놓은 채 놀이기구를 타고 싶지 않은 탓에 기념품 구입을 포기한 이들이 있지 않을까? 내 주장의 핵심은 안호이저 부시가 공원 입구에서 이 훌륭한 서비스를 널리 알려야 한다는 것이었다.

간혹 이것만으로 충분치 않은 경우가 있다. 예컨대 우리가 조사한 디즈니랜드의 한 기념품점에서는 최근까지 다음과 같은 문제로 골머리를 앓았다. 그곳은 낮 시간에 고객들의 발걸음이 뜸했는데, 이유는 그들이 구입한 기념품을 들고 하루 종일 공원을 돌아다니려 하지 않았기 때문이다. 그런데 오후 4시 반이 지나면 기념품을 사려는 고객들로 북새통을 이루었다. 마침내 그곳에 윌콜 데스크가 마련되었다. 고객들은 아침에 기념품을 구입한 후 빈손으로 매장을 떠났다가 해질녘에 윌콜 데스크를 방문했다. 한 가지 문제는 기념품을 찾으러 데스크를 다시 방문해야 한다는 사실을 깜빡하는 고객들이 많다는 것이었다.

이러한 서비스와 관련하여 내가 적극적으로 추천하고 싶은 사례로 블루밍데일스(Bloomingdale's)의 한 매장이 있다. 그곳은 맨해튼 본점 8층에 위치해 있어 판매 여건이 그리 좋은 편은 아니었다. 고객들의 접근이 쉽지 않기 때문이다. 그래서 나는 고급 고객들의 취향에 맞도록 그 층을 휴게실, ATM, 카페, 관리인 등의 편의 시설을 갖춘—물론 윌콜 데스크도 포함해서—사적인 휴식 공간으로 바꿀 것을 제안했다. 만약 고객들이 뉴욕을 방문할 예정이라면, 그들이 묵는 호텔로 직접 배달하는 것도 가능하게 말이다. 실제로 나는 이런 준특별 클럽 회원권이 호텔에서 판매 가능하며, 결과적으로 고객에게 혜택을 줄 수 있을 거라고 생각했다. 이러한 유형의 서비스라면 그 규모가 커질수록 더 많은 이윤이 발생할 것이다. 머지않아 쇼핑센터 개발업자는 임대업자들을 위한 서비스에 이런 시스템을 적용할 것이다. 그럼으로써 매출 증가라는 자신의 역할을 다할 것이다.

쇼핑의 세계에서 '손 문제'의 중요성은 아무리 강조해도 지나치지 않다. 예컨대 가장 멋진 장소에 위치한 매장에 훌륭하고 값싸고 멋진 상품들이 갖추어져 있다고 하자. 그러나 고객이 그 상품들을 선택하지 않으면 한낱 무용지물에 지나지 않을 것이다. 이렇듯 만지고 느끼는 쇼핑의 감각적인 측면과 관련된 중요한 문제는 나중에 다시 상세히 다룰 것이다. 만약 쇼퍼들이 물건에 손을 대거나 만질 수 없다면, 그들은 그 물건을 사려 하지 않을 것이다. 따라서 이것은 고객들에게 원하는 물건은 무엇이든 가져갈 수 있음을 보장한다는 식의 간단한 문제가 아니다. 만약 고객의 양손에 물건이 가득하다면, 그런 판단은 아예 엄두조차 내지 못할 것이다. 의류를 진열할 때 옷을 옷걸이에 걸어놓는 방식보다 테이블 위에 펼쳐 놓는 방식이 훨씬 더 나은 것도 이 때문이다. 고객이 한 손으로만 옷걸이에 걸린 옷들을 일일이 살펴본다는 것은 힘든 일이다. 그러나 테이블이 있으면 그 위에 짐을 놓아두고 꼼꼼히 옷을 살필 수 있을 것이다.

나는 '손 문제'와 관련하여 한 슈퍼마켓에서 아주 흥미로운 사례를 목격한 적이 있다. 오늘날 미국의 거의 모든 소매업자들이 그렇듯, 그 슈퍼마켓 역시 고객들이 앉아서 자신이 원하는 음료를 마실 수 있는 커피 바를 매장 내에 설치했다. 여기까진 지금껏 내가 보아온 여느 슈퍼마켓과 별반 다를 것이 없었다. 그러나 그 슈퍼마켓은 장사의 속성을 제대로 이해하고 있었다. 카트를 몰고 가면서 음료수를 마실 수 있도록 손잡이 옆에 컵 홀더를 달아놓았던 것이다. 장담하건대, 이 영리하고 사소한 선택이 커피 매출을 끌어올릴 것이다.

5 광고의 생사는
1미터로 결정된다

"당신이 보기에 어떤가요?" 그가 내게 물었다.

이 질문과 함께 마케팅 경영진은 오백 곳이 넘는 매장에 설치될 광고를 선보이고 있다. 나는 완벽한 조명과 실내 온도 조절 시설을 갖춘 회의실에서 안락한 의자에 앉아 있다. 내가 보기에 아주 적당한 위치에, 전문가들이 정교한 장식 테두리를 붙인 광고가 고급지에 아름답게 프린트되어 있다. 실내의 사람들은 모두 숨죽이고 있는 듯하다.

"글쎄요, 잘 모르겠는데요." 내가 대답했다.

사방에서 우려하는 시선이 오간다. 그들은 나에 대해 걱정하는 것이 아니다. 나를 '위해' 걱정하고 있는 것이다.

"잘 모르시겠다니, 무슨 의미인가요?" 경영진이 묻는다. "당연히 아셔야 할 것 같은데."

이제 내가 설명을 할 차례이다.

모든 고객이 내가 처음 광고를 보았을 때와 동일한 상황에서 그 광고(좀 더 최근에는 평면 스크린 텔레비전 화면)와 마주치지 않는다면, 그것이 고객에게 잘 전달되는지, 아니면 시간과 공간과 돈을 낭비한 것에 불과한 건지 알 길이 없다. 나는 매장이나 레스토랑 또는 은행에 있는 사람들은 끊임없이 움직인다는 사실을 그들 모두에게 상기시키려 한다. 고객들은 의도적으로 광고나 평면 스크린을 보려 하지 않는다. 대개의 경우에 그들은 양말을 찾으려고 애쓰거나, 어느 줄이 가장 짧은지 확인하거나, 혹은 햄버거를 살지 치킨을 살지 결정하는 식으로 광고를 보는 것과는 아무 상관 없는 행동을 한다. 멀리 어딘가에 새로 설치한 광고물이 있다. 그것은 예각을 이루고 있는 데다 키 큰 사내의 머리에 일부 가려져 있으며, 조명도 적당하지 않다. 게다가 누군가가 건네는 말이 고객의 주의를 흩뜨린다.

잠시 후 나는 그래픽 디자이너의 시각에서 보면 이상적일지 모르지만, 회의실에서 광고물을 보여주며 그 유용성을 확인하는 것은 최악의 방식이라고 말하며 설명을 마친다.

광고판 같은 매장 내부의 미디어들이 제대로 기능을 발휘하는지의 여부를 입증하려면 오직 한 가지 방법밖에 없다. 매장에 직접 설치해보는 것이다. 이것은 설치만 하면 끝나는 간단한 일이 아니다. 먼저 그곳에서 얼마나 많은 사람들이 실제로 광고판을 보는지 측정해야 한다. 그런 다음 사람들이 광고판에 적힌 글을 얼마나 오 랫동안 보는지도 확인해야 한다. 만약 그들이 광고를 읽지 않는다 면 아무리 멋진 광고판이라도 제 기능을 발휘한다고 할 수 없다. 무 심코 광고판을 힐끗 보는 것과 광고를 다 읽는 것 사이에는 2~3초 의 차이가 발생한다.

다음은 우리 조사자들의 작업 방식이다. 우선 광고판 뒤편에서 신중히 조사할 위치를 정한다. 그리고 나서 스톱워치를 들고 고객 의 일거수일투족을 일일이 확인한다. 그러면 고객이 4초간 광고 판을 바라본 후, 전단 광고로 시선을 옮겨 3초간 그것을 읽었다는 사실을 과학적 근거를 가지고 주장할 수 있다. 우리는 몇 시간 동 안 연속적으로 쇼퍼들을 차례로 관찰한다. 그런 다음 모든 조사 자 료를 참고하여 광고판이 실제로 유용한지 여부를 판단한다.

이런 방식을 한번 시도해보라. 그리 녹녹한 작업은 아닐 것이다.

그러나 우리는 30년간 이 작업을 진행했기 때문에 상당한 자신 감을 가지고 있다. 또한 광고의 활자체와 색상, 배치에 몇 가지 기 본적인 규칙이 있음을 알고 있다. 이른바 '현장 커뮤니케이션'이 서로 다른 환경의 광고 이용 인구와 상호작용하는 과정에 대해서 도 어느 정도 알고 있다. 그러나 광고가 진정 성공작인지 실패작인 지 평가하려면 여기에 몇 가지 요소들을 더 추가해야 한다. 고객의 17퍼센트가 광고판을 보았는데, 그중 12퍼센트가 신경 써서 광고 를 읽었고, 그 시간이 평균 2.9초임을 조사하는 식으로 말이다. 그 런데 이 같은 조사를 진행할 수 있는 유일한 방법은 정해진 위치에 광고판을 설치한 후 그것을 지켜보는 것뿐이다.

눈동자의 미세한 움직임까지 포착할 수 있는 하이테크 헬멧을 사용해서 고객들이 광고를 읽는 시간을 측정하려고 하는 회사들도 있다. 그러나 이 방식은 올바른 광고물을 잘못된 장소에 설치했는지의 여부를 제대로 알려주지 않는다. 이러한 상황은 자주 발생한다(그런데 이 방식은 평범한 광고를 올바른 장소에 설치하는 것보다 더 효과가 없다). 그리고 매장 안에서 쇼퍼가 광고물을 읽고 반응하는지의 여부도 제대로 예측할 수 없다.

회의실로 다시 돌아가보자. 광고판을 비롯한 메시지 전달 미디어를 디자인하고 배치하는 데에 있어 가장 흔히 저지르는 실수는, 그것이 매장 내부에 있어야 한다는 선입견이다. 광고와 관련하여 매장은 그 자체로 3차원 TV 광고이자 단어와 사고, 메시지와 아이디어가 담겨 있는 공간이다.

사람들이 이 공간 안으로 들어서면 그것은 여러 가지 사실들을 알려준다. 만약 이 모든 것이 효과가 있다면 사람들의 관심을 유도하여 쇼핑과 구매를 가능하게 할 것이다. 뿐만 아니라, 차후에 더 많은 쇼핑을 위해 그곳을 다시 방문하게 할 수도 있다. 이 공간은 사람들이 상품을 무슨 용도로 사용할 수 있는지, 또 언제 어떻게 그것을 사용할 수 있는지도 알려준다. 한마디로 출입 가능한 초대형 3차원 TV 광고인 셈이다.

여기서 당신이 해야 할 작업은 마치 TV 광고의 대본을 쓰고 연출하듯이 무엇을 말해야 하고, 언제 어떻게 말해야 하는지 파악하는 것이다. 우선 사람들의 관심부터 끌어야 한다. 일단 그들의 관심을 끄는 데에 성공하면, 명확하고 논리적으로 그들에게 메시지를 전달해야 한다. 가능한 한 사람들이 이해하기 쉽게 정보를 전달하는 방식이다. 그런데 만약 당신이 사람들의 관심을 끌지 못한다면, 그다음 과정은 전부 무용지물이 되고 말 것이다. 또 당신이 짧은 시간에 너무 많은 말을 해도 그들은 과도한 부담을 느껴 중도에 포기할 것이다. 그리고 당신이 그들을 혼란스럽게 만들면 그들은 당신이 전하는 메시지를 아예 무시할 것이다.

오늘날 이러한 측면이 특히 중요한 주된 이유는, 매장 내에서 점점 더 많은 구매 결정이 이루어지기 때문이다. 오늘날의 고객들은 자신의 수입을 마음대로 쓸 수 있으며, 개방적인 성향을 가지고 있다. 게다가 충동구매의 유혹에 쉽게 굴복한다. 지금은 브랜드 마케팅과 전통적인 광고 효과가 널리 분산되어 있다. 그런 광고가 모든 이들에게 전달되는 것이다. 판촉의 역할이 그 어느 때보다 중요한 것도 그 때문이다. 오늘날에는 매장에서 무슨 상황이 벌어지느냐에 따라 제품의 생사가 결정된다. 따라서 쇼퍼들에게 뭔가 알려줄 수 있는 기회를 절대 놓쳐서는 안 된다.

그런가 하면, 쇼퍼들은 과거 어느 때보다 시간의 압력을 많이 받고 있다. 그들은 예전처럼 빈둥거리며 시간을 낭비하지 않는다. 그들은 판매되는 모든 제품이 진열대에 공개되는 방식의 매장에 점점 익숙해지고 있으며, 자신에게 필요한 모든 정보 역시 개방되

어 있길 원한다. 누구도 점원이 올바른 방향을 가르쳐주거나 신상
품을 설명해줄 때까지 기다리지 않는다. 사실 점원을 찾기도 쉽지
않다. 예전에는 커피숍을 찾아가면 읽을거리라고는 메뉴판과 「뉴
욕 포스트」가 전부였다. 그러나 지금은 가장 규모가 작은 스타벅
스를 찾아가더라도 무지방 에그노그(eggnog)의 이용 가능성부터
폴 매카트니의 최신 앨범에 이르기까지, 각종 정보를 알려주는 다
양한 광고들을 구경할 수 있다.

　그러므로 당신은 당신의 매장을 둘러보는 것에 만족하지 말고,
광고를 붙일 수 있는 텅 빈 벽이 있는지 잘 살펴야 한다. 그렇다고
카운터 위에 있는 공간에 각종 미디어를 마구 설치해서는 안 된다.
모든 매장은 다양한 구역으로 나뉘어 있다. 따라서 단 하나의 광고
판을 설치하더라도 사전에 세심한 준비가 필요하다. 예를 들면 이
런 식이다. 자리에서 일어나 주변을 거닐면서 발걸음을 옮길 때마
다 스스로에게 물어보라. 고객이라면 여기서 어떤 행동을 할까?
여기는 어떨까? 여기에 서 있다면 그들의 시선은 어디를 향할까?
저쪽을 바라보면서 어떤 생각을 할까? 만약 그 구역에서 사람들이
발걸음을 빨리한다면 메시지는 단번에 시선을 끌 수 있도록 짧고
강렬해야 한다. 반면, 한가로이 구경하는 구역이라면 상세한 정보
를 전달할 수 있는 광고가 바람직하다. 예를 들어 엔진오일 진열대
근처라면 그들은 자동차에 관한 생각을 하고 있을 공산이 크다. 따
라서 그곳에서 와이퍼 교체에 관한 정보를 알려준다면 적당할 것
이다. 계산대 옆이라면 그들은 1분 30초쯤 서서 기다릴 확률이 높

다. 그곳이라면 좀 더 긴 메시지가 담긴 광고가 적절할 것이다. 그리고 그들이 매장을 빠져나가고 있다면 출구를 활용하여 도로와 관련 있는 정보를 제공하는 것이 바람직할 것이다.

각각의 구역은 한 가지 종류의 메시지를 전달하기에 적당하지만, 다른 메시지 전달에는 적합하지 않을 수 있다. 4초의 여유 시간이 있는 장소에 12초는 걸려야 읽을 수 있는 광고를 설치했다고 해보자. 보나마나 그 광고의 효과는 아주 미미할 것이다.

나는 계속 걸음을 옮기며 쇼퍼들이 아무것도 하지 않고 서성거리는 장소들을 기억의 목록에 하나하나 추가하면서, 그곳에 어떤 메시지가 유용할지 생각한다. 당신이 구두 매장에 있다고 가정해보자. 당신이 원하는 구두를 점원에게 말하면, 그는 당신의 사이즈에 맞는 물건을 찾아 어디론가 갈 것이다. 그 무렵이면 당신은 이미 구두를 다 살펴보았을 것이다. 그렇다면 당신은 이제 무엇을 할까? 어쩌면 그곳이 다른 상품을 광고하기에 안성맞춤인 장소가 아닐까? 그곳에 뭔가 읽을거리가 있다면 당신은 아마 그것을 기꺼이 받아들일 것이다. 핸드백에 관한 정보를 알려준다면 적절하지 않을까?

광고 배치와 관련하여 최근에 내가 목격한 좋은 사례로는 화장실 내부에 압정으로 고정시킨 작은 광고판이 있다. 그곳에서는 광고를 볼 확률이 거의 100퍼센트다. 게다가 그 메시지를 가지고 창의적인 발상을 할 수 있는 곳이기도 하다.

그런가 하면, 광고를 설치하기에 적당한 공간임에도 불구하고 현재 소홀히 취급되고 있는 장소도 있다. 에스컬레이터가 바로 그 곳이다. 런던 지하철에서 에스컬레이터를 타고 올라갈 때였다. 에스컬레이터를 타고 서서히 올라가는 동안 사람들의 시선은 저절로 광고판을 향해 있었다. 지금은 평면 스크린이 그 자리를 대신하고 있다. 만약 누군가가 내게 디지털 신호 체계를 응용하여 광고할 수 있는 좋은 공간을 묻는다면 나는 그에게 런던 지하철을 타본 적이 있냐고 되물을 것이다.

광고 설치에 적합한 위치를 정하는 것도 쉬운 일이 아니다. 예전에 우리는 계산대 바로 위에 현수막을 걸어놓은 매장을 조사한 적이 있다. 그곳이 적당한 위치였을까? 그렇지 않았다. 현수막을 쳐다보는 고객의 비율이 아주 낮았기 때문이다. 매장에서 선 채로 허공을 수직으로 올려다보는 사람은 아무도 없었다. 우리는 그 현수막의 위치를 1미터쯤 낮추라고 조언했다. 그러자 그것을 쳐다보는 사람들의 수가 금세 두 배로 증가했다. 이렇듯 광고 설치에서 이상적인 장소와 최악의 장소의 차이는 종종 단 몇 미터의 거리 혹은 10도 각도의 차이에 지나지 않는다. 최대한의 노출 효과를 얻으려면, 광고는 특정 장소에서 기존의 자연스러운 시각 라인에 돋보이는 위치여야 한다. 그러므로 광고를 설치하려면 당연히 직접 현장에 가서 결정해야 한다. 내 시선이 향하고 있는 곳이 어디일까? 그곳이 바로 광고가 위치할 공간이다. 사람들이 가장 먼저 보는 대상이 타인이라는 사실은 그리 놀라운 일이 아니다. 패스트푸드점에서 가장 효과적인 광고물이 계산대 바로 위쪽, 즉 계산대 직원의 눈높이에 위치하고 있는 것도 이 때문이다. 다시 말해, 바람직한 광고 위치는 쇼퍼의 시야를 방해하여 그들의 시선을 끌 수 있는 지점이다.

그러나 때로는 메시지 전달을 위한 위치 설정에 있어 창조적 발상이 필요한 경우도 있다. 잔디 깎기 제조업체인 토로(Toro)에서 자동 멀칭 모어(automatic-mulching mower) 제품의 판촉을 위해 매장 내에 비디오를 설치한 적이 있다. 당연히 가정 정원용품 매장에 그것을 설치해야 했다. 그렇다면 정확히 어디에 설치해야 할까? 잔디 깎기를 판매하는 코너라면 고객들이 모니터를 보려 하겠지만, 비디오의 전 과정을 지켜보려면 10분간 꼼짝없이 그 자리에 서 있어야 했다. 게다가 복도 한가운데에 서서 바비큐용품 코너로 향하는 고객들과 부대껴야 하는 상황이었다.

그러니 그곳보다는 차라리 정비 센터 대기실에 비디오를 설치하는 편이 훨씬 낫지 않을까? 그곳이라면 아주 사소한 오락거리라도 고마워하는 사람들이 기꺼이 비디오를 시청할 것이다. 게다가 가정 정원용품 매장의 정비 센터를 방문한 사람이라면 틀림없이 나중에라도 잔디 깎기를 구입할 것이다. 그러나 어떤 이유에서인지, 심지어 매장을 온통 광고로 장식한 소매업체조차 대기실에서의 메시지 전달 가능성을 미처 인식하지 못하는 경우가 있다. 우리는 예전에 한 자동차 판매 대리점의 대기실을 조사한 적이 있는데, 그곳에서는 변변한 읽을거리는커녕 광고 인쇄물조차 제공하지 않았다. 『카 앤드 드라이버(Car and Driver)』나 『로드 앤 트랙(Road &

Track)」같은 차량 관련 잡지는 물론 심지어 낡은 「리더스 다이제스트(*Reader's Digest*)」조차 보이지 않았다.

뉴욕 시민들이 기다리는 시간을 좋아하지 않는다는 것은 잘 알려진 사실이다. 그들은 주문하면 바로 나오는 치즈에그롤 샌드위치를 원한다. 만약 그보다 더 오래 기다려야 한다면 다음에는 분명 길 건너 다른 식품 판매점을 찾아갈 것이다. 다행히 내 사무실 근처에 인기 있는 샌드위치 가게가 하나 있다. 그곳에서는 종종 음식이 나오기까지 손님들을 5분 이상 기다리게 할 때도 있지만, 재치 있게도 당일 날짜의 「뉴욕 타임스」와 각종 잡지들을 제공하여 손님들의 불만을 달랜다.

패스트푸드 산업의 광고물을 조사하는 사람은 거의 없다. 그러나 버거 가드(Burger God) 체인점을 소유할 계획이 없다 하더라도, 그들이 광고물을 어떻게 이용하고 있는지 살펴보는 것만으로 유익할 수 있다. 예컨대 그들은 창문이나 입구 바로 안쪽이 광고물을 설치하기에 가장 적합한 장소라고 생각한다. 그러나 그 광고물은 고객이 한눈에 읽을 수 있는 것이어야 한다. 즉 두세 단어를 넘지 말아야 한다. 우리가 조사한 바에 따르면, 평균적으로 고객 한 명이 그런 광고를 읽기까지 채 2초도 걸리지 않았다.

한번은 매장 입구에 걸려 있는 광고를 평가해달라는 의뢰를 받은 적이 있다. 그 광고판은 열 단어로 적혀 있었다. 나는 그 광고 디자이너에게 "1.5초 안에 몇 단어나 읽을 수 있습니까?"라고 물었다.

그러자 그는 "세 단어나 네 단어쯤 될 것 같은데요"라고 대답했다.

흔히 패스트푸드점에서는 고객의 시선을 끌기 위해 입구 근처에 각종 광고판과 포스터와 대롱거리는 모빌 따위를 설치한다. 그러나 조사 결과, 그것을 제대로 읽는 사람들은 거의 없었다. 고객은 패스트푸드점에 들어서면 일단 카운터나 화장실, 이 둘 중 한 곳을 찾는다. 화장실을 찾는 이들에게 광고판은 아무 의미가 없다. 그들에게는 더 시급한 일이 있기 때문이다. 하지만 그들이 화장실에서 나오는 상황에서 볼 수 있는 광고라면 분명 효과가 있을 것이다.

다른 한편, 카운터로 향하는 사람들은 무엇을 주문할지 결정하려고 애쓴다. 이것은 그들이 큼지막한 메뉴판을 찾고 있음을 의미한다. 그러나 그들은 메뉴판에 적힌 단어들을 다 읽지 않는다. 자신이 원하는 음식을 찾을 때까지 그냥 죽 훑어볼 뿐이다. 만약 그들이 단골손님이라면 메뉴판을 보지도 않고 원하는 음식을 바로 주문할 것이다.

그런데 줄 서서 주문을 기다리는 고객들이 많을 경우, 메뉴판이나 다른 볼거리를 살펴볼 만한 시간적 여유가 생길 것이다. 특히 음식을 주문한 후에는 메뉴판과 카운터 근처의 광고가 좀 더 오랫동안 고객의 시선을 끌 수 있다. 맥도널드의 조사 결과에 따르면, 고객의 75퍼센트가 주문을 마친 뒤 음식을 기다리면서—'음식 준비' 시간은 평균 1분 40초로, 그 시간이면 고객들은 눈앞에 보이는 거의 모든 글을 읽을 수 있다—메뉴판을 보는 것으로 나타났다.

그 즈음이면 이미 계산을 끝내고 잔돈까지 받았기 때문에 다른 것에 정신을 팔지 않는다. 좀 더 긴 메시지를 전달하기에 좋은 기회인 셈이다. 패스트푸드점에서부터 슈퍼마켓의 푸드 코트에 이르기까지 모든 메뉴판을 조사한 결과, 고객이 메뉴판을 보는 총 시간의 61퍼센트가 주문 이후인 것으로 나타났다.

잠시 후 그들은 밖으로 나가거나, 소스 코너를 찾는다. 따라서 그곳에는 소스와 관련된 광고가 적당하다. 햄버거에 관한 광고는 별 효과가 없다. 이미 때늦은 광고이기 때문이다. 그러나 디저트에 관한 정보를 알린다면 좋은 기회가 될 수 있다. 이것은 광고와 시설물 사이에 논리적인 전후 관계가 성립되어야 한다는 사실을 알려주는 교훈이다. 고객들이 반응하기에 너무 늦은 시점에 무언가를 알려준다면 그것은 아무 소용이 없을 것이다. 예를 들어 고객들이 계산하려고 줄 서서 기다리는 곳에 광고판을 설치하는 것은 좋은 아이디어이다. 그러나 그것이 매장 뒤편에 있는 제품들을 광고하는 것이라면 결코 좋은 아이디어가 될 수 없을 것이다.

소스 코너에서 돌아온 고객들은 식사를 위해 자신의 테이블로 향한다. 수년 전, 패스트푸드 업계에서 식당 내에 설치된 광고판, 모빌, 포스터, '테이블 텐트(소금과 후추 회사의 광고가 실린 3면으로 된 마분지)' 같은 어지러운 광고물들을 모조리 없애려고 했던 적이 있다. 그러나 그것은 잘못된 시도로 밝혀졌다. 매장 기획자가 레스토랑의 운영 상태, 특히 전형적인 패스트푸드 음식의 사회적 특성을 간과했기 때문이다.

우리는 두 가지 유형의 음식점(패밀리 레스토랑과 패스트푸드점)에서 테이블 텐트를 조사했다. 패밀리 레스토랑의 경우 고객의 2퍼센트가 테이블 텐트를 읽은 반면, 패스트푸드점의 경우에는 고객의 25퍼센트가 그 광고물을 읽은 것으로 나타났다. 이러한 차이가 발생한 이유는 간단했다. 패밀리 레스토랑에서는 흔히 둘이나 셋, 혹은 넷, 또는 가족이 함께 식사를 한다. 그들은 서로 대화하기 바쁘므로 광고물에 시선을 돌릴 틈이 없다. 그러나 패스트푸드점을 찾는 고객들은 대개 홀로 식사한다. 그들에게는 무료함을 달래줄 오락거리가 절실하다. 그들에게 음식에 관한 정보가 가득 실린 광고물을 건네보라. 기꺼이 그것을 읽을 것이다.

우리 회사의 고객인 서브웨이에서 자사의 샌드위치가 햄버거에 비해 건강에 훨씬 더 좋다는 내용이 담긴 냅킨을 인쇄한 적이 있다. 당시 우리는 냅킨에 지방의 그램 수를 비교하는 차트까지 인쇄하라고 조언했다. 패스트푸드점을 찾는 고객이라면 다른 곳에서는 무관심할 수 있는 메시지까지 꼼꼼히 읽을 것이기 때문이다. 이러한 광고 유형의 모범적인 사례로는 시리얼 박스의 뒷면이 있다.

여기서 패스트푸드점의 각 구역에 어떤 광고물이 적합한지 살펴보자. 매장의 안쪽으로 들어갈수록 메시지는 좀 더 길어질 수 있다. 입구 쪽이라면 두세 단어만으로도 충분할 것이다. 어느 날 나는 패스트푸드점을 지나치면서 모범적인 사례를 발견했다. 그곳의 창문에는 뚜렷하게 보이는 '빅 버거'라는 문구가 적혀 있었다. 레스토랑 안으로 들어가자 좀 더 자세한 설명이 담긴 다른 광고들이 차례차례 나타났다. 메시지를 두 부분 또는 세 부분으로 구분한 다음, 고객들이 매장 안으로 차츰 들어올 때마다 더 상세한 정보를 전달한다는 점에서 아주 훌륭한 광고 방식이었다. 반면, 각종 광고판을 설치하고 거기에 온갖 메시지들을 담아야 한다는 것은 창조적이지 않을뿐더러, 인간의 뇌가 작용하는 방식에 대해서도 무지한 발상이다. 게다가 광고를 보는 재미조차 잃어버리게 할 수 있다. 그러고 보니 내 할아버지 농장에 가는 길에서 보았던 버마쉐이브(초창기 면도 크림 브랜드)가 기억난다. 그것은 미국 유머의 아이콘이 되었던 나열식 광고였다.

낙하산처럼
단숨에 펼쳐지는
새로운 면도 크림

그 어떤 제품도
대신할 수 없는
버마쉐이브

광고 언어와 관련하여 우리는 미국 우편공사의 사례에서 또 다른 교훈을 얻었다. 완벽한 셀프 서비스와 쉬운 무게 측정, 포장 서비스가 갖춰진 미래의 우체국 설계에 도움이 될 수 있도록 대규모 조사를 실시할 때였다.

우리가 조사한 한 우체국의 경우, 금전 출납원 뒤편에 다양한 서비스를 홍보하는 커다란 현수막이 걸려 있었다. 조사 결과, 고객의 14퍼센트가 평균 5.4초 동안 그 현수막을 읽은 것으로 나타났다. 금전 출납원의 양옆 벽에는 우표 수집을 선전하는 포스터들이 붙어 있었다. 그것은 고객의 14퍼센트가 평균 4.4초 동안 읽는 것으로 나타났다.

광고 세계에서 이 정도면 상당히 효과가 있는 축에 속한다. 그런데 당신이 우체국에 줄을 서서 기다리고 있다고 생각해보라. 그곳에서 달리 무엇을 하겠는가? 게다가 금전 출납원 뒤쪽이나 양옆은 광고를 위한 최적의 장소가 아니던가? 한마디로 그 현수막의 광고 효과는 결코 만족할 만한 수준이 아니었다.

우체국에서는 글쓰기 테이블을 이용하는 고객들이 볼 수 있도록 광고판을 매달고 전자 메뉴판도 설치했다. 그러나 그 광고물은 고객의 4퍼센트가 평균 1.5초 동안 읽었을 뿐이다. 무게를 재는 창구 위에도 모빌이 매달려 있었지만, 그것 역시 고객의 1퍼센트가 평균 3.3초 동안 읽었을 뿐이다. 이런 현상이 그리 놀랄 일은 아니다. 정신을 집중하여 무언가를 적거나 무게를 잴 때는 광고를 읽을 겨를이 없기 때문이다. 결국 그 광고물들은 거의 효과가 없었다.

은행 역시 효과를 발하는 광고와 그렇지 못한 광고를 구분하기 위해 많은 에너지를 쏟아부어야 할 장소이다. 은행과 패스트푸드점, 우체국은 서로 공통점을 가지고 있다. 많은 고객들이 줄 서서 기다리면서 같은 방향—광고판과의 교류가 가능한 최상의 조건

―을 계속 바라본다는 점이 그것이다. 차이점이라면 은행에서는 종종 광고물 배치의 기술과 과학에서 최악의 실수를 저지르고는 한다는 것이다. 심지어 세계적 규모에다 정교한 시스템을 갖춘 금융 기관 지점에서도 어처구니없을 정도로 부적절하게 배치된 광고물을 목격할 때가 있다. 우리 사무실에서 5분 거리인 시티 은행의 한 지점에 이런 유형의 광고물이 있다. 싸구려 청색 비닐 테이블보에 덮여 있는 카드놀이용 테이블이 그것이다. 테이블 위에는 누군가가 던져놓은 자동차 융자와 저당에 관한 안내 책자가 있고, 그 옆에는 예전에 비디오를 상영했던 것처럼 보이는 TV 모니터가 한 대 놓여 있다. 하지만 지금은 오랫동안 사용하지 않아 먼지만 켜켜이 쌓여 있다. 게다가 그 테이블은 은행 정면 쪽의 모퉁이에 처박혀 있는데, 1미터도 안 되는 거리에 고객 서비스 데스크가 위치해 있다. 그야말로 생뚱맞은 곳에 탁자가 있는 셈이다.

캘리포니아의 어느 은행에서는 한 가지 기발한 계획을 실행하기로 결정했다. 복잡한 도로에서 보이도록 옥외 현수막을 내걸어 새로 도입된 무료 당좌예금 정책을 광고하는 것이 그것이었다. 깃발에는 '저희 은행을 방문하셔서 친절한 은행원에게 새로운 무료 당좌예금 정책에 관한 설명을 들어보세요'라는 광고 문안이 적혀 있었다. 그러나 운전자들이 이 장황한 광고를 읽으려면 차를 멈춰야 했다. 자동차가 달리는 도로에서는 두 단어―눈에 확 띄는 '무료 당좌예금'과 같은 문구―면 충분하다.

우리가 조사했던 캐나다의 한 은행에서는 고객 필기용 테이블에 정교한 역광 디스플레이를 설치했다. 은행에서 제공하는 다양한 서비스와 투자에 관한 상세한 설명이 담겨 있는 디스플레이였다. 그 광고물은 아주 훌륭했지만 설명을 읽는 사람은 아무도 없었다. 예금 전표를 쓰거나 수표를 배서할 때는 정신을 집중해야 하므로 다른 것에 신경 쓸 겨를이 없기 때문이다. 게다가 서류 작성을 마치면 얼른 줄부터 서야 하는 상황이었다. 우리가 이 사실을 알려주자 은행장은 "당신들이 아니었으면 그 빌어먹을 장치에 백만 달러나 헛돈을 쓸 뻔했습니다"라고 말했다. 지금도 그는 매장 내 미디어에 백만 달러의 자금을 투자하고 있다. 하지만 예전처럼 효과 없는 광고물에 돈을 허비하진 않을 것이다.

우리는 또한 다른 은행에서 가장 편리하고 효과적이라고 설명하는 시설물을 발견했다. 당시 우리는 그 은행 지점과 관련된 모든 사항들을 조사하고 있었다. 여기에는 금융 시장 펀드, 양도성 정기예금 증서, 자동차 융자, 여타 서비스 및 투자를 설명하는 안내 책자를 올려놓은 선반도 포함되어 있었다. 그 선반은 입구 왼쪽 벽에 걸려 있었는데, 은행에 들어서는 고객들이 지나치는 위치였다. 고객들은 모두 그 선반을 스치듯 지나갔다. 그러나 아무도 거기에 손을 대지 않았다.

이유는 명확했다. 고객은 중요한 업무를 위해 은행에 오는 것이지, 안내 책자를 가지러 오는 것이 아니기 때문이다. 그들은 은행 업무를 마치기 전까지는 다른 것을 읽거나 듣는 데에 관심이 없다. 특히 대다수 고객들이 오른쪽으로 걷는다는 점을 감안하면, 왼쪽에 걸린 선반은 상황을 더 악화시킬 뿐이었다.

우리는 고객들이 은행에 들어올 때가 아니라 나갈 때 선반을 지나치도록 안쪽으로 옮길 것을 조언했다. 그런 다음 '추적자'로 하여금 그곳에서 관찰하게 했다. 그 결과, 실제로 선반을 보는 고객은 네 배로 증가했으며, 안내 책자를 가져가는 고객들도 급증했다.

작업과 인간 행동의 관계를 고려해야 할 장소로 은행만 있는 것은 아니다. 우리는 약사를 만나 처방받을 것을 염두에 두면서 약국에 들어선다. 그리고 그 과정이 끝날 때까지 광고나 전시물은 눈여겨보지 않는다. 매장 뒤편에 와서야 비로소 시간적 여유를 갖게 된다. 그럼에도 약국의 광고물과 시설물들은 전부 매장으로 다가오는 고객들의 정면을 향해 있다. 우표를 사기 위해 우체국을 찾는 경우도 마찬가지다. 우체국에서는 자신이 서 있게 될 줄이 확보되기 전까지 느긋한 마음을 가질 수 없다. 편의점에서 바비큐용품을 사기 위해 사람들 뒤에 바짝 붙어 서 있는 경우도 마찬가지다. 그 용품을 구입하기 전까지 우리는 다른 것에 신경 쓸 겨를이 없다. 결국 이러한 사례들에서 알 수 있듯이, 고객들이 하려는 일을 마치기 전까지 그들에게 뭔가를 알리려 애쓰는 것은 부질없는 짓이다. 따라서 약국의 경우라면 각각 분리된 두 가지 광고 전략을 짜는 것이 바람직하다. 하나는 매장 앞쪽에서 뒤쪽으로 걸어가는 고객들을 위한 광고이고, 다른 하나는 뒤쪽에서 앞쪽으로, 즉 약사에게서 매장 앞으로 향하는 고객들을 위한 광고이다.

우리가 조사한 은행의 한 지점에는 금전 출납원 라인 근처에 안내 책자를 올려놓는 스탠드식 테이블이 있었다. 그러나 그것은 너무 멀리 떨어져 있었기 때문에 로프 뒤에 서 있는 고객들이 집어 들기는커녕 제목조차 읽을 수 없었다. 나는 지점 매니저에게 "누가 이 로프와 칸막이, 안내 책자를 설치했나요?"라고 물었다. 그러자 그는 "글쎄요, 청소원들이 매일 밤 이곳을 청소하는데, 그들이 작업을 마치고 이곳에 갖다놓는 모양입니다"라고 대답했다. 그러나 청소원들이 광고에 대해 알고 있을 리가 만무했다.

미국인의 삶의 영역에서 표지판 디자인과 배치는 단순히 중요한 문제가 아니라, 생사를 좌우하는 문제가 될 수도 있다. 미국의 도로, 특히 주간(州間) 고속도로 시스템을 예로 들어보자. 여기서 안전하고 질서 정연한 상태의 고속도로를 유지하려면 표지판이 도로 표면이나 조명만큼 중요하다. 그 때문에 엔지니어들은 표지판을 올바른 장소에 설치하는 데에 심혈을 기울인다. 그 원칙은 아주 간단해 보인다. 군말이 없어야 하고, 올바른 장소에 올바른 표지판을 설치해야 하고, 운전자들에게 정보가 부족하지 않을 만큼 충분한 표지판이 있어야 하며, 난잡함이나 혼란을 느낄 만큼 지나치게 많은 표지판을 설치하지 말아야 하는 정도다. 만약 당신이 한 번도 가본 적이 없는 곳을 운전하면서 메시지를 읽기 위해 멈추거나 속도를 줄이지 않고 올바른 방향으로 나아가고 있다면, 이는 곧 고속도로 표지판 시스템이 제 역할을 하고 있음을 의미한다.

여기서 흔한 도로 표지판인 '일단 멈춤(STOP)'과 '일방통행(ONE

WAY)'을 살펴보자. 이것은 크고 붉은 팔각형 판 위에 눈에 확 띄는 흰색 대문자로 적혀 있다. 무슨 다른 뜻이 필요하겠는가? 만약 그것을 읽지 못한다면 당신은 계속 멈춰 서 있을 수밖에 없을 것이다. '일방통행'은 곁눈질만으로도 그 의미를 알 수 있도록 단어와 상징의 완벽한 결합을 보여준다. 화살표를 따라 올바른 방향으로 나아가면 그것을 읽기 위해 일부러 속도를 늦추거나 멈출 필요가 없다. 도로에서는 아이콘 어휘, 즉 단어 없이 우리에게 필요한 사항을 알려주는 보편적 언어를 사용한다. 도로에서 주유기 표지나 포크와 스푼 표지, 혹은 휠체어 표지가 보일 때면 그 의미를 한눈에 알 수 있다. 이것이 움직이는 사람들에게 정보를 전달하는 최상의 방식이다. 도로 표지의 경우, 기술적인 측면 또한 흠잡을 데가 없다. 색상 결합은 선명한 대조를 이루고, 글자체는 큼지막하며, 조명과 위치 선정도 훌륭하기 때문이다.

도시 지리학자였던 시절, 나는 뉴욕에 있는 록펠러 플라자의 지하 중앙 광장에서 방향 표지판을 조사하는 작업에 참여한 적이 있다. 지하 공간에는 표지판을 제외하고 방향을 알려줄 만한 것이 없다. 따라서 표지판이 매우 중요하다. 우리는 비디오를 통해 사람들이 길을 잃을까봐 걱정하기 시작할 때까지, 혹은 전방에서 방향을 선택할 수 있는 분기점을 발견할 때까지 그들이 어떻게 이동하는지 관찰했다. 만약 그들이 고개를 이리저리 돌리면서 걸음의 속도를 늦추는 지점이 있으면, 그곳이 바로 그들의 불안과 혼란을 씻어주는 무언가, 즉 방향 표지판을 설치하기에 적절한 장소였다.

우리는 그들의 주된 관심사가 걸어가면서 타인과 부딪치지 않는 것이라는 사실도 알게 되었다. 만약 보행자가 표지판을 찾아 이리저리 헤매야 하거나, 글씨체가 너무 작아서 그것을 읽기 위해 바짝 다가가야 한다면, 혹은 표지판의 크기가 작거나 위치 선정이 잘못되어 있다면, 표지판을 봐야 할지 아니면 가던 방향으로 계속 가야 할지 갈피를 잡지 못할 것이다. 보행자들이 언제든 걸음을 늦추거나 멈춘다면, 그것은 표지판이 제 기능을 발휘하지 못하기 때문이다. 이것이 우리가 내린 결론이었다. 보행자와 운전자 간의 유사성도 여기에 있었다. 그들 모두에게 최적의 표지판은 최대한 빨리 읽을 수 있고, 또 움직이는 와중에도 읽을 수 있는 위치에 있는 것이다. 그리고 대부분의 경우, 이러한 목적을 달성할 수 있는 유일한 방법은 일단 정보를 세분한 다음, 그것을 논리적인 순서에 따라 순차적으로 한 번에 하나씩 전달하는 것이었다.

물론 우리가 이러한 사실을 발견할 수 있었던 것은, 그 공간에서 이동하는 수많은 보행자를 관찰한 덕분이었다. 만약 우리가 이 사실을 발견하지 못했다면 표지판과 관련된 모든 사안들은 중앙 광장 설계자들—그 부근에서 길을 찾기 위해 표지판에 의지하지 않아도 되는 사람들—에 의해 결정되었을 것이다.

나는 여전히 회의실에 갇혀 있다.

여기서 내가 해결책을 찾아내지 못하면 광고판 문제는 점점 더 어려워질 것이다. 나는 벽에 기댄 채 바닥에 광고판을 내려놓는

다. 그리고 열 걸음쯤 뒤로 물러나 그것이 어떻게 보이는지 살핀
다. 광고판과 나란히 서서 그것이 내 시선을 끄는지 판단한다. 보
통의 걸음걸이로 옆을 지나치면서 그것이 눈에 들어오는지 확인
한다. 그러고 나서 조명을 약하게 한다. 광고판이 불완전한 세계
에서 기능을 제대로 발휘하지 못하면 적합하다고 할 수 없을 것이
다. 한 가지 확실한 사실은, 현실 세계가 생각만큼 그렇게 호락호
락하지 않다는 것이다.

오늘날 우리 주위에서 정보의 교류는 거의 포화 상태에 이르러
있다. 이러한 문제는 대부분 상업적 메시지에서 기인한다. 하다못
해 사과나 배에 붙어 있는 작은 광고 스티커라도 바라보는 관점에
따라 아주 흥미로운 광고가 될 수도 있고, 몹시 불쾌한 광고가 될
수도 있다. 우리는 너무도 많은 것을 알려주는 단어의 홍수 속에서
살아가고 있다. 그래서인지 사람들은 성난 기색을 보이며 더 이상
그것을 읽으려 들지 않는다. 심지어 정보 전달의 기회마저 잃어버
린 탓에, 많은 사람들이 도무지 그 의미를 알 수 없는 수많은 메시
지들에 의해 혼란을 겪고 있다. 단 하나의 전시물이나 광고판도 지
나치게 많다고 느껴질 정도다. 그야말로 그 어떤 메시지도 통과할
수 없는 정보 전달의 블랙홀을 만들어낸 셈이다.

다음은 나의 개인적인 사례이다. 나는 비행기를 기다리며 공항
에서 많은 시간을 보낸다. 그리고 대다수의 비즈니스 여행자들처
럼 기다리는 동안 작업을 한다. 그런데 최근 들어 항공 여행객을
위해 CNN에서 프로그램을 제작한 공항 네트워크 방송이 번번이

내 집중력을 흩뜨렸다. 나는 TV를 끄려고 애썼지만, 도무지 그 방법을 찾을 수 없었다(몇 해 전, 나는 모든 공공 TV를 끌 수 있다고 주장하는 제조업체의 온라인 광고를 본 적이 있지만 그 사이트에 로그온하려고 시도할 때마다 연결이 되지 않았다). 심지어 게이트 라운지에 나 혼자 남아 있을 때도 TV는 여전히 켜져 있었다. 나는 속으로 분을 삭이며 다시는 CNN을 보지 않으리라 맹세했다. 그러나 아무리 바쁜 비즈니스 여행자라 할지라도 공항에서 작업하기보다 말없이 서성거려야 하는 곳이 딱 한 군데 있다. 수화물을 찾으려고 기다리는 수화물 컨베이어 근처가 바로 그곳이다. 그런 곳이라면 여행 가방을 기다리는 동안 짤막한 TV 광고라도 감사한 마음으로 보게 될 것이다.

대체로 상업적 메시지의 운영 상태는 계획적이지 않다. 조사에 의하면, 일반 매장과 은행, 레스토랑에 전달된 각종 광고물의 절반이 현장에서 실제로 설치되지 않은 것으로 나타났다. 미국 전역의 소매점 관리자들은 물품 보관실에 앉아, 개별 매장은 거의 방문하지 않는 판촉 담당자가 큰 상자에 넣어서 보낸 광고물을 일일이 끄집어내는 작업을 하면서 지루한 나날을 보낸다. 이처럼 과중한 업무에 시달리는 매장 관리자가 광고물의 위치를 정하는 문제를 놓고 고심하지 않는 것은 어쩌면 당연한 노릇인지도 모른다.

예전에 나는 세계 최대 규모의 탄산음료 제조업체가 개최한 판매 회의에 참석한 적이 있다. 그들은 회의에서 서로 다른 전시물 제조업체들간에 경쟁을 붙였다. 슈퍼마켓의 앞쪽 통로에 진열할 구매 시점의 전시물을 얼마나 빨리 설치하느냐의 경쟁이었는데,

우스꽝스러웠다. 랠프 로렌의 치노 바지와 가슴에 회사 로고를 새긴 옥스퍼드 셔츠 차림의 20명 남짓한 이들이 한 팀이었다. 시간을 재어보니, 가장 빨리 설치한 팀은 약 3분이 걸렸다. 그들이 내게 자문을 구하자, 나는 같은 팀에 12시간 동안 연속으로 일을 시킨 후 자정쯤에 똑같은 경쟁을 하게 하라고 제안했다. 그것도 형편없는 조명에다 혼잡한 밀실에서 말이다.

일단 광고판을 매장에 설치했다고 치자. 그런데 이것을 치우는 것이 문제가 될 수 있다. 나는 2월이 되면 얼마나 많은 주류 판매 전문점들이 여름휴가와 관련된 전시물과 광고물을 그대로 방치하고 있는지 살피러 다니고는 한다. 그리고 매번 그런 매장들을 많이 목격한다. 한번은 서로 다른 스물일곱 가지의 광고물들을 그대로 방치해둔 뉴욕 은행의 한 지점을 조사한 적도 있다. 또 한 번은 자동차 판매 대리점의 쇼윈도를 통해 신차 출시를 선전하는 광고판을 본 적이 있는데, 그것은 전년도에 출시된 차였다.

몇몇 광고물들은 흠잡을 데 없이 훌륭하지만, 위치 선정을 잘못하는 경우가 있다. 가령 약국의 쇼윈도를 지나치다 보면, 판매 가격을 알려주는 작은 광고판과 함께 감기약 박스가 쌓여 있는 것을 볼 때가 있다. 그러나 그런 광고물이라면 번잡한 거리를 향한 쇼윈도가 아니라, 마땅히 고객에게서 한 걸음쯤 떨어진 진열대에 위치해 있어야 한다. 때로는 소매업자들이 광고물에 지나치게 많은 것—광고물이 전달할 수 있는 한계를 넘어선 정보—을 요구하는 경우도 있다. 어떤 패스트푸드 체인점에서 새로운 '음식 판매 정책'

을 설명하는 광고 시스템을 테스트한 적이 있다. 하지만 그곳에서는 광고물이 나쁘지 않다는 사실을 깨달을 때까지 테스트를 반복하면서 광고물을 고쳐야 했다. 왜냐하면 그곳의 '음식 판매 정책'이 지나치게 복잡한 탓에 설명이 힘들었기 때문이다. 결국 그 체인점은 정책을 바꿨고, 광고물은 그제야 제 기능을 발휘할 수 있었다. 또 한번은 남부의 한 백화점을 조사한 적이 있었다. 그곳에서는 대폭적인 할인 판매를 선전하는 광고물을 곳곳에 내걸고 있었다. 유일한 문제점은 할인율을 계산하려면 그야말로 전문 수학자가 되어야 한다는 것이었다. 심지어 직원들조차 할인율 계산에 쩔쩔매는 상황이었다. 그 백화점에 필요한 것은 제품 할인을 설명하는 광고가 아니라, 대학 교재였다.

오늘날 광고 세계는 르네상스라고 해도 과언이 아니다. 광고 게시판만 해도 그렇다. 30년 전만 하더라도 레이디 버드 존슨이 광고 게시판을 자신의 '미국 미화(美化) 계획'에 따라 불법화하려 한 적도 있었다. 그러나 오늘날 미국에서 상업적 표현 형식으로 사용되는 일부 광고 게시판의 경우, 시각적으로 매우 흥미롭고 독창적이며 재치가 넘친다. 그것들은 인쇄 광고물보다 더 맵시 있고, TV 광고보다 더 유행에 앞서 있으며, 웹사이트보다 더 형상화된 생생한 언어를 사용하고 있다. 아이팟과 미니 쿠퍼도 게시판을 자신들의 강점으로 활용하고 있다. (광고 게시판과 인쇄 광고의 관계는 유튜브와 인터넷의 관계와 흡사하다. 한계를 뛰어넘어 커뮤니케이션에서 새로운 아이디어를 시험하는 실험의 장과 같은 역할을 할 수 있기 때문이다.) 최근에는 기술

발달로 3면 이동 광고 게시판, 비디오 점보 트론스(Jumbo Trons), 회전식 스포츠 메시지 보드, 날아다니는 감자튀김을 선전하는 디지털 메뉴 보드 같은 게시판들도 속속 등장하고 있다. 우리가 조사한 어느 패스트푸드점의 경우, 고객의 48퍼센트가 움직이는 디지털 메뉴 보드 패널을 읽은 것으로 나타났다. 예전에 고객의 17퍼센트가 메뉴판을 읽었던 것에 비하면 커다란 차이가 아닐 수 없다. 이러한 차이는 움직이는 광고물과 움직이지 않는 광고물을 서로 비교한 많은 실험에서도 비슷한 양상을 보였다. 그러나 이 데이터에는 보이지 않는 이면이 있다. '움직이는' 광고물이 움직이지 않는 광고물보다 두 배로 많은 시선을 끌었지만, 사람들이 그 광고물을 본 시간의 총합은 동일하다는 것이다.

물론 아주 인상적인 광고물이라 해도, 그것이 모두 첨단 기술에만 의존하는 것은 아니다. 얼마 전, 나는 뉴욕 금융 지구에 위치한 한 호텔의 엘리베이터를 탄 적이 있다. 엘리베이터에는 벽거울이 있었는데, 그 아래에 '당신은 무척 배고파 보이는군요'라는 문구가 있었다. 그리고 그 아래에 호텔 레스토랑 이름과 짤막한 설명이 있었다. 장담컨대, 그것의 광고 효과는 100퍼센트였을 것이다. 그것을 본 사람들은 누구든 미소를 지으며 자신이 정말 배고픈지 확인해볼 것이기 때문이다. 정말 기막힌 광고였다.

6 쇼퍼의 동선에도
법칙이 있다

해부학적으로 말하면, 쇼핑의 중요한 측면은 최대한 단순해 보이는 것이다. 그리고 이런 문제는 주로 인간이 움직이는 방식과 관련이 있다. 정확히는, 우리가 어떻게 걷느냐가 중요하다.

오늘날 사람들은 신체가 허락하는 한 최대한 자연스럽고 편안하게 움직이고 싶어 한다. 그리고 이것은 다음과 같은 사실을 깨달을 경우에 아주 좋은 아이디어로 활용될 수 있다. 훌륭한 매장이란, 최대한 많은 고객에게 최대한 오랫동안 많은 상품들을 보여주는 장소이다. 다시 말해, 매장이란 사람들의 관심을 끄는 방식으로 그들의 시야 속에 상품들을 갖다놓는 공간이다. 매장이 이런 식으로 운영되고 있는지 여부를 측정하는 방식은 아주 간단하다. 고객들이 다니는 통로를 차트로 그려놓고 발길이 뜸한 구역을 확인하면 되기 때문이다. 보통 우리는 시간 단위로 쇼핑센터의 '평면도'를 작성한다. 그리고 그 시간대에 '추적자'는 각 매장에 남아 있는 사람들을 헤아리면서 쇼핑센터 곳곳을 재빨리 누비고 다닌다. 매장의 흐름이 매끄럽고 어떤 방해물이나 사각지대가 없다면 사람들은 구석구석 찾아다닐 것이다. 그러나 흐름이 원활하지 않고 설계와 배치에 문제가 있다면 그들이 찾지 않는 공간이 생길 것이다. 결국 훌륭한 매장은 사람들의 움직임과 시선을 고려하여 설계된다. 이러한 매장은 인간 행동의 습성을 잘 알고 있으며, 그럼으로써 이득을 얻는다.

간단한 예를 들어보자. 흔히 사람들은 반사되는 표면이 보이면 걸음 속도를 늦추지만 은행이 보이면 걸음을 재촉하는 경향이 있다. 그 이유는 충분히 납득할 만하다. 은행의 쇼윈도 자체가 따분할뿐더러, 대다수 사람들은 은행 방문을 그다지 좋아하지 않는다. 그래서 걸음을 재촉하는 것이다. 반면에 거울은 전혀 지루하지 않다.

자, 이러한 정보를 알고 있다면 이제 어떻게 해야 할까? 우선, 금융기관 옆에는 가급적 매장을 열지 않는 것이 좋다. 왜냐하면 매장으로 다가오는 보행자들이 걸음을 재촉하면서 쇼윈도를 지나치기 때문이다. 그럼에도 은행 옆 자리에 군이 매장을 열어야 한다면, 정면이나 쇼윈도에 거울을 한두 개쯤 설치하는 것이 좋다. 거울이 고객들의 걸음 속도를 늦추기 때문이다.

인간의 움직임과 관련된 또 다른 특징(소매 환경과 그 밖의 다른 장소에서)은, 사람들이 주로 오른쪽으로 걸어 다닌다는 것이다. 눈여겨보지 않으면 이 사실을 눈치 채지 못할 수 있다. 그러나 실제로 대다수의 사람들은 매장 안으로 들어서면서 고개를 오른쪽으로 향한다. 유의해야 할 점은, 그들이 급히 방향을 선회하지 않고 표류하듯 움직인다는 것이다.

나는 여행을 할 때면 머릿속에 자주 떠오르는 의문이 있다. 그것은 오른쪽 편향이 운전 방식과 어느 정도 관련이 있느냐 하는 것이다. 일본인, 영국인, 오스트레일리아인, 인도인들도 오른쪽으로 표류하듯 움직이는 이러한 성향을 가지고 있을까? 물론이다. 이른바 현지인 효과라는 것이 있다. 런던에 위치한 테이트 브리튼(Tate Britain) 미술관을 찾아가보자. 시계 방향으로 순회하는 사람들은 현지인들이고, 반시계 방향으로 선회하는 사람들은 외국인 방문객들이다. 이것은 영국인들이 질서에 남다른 애착을 가지고 있기 때문일까? 그러나 내가 보기에는 혼잡하기로 따지면 셀프리지스(Selfridges)나 해로즈(Harrods) 같은 영국 백화점들이 뉴욕에 위치한 여느 백화점보다 더 심하면 심했지 덜하지는 않다. 그런데 이런 매장에서도 걸음걸이 방식이 중요하다. 환경심리학을 가르치는 내 영국인 동료들은, 어두운 영화관에서 누군가 "불이야!"라고 비명을 지르면 영국인들은 자동적으로 오른쪽에 있는 문으로 향할 것이라고 단언한다. 이렇듯 영국에서 소매 및 교통 패턴은 흔히 그들의 운전 방식을 따른다.

일본의 경우는 어떨까? 오사카 출신의 사람들은 도쿄 출신의 사람들과 상이한 방식으로 걷는다. 오사카 주민들은 오른쪽을 향해 떠도는 반면, 도쿄 주민들은 왼쪽을 향해 떠돈다. 오사카 교외에 위치한 나라 출신인 내 친구 가즈 도요타는 그 차이를 이렇게 설명한다. "도쿄 시민들은 지나치리만치 도시화되었지만 내 고향 주민들은 더 자연스럽고 자유롭습니다."

이러한 오른쪽 편향은 대다수의 인간들이 세상을 살아가는 방식에 관한 심오한 진리를 담고 있다. 이것은 세상 어디서든 모든 계층의 사람들에게 적용 가능하다. 우리의 경우 이 패턴을 파악하기까지 시간이 좀 걸렸다. 그 이후 우리는 이 패턴이 옳음을 입증하는 자료들을 수집했다. (하지만 일본에서는 이런 수집을 하지 않았다.) 그렇다면 소매 환경에서는 어떤 식의 반응이 가능할까?

우리는 입구의 바로 오른쪽에 남성복 코너를 마련한 백화점에서 조사를 한 적이 있다. 백화점의 주고객은 여성층이었다. 여성 고객들은 남성복 코너를 눈으로 한 번 쓱 훑어본 후 곧장 자신의 목적지인 여성복 코너로 향했다. 실제로 백화점의 입구는 한가운데쯤에 위치해 있기 때문에, '추적자'들은 많은 여자들이 매장 안으로 들어오자마자 곧 오른쪽으로 향한다는 사실을 관찰할 수 있었다. 여자들은 먼저 남성복을 대충 구경한 뒤, 백화점 왼쪽에 있는 숙녀복 코너로 방향을 틀었다. 그리고 다시는 오른쪽으로 돌아오지 않았다. 심지어 오른쪽 뒤에 자리한 아동복 코너조차 찾지 않았다. 결국 '추적 용지'에 아동복 코너가 백화점의 전체 매장 중 가장 방문객이 적은 것으로 나타났다. 메인 층 전체의 절반이 실계싱의 잘못으로 인해 고객의 방문이 뜸한 곳으로 변해버린 것이다. 이 문제에 대한 가장 간명한 해결책은, 아동복 코너를 남성용 넥타이와 목욕 가운 코너 옆이 아닌 여성복 코너 뒤편으로 옮기는 것이다.

우리가 조사했던 전자 제품 코너에서도 이와 유사한 상황이 벌어졌다. 그곳의 계산대는 매장 정면에 인접한 왼쪽 벽면을 향해 있었다. 매장 안으로 들어온 고객은 일단 오른쪽으로 고개를 돌렸지만, 금전 출납원과 직원들이 눈에 띄자 얼른 왼쪽으로 방향을 돌렸다. 그러고는 그곳에서 제품들을 살펴보거나 자신들이 원하는 제품이 있는 곳을 물었다. 몇몇 고객들이 진열물을 구경하려고 매장 뒤쪽으로 향하긴 했지만, 오른쪽으로 이동하는 사람은 거의 없었다. 즉 그들은 물음표 모양의 경로를 따라 움직였다. 우리는 이러한 문제점을 개선하기 위해 계산대를 오른쪽 벽 뒤편, 즉 매장의 중간쯤으로 이동시켰다. 그러자 그곳이 매장의 중심지로 변했다. 쇼퍼들이 두 번째로 많은 관심을 보이는 지역인 전화기 코너는 오른쪽 벽에 위치해 있었지만, 입구에 너무 근접해 있었다. 그래서 매장 안으로 들어온 쇼퍼들이 계산대가 있는 오른쪽으로 향하면서 자연스럽게 전화기 코너로 가게 하는 방안이 필요했다. 우리는 사람들이 움직이는 방식에 따라 매장 배열을 좀 더 자연스럽게 변화시켰다. 그러자 곧 이동하는 흐름의 패턴이 개선되었고, 많은 사람들이 더 많은 코너를 구경할 수 있게 되었다. 사람들은 무의식적으로 오른쪽으로 움직이는 경향이 있다. 따라서 모든 매장 입구의 오른쪽은 황금 지대나 다름없다. 가장 중요한 제품들, 즉 모든 고객들에게 보여야 할 매장의 대표 상품이 그곳에 위치해야 하는 것도 그 때문이다. 이것이 바로 사람들이 움직임으로부터 이득을 얻는 방식이다.

쇼퍼들은 오른쪽으로 걸을 뿐만 아니라, 주로 오른쪽으로 손을 뻗는다. 당신이 진열대 앞에 서 있다고 가정해보자. 아마 왼손을 사용하여 몸을 가로질러 물건을 집는 것보다 오른손으로 오른쪽 물건을 집는 것이 훨씬 편하게 느껴질 것이다. 실제로 팔을 뻗고 있으면 무심코 팔이 오른쪽에 있는 물건을 스치고 지나갈 확률이 높다. 그러므로 고객들의 손에 물건이 닿게 하고 싶다면, 그가 서 있는 곳의 오른쪽에서 약간 비켜서 진열해놓아야 한다. 진열대에 올려놓는 물품들의 지도인 '플라노그램(planogram)' 역시 이 같은 방식으로 결정된다. 예컨대 쿠키를 진열할 경우, 가장 유명한 브랜드는 한가운데에 놓아야 하겠지만, 한창 성장에 주력하는 브랜드라면 오른쪽으로 약간 치우친 곳에 놓아야 한다. (영국과 오스트레일리아에서 실시하고 있는 좌측 주행 규칙은 북미와 달리 설계상에서 마찰을 빚고 있다.)

인간의 움직임과 관련한 이보다 더 단순한 특징이 매장 관리에서 많은 문제점을 야기하는 경우도 있다. 실제로 이러한 특징 때문에 거의 모든 소매 공간이 본래의 목적대로 활용되지 못하고 있는 실정이다. 그것은 바로 인간이 정면을 향해 앞으로 걸어간다는 점이다.

이 특징이 가지고 있는 함축적 의미는 아주 중요하다. 앞으로 걸어 다니는 사람들이 아닌, 존재하지도 않는 옆으로 걸어 다니는 사람들—고대 이집트 상형문자에 그려진 인물들처럼 옆 걸음질을 하는 사람들—을 위해 설계된 소매 환경들을 흔히 목격할 수 있기 때문이다. 다음 상황을 상상해보자. 당신은 매장 통로를 일직선으로 걸어가고 있다. 보나마나 당신은 정면을 보고 있을 것이다. 따라서 진열대를 지나치며 물건을 보려면 고개를 돌리는 수고가 필요하다. 그리고 이 같은 동작은 알게 모르게 불편함을 느끼게 한다. 걸어가는 방향과 다른 곳을 보려면 그만큼 숙달되어야 하기 때문이다. 만약 익숙한 환경(예컨대 당신이 자주 가는 슈퍼마켓)인 데다 주변 시설물들이 안전하다면(넓은 통로가 있고 걸려 넘어질 만한 상자나 방해물이 없는 경우), 걸어가면서 고개를 돌려 물건들을 구경할 수도 있을 것이다. 그러나 그곳 시설물에 익숙지 않다면 사정은 사뭇 달라질 것이다. 당신은 무의식적으로 상자나 꼬마 아이에게 걸려 넘어지지 않으려고 조심하면서 가급적 다른 곳에 시선을 두지 않으려 할 것이다. 만약 걸으면서 어떤 전시물이 눈길을 끌면 멈춰 서서 그것을 정면으로 바라볼 수 있을 것이다. 그러나 그것도 한순간이다.

이것은 매장 진열대에만 국한되는 문제가 아니다. 사람들은 거리에서 쇼윈도에 어떤 식으로 접근할까? 대부분의 경우, 비스듬한 각도를 그리며 접근할 것이다. 당신이 매장 우측이나 좌측을 향해 다가오기 때문이다. 그러나 쇼윈도는 대개 관찰자들이 그 자리에 멈춰 서서 정면으로 바라보도록 설계되어 있다. 이것은 바람직한 방식이 아니다. 옥외 간판의 경우도 마찬가지다. 일례로 내 사무실 근처에 새로 들어선 레스토랑은 많은 비용을 들여 근사한 간판을 내걸었다. 그런데 그 간판이 건물의 수직이 아닌 수평으로 위치한 바람에 길 건너편에서나 볼 수 있었다. 게다가 건물 정면을 향해 접근하는 잠재 고객은 기껏해야 5퍼센트에서 10퍼센트에 불과했다.

여기서 분명한 사실은 1시간 내에 간판을 다시 달 수 있고, 그럼으로써 문제를 바로 해결할 수 있다는 것이다. 쇼윈도는 사람들이 그것에 어떻게 다가가느냐에 따라 쉽게 맞출 수 있다. 비스듬히 다가오는 고객들이 쉽게 볼 수 있도록 진열물들을 한쪽으로 경사지게 배치하면 되는 것이다. 사람들은 운전할 때처럼 주로 우측으로 걸어 다니므로 진열물도 항상 왼쪽으로 경사지게 놓아야 한다. 이렇게 해놓으면 진열물을 바라보는 사람들이 금세 증가할 것이다.

그렇다면 사람들이 걸어가면서 앞을 보는 습성을 일반 매장에 어떻게 적용할 수 있을까? 한 가지 방법은, 거의 모든 매장에서 이미 사용하고 있는 엔드캡(endcap)이다. 매장의 통로 끝에서 제품을 진열하는 방식인 엔드캡은 쇼퍼들의 시선을 끄는 데에 매우 효과적이다. 예를 들면 레코드 전문점에서는 특정 예술가의 CD나 할인된 신제품들을, 슈퍼마켓에서는 특별 가격으로 판매되는 청량음료나 아침 식사용 시리얼을 이러한 방식으로 쌓아두고 있다. 단순히 엔드캡만으로도 특정 품목의 매출을 끌어올릴 수 있다. 정면을 바라보며 매장 통로를 걸어갈 때 그 제품이 한눈에 들어오기 때문이다. 엔드캡이 효과적인 또 다른 이유는 통로로 향하던 고객들이 그곳을 지나친다는 것이다. 가령 엔드캡에 산더미처럼 쌓여 있는 오레오 쿠키를 발견한 고객이라면, 통로를 따라 몇 미터쯤 떨어진 쿠키 진열대에 접근하기 전에 그 쿠키를 구입할 것이다.

물론 엔드캡의 사용은 붙박이 시설로서의 한계가 있다. 통로마다 양쪽 끝에 오직 2개의 엔드캡만 설치할 수 있기 때문이다. 그런데 제품 진열과 관련하여 또 다른 효과적인 방식이 있다. 이른바 쉐브러닝(chevroning)이 그것이다. 이것은 하사관의 줄무늬 계급장처럼 비스듬히 진열대를 배열함으로써 걸어가는 고객들의 눈에 잘 띄게 하는 방식이다. 즉 통로에서 진열대를 90도 각도가 아니라 45도 각도로 비스듬히 배치하는 것이다. 이것은 놀라운 효과를 가져올 뿐만 아니라, 훌륭한 해결책이기도 하다. 굳이 단점을 지적한다면, 쉐브러닝 진열대가 일반 진열대보다 5분의 1쯤 공간을 더 많이 차지한다는 정도이다. 따라서 쉐브러닝을 선택한 매장에서는 기존 방식에 비해 제품의 80퍼센트만 진열할 수 있다. 이 경우 가장 큰 의문은 쉐브러닝으로 인한 손실을 만회할 만큼 매상이 더 증가할 수 있느냐는 것이다. 진열 시스템이 훌륭하다 할지라도 쇼퍼들에게 더 적은 제품을 보여주면서 더 많은 제품을 파는 것이 가능할까? 명확히 답하기는 힘들다. 우리는 많은 고객들에게 쉐브러닝 방식을 제안했지만, 누구도 모험을 감수하려 하지 않았다. 그러나 고객들이 장시간 살펴보는 제품일수록 쉐브러닝 방식이 효과적인 것은 분명하다.

우리가 어떻게 걷느냐는 무엇을 보게 될 것인지와 큰 연관이 있다. 그런데 자연스러운 시선 역시 이와 유사한 역할을 한다. 만약 스웨터가 잔뜩 쌓인 테이블 바로 앞에 서 있다면, 당신은 오직 테이블의 윗면만 볼 수 있을 것이다. 만약 당신이 있는 거리에서 진열물이 보이지 않는다면—3미터 내지 6미터 사이—우연이 아닌 한 그곳에 접근하지 않을 것이다. 바로 이 같은 이유로 건축자들은 머릿속에 미리 시야의 경계를 설정하고 매장의 설계에 임해야 한다. 또한 쇼퍼가 전방의 제품들을 바라볼 수는 있지만, 동시에 주위를 둘러보면서 다른 제품들도 구경할 수 있음을 명심해야 한다. 이것은 인쇄된 모든 진열물의 겉면에 메시지를 담아야 하는 이유이기도 하다. 요컨대 쇼퍼들이 사각지대와 마주치는 일이 없도록 해야 한다.

일단 시야의 경계를 고려하고 나면, 소매업자들은 물품이 그 경계선을 방해하지 않도록 세심한 신경을 써야 한다. 이것은 늘 발생하는 실수이다. 예를 들어 벽으로 된 진열대 앞에 독립형 전시물을 세워놓으면 쇼퍼들의 시야를 방해할 수 있다. 또는 광고물이 제품을 가로막을 수도 있다. 이상적이려면 쇼퍼들이 제품을 차분히 살펴볼 수 있고, 동시에 5미터쯤 떨어진 거리에서도 그것에 흥미를 느낄 수 있어야 한다. 이것은 제품의 적절한 분산을 통해 매장 전체의 고객들에게 활력을 불어넣는 핀볼 효과(pinball effect)와 비슷하다. 이때 제품 자체는 고객의 흐름을 지속시키는 도구와 같은 구실을 한다. 이런 식으로 운영되는 매장이 좋은 매장이다. 고객들이 알게 모르게 앞쪽이나 오른쪽에 보이는 제품에 이끌리기 때문이다.

우리는 실제로 얼마나 많은 쇼퍼들이 슈퍼마켓에 진열된 제품들을 바라보는지 조사한 적이 있다. 이른바 포착률(capture rate)이 그것이다. 조사에 따르면, 대략 전체 고객의 5분의 1이 슈퍼마켓 진열대에 있는 제품을 바라본 것으로 나타났다. 이때 고객들이 제품을 바라보는 구간은 거의 일정했다. 눈높이보다 조금 위에서 무릎 높이까지가 그 구간이었다. 그보다 더 높거나 낮은 위치에 있는 제품들의 경우, 특별히 관심을 보이는 고객들을 제외한 다른 이들은 거의 눈길을 주지 않았다. 여기에는 사람들의 방어적인 보행 방식도 영향을 미쳤다. 위쪽을 쳐다볼 때는 자신의 발이 보이지 않기 때문이다.

이것은 결국 판매 공간의 상당 부분이, 아주 쓸모없는 곳이 아니라면, 심각한 도전에 직면해 있음을 뜻한다. 만약 그 구간을 벗어난 공간에 제품 진열을 하지 않아도 되는 매장이라면 별로 상관이 없을 것이다. 그러나 대다수 매장들은 그럴 만한 형편이 못 된다. 여기서 한 가지 대안은, 그 공간에 대형 제품들을 진열하는 것이다. 무릎 아래 높이라면 작은 타이레놀 상자보다 실속형 팸퍼스 기저귀 세트가 더 쉽게 눈에 띌 것이다. 바닥 진열대를 약간 경사지게 하는 것도 가시성을 높일 수 있다. 포장 디자인 역시 이 문제를 효과적으로 해결할 수 있다. 예컨대 모든 라벨과 박스, 용기가 쇼퍼의 머리 위나 무릎 아래 같은 불리한 시각적 조건 아래에서도 보이도록 디자인하거나, 혹은 포장이 비스듬한 각도에서도 보이도록 제작할 수 있는 것이다. 색상 대조가 선명한 커다란 글씨체도 쉽게 눈에 띄는 효과를 얻을 수 있다. 특히 이러한 방식은 창고가 아닌 매장 내에 물품을 보관하는 곳에서 중요한 의미를 가질 수 있다. 컴퓨터, 전화기, 오디오 같은 물건을 파는 전자제품 매장을 예로 들어보자. 그곳에서는 종종 바닥에서 머리 위까지 물건을 쌓아놓곤 한다. 이 제품들의 박스는 애초에 진열용으로 디자인되지 않았기 때문에, 장식 없는 갈색의 포장에 그림이나 내용물에 관한 설명도 거의 없다. 그러나 이러한 박스들도 시리얼 박스처럼 제품 광고나 포스터로 활용할 수 있다. 일반적으로 포장 디자이너들은 제작 회사의 이기적 성향을 충족시키기 위해 라벨 위쪽에 제조업체의 이름을 적고 제품 내역은 아래쪽에 적는다. 그런데 박스가 바닥을 향해 있다는 점을 고려하면 이것은 아주 잘못된 결정이다. 제조업체 이름은 쉽게 눈에 띄지만 박스 안에 든 내용물에 관한 설명은 잘 보이지 않기 때문이다. 따라서 박스가 어디에 어떻게 놓일지 알 수 없는 디자이너라면 당연히 제품 내역을 위쪽에 적어야 한다. 특히 라벨은 선명한 대조와 시각적인 이미지, 큼지막한 글씨체에 의해 항상 광고물처럼 보여야 한다.

유감스럽게도 대다수 기업의 관리자들은 잘 디자인된 포장의 중요성을 제대로 이해하지 못하고 있다. 예전에 나는 와튼 경영대학원 졸업장을 과시하던 젊은 경영 컨설턴트들과 다툼을 벌인 적이 있다. 그들은 스프리트시트와 각종 수치들을 능수능란하게 다루었지만, 한 번도 현황을 점검하진 않았다. 비즈니스 교육에서 흔히 간과하는 것 중 하나가 바로 포장의 근본 원리와 그것이 브랜드에 미치는 영향에 관한 이해이다. 경영대학원에서는 글로벌 브랜드 전략, 인터넷 마케팅, 카테고리 매니지먼트 등을 가르친다. 하지만 유수한 경영대학원에서 21세기의 포장에 관한 교과 과정을 가르친다는 소리는 들어본 적이 없다. 와튼 경영대학원은 물론이거니와 스위스 로잔에 위치한 IMD, 바르셀로나에 위치한 IESE, 런던 경영대학원에도 이러한 교과 과정은 존재하지 않는다. 2008년의 인쇄기는 10년 전에 비해 상당히 발전했다. 초보자라도 스플릿 런 광고(split run advertising)와 360도 칼라를 구사할 수 있을 정도다. 오늘날의 기술이라면 서로 다른 지역의 개별 매장에서 맞춤식 포장도 가능하다. 디지털로 통제되는 인쇄기는 주문하는 개개인만큼 정교하다. 그래픽 디자이너와 인쇄업자들이 오히려 매장 사정을 훤히 잘 알고 있을 정도다. 반면 그 작업을 위임받은 젊은 경영대학원 졸업자들은 대개 매장 현황을 잘 모른다.

매장으로 다시 돌아가보자. 우리가 관심을 가져야 할 또 다른 문제는 이른바 부메랑 비율(boomerang rate)이다. 이것은 통로의 한쪽 끝에서 다른 쪽 끝까지 완전히 통과한 고객의 비율을 측정한 것이다. 다시 말해 통로의 입구에서 출발한 고객이 무언가를 선택한 다음에 앞으로 나아가는 대신, 중도에 걸음을 돌리는 비율을 의미한다. 고객이 통로의 중간쯤에서 발길을 돌릴 경우, 이를 하프 부메랑(half boomerang)이라 부른다. 일반적으로 한두 가지 제품을 찾아 통로를 따라가는 고객은 찾는 물건이 보이면 더 이상 주위를 둘러

보지 않고 고개를 뒤로 돌린다(만약 주위를 둘러본다 하더라도 걸음을 멈추게 할 만큼 가치 있는 물건은 찾기 힘들 것이다). 이러한 상황에서 어떻게 해야 할까? 소매업자라면 당연히 가장 인기 있는 제품을 통로의 중간쯤에 비치하는 것이 최선책일 것이다. 그러나 제조업자는 정반대의 선택, 즉 가능한 한 통로의 끝에 자신의 제품을 비치하려고 애쓸 것이다.

그렇다고 쇼퍼들의 관심을 붙잡아둘 방안이 아주 없는 것은 아니다. 최근 가장 효과적인 방법 중 하나로는, 아이들이 나타나는 것이 있다. 이 방식은 특히 부모들이 제품을 집어가는 시리얼 코너에서 큰 효과를 발휘한다. 우리는 바닥 그래픽을 뜀뛰기 놀이 모양으로 만든 매장을 목격한 적이 있다. 쇼퍼들이 한동안 꼼짝없이 그곳에 머물러 있어야 할 정도로 그 효과는 자못 대단했다. 조사에 따르면, 아이들은 그 통로에서 평균 14초 동안 놀이를 즐겼다. 무언가를 구매하지 않은 채 시리얼 코너 앞에 서 있기에는 꽤 긴 시간이었을 것이다.

쇼퍼들이 움직이는 방식 중에는 대부분의 사람들에게 아주 익숙한 것도 있다. 바로 매장으로 들어서자마자 곧장 뒤쪽으로 이동하면서 탐색하는 것이다. 슈퍼마켓의 우유 코너가 왜 항상 매장 뒤편에 위치하는지 모르는 이는 없을 것이다. 쇼퍼들은 대부분 우유를 필요로 하고, 따라서 매장 전체를 통과하더라도 뒤쪽을 찾아가기 때문이다. 이것은 아주 효과적이지만, 경쟁업자에겐 좋은 기회를 제공하는 방식이기도 한다. 실제로 편의점이 번창하는 이유는 쇼퍼들이 우유를 비롯한 기본 식품들을 신속히 집어서 구입하여 나갈 수 있기 때문이다. 최근에 개업한 많은 슈퍼마켓에서는 이른바 '얕은 고리(shallow loop)' 형식이 두드러진 특징으로 나타나고 있다. 입구 근처에 유제품 코너를 배치하여 고객들이 바로 구입할 수 있도록 하는 구조가 그것이다.

대형 체인 잡화점의 경우, 약국은 주로 뒤쪽에 위치해 있다. 따라서 고객들이 약국을 찾아가려면 어쩔 수 없이 매장의 나머지 코너들을 모두 통과해야 한다. 그러나 전략상 역풍을 맞지 않으려면, 고객의 편의를 먼저 배려해야 한다. 고객이 약국을 향할 때면 대체로 급한 용무가 있기 마련이다. 그들에겐 매장 진열대를 구경할 여유가 없다. 따라서 이러한 잡화점에는 매장의 앞쪽뿐 아니라 뒤쪽에도 계산대가 있어야 한다. 아울러 광고판과 전시물, 붙박이 제품만이라도 매장 뒤쪽에서 앞쪽으로 이동하는 쇼퍼들의 시야에 들어오는 곳에 위치해야 한다. 이것은 동일한 장소에 서로 다른 두 곳의 매장을 설계하는 방식과 아주 흡사하다. 이러한 조치는 반드시 필요하다. 매장으로 쇼퍼들을 끌어들이는 데에 있어 약국이 아주 효과적이기 때문이다.

1장에서 휴식 시간을 이용해 재빨리 청량음료를 찾는 젊은 직원들에 대해 언급한 적이 있다. 당시 그 매장에서는 수익성을 위해 뒤쪽에 냉장고를 설치했다. 그러나 젊은이들은 15분의 휴식 시간을 최대한 활용해야 했기 때문에 매장 안으로 달려 들어와 서둘러 음료수를 구입한 후, 허겁지겁 회사로 되돌아갔다. 10대들에게 샴푸나 자명종, 탤컴 파우더 같은 물건들은 안중에도 없었다. 그래서 그 매장은 냉장고를 앞쪽으로 옮기기로 결정했다. 휴식 시간에 청량음료를 찾는 단골들에게 좀 더 편의를 제공하기 위함이었다.

일반적으로 고객들을 매장 뒤편으로 유도하는 것은 결코 쉬운 일이 아니다. 갭, 에어로포스테일(Aéropostale), 앤스로폴로지(Anthropologie) 같은 의류 체인점들은 매장 후미의 왼편에서 할인 판매를 하고 있다. 경험 많은 쇼퍼들을 매장의 가장 구석진 곳까지 찾아오도록 길들이고 있는 것이다. 일단 쇼퍼들이 그곳에 도달하면, 그다음 관건은 앞쪽으로 되돌아가는 경로에서 매매를 성사시키는 것이다. 그러므로 최소한 몇몇 신호들은 앞쪽으로 되돌아가는 고객들을 향해 있어야 한다.

현명하게도 대다수 소매업자들은 매장 뒤쪽에서 생필품을 판매하지 않는다. 그러나 판매 공간에서 임대료, 난방비, 전기료 같은 비용은 단위 면적당 어디든 동일하다. 물론 고객들의 발걸음을 매장의 구석진 곳까지 이끌려면 한 구역에서 다른 구역으로 그들의 관심을 지속시킬 수 있어야 한다. 만약 매장의 앞쪽에 있던 고객이 뒤쪽에 무언가 흥미로운 것이 있다는 사실을 인식하게 되면 한 번쯤 그곳을 찾을 것이다. 매장의 뒤편에 커다란 그래픽으로 만다라 그림(사람들을 더 안쪽으로 끌어들이기 위해 불교 사원에서 먼 끄트머리에 조각상을 배치한 것처럼 말이다)을 걸어두는 것도 좋은 방편이다. 무언가 흥미로운 것이 있음을 인식하게 하는 시각적·청각적 장치를 설치하는 것도 바람직하다. 그러면 매장에 들어서는 순간에는 그곳으로 향하지 않을 수도 있지만, 마치 자석에 끌리듯 사람들이 그곳으로 발걸음을 옮길 것이다. 매장 뒤쪽 공간을 사각지대로 남겨두느니 이런 식으로 무엇이든 설치하는 편이 나은 것이다.

매장 앞쪽은 어떤 사람들이 그곳을 방문하는지 파악하는 데에 있어 매우 중요하다. 라디오섁(RadioShack)에서는 여성 쇼퍼의 비율을 증가시키기 위해 전화 판매에 전념한 적이 있다. 그들은 여성 쇼퍼들을 효과적으로 유인하고자 전화기를 매장 앞쪽에 진열했다. 그 당시, 우리는 매장 앞을 지나치는 다양한 고객층을 유인해야 하며, 그러기 위해서는 하루에도 몇 번씩 매장 앞에 위치한 제품들을 교체해야 한다고 조언했다. 일례로 우리는 어느 쇼핑몰의 서점을 조사하면서 아침 시간의 주고객층이 유모차를 끌고 다니는 가정주부임을 알게 되었다. 그래서 서점 앞쪽에 아동 보호와 건강, 그리고 가족에 관한 책들을 진열하라고 주문했다. (또한 유모차가 이동할 수 있도록 충분한 공간을 마련할 것도 조언했다.) 오후가 되자 수업을 마친 아이들이 서점으로 우르르 달려왔다. 그 시간대에는 서점 앞쪽에 스포츠, 팝 뮤직, TV와 청소년을 주제로 한 다른 책들을 진열하는 것이 적절했다. 또 회사원들이 밀려드는 오후 5시 이후에는 비즈니스와 컴퓨터에 관한 책들을 진열하는 것이 적당했다. 그리고 이른 새벽에는 노인들이 서점 앞으로 산책을 나오기 때문에, 전날 밤 서점 문을 닫기 전에 퇴직과 금융, 여행에 관한 서적을 쇼윈도에 진열하는 것이 안성맞춤이었다. 실제로 그 서점에서는 우리의 조언에 따라 정해진 시간에 맞춰 회전하여 필요한 책을 보여주는 원통형 도서 진열대를 구입했다.

슈퍼마켓의 경우, 금요일부터 일요일까지 사람들로 북적거린다. 따라서 그곳은 사람들이 부딪치는 것을 방지하기 위해 비교적 공간이 넉넉한 편이다. 그러나 월요일과 화요일에는 그 공간이 남아돈다. 우리는 그런 슈퍼마켓을 대상으로, 계산대 바로 앞의 공간을 새로운 판매 구역으로 전환시키라고 조언했다. 물론 그곳은 일반적인 진열대가 아니라 충동구매가 가능한 품목들로, 일종의 잡화점처럼 꾸미는 것이 바람직했다.

쇼퍼들이 얼마나 자주 매장을 찾느냐 하는 것도 고려해야 한다. 만약 고객이 일주일 평균 두 차례 매장을 찾는다면, 그곳의 쇼윈도와 진열대도 그 정도 시차를 두고 변화를 주는 것이 바람직하다. 여기에 설계와 판매가 서로 협력해야 함을 보여주는 또 다른 사례가 있다. 만약 쇼윈도가 사원들이 안으로 들어가기 편하게 만들어져 있다면, 그렇지 않은 경우보다 전시물을 훨씬 자주 바꿀 수 있을 것이다. 반면에 설계상의 문제로 인해 쇼윈도 안으로 상품을 이동하는 것이 불편하다면, 혹은 진열대가 쇼윈도의 접근을 가로막는다면 당연히 쇼윈도의 전시물에 소홀해지게 될 것이다.

쇼퍼의 움직임을 통해 몇몇 사실을 알게 되었다고 해서, 그것이 곧 보편적 원리가 될 수는 없다. 그러나 우리가 조사했던 특수한 환경 속에서는 그런 움직임이 커다란 영향력을 발휘했다. 로스앤젤레스의 선셋 거리에 위치한 대형 패밀리 레스토랑 체인점을 조사할 때였다. 그곳의 화장실은 입구 바로 안쪽에 있었다. 낮 시간에는 화장실에 별 문제가 없었다. 그러나 밤이 되어 사람들이 거리로 쏟아져 나오자 여성용 화장실의 문제점이 그대로 노출되었다. 그곳이 마치 어중이떠중이들이 몰려드는 라운지처럼 변했던 것이다. 식사하는 고객들의 입장에서는 불쾌하기 짝이 없는 일이었다.

또 다른 예로는, 고객이 직접 인쇄할 수 있는 시설을 갖춘 일부 홀마크(Hallmark) 카드 매장들이 있다. 그곳에서는 예비 신부들이 직접 청첩장을 만드는 작업도 가능했다. 커다란 문방구 샘플 책자가 놓인 선반과 함께 필기용 테이블을 갖춘 그 매장의 설계는 나무랄 데가 없었다. 그러나 뉴저지의 한 가게에서는 그 매장이 가장 시끌벅적한 가게 앞쪽, 계산대의 바로 맞은편에 위치해 있어서 항상 사람들로 붐볐다. 그러자 그 매장은 구직 신청서를 작성하는 사람들만 이용하게 되었다.

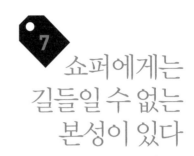

쇼퍼에게는 길들일 수 없는 본성이 있다

속옷 판매 코너 뒤에 서 있어보자.

무엇이 보이는가? 한 쌍의 부부? 연령은 어느 정도인가? 60대? 다른 특징은 없는가? 다소 뚱뚱해 보이는 한 쌍의 노부부가 시내의 K마트나 쇼핑센터 속옷 코너에 찾아온 이유는, 남편에게 새 사각 팬티를 사주려는 것 아닐까? 잠깐, 남편이 입을 연다.

"내 사이즈가 어디 있지?"

그녀는 뭐라고 대답할까?

"저쪽에 있어요."

그가 다시 말한다.

"음, 이걸 세 벌쯤 사야겠어."

흥미롭다. 이제 그녀는 무슨 말을 할까?

"아니, 여섯 벌 사요. 나도 입을 거니까."

대체 무슨 희한한 일이 벌어지고 있는 것일까? 나는 두 사람이 같이 입을 속옷을 사려고 왔다는 그 말을 차마 믿을 수가 없다.

자, 여기서 잠깐 이야기를 멈춰보자. 자칫하면 쇼핑의 진정한 역동적 특성이 지닌 값진 교훈을 놓칠 수도 있으니까. 물론 매장 안에서 벌어지고 있는 일들을 속속들이 알기 위해 쇼핑에 관한 전문가가 될 필요는 없다. 그러나 도움이 필요한 사람이 여자라면, 특히 뚱뚱한 여자라면, 그리고 허리와 다리 부분이 가늘고 탄력적인 밴드로 처리된 스타일밖에 없는 속옷 코너에서 물건을 고르는 뚱뚱한 여자라면, 이러한 상황(달가운 상황은 아닐지라도)이 가능할 법도 하다.

2004년에 나는 세계를 가로지르며 북미와 유럽, 일본 등지에서 속옷 문제를 연구한 적이 있다. 그해 여름에 나는 노스캐롤라이나 주의 윈스턴살렘에서 열린 란제리 경영자 모임에서 중요한 연설을 했다. 나는 뉴잉글랜드 출신의 여자와 함께 살아가는 남자로서 전문가 못지않게 란제리에 해박하다는 이야기로 강연을 시작했다. 그 당시에 전 세계의 속옷 산업이 당면한 문제는, 성별 중심으로 디자인한 속옷과 편리성 중심으로 디자인한 속옷 간의 차이를 어떻게 해결하느냐 하는 것이었다. 많은 여성들이 고급 속옷 브랜드인 빅토리아스 시크릿(Victoria's Secret) 카탈로그의 이달의 표지에 등장하는 모델처럼 주변을 활보하지 않는다. 일부 여성들이 입는 속옷은 벗기 쉽도록 제작된 제품이지만, 대다수 여성들에게는 그 속옷이 얼마나 좋은 느낌인지와 속옷 위에 입는 옷을 잘 보완해 주는지의 여부가 더 중요하다. 만약 당신이 열여덟 살이라면 속옷은 머리색과 마찬가지로 패션 액세서리에 속할 것이다. 그러나 마흔 살을 넘겨 체중이 늘은 여성이라면 편리성과 착용감이 속옷 구입의 주요 동기가 될 것이다.

몇 해가 지나자, 여성 속옷은 남성 속옷처럼 넓고 꽉 조이지 않으면서도 탄력적이고 부드러운 면직 스타일로 변해갔다. 덕분에 여자들이 남편의 속옷 서랍을 뒤져야 하는 난감한 문제도 사라졌다.

빅토리아스 시크릿에서는 지금도 핑크색 프릴로 장식한 속옷을 판매하고 있다. 반면 속옷 산업에 새롭게 진출한 갭 바디(Gap Body)에서는 좀 더 기능성 있고 편안한 제품들을 시장에 내놓고 있다. 그러나 우리가 여전히 간과하고 있는 것은, 중년 여성들의 필요에 초점을 맞추고자 하는 활동적인 소매업자들이다.

흥미로운 또 다른 흐름은 이른바 남성 란제리의 유행이다. 예전에 남성 란제리는 박서(사각 팬티)와 브리프(Y자형 속옷)가 전부였다. 지금은 속옷 판매 코너에서 최소한 세 가지 이상의 스타일, 박서브리프(boxer-briefs, 박스형의 타이트한 소재로 만든 팬티), 슬립스(또는 남성용 비키니), 미드라이스(midrise, 비키니보다 2인치쯤 더 짧은 속옷)을 갖추고 있다. 내 연령에 맞는지는 모르겠지만, 나는 여전히 속옷으로 기본형 브리프를 착용하고 있다.

쇼퍼들은 소매 환경을 활용하는 방식과 판매되는 제품에 대해 최종 결정을 내린다. 그리고 제품 디자이너, 세조업지, 포장업자,

건축업자, 판매업자와 소매업자들은 고객이 무엇을 어디서 어떻게 구입하는지와 관련된 각종 중요한 결정을 내린다. 그런데 간혹 고객들이 이 결정에 개입하는 바람에 완벽해 보이던 이론과 계획이 뒤죽박죽되기도 한다.

이런 특별한 경우, 여성 속옷의 사이즈가 대부분 몸에 잘 맞지 않는다는 것을 속옷 디자이너와 제조업자들도 알고 있을까? 아마 모를 것이다. 아니면 아마 알고 있어도 어떻게 해야 할지, 그런 정보를 가지고 무엇을 해야 할지 모를 수도 있다. 어쩌면 여성들이 남자 속옷처럼 보이는 사각 팬티를 입으려 하지 않는다고 추측했을지도 모른다. 만약 속옷 회사의 경영자들이 우리가 조사한 곳의 건너편 통로에 서 있었다면, 이 여성이 그들의 제품에 대해 뭔가 중요한 정보를 알려주고 있음을 깨달았을 것이다. 그랬다면 여성 속옷의 혁명이 지금보다 훨씬 더 일찍 전개되었을 것이다. 물론 그렇지 않을 수도 있겠지만 말이다.

소매 환경이 쇼퍼들의 의지에 순응해야 하는 또 다른 예를 들어보자. 이번에는 디자인 및 공적인 공간 제공과 관련된 한 가지 중요한 문제가 개입되어 있다. 의자가 바로 그것이다. 나는 의자를 좋아한다. 의자에 관해서라면 온종일 떠들 수도 있다. 인간에게 필요한 대상과 관련된 논의에서 의자는 절대 빼지 말아야 한다. 굳이 순서를 매기자면 공기와 음식, 물, 집, 의자, 이런 식일 것이다. 돈과 사랑도 의자 다음 순서이다.

대다수 매장들의 경우, 의자 하나를 추가함으로써 곧바로 매상을 끌어올릴 수 있다. 나는 의자 하나를 더 놓을 수 있는 공간을 확보할 수 있다면 전시물 하나쯤은 언제든 치워버릴 용의가 있다. 아니, 고정 시설물이나 마네킹이라도 과감히 치워버릴 수 있다. 그런 것들보다 더 신경 써야 할 것이 바로 의자이기 때문이다. 사람들은 가능하다면 자신을 배려하는 곳에서 물건을 구입하려 할 것이다.

다음은 유명한 대형 여성 의류점에서 벌어졌던 일이다. 그 매장에는 여성이 쇼핑하는 동안 기다리는 남성들이 앉을 만한 자리가 충분하지 않았다. 우리가 그것이 불충분하다는 사실을 어떻게 알았냐고? 사람은 필요한 것이 없을 때면 언제나 임시변통으로 무언가를 찾는데, 그곳에서도 남편과 남자 친구들이 임시로 앉을 자리를 마련하고 있었기 때문이다. 소매 환경에서 고객들이 무언가 임시변통으로 사용하고 있다면, 그것은 곧 그들이 무엇을 필요로 하는지 매장에서 전혀 모르고 있음을 나타낸다.

또 다른 예를 살펴보자. 뉴저지 주 애틀랜틱시티의 한 카지노 호텔에서는 도박을 하고 돈을 잃은 많은 사람들이 순환 버스가 출발할 때까지 정류장에서 마냥 기다리고 서 있는 광경을 목격할 수 있다. 이유는 뻔했다. 카지노에서는 슬롯머신이나 딜러가 있는 도박장 안에서 사람들이 기다리길 원했기 때문에 로비에 의자를 비치하지 않았던 것이다. 그렇다면 방문객들은 어떤 식으로 반응했을까? 돈을 잃은 수십 명의 사람들이 연이어 쏟아져 나와 잔뜩 찌푸린 표정으로 바닥에 앉아 있었다. 당연히 이것은 카지노를 찾아오는 고객들에게 호화로운 편의 시설을 떠올리게 하는 장면이 아니었다. 그들에게는 다른 무엇보다도 의자가 필요했다!

속옷 매장에도 의자가 필요하다. 여자들이 쇼핑하는 동안 남자들은(또는 여자들은) 기다려야 하는데, 기다리는 동안 앉아 있는 것이 훨씬 편하다. 그야말로 당연한 사실이 아닐까? 그럼에도 상업 공간 설계자는 의자 문제를 등한시하곤 한다. 나는 공원과 광장의 전문가로서 '공공 공간을 위한 프로젝트'에 참가한 적이 있다. 당시 우리는 옥외 벤치의 기능 향상을 위해 오랜 시간 심사숙고했다. 어느 지점에 벤치를 설치할까, 너비는 어느 정도가 적당할까, 그늘이 좋을까 아니면 햇볕이 드는 곳이 더 좋을까, 메인 통로에서 얼마나 가려져 있어야 할까, 목재로 만드는 것이 좋을까, 아니면 석재로 만드는 것이 좋을까(겨울에는 석재 벤치가 얼어붙을 듯이 차갑다)? 우리는 조사를 통해 나이 든 보행자가 벤치의 도움을 받으면 평소보다 두 배의 거리를 더 걸을 수 있다는 사실을 알게 되었다. 누구나 장시간 걷는 바람에 다소 피곤함을 느끼면 그만 되돌아가고 싶다는 생각이 들 것이다. 하지만 그 순간 그늘에서 근사한 벤치를 발견하면 원기를 회복한 후 다시 앞으로 나아갈 수 있다. 그런데 소매 환경에서 의자를 설치하는 주된 목적은 이와 다소 차이가 난다. 사람들이 배우자나 자녀들, 친구들을 데리고 2~3명씩 쇼핑을 할 경우, 의자의 역할은 쇼핑을 하지 않는 상대방에게 편안함과 만족감을 주는 것이기 때문이다.

여자들이 쇼핑을 하는 동안 남자들이 앉아 있을 휴식 공간이 마땅하지 않은 의류 전문점이 있었다. 그들은 앉을 수 있는 공간을 좋아하지만, 그 가게는 그런 곳을 제공하지 않았다. 왜 그랬을까? 의자를 놓을 만한 여유 공간이 없거나 의자가 망가졌을 수도 있다. 아니면 남자들이 매장에서 얼쩡거리는 것이 보기 흉하다고 판단하여 의자를 아예 없앴는지도 모른다. 그렇다면 결국 남자들은 서거나 기댄 채로 기다려야 하는 것일까? 물론 그렇지 않았다. 그들은 벤치 높이쯤 되는 널찍한 창턱이 있는 큰 유리창 쪽으로 다가갔다. 창턱이 벤치가 된 것이다.

이 임시 벤치는 과연 어디에 있었을까? 우연히도 그것은 매력적인 원더브라 진열물 옆에 있었다. 진열물에 접근해 상품을 살펴보던 여자들은 창턱에 앉은 남자들이 자신을 훔쳐보고 있음을 눈치챘다. 우리가 매장을 방문한 날에도 그곳에서 두 중년 신사가 얼쩡거리면서 여자들의 원더브라에 대해 거리낌 없이 잡담을 나누고 있었다. 이날 원더브라를 구입한 여성 고객은 거의 없었다.

자, 이제 매장의 '인접물'이 모든 상품에 대해 얼마나 많은 영향을 미치는지 알게 되었다. 특히 새롭게 유행하는 원더브라처럼 요모조모 살펴보고 심사숙고한 다음, 시험 삼아 한번 입어봐야 하는 제품이라면 더 말할 것도 없다. 따라서 근처의 다른 조건들과 연계하여 최선의 제품을 선택함으로써 최대의 시너지 효과를 창출할 수 있는 이가 곧 유능한 소매업자라 할 수 있다. 그러나 위의 사례처럼 사람들이 매장 안에서 임시변통으로 무언가를 대신하고 있다면, 이는 곧 인접물이 매우 좋지 않은 영향(쇼퍼들과 매장, 남자의 입장에서 좋을 리가 없는)을 미치고 있음을 뜻한다.

우리는 단시간, 중간 시간, 장시간으로 각각 구분하여 휴식을 취할 수 있는 자리를 배치하려고 시도했다. 단시간용 자리는 탈의실 밖에 위치한다. 그곳은 따분해하는 지갑 지킴이나 경비원, 또는 강아지가 3분 동안 자리에 앉을 수 있도록 설계된다. 중간 시간용 자리는 출입구에 위치한 의자나 문 밖에 인접한 벤치가 적합하다. 그곳에서는 고객이나 경비원, 강아지가 10분간 시간을 보낼 수 있다. 이상적이라면, 사람들이 서로 보이긴 하지만 건너편으로 속삭이는 소리가 들리지 않을 정도로 너무 가깝지 않게 설계하는 것이다. 마지막으로 장시간용 자리는 쇼핑몰에 위치한다. 그곳은 조용한 휴식처로 잔잔한 물소리가 아늑한 분위기를 자아내기도 한다. 신문을 읽거나, 휴대폰 통화를 하거나, 아이에게 먹을 것을 주면서 20분 이상 머물 수 있는 편안한 공간이다.

다음은 제품 판매자의 근시안적 발상으로 인해 정작 고객이 혼란을 겪게 되는 또 다른 사례이다. 화장품 제조업자와 사용자 간에 항상 발생하는 갈등 상황이 있다. 화장품 구입 이전에 고객이 원하는 사전 테스트가 그것이다. 고객 입장에서 이것은 화장품이 고가의 제품인 데다 피부에 따라 다양한 반응을 보이는 만큼 충분히 요구할 만한 사항이다. 그러나 화장품 제조업자는 사전 테스트를 원하지 않는다. 조금이라도 사용한 흔적이 남아 있는 제품은 판매할 수 없기 때문이다. 그 때문에 지금껏 고객들에게 테스트용 화장품을 제공하기 위해 많은 계획과 시스템이 고안되었다. 하지만 업계의 표준이 될 만큼 완벽한 성공을 거둔 것은 없다.

몇 년 전, 한 화장품 제조업자는 흠잡을 데 없는 립스틱을 고안했다고 생각했다. 그것은 테이프로 봉해놓은 것을 뜯기 전에는 립스틱을 돌려 열 수 없는 구조의 제품이었다. 즉 관을 통해 무슨 색인지는 알 수 있지만 립스틱 자체는 만질 수 없었다. 포장을 책임진 이들은 그것이 회사 측에 수백만 달러의 절약 효과를 안겨주리라 확신했다. 그리고 고객들이 그 립스틱에 어떻게 반응하는지 파악하기 위해 우리를 고용했다.

우리는 그곳에서 고객들을 관찰했다. 그들은 먼저 립스틱 뚜껑을 열고 안쪽을 들여다본 후 부질없이 그것을 돌리려고 애썼다. 그러고 나서 립스틱을 직접 만지려고 관 속으로 손톱을 밀어넣더니 조금씩 긁어내기 시작했다. 결국 전문가들은 또다시 실패를 맛보고 말았다. 그들의 잘못은 립스틱 사전 테스트를 굳이 막으려 한 것에 있었다.

그러나 좀 더 발전적인 사고방식을 지닌 화장품 제조업자들은 사전 테스트가 곧 구매로 연결된다는 점을 인식하고 있었다. 그 때문에 그들은 적정선에서 여자들에게 테스트를 권유했다. 내 생각에 최선은 이윤의 동기를 가지고 이 같은 방식을 시도하는 것이다. 각 계절에 맞는 새로운 색상의 립스틱과 블러셔, 그리고 파우더가 든 조그만 샘플용 팩을 제작하여 1달러나 2달러로 저렴하게 파는 것이 그것이다.

2002년 일본에 있을 때, 나는 도쿄 시부야 역 근처에서 핵심을 찌르는 아이디어를 발견한 적이 있다. 그것은 3분의 행복(Three-Minute Happiness)이라 불리는 매장이었다. 광고판에는 '우리의 삶을 행복하고 편리하게 만들어주는 다양한 제품들'이라고 적혀 있었다. 이보다 더 단순할 수 있을까? 3분이면 다 해결되니 말이다. 짧은 시간에 조용히 이루어지는 쇼핑 경험이었으며, 광고 그대로 행복감을 느끼게 하는 매장이었다. 그 매장에서는 립스틱이나 매니큐어 같은 화장품과 몇몇 가정용품들을 판매했는데, 가격별(100엔, 200엔, 300엔)로 배열되어 있었다. 그리고 매장 옆에는 커피와 아이스크림을 파는 매점이 있었다. 그곳에서 그림 메뉴를 가진 자판기에 돈을 넣으면 쿠폰이 나오는데, 그 쿠폰을 커피나 아이스크림을 만드는 점원에게 가져다주면 주문이 끝난다. 현금을 찾아 더듬거릴 필요가 없는 것이다. 나는 이것을 '쇼핑 경험을 위한 3분간의 휴가'로 불렀다.

물론 임시변통으로 만들어진 모든 것이 개선을 필요로 하는 것은 아니다. 블록버스터나 할리우드 같은 비디오 전문점이 한창 호황을 누리던 시절, 많은 미국인 가족들은 주말이면 새로 출시된 영화를 찾아 비디오 전문점들을 돌아다녔다. 비디오 대여 사업은 최신 영화 비디오를 대여하며 돈벌이를 했지만, 성공의 열쇠는 예전 영화 비디오—「북북서로 진로를 돌려라(North by Northwest)」, 「대탈주(The Great Escape)」 같은 고전 영화—를 얼마나 대여할 수 있느냐 하는 것이었다. 즉 그들은 이른바 '기본 재고'를 해소하는 방법에서 딜레마에 처해 있었다.

그런데 그곳의 단골 중에서 진짜 노련한 비디오 마니아들은 새 프로가 있는 곳이 아니라, 반품 카트로 향한다는 것을 알게 되었다. 그들이 반품 카트를 찾는 까닭은 거기에 앞으로 진열할 신규 비디오들이 정리되지 않은 채 담겨 있었기 때문이다. 비디오 전문점에서는 이런 관행을 굳이 변경할 이유가 없었다. 그만큼 직원들의 노동력이 절감되었기 때문이다. 우리는 반품 카트에 몇몇 고전 영화들(특히 새로 출시된 영화와 관련이 있는 고전 영화)을 섞어놓을 것을 제안했다. 우리의 제안은 효과가 있었다.

다음은 고객이 매장을 원래 목적과 다른 방식으로 이용하면서 상당한 수익이 발생한 사례이다. 미국에서 패스트푸드 전문점의 절반 이상은 자동차를 타고 들어가 윈도에서 음식을 주문할 수 있다. 우리는(다른 사람들도 마찬가지지만) 음식을 구입한 이들이 차를 타고 가면서 음식을 먹든가, 아니면 사무실이나 다른 곳으로 음식을 가져갈 것으로 예상했다. 그러나 최근 조사를 통해 한 가지 특이한 사실이 밝혀졌다. 자동차를 타고 레스토랑에 들어온 고객의 10퍼센트가 주차장에 차를 세워놓고 음식을 먹었던 것이다. 그 운전자들은 대부분 레스토랑의 단골 고객이 아니라 처음 그곳을 찾아온 사람들이었다. 그들은 누추하고 지저분한 주차장에서 뭇사람들의 눈에 띄는 것까지 감수하면서 음식을 먹을 정도로 햄버거 애호가들일까? 아니면 휴대폰으로 자유롭게 통화하고 음악을 들으며 자신만의 자리에 앉을 수 있는 환경에서 음식을 먹을 수 있는 사치를 즐기고 있는 것일까?

어쨌거나 그들은 편의를 제공해야 할 레스토랑 고객이었다. 그런데 이 고객들은 스스로 자리를 마련했으며 식사를 마치면 치우기까지 했다. 그래서 우리는 도로에서 주차장이 한눈에 보이게 하라고 패스트푸드 레스토랑에 조언했다. 그러면 운전자들은 자신을 위한 공간이 있음을 쉽게 알 수 있을 터였다. 또 우리는 사람들뿐만 아니라 차량에 대해서도 쾌적한 환경을 유지해주는 것이 중요하다는 점을 강조했다. 그런데 우리가 조사했던 어느 레스토랑의 경우, 최상의 주차 공간을 직원들이 독차지하고 있었다. 게다가 그들의 자동차는 늘 8시간 이상 그곳에 주차되어 있었다. 결론적으로 우리의 조사 결과는, 건물 크기를 줄이는 대신 차량이 들어오는 공간과 주차장을 넓힘으로써 고객들에게 그들만의 공간을 제공하는 패스트푸드 레스토랑의 일반적인 경향에 일조했다.

마지막으로 내가 도무지 이해할 수 없는 점은 패스트푸드 산업에서 왜 차량용 턱받이를 발명하거나 제공하지 않느냐 하는 것이다. 그런 턱받이만 있어도 새 넥타이에 피클과 케첩을 흘리거나 좌석 사이에 감자튀김을 떨어뜨리는 일은 없을 것이다. 적어도 경영대학원 출신이라면 이러한 문제를 신중히 생각해봐야 할 것이다.

3부

고객의 차이를 배려하는
쇼핑의 과학

앞에서 살펴보았듯이, 인간의 가장 단순한 특징(우리의 신체적 능력과 한계)이 쇼핑 방식과 관련하여 많은 사실들을 알려준다. 그러나 쇼핑처럼 흥미로운 과제를 지나치게 단순하게 생각해서는 안 된다.

우리는 모두 동일한 환경에서 움직인다. 그러나 우리들 중에서 똑같이 행동하는 사람은 아무도 없다. 읽는 데 전혀 무리가 없으며, 적당한 위치에 자리한 근사한 광고판이 있다고 하자. 많은 사람들이 그 광고판을 읽는다 한들, 나도 그것을 읽으리란 보장이 있는가? 매장이 아름답게 꾸며져 있고 각종 제품들에 쉽게 접근할 수 있다고 하자. 그러나 나는 옷을 사는 건 질색이고 이곳저곳 구경하는 걸 더 좋아할 수 있다. 서점의 쇼핑 바구니가 더할 나위 없이 편리한 곳에 놓여 있다고 하자. 그러나 지금 내 수중엔 돈이 없을 수도 있고, 내가 한 번에 책을 두 권 이상 사지 않을 수도 있다.

여기서 한 가지 확실한 점은, 시대와 사람이 변하고 물건이 바뀌면 쇼핑도 크게 달라진다는 것이다. 우리는 쇼핑을 기분 전환이나 보상, 뇌물, 소일거리, 집 밖으로 나가려는 핑계, 연인과의 만남, 오락, 교육, 심지어 숭배나 시간 때우기 등의 기회로 이용하고 있다. 그런가 하면, 쇼핑의 강박관념에 사로잡힌 이들이 쇼핑으로 인해 은행 계좌나 신용 등급에 심각한 타격을 입고 뒤늦게 도움을 호소하기도 한다. 가끔 저명인사들이 쇼핑을 하면서 사소하고 값싼 물건들을 훔치다가 엄청난 수모를 겪는 것도 이 때문이다.

1980년대에 미국으로 건너온 동유럽 망명자들은 평범한 교외의 슈퍼마켓에 진열된 넘치는 물건들을 보고 놀라움을 감추지 못했다. 그 매장들은 자유 시장 민주주의에서 사람들이 얼마나 풍부한 선택의 자유를 누릴 수 있는지 상징적으로 보여준 사례였다. 그런 슈퍼마켓에서는 쇼핑 경험을 통해 감정적인 카타르시스도 느낄 수 있었다.

인바이로셀(Envirosell)은 20년 전에 이미 지속적인 관심을 끌어들여 성공의 가능성을 보이기 시작했다. 그러나 당시만 하더라도 회사의 미래를 점치기 힘들었다. 그래서 나는 녹초가 되도록 정신없이 일하면서도 벌어들인 돈은 모조리 회사에 재투자했다. 늘 쪼들렸던 나는 플로리다에 모임이 있으면 가장 저렴한 그날의 마지막 비행기 표를 구입해서 한밤중에 출발했다. 그리고 렌트카를 빌려 목적지로 향했다. 잠은 차 안에서 잤고, 면도와 세수는 주유소 화장실에서 해결했다. 그런 다음 성공한 리서치 기업 창업자로서 부끄럽지 않도록 최선을 다해 외양을 꾸민 후 약속 장소를 찾았다. 빠듯한 일상이었다. 그 사이에 나 자신과 회사는 점차 궤도에 오르고 있었다.

그 무렵 나는 뉴욕의 사우스 스트리트 시포트 근처에 위치한 패스마크 슈퍼마켓을 방문한 적이 있다. 그곳의 수입 물품 통로에 서 있던 나는 문득 내가 원하는 물건을 무엇이든 살 수 있다는 사실을 깨달았다. 어려서부터 기억하고 있던 영국산 생강 통조림을 사고 싶으면 4달러든 5달러든 개의치 않고 계산할 수 있었다. 그 순간 나는 식료품 예산 때문에 더 이상 고민하지 않아도 된다는 사실을 깨닫고 각종 수입산 젤리와 잼, 통조림이 진열된 선반 앞에서 안도와 행복의 눈물을 훔쳤다.

인바이로셀에서 우리가 하는 작업은 대부분 쇼퍼의 차이점들을 확인하여 쇼핑 공간을 관리하는 당사자들에게 유용한 정보를 제공하는 것이었다. '화성 남자와 금성 여자'가 흔한 세상에서 우리가 매장 안의 남성과 여성이 어떤 차이를 보이며 행동하는지에 특별한 관심을 갖는 것은 그리 놀라운 일이 아니었다. 몇몇 특징들은 우리의 예상에서 크게 벗어나지 않았다. 그중 하나는 여성은 쇼핑에 능숙한 반면, 남성은 서툴다는 것이다. 그러나 남성과 여성을 구분 짓는 특성들(또는 그들 간의 관련성)이 변해감에 따라 쇼핑 행위 역시 변하고 있다. 특히 이러한 경향은 산업 전반에 걸쳐 중요한 함축적 의미를 가지고 있다.

우리가 조사한 쇼퍼들 간의 또 다른 차이는 연령에 관련된 것이다. 과거에도 매장에 아이들이 있었지만, 그다지 관심을 갖지는 않았다. 그러나 시간이 흐르면서 사정이 달라졌다. 지금은 어린아이들과 관련된 아주 사소한 측면도 소매 환경에서 고려하고 받아들이고 있다. 노령 고객들 역시 과거보다 훨씬 더 중요시되고 있다. 노인층이 갈수록 두터워지고 있고, 그들에게 시간 및 금전적 여유가 많기 때문이다. 이들의 출현이 21세기의 쇼핑 방식에 변화를 몰고 올 것이다. 나아가 엄청난 문화적·인구통계학적 변화도 발생할 것이다. 다음 네 개의 장에는 쇼퍼들이 얼마나 차이가 나는지, 또 이런 차이가 쇼핑 세계에 어떤 식으로 반영되는지 살펴볼 것이다.

8

남성의 쇼핑
콤플렉스를 해소하라

남성과 여성은 거의 모든 면에서 차이를 보인다. 그렇다면 그들이 쇼핑에서도 차이를 보이는 것은 당연하지 않을까? 남성 쇼퍼에 대한 통념은 그들이 쇼핑을 그다지 좋아하지 않는다는 것이다. 그들이 쇼핑을 중시하지 않는 것도 이 때문이다. 여성이 쇼핑하는 동안 인내심을 발휘하며 함께 있는 것 자체가 그들에겐 고역이다. 그 결과 포장 디자인부터 제품 광고, 매장 디자인과 설비에 이르기까지 전체적인 쇼핑 경험이 여성 고객층을 그 대상으로 삼고 있다.

사회적으로 여성의 입지가 점점 높아지고 있긴 하지만 우리는 지금도 남성이 소유하고, 설계하고, 관리하는 세상에서 살아가고 있다. 남자들은 어떤 식이든 여자들의 참여를 기대하지만, 여자들에 대한 이해가 부족하다. 여기에는 기본적으로 두 가지 이유가 있다. 남자들은 유전학적으로 사냥꾼의 기질을 가지고 있다. 그들은 숲으로 들어가지만 사냥감을 재빨리 죽여서 집으로 끌고 오지 못하면 실패자가 된다. 한편 여자들은 채집인의 기질을 가지고 있다. 그들은 보는 행위를 통해 커다란 기쁨을 얻는다. 2명의 여성이 쇼핑몰에서 하루를 보내면서 아무것도 사지 않고도 흡족한 시간을 보낼 수 있는 것도 이 때문이다.

여자들은 쇼핑에 많은 애착을 가지고 있다. 그들은 편안한 걸음으로 매장으로 들어가 제품을 살피고, 물건과 가치를 비교하고, 판매 직원과 대화하고, 질문하고, 테스트한 후 비로소 그 제품을 구입한다. 전통적으로 물건을 얻는 것은 여성의 몫이었다. 심지어 평범한 생필품을 구입하거나 쇼핑 경험이 큰 즐거움을 주지 못할 때도 여자들은 망설이지 않고 쇼핑에 나서는 경향이 있다. 역사적으로 여자들은 자신이 속한 문화에서 매일 물건을 구입하는 행위자였으며, 세심하게 쇼핑할 수 있는 능력에 자부심을 느꼈다. 유아용품을 조사할 때였다. 당시 인터뷰에 응했던 여자들은 제품을 보지도 않고 가격을 잘 안다고 주장했다(우리는 추가 조사를 통해 그들의 주장이 대부분 잘못임을 알아냈다). 여자들의 역할이 변함에 따라 그들의 쇼핑 행위 역시 변하고 있다. 이런 측면에서 그들은 점점 남자를 닮아가고 있다. 그러나 여자들은 미국 시장에서 여전히 1순위 구매자이다.

여성과 비교했을 때 남성은 더 무모한 반면 덜 감상적이다. 우리는 충분한 조사를 통해 매장 통로에서 남자들이 여자들보다 더 빨리 이동한다는 사실을 알아냈다. 그들이 물건을 구경하는 시간도 더 짧았으며, 구입할 의사가 없는 물건에는 좀처럼 눈길을 돌리지 않았다. 또 그들은 물건의 위치를 묻거나 이런저런 질문을 하려 들지도 않았다. (그들은 자동차를 운전하는 방식으로 쇼핑을 한다.) 따라서 어떤 남자가 자신이 찾는 코너를 발견하지 못할 경우, 그는 한두 차례 그곳을 둘러본 후 도움을 청하지도 않고 그대로 매장을 빠져나갈 공산이 크다.

한 남자가 허겁지겁 매장 안으로 들어와 원하는 코너로 향한다. 그리고 황급히 물건을 집어 들고 계산할 준비를 한다. 그의 표정에서 물건을 고르는 즐거움은 찾아보기 힘들다. 대표적인 사례로 몇몇 나이 든 남자들이 리바이스 캐주얼 브랜드인 다커스(Dockers)를 쇼핑했던 적이 있었다. 그들은 달리듯 다커스 코너를 찾아가 자신의 신체 기준에 맞는 옷 한 벌을 발견한 후 서둘러 계산대로 향했다. 이것은 흔히 볼 수 있는 광경이다. 매장 안에 있다는 것 자체가 그의 남성다움을 위협하는 것처럼 보일 정도이다. 한 가지 재미있는 점은, 나이 든 사내들이 카벨라스(Cabela's)나 REI 같은 아웃도어 매장에서 허리띠와 바지와 속옷을 쇼핑할 때 더 편안함을 느낀다는 것이다. 그곳이 낚시와 사냥, 야외 활동에 필요한 용품들로 둘러싸여 있기 때문이다. 또 다른 사례로는 중년 남자들이 주로 쇼핑하는 할리 데이비슨(Harley-Davidson) 판매점이 있다. 물론 그들의 자녀들을 위한 물품도 판매할 수 있다.

전형적인 남성 고객이라면 그들이 자기 방식대로 물건을 사도록 내버려두어야 한다. 그러지 않으면 그가 버럭 화를 낼 수도 있기 때문이다. 어떤 남자가 탈의실에 들어간다면, 옷이 몸에 맞지 않는 경우를 제외하고는 그 옷을 구매할 가능성이 크다. 반면 여자는 구입을 고려하는 차원에서 시험 삼아 그 옷을 입어볼 뿐이다.

우리의 조사에 의하면 시험 삼아 옷을 입어본 고객들 중에서 남성의 65퍼센트, 여성의 25퍼센트가 실제로 그 제품을 구입한 것으로 나타났다. 이것은 곧 여성복 매장보다 남성복 매장에서 탈의실이 더 근접해야 함을 말해준다. 설령 이러한 방식으로 탈의실 위치를 정할 수 없다 하더라도, 최소한 남자용 탈의실은 한눈에 알아볼 수 있도록 명확히 표시되어 있어야 한다. 남성 고객이 탈의실을 찾지 못한다면 번거로움이 싫어 쇼핑을 아예 포기할 수도 있기 때문이다.

다음은 또 다른 통계학적 비교를 보여주는 사례이다. 쇼핑하는 동안 여성 고객의 86퍼센트, 남성 고객의 72퍼센트가 가격표를 살핀다. 남성 고객들은 가격표를 무시하는 것을 곧 남자다움을 과시하는 것으로 여기기 때문에 여성 고객들보다 훨씬 더 쉽게 물건을 선택한다. 게다가 남자들은 여자들에 비해 타인의 제안을 잘 받아들인다. 마치 매장을 얼른 빠져나가고 싶은 마음에 권유받은 물건을 무작정 사겠다고 덤비는 것처럼 보일 정도다.

이러한 고객이라면 가치 있기는커녕 골치 아픈 존재로 여겨질 수 있다. 그러나 쇼핑 습관이 부족하다는 점을 감안하면 이들이 오히려 잠재적 수익의 원천이 될 수 있다. 어쨌든 오늘날 남성들은 과거보다 훨씬 더 많은 물건을 구매하고 있다. 이 비율은 꾸준히 증가할 것이다. 또 과거에 비해 독신으로 지내는 기간이 늘어남에 따라, 그들의 아버지들은 한 번도 구매하지 않았던 물건도 구매하고 있다. 게다가 많은 남자들이 자신만큼 열심히 일하는 여자들과 결혼하기 때문에, 쇼핑의 부담도 함께 짊어지고 있다. 그러므로 남자들의 쇼핑 방식에 관심을 기울이고 쇼핑 경험을 그들에게 맞추려고 애쓰는 제조업자와 소매업자와 진열 설계자라면, 향후 몇십 년 동안 경쟁력을 갖출 수 있을 것이다.

남자들이 전통적으로 자주 쇼핑 활동을 하는 장소는 슈퍼마켓이었다. 슈퍼마켓에서는 수천 가지 물품들을 손쉽게 구입할 수 있다. 그런데 그곳에서 남자들이 무관심하게 쇼핑을 단념하거나 아주 서툴게 쇼핑하는 광경도 흔히 목격된다.

우리는 한 슈퍼마켓에서 얼마나 많은 고객들이 쇼핑 목록을 들고 있는지 조사한 적이 있다. 여자들은 대부분 쇼핑 목록을 가지고 있었지만, 남자들의 비율은 4분의 1을 넘지 않았다. 알뜰한 아내라면 쇼핑에 미숙한 남편을 혼자 슈퍼마켓에 보내서는 안 된다는 것을 잘 알고 있다. 그에게 운반 수단을 제공하는 것은, 설령 그것이 쇼핑 카트라 할지라도 쇼핑의 미숙함을 강조할 뿐이다. 더욱이 두어 명의 자녀들과 남편이 함께 나서는 쇼핑은 최악의 결합이라 할 수 있다. 알다시피 아빠들은 자녀가 식료품을 고를 때 단호히 거절하지 못한다. 아빠가 된다는 것은 곧 무언가를 제공하는 존재가 되는 것이기 때문이다. 그리고 이것이 바로 남성이 가지고 있는 자아상의 핵심이다.

나는 지금까지 수백 시간 동안 슈퍼마켓에서 움직이는 남자들을 비디오로 관찰했다. 그중에서 특히 아빠가 딸을 목말 태우고 다니는 장면이 내게는 인상적이었다. 두 사람이 스낵 통로에 이르자, 딸은 동물 모양 크래커가 진열된 곳을 가리켰다. 아빠는 진열대에서 박스를 하나 덥석 집어 들더니 포장을 뜯어 딸에게 건넸다. 자신의 머리와 어깨에 과자 부스러기가 떨어지는 것쯤은 안중에도 없는 듯했다. 엄마가 이런 흐트러진 행동을 한다는 것은 상상하기 힘들다. 남자의 쇼핑으로부터 교훈을 얻은 또 다른 사례로는, 한 사내가 어린 두 아들을 데리고 시리얼 통로를 지나갔을 때를 들 수 있다. 아이들이 자신이 좋아하는 브랜드를 사달라고 떼쓰자, 아빠는 박스를 하나 끄집어내더니 조심스럽게 개봉하는 게 아니라 포장을 아예 찢어버렸다.

슈퍼마켓은 남자든 여자든 높은 비율의 충동구매가 이루어지는 장소이다. 잡화점 업계의 조사에 따르면 구매 물품의 60~70퍼센트가 충동구매인 것으로 나타났다. 그러나 남자들은 시선을 끄는 진열품뿐만 아니라 아이들의 간청에도 쉽게 물건을 구입한다.

이번에는 슈퍼마켓에서 흔히 목격되는 낭비가 심한 남성의 행동을 보여주는 사례이다. 우리는 계산대에 설치된 비디오를 반복하여 관찰하다 한 가지 특이한 점을 발견했다. 그것은 대개의 경우 남자가 계산을 한다는 것이었다. 특히 남자와 여자가 함께 쇼핑할 때면 돈을 지불하는 쪽은 거의 남자였다. 그러니 소매업자들이 흔히 남자들을 '돈주머니'라 부르고, "물건은 여자에게 팔고 계산은 남자에게서 끝내라"라는 속설이 생긴 것도 그리 이상한 일이 아니다. 남자들은 쇼핑 경험은 달가워하지 않지만 계산만큼은 흔쾌히 하려 한다. 그것이 그에게 가정을 책임지고 있다는 느낌을 주기 때문이다. 특히 파티 드레스를 판매하는 매장에서 이러한 남성의 심리가 많이 작용한다. 딸이 엄마보다 아빠와 함께 매장을 찾을 때 더 비싼 드레스를 구매하는 것도 이 때문이다.

아메리칸 걸 플레이스(American girl Place)는 내가 좋아하는 매장 중 하나이다. 그곳에는 아빠의 호주머니에서 돈을 빼내도록 고안된 최상의 장치가 마련되어 있다. 아메리칸 걸 플레이스에 대해 잘 모르는 사람을 위해 설명하자면, 그곳은 인형을 파는 매장이다. 그런데 그 인형들은 미국 역사의 중요한 순간들을 특정한 테마로 삼고 있다. 인형들은 테마에 어울리는 피부색과 머리색은 물론, 애디라든가 펠리시티 같은 시대에 적합한 이름과 간략한 약력도 가지고 있다. 만약 당신이 아메리칸 걸 플레이스의 고객이라면 인형과 아홉 살배기 딸에게 모두 어울리는 복장을 구매할 수 있다. 그뿐만이 아니다. 그 매장에는 인형의 머리를 가꿀 수 있는 미용실, 인형을 치료하는 병원, 인형과 함께 차를 마실 수 있는 카페와 인형에 관한 스토리를 각색하여 보여주는 영화관 시설까지 갖추어져 있다. 여기에 책과 잡지를 더하면, 방문객들은 평균 200달러를 그곳에서 소비한다. 카페의 경우 하루 다섯 석의 자리를 이용할 수 있는데, 주말 좌석은 대부분 6개월 전부터 이미 예약이 다 차 있다. 여덟아홉 살 또래의 많은 미국인 소녀들이 꿈꾸는 생일 선물은 주말에 부모들이 자신들을 아메리칸 걸 플레이스에 데려가는 것이다. 현재 시카고와 뉴욕, 로스앤젤레스에 아메리칸 걸 플레이스 매장이 있다. 나는 외국인 방문객들을 그곳에 데려가길 좋아한다. 그곳에서 우리는 프랑스판 걸 플레이스 혹은 일본판 걸 플레이스가 미국에서처럼 아빠의 호주머니에서 돈을 빼내는 성공적인 수단이 될 수 있는지 함께 의견을 나눈다.

그러나 특정 범주에서는 남성 고객의 쇼핑이 여성 고객의 쇼핑을 능가하는 경우도 있다. 우리가 조사한 한 매장의 경우, 인터뷰에 응한 남성 고객의 17퍼센트가 일주일에 한 차례 이상 그곳을 방문한다고 답했다. 또 그 매장에 있던 남성 고객의 4분의 1이 그날 뚜렷한 목적 없이 단순히 호기심으로 그곳을 방문했다고 말했다. 물론 그곳이 컴퓨터 매장이기에 가능한 일이었다. 예전에는 기술과 기계 장치를 선호하는 남자들의 주된 관심사가 자동차와 스테레오 장비였지만, 지금은 컴퓨터 하드웨어와 소프트웨어로 바뀌었다. 고객들은 대부분 정보 수집을 위해 그곳을 방문했음이 틀림없다. 우리는 비디오를 통해 소프트웨어 포장이나 다른 인쇄물을 열심히 읽고 있는 남자들을 관찰했다. 그곳은 남자들이 소프트웨어를 구입하는 매장이었다. 그런데 그들의 방문 목적에는 소프트웨어에 관한 정보를 배우는 것도 포함되어 있었다. 여기서 우리는 남성 고객의 또 다른 특징을 엿볼 수 있었다. 남자들이 판매 직원에게 방향을 묻는 것은 싫어하지만, 인쇄물, 비디오 혹은 컴퓨터

스크린을 통해 필요한 정보를 직접 찾아보는 행위는 선호한다는 특성이 바로 그것이다.

몇 해 전에 우리는 소매점 개발에 나선 무선 전화기 공급 업체를 조사한 적이 있다. 당시 우리는 남성과 여성이 사뭇 다른 방식으로 그곳을 이용한다는 사실을 알게 되었다. 여자들은 한결같이 판매 데스크로 곧장 걸어가 전화기와 다양한 거래 조건에 관해 직원들에게 질문을 했다. 그러나 남자들은 전화기 진열대와 계약을 설명하는 안내문이 위치한 쪽으로 곧장 다가갔다. 그들은 안내 책자와 계약 신청 용지를 집어 들고 매장을 떠났지만, 직원들과는 말 한 마디 나누지 않았다. 남자들이 매장을 다시 찾았을 때는 계약을 하기 위해서였다. 다른 한편, 여자들은 평균 세 차례 매장을 방문했다. 그들은 최종적으로 계약을 체결하기 전에 좀 더 많은 상담을 원했다.

물론 여성과 남성의 역할은 변하고 있다. 2008년 현재, 고등교육 기관에 다니는 학생 중 압도적인 다수가 여자들이다. 여기에는 일반 대학뿐만 아니라 법과대학원과 의과대학도 포함된다. 지금은 여성이 공학과 수학을 제외하고 거의 모든 대학 프로그램을 지배하고 있다. 비록 소득 불균형이 여전히 남성에게 치우쳐 있고, 많은 직업에서 여성의 승진을 가로막는 장벽이 존재하지만, 역사적으로 여성이 지금만큼 스스로 많은 돈을 벌어들인 적은 없다.

그러나 자동차를 구입할 때는 지금도 남자들이 주로 주도권을 행사하고 있다(하지만 신차 구입에 대해 말을 많이 하는 쪽은 여자들이다).

주택을 구입할 때는 보통 여자와 남자가 서로 협력한다. 여자들이 집 안 내부에 필요한 물건들을 구입하고, 남자들은 집 안 외부와 관련된 물건들(잔디 깎는 기계, 정원과 잔디 손질 장비, 바비큐용 석쇠, 물 뿌리는 호스 등)을 구입하는 식이다.

여기서 인구 통계학적 관점으로 남성과 여성의 역사적 역할을 살펴보자. 2002년에 실시한 미국 인구 조사에 따르면, 양쪽 부모와 자녀를 모두 갖춘 가정의 비율은 24퍼센트에 불과했다. 약 15퍼센트는 한쪽 부모가 자녀를 키우는 가정이었다. 60퍼센트는 자녀를 갖지 않은 가정이었다. 나머지는 비전통적인 가정, 즉 동거인이거나 부모와 함께 살고 있는 성인이거나 독신인 가정이었다. 누구에게 무엇을 파느냐 하는 기본적인 개념은 여전히 유효하지만, 그 무엇보다 중요한 것은 과거와 다른 구매자들에게 관심을 갖는 것이다. 북미의 도로를 달리는 자동차의 절반은 여성이 운전한다. 그러나 자동차 판매 대리점은 여전히 여성 쇼퍼들이 기피하는 장소로 남아 있다. 이러한 불일치를 보여주는 대표적인 사례로 주택이 있다. 지난 10년 동안 신축 주택들은 거의 대부분 핵가족 개념을 토대로 지어졌다. 주침실 하나와 작은 자녀 침실 두 칸을 갖춘 구조가 그것이다. 따라서 당신이 비전통적 가정 유형에 적합한 구조의 주택(주침실 두 칸을 갖춘 주택)을 가지고 있다면, 남들보다 빨리 더 높은 가격에 그 주택을 팔 수 있을 것이다.

지금은 전 세계적으로 중산층의 삶을 영위하려면 부부가 맞벌이를 해야 한다. 1965년에 내 아버지가 메릴랜드 주 체비 체이스

(Chevy Chase)에서 주택을 구입했을 때, 그 주택의 가격은 아버지의 연봉과 비슷한 수준이었다. 당시 아버지의 연봉은 4만 달러 수준이었는데, 주택도 그 가격대였다. 그런데 오늘날 누군가가 자신의 연소득과 비슷한 가격의 주택에서 살고 있다면, 그를 부러워해야 할지 동정해야 할지 갈피를 잡기 힘들다. 돈을 소비할 곳에 대한 의사 결정이 유동적이기 때문이다.

심지어 남자들이 쇼핑을 하지 않을지라도 그들은 쇼핑 경험에서 아주 중요한 일부분이다. 앞서 언급했듯이 소비자들의 구매 정도와 그들이 매장에 머물러 있는 시간 사이에는 직접적인 연관성이 있다. 반복적인 조사 결과, 여자가 남자와 함께 매장에 들어올 경우, 그녀 혼자 혹은 다른 여자나 아이들과 함께 매장에 들어오는 경우보다 훨씬 적은 시간 동안 매장에 머무는 것으로 나타났다.

다음은 전국적인 체인망을 갖춘 생활용품 회사의 한 지점을 조사하면서 여성 고객의 평균 쇼핑 시간 내역을 산출한 것이다.

동성 친구를 동반한 경우 : 8분 15초

자녀들을 동반한 경우 : 7분 19초

여성 고객 혼자인 경우 : 5분 2초

남자를 동반한 경우 : 4분 41초

각각의 경우를 상황별로 살펴보자. 먼저 두 여자가 함께 쇼핑하는 경우, 그들은 서로 잡담하고 조언하며 솔직한 의견을 주고받는다. 그 때문에 그들은 오랫동안 매장에 머문다. 또 아이들과 함께 쇼핑하는 경우, 그녀는 아이들을 챙기느라 어느 정도 시간을 소비한다. 그리고 혼자 쇼핑하는 경우에는 자신의 시간을 효과적으로 사용한다.

그러나 남자와 함께 쇼핑하는 경우라면 사정이 다르다. 남자들이 지겨워하면서 안절부절못하고, 언제라도 매장 밖으로 나가서 차 안에 앉아 라디오를 듣거나 바깥을 서성이며 여자들을 구경할 태세를 취하기 때문이다. 결국 그녀는 초조한 기분으로 서둘러 쇼핑을 마치게 된다. 그러나 여자가 쇼핑하는 동안 남자가 무언가에 정신이 팔려 있다면 한결 즐겁고 편안한 쇼핑이 가능할 것이다. 아울러 쇼핑에 많은 시간을 소비하는 만큼 더 많은 물건을 구매하게 될 것이다. 다음은 쇼핑 장소에서 남자들의 출현에 대처하기 위한 두 가지 주요한 전략이다.

첫 번째는 소극적인 감금이다. 주고객층이 여성인 매장의 경우 남자들의 흥미를 끌 만한 무언가를 갖춰놓아야 한다. 만약 내가 치코스 같은 쥬얼리 액세서리 브랜드나 빅토리아스 시크릿 같은 명품 란제리 브랜드를 소유하고 있다면 여성 고객이 남편을 확인할 수 있는 공간을 따로 마련할 것이다. 남자들이 언제나 편안하게 기다릴 수 있는 공간이라면 이발소 같은 곳이 있다. 그러나 초라한 낡은 의자와 너덜너덜해진 잡지류는 치워버리고, 그 대신 편안한 의자에 앉아 오락 스포츠 전문 프로그램이나 낚시 프로그램을 방영하는 대형 TV를 시청하게 하는 편이 훨씬 더 나을 것이다. 상상력을 좀 더 발휘하여 수영복 제조에 관한 다큐멘터리나 지난주 NFL 경기 하이라이트 같은 스포츠 프로그램을 직접 구비해놓는 것도 바람직할 수 있다.

만약 내가 여성이 편안히 쇼핑할 수 있는 새로운 매장을 개업한 다면, 남자들이 즐겨 찾는 대형 매장 옆을 선택할 것이다. 그곳이 컴퓨터 전문점이나 자동차 부품 매장이라고 하자. 남자들은 그곳 에서 30분쯤 시간을 보내는 것을 대수롭지 않게 생각한다. 마찬가 지로, 내가 컴퓨터 소프트웨어 매장을 연다면 여성복 전문점 옆을 선택할 것이다. 많은 남성 고객들이 분명 이러한 선택을 고맙게 생 각할 것이다.

우연히 동행한 고객에게 물건을 파는 것도 시도해봄직하다. 가 령 여성복 전문점이라면 선물을 구입하는 남자들을 위해 특별히 제작된 비디오 카탈로그(구두나 바지류보다는 스카프나 원피스 같은 품목 들에 대한 것)를 준비할 수 있다. 그곳이라면 선물용 상품권이 의외 로 잘 팔릴지 모른다. 남자는 이미 동행한 여자가 그 매장을 좋아 한다는 사실을 알고 있기 때문이다. 실제로 빅토리아스 시크릿에 서는 남성 고객을 위한 비디오 카탈로그로 쏠쏠한 재미를 보고 있 다. 심지어 그들은 소규모 패션쇼도 개최하고 있다.

한 가지 주의할 점은, 남성들을 위한 그런 공간을 어디에 위치시 켜야 하느냐는 것이다. 그 공간은 쉽게 발견할 수 있어야 하지만, 입구에 너무 근접해서는 안 된다. 스포츠용 잠바 차림의 사내들이 대여섯씩 모여 구부정한 자세로 TV를 보고 있는 광경이 매장을 찾는 고객들의 눈에 좋게 비칠 리 없기 때문이다.

두 번째는 남자들로 하여금 자발적으로 쇼핑에 나서게 하는 방안을 강구하는 것이다. 이것은 결코 쉬운 일이 아니지만, 그렇다고 불가능한 일도 아니다. 예전에 우리는 대형 도자기 제조업체 겸 소매업체인 팰츠그래프를 조사한 적이 있다. 그곳의 단골 고객들은 한 가지 특정한 유형에 애착을 보였는데, 그들은 만찬용 접시와 커피잔에서 겨자 단지, 접대 접시, 냅킨 링에 이르기까지 종합 세트로 제품을 한꺼번에 구입했다. 그런데 그 매장에서 쇼핑을 마치기까지 무척 오랜 시간이 걸렸다. 구입한 물건들을 일일이 금전 등록기에 기록하고, 그것들이 깨지지 않도록 포장하는 데에 시간이 많이 걸렸기 때문이다. 많은 남성 고객들의 울화통을 터뜨리게 하기에 충분한 상황이었다. 팰츠그래프 대리점에서는 수백 달러대의 거래가 일반적이었다. 따라서 남자들을 쇼핑에 참여시키는 방안을 모색하는 것이 어쩌면 당연한 노릇이었는지도 모른다.

우리는 비디오를 관찰하면서 남자들이 별 이유 없이 매장의 유리 제품 코너로 발걸음을 옮기는 경향이 있음을 알게 되었다. 그들은 수프 그릇과 스푼 받침이 있는 곳을 피해, 텀블러 컵과 포도주잔이 있는 곳에서 배회했다. 그 순간 우리는 우연히 두 남자가 맥주잔이 있는 곳을 향해 어슬렁거리며 걸어가는 장면을 목격했다. 그곳에서 한 남자가 맥주잔을 집어 들더니, 다른 한 손으로 맥주 주둥이를 잡는 시늉을 하면서 실제로 맥주를 따르듯 잔을 기울였다.

문득 이런 생각이 떠올랐다. 회사 일을 마치면 여자는 부엌에서 저녁 식사를 위해 요리를 준비한다. 남자는 무엇을 할까? 술을 마시지 않을까? 이것은 사회적으로 용인된 그의 역할이다. 남자가 바텐더들이 사용하는 도구인 각양각색의 술잔들, 코르크를 따는 타래송곳, 얼음 집게, 나이프와 셰이커 등에 관심을 갖는 것도 이 때문이다.

내 머릿속에 가장 먼저 떠오른 생각은 무대장치처럼 남자들이 다룰 수 있는 모조 맥주 꼭지를 설치하는 것이었다. 우리는 유리 제품 코너를 술집용품 코너와 합치고, 벽에는 남자가 맥주를 꺼내는 장면 혹은 멋진 크롬 셰이커로 마티니를 만드는 장면이 담긴 대형 사진을 걸어두라고 조언했다.

이렇듯 매장 안으로 들어간 남성이 자신을 위한 코너가 있음을 깨닫는다면, 그들도 어딘가에서 쇼핑을 하게 될 것이다. 예컨대 다양한 형태의 병따개들을 그곳에 비치할 수 있다. 또 남자들은 읽을 수 있는 정보를 선호하기 때문에 특정한 용도로 사용되는 다양한 형태의 술잔들(대형 브랜디잔, 다리가 긴 잔, 길쭉한 샴페인잔, 온더록 글라스, 큰 맥주잔 등)을 보여주는 차트를 걸어놓을 수도 있다. 한마디로 이런 방식으로 쇼핑에 서툰 남성을 고객으로 전환시킬 수 있다. 적어도 쇼핑에 관심을 갖게 할 수는 있을 것이다.

가구 제조업자인 토머스빌을 위해 조사를 할 때였다. 우리는 가구가 고가의 품목이기에 쇼핑에 남성을 개입시키는 것이 한결 쉬울 거라고 판단했다. 해법은 간단했다. 그곳에 가구의 제작 단계를 보여주는 전시물과 포스터 같은 그래픽 장치를 설치하고, 외관의 아름다움과 품질의 우수성을 입증하는 단면도와 조립도 같은 시각적인 장치를 활용하는 것이었다. 제조 과정을 부각시키는 것은 새 가구의 구입 비용에 대한 남자들의 거부감을 줄여줄 것이다. 그리고 그래픽 장치들은 아내가 장식과 스타일을 살펴보는 동안 남편에게 필요한 정보를 알려줄 것이다.

남자가 여자보다 쇼핑을 더 많이 하는 품목 중 하나는 맥주이다. 슈퍼마켓이나 편의점 같은 다양한 환경에서 남자들은 맥주를 구입한다(그들은 감자튀김과 짭짤한 비스킷, 견과류 같은 안주거리도 구입한다). 그래서 우리는 매주 토요일 오후 3시쯤 맥주 통로 바로 앞에서 시음회를 개최하라고 조언했다. 우리의 고객이었던 슈퍼마켓은 그 자리에서 마이크로 양조법이나 중요한 양조 회사에서 나온 새로운 맥주를 선전했다. 모르긴 몰라도 그 시음회는 맥주 판매에 도움을 주었을 것이다. 그러나 정작 핵심은 그것이 아니었다. 시음회의 진정한 가치는 매장에 더 많은 남자들을 끌어들인다는 것이었다. 그것은 슈퍼마켓을 남성이 주로 찾는 장소로 탈바꿈시키는 것에도 도움을 주었다.

그러나 브라질의 주요 맥주 브랜드인 브라마를 위해 일한 인바이로셀 브라질 지사가 최근에 실시한 실험은 또 다른 교훈을 가르쳐주고 있다. 그것은 여성이 자신보다 타인을 위해 맥주를 구입한다는 전제하에 좀 더 여성 친화적인 맥주 코너를 만드는 것에 초점을 맞춘 실험이었다. 그들은 가슴이 풍만한 어여쁜 아가씨 사진들을 모두 떼어내고(하긴, 맥주와 풍만한 가슴골이 정확히 무슨 관련이 있단 말인가), 그 자리에 맥주를 마시는 성인 남녀들이 가족과 함께 식사 하는 모습이 담긴 사진을 걸었다. 그러자 하룻밤 사이에 매출이 20 퍼센트나 껑충 뛰어올랐다. 미국에서는 편의점에서 비슷한 조사 를 진행한 적이 있다. 맥주를 구매하는 단골 고객 중 여성의 비율 은 얼마 되지 않았다. 그러나 여자들은 맥주를 구입할 때 대량으로 구입하는 경향을 보였다. 예컨대, 남성이 6개짜리 팩을 구입한다 면 여성은 12개짜리 팩을 구입하는 식이었다. 우리가 얻은 결론 은, 여성은 모두의 파티를 위해 맥주를 구입하지만 남성은 자신만 의 파티를 위해 맥주를 구입한다는 것이었다.

현명한 소매업자라면 이러한 상황에 관심을 기울여야 한다. 비 즈니스의 모든 측면에서 남성의 사회적 역할이 어떻게 변하고 있 는지를 미리 예측해야 하는 것이다. 따라서 남보다 먼저 예측을 하 는 이들이 미래의 주역이 될 것이다. 현재 여성이 우위를 점하고 있는 어떤 분야를 선택한 다음, 여성을 소외시키지 않으면서 남성 에게 다가갈 수 있는 방안을 강구하는 식으로 말이다.

일례로 지난 10년 동안 미국의 부엌에서 벌어진 상황을 살펴보 자. 예전에는 식료품 쇼핑과 요리가 죄다 아내의 몫이었다. 그러 나 지금은 아내들도 남편 못지않게 많은 일을 한다. 따라서 남편들 역시 요리하고 청소하고 세탁하는 법을 배워야 한다. 이러한 경향 은 점점 당연시되고 있다.

그렇다면 상황이 변해감에 따라 주방용품이 남성화되는 것도 우연의 일치일까? 예전에는 냉장고나 스토브를 선택할 때 주저 없이 아보카도(avocado)와 골든 하비스트(golden harvest)를 골랐다. 그러나 오늘날에는 6개의 버너와 개방형 가스 그릴을 갖춘 스토브, 그리고 스테인리스 강철과 알루미늄, 유리로 제작된 대형 박스형 냉장고가 인기를 끌고 있다. 윌리엄스소노마(Williams-Sonoma)와 같은 고급 주방용품점을 방문해보자. 그곳에서는 크렘브륄레(crme brulee, 캐러멜로 만들어 설탕을 친 크림 디저트) 만드는 데에 사용되는 소형 블로터치(blowtorch)가 인기를 끌고 있다. 그렇다면 미국인들이 최근 들어 갑자기 세련되고 기름진 프랑스 디저트에 흠뻑 빠져들기라도 했단 말인가? 아니면 요리 그 자체가 미국인 남성의 마음을 사로잡은 것일까? (이와 유사하게 여자들도 결혼하지 않고 독신으로 지내는 기간이 길어짐에 따라 과거에 남자들만 찾던 철물점이 지금은 거의 자취를 감추었다. 에이스 하드웨어[Ace Hardware]나 트루 밸류[True Value] 같은 우리 회사의 고객들은 여성 가장들이 성별을 따지지 않는 환경에서 DIY 공구를 좋아하도록 만들고자 많은 노력을 하고 있다. 이 같은 변화를 유도하는 간단한 방법 중 하나는 여성 직원을 더 많이 고용하는 것이다.)

이번에는 전자레인지가 어떤 식으로 판매되고 있는지 살펴보자. 전자레인지의 경우, 설명서에서 가장 강조하는 특징은 출력이다. 이와 유사하게 진공청소기를 쇼핑하는 남성을 대상으로 인터뷰하면서 제품의 가장 중요한 특징에 관한 질문을 했을 때, 그들은 '파워'라고 대답했다. 이것은 충분히 예상 가능한 답변이었다. 그 결과, 오늘날 진공청소기 제조업체들은 전류의 세기를 선전하고 있다. 이 두 경우에서 알 수 있듯이, 남성은 점점 여성화되고 있는 반면, 가정용품들은 갈수록 남성화되고 있다.

심지어 세탁에 관계된 다양한 생활용품조차 남성을 염두에 두고 새롭게 탄생하고 있다. 나는 프록터 앤 갬블(Procter & Gamble)이나 조지아—퍼시픽(Georgia-Pacific)이란 이름이 어떻게 결정되었는지 잘 모른다. 그러나 이런 식이라면 화장지를 브러니(brawny), 합성세제를 볼드(Bold)라고 부르는 것도 가능하지 않을까? 단, 그것은 남성을 계산대로 이끌 만큼 품격 있는 이름이어야 할 것이다.

예전에는 얼마나 많은 여성이 커다란 쇼핑백을 원하느냐가 관심의 초점이었다. 하지만 지금은 얼마나 많은 남성이 그것을 원하느냐가 관심사가 되고 있다. 또 예전에는 자동차에 가장 남자다운 별칭을 붙였지만, 지금은 비누에 그런 별칭을 붙이고 있다. 1990년대에 가장 성공을 거둔 비누는 장식이나 향기와 관련 있는 명칭이 아니었다. 놀랍게도 그것은 컴퓨터나 새로 나온 공구의 이름으로 적당해 보이는 레버(Lever) 2000이었다.

쇼핑은 차치하고, 이번에는 현대 남성이 품고 있는 욕망의 가장 기본적인 표현에 대해 살펴보자. 이 문제는 메릴린 먼로와 앤젤리나 졸리의 차이를 생각해보면 간단하다. 앤젤리나의 이두박근은 프랭크 시나트라와 보비 케네디의 이두박근을 합친 것보다 더 커 보인다. 이렇듯 30년 전의 연예인과 비교해봤을 때 그녀의 가장 두드러진 특징은 다부진 근육질 몸매에 있다.

전통적으로 남자들은 언제나 남성용 정장과 구두만을 구입했다. 반면 여자는 남성용이든 여성용이든 가리지 않고 모든 물건을 쇼핑했다. 특히 남성용 양말이나 속옷은 주로 여성이 쇼핑하는 물건이었다. 그러나 오늘날에는 상황이 변하고 있다. 남성이 직접 자기 옷을 쇼핑함에 따라 여성이 더 이상 남성용 사각팬티를 구입할 필요가 없어졌기 때문이다. 예를 들어 K마트 남성복 매장의 남녀 고객 비율은 2 대 1 또는 3 대 1 정도다. 하지만 고급 남성복 전문점의 경우, 남성복을 구입하는 남성이 여성의 수를 능가하고 있다. 우리는 비디오를 살펴보다가 현대 미국 남성의 삶에서 중요한 특징 하나를 포착했다. 속옷 진열대를 찬찬히 훑어보고 있던 한 남자가 갑자기 허리띠를 풀더니 바지 안쪽을 유심히 살피는 것이었다. 자신이 입고 있는 팬티 사이즈를 알아보려는 듯했다. 여성이라면 자신의 속옷 사이즈를 모른다는 것은 상상조차 할 수 없는 일이다. 조만간 모든 남성이 자신의 속옷 사이즈를 알게 되는 날이 도래할지도 모른다. (반대로 여성이 한 번도 입어보지 않고 자신의 속옷을 구입하는 경우는 드물다. 개인적으로 속옷 박스를 들고 탈의실로 향하는 남자를 내 생전에 볼 수 있을지 모르겠다.)

여자들이 남자 속옷을 쇼핑하듯, 남자들 역시 여자들의 속옷을 살 수 있을까? 어느 보석상은 "내가 하는 일은 주로 보석을 사려고 애쓰는 남자들을 집으로 돌려보내는 겁니다"라고 말했다. 많은 남편과 남자 친구들이 선물용으로 예쁜 란제리나 보석을 사고 싶어한다. 하지만 그들은 그 제품을 파는 매장과 물건 자체에 이미 주눅이 들기 십상이다. 자신의 신체 사이즈도 모르는데 어떻게 여자의 신체 사이즈까지 알 수 있단 말인가? 원피스와 나이트가운은 말할 것도 없고, 브래지어와 팬티 사이즈조차 모르는데 어떻게 그녀에게 맞는 사이즈와 색상의 반지나 목걸이를 살 수 있단 말인가? 우리는 종종 망설이는 기색을 보이며 매장에 들어서는 남자들을 관찰한다. 그들은 불안한 눈길로 한두 가지 품목을 살핀 다음 당혹스러운 표정으로 황급히 그곳을 빠져나간다. 그러므로 판매 직원들은 이러한 남성을 끌어들일 수 있는 특별한 교육을 받아야 한다. 홀로 방문한 고객의 손을 잡아주는 것도 그리 나쁜 아이디어는 아니다. 특히 그가 값비싼 보석이나 란제리 구입을 고려하고 있다면 말이다.

이러한 '교차 구매'가 가능하도록 의복 사이즈를 단순화하는 것도 하나의 방법이다. 더 간단한 해법은 여자들이 애용하는 의류 전문점에 그들의 사이즈를 등록하게 하는 것이다. 그러면 남자들은 손가락으로 사이즈를 가리키며 여성 속옷을 쉽게 구매할 수 있을 것이다. 모르긴 몰라도, 이 방식을 가장 먼저 시도하는 매장은 레이스 달린 여성 속옷을 사고 싶어 하는 남자들의 잠재적 욕망 덕분에 많은 이득을 얻을 것이다.

다음은 성별과 관련하여 의류 소매업자들이 해결해야 할 또 다른 문제다. 남녀 의류를 모두 취급하는 매장을 어떻게 고객들에게 알릴 수 있을까? 얼마 전까지만 해도 동일한 장소에서 남성복과 여성복을 함께 판매한다는 것은 상상하기 힘든 일이었다. 물론 이러한 장벽은 1960년대에 이미 허물어졌지만, 몇몇 문제점들은 여전히 남아 있다. 심지어 이러한 매장의 개척자격인 갭과 J. 크루 (J.Crew)도 정확한 정보를 알리는 데에 어려움을 겪고 있다. 다른 성별을 대상으로 하는 신발이나 스웨터나 바지를 10분만 관찰해 보라. 그러면 이러한 문제점을 바로 알아차릴 수 있을 것이다.

아기의 탄생을 지켜보는 남성이 산부인과 의사뿐이던 시절이 기억나는가? 그러나 오늘날에는 아빠의 분만실 출현이 산모만큼 이나 자연스럽다. 이제 남자들은 새롭게 정의된 아버지 역할에 적 응해야 한다. 그리고 이러한 경향은 다른 분야와 마찬가지로 쇼핑 에서도 엄청난 변화의 바람을 불러일으키고 있다.

예컨대 내 아버지 세대 때만 하더라도 남자들이 토요일 아침에 유모차 안에 우유병과 기저귀를 싣고서 산책하는 모습은 희귀한 광경이었다. 그러나 요즘엔 그런 광경을 흔히 볼 수 있다. 최근 개 량된 남자 화장실에는 아기 기저귀를 갈 수 있는 시설이 갖춰져 있 으며, 맥도널드 상업 광고에는 아빠와 꼬마들이 우르르 매장 안으 로 들어가는 장면이 등장한다. 엄마는 보이지 않는다. 아마도 그 녀는 사무실에서 토요일을 보내고 있을 듯싶다. (어쨌든 엄마는 아이 들이 빅 맥을 주문하도록 내버려두지 않을 것이다.) 물론 이것이 미국에서 만 벌어지는 현상은 아니다. 나는 어느 토요일에 밀라노에서 부유 층이 사는 지역을 관찰한 적이 있는데, 유모차를 모는 사람의 절반 은 아빠였다.

보스턴의 한 백화점에서 리바이스 코너를 조사할 때였다. 우리 가 진행한 조사의 목적은 20대와 30대 남성 고객들을 유인할 수 있도록 매장을 개선하는 것이었다. 그곳에서 젊은 사내가 청바지 코너로 이어진 통로를 걸어가는 장면이 비디오에 담겼다. 아내와 동행한 그는 유모차를 밀고 있었다. 잠시 후 그들은 청바지 코너에 도착했다. 그는 벽에 설치된 진열대를 보고 싶은 눈치였다. 하지만 그와 청바지 코너 사이에 스탠드식 의류 진열대들이 다닥다닥 붙어 있는 탓에 그 사이로 유모차가 빠져나갈 수 없었다. 그는 잠시 고심하는 듯했다. 아기와 아내를 통로에 남겨두고 청바지를 사러 갈까? 결국 그는 같은 상황에 처한 다른 많은 사람들처럼 행동했다. 그는 청바지 코너를 그냥 지나쳤다. 이렇듯 유모차의 진입을 막고 있는 매장들이 허다하다. 그리고 이것은 곧 많은 20대 및 30대 고객들을 매장 안에 들어오지 못하게 하는 것과 마찬가지이다.

20년 전만 하더라도 자녀들을 위해 옷을 사는 아버지가 드물었지만, 요즘에는 아동복 코너에서 쇼핑하는 아버지들을 흔히 볼 수 있다. 그러나 의류 제조업체는 이런 추세를 아직 따라잡지 못하고 있다. 모든 의복들 중에 아동복 사이즈가 가장 혼동을 일으키기 쉽다는 사실만 봐도 그렇다. 만약 아동복 사이즈가 아이들의 연령과 정확히 일치하는 시절이 찾아온다면 아이들에게 옷을 입히는 데에 있어 남자들이 더 많은 역할을 할 수 있지 않을까? 그러면 자녀에게 몹시 관대한 아빠들이 아들을 위해서 멋진 벨벳 재킷을, 딸을 위해서 작은 파티 드레스를 구매하려 들지 않을까?

토요일 오전이면 아빠들은 우유병, 비스킷, 기저귀, 베이비파우더, 연고, 손수건 같은 다양한 아기용품들을 챙긴다. 그는 그것을 어디에 넣을까? 아내가 갖고 다니는 커다란 분홍색 나일론 가방은 분명 아닐 것이다. 주위에 있는 가방들이 모두 적당하지 않을 수도 있다. 심지어 평범한 기저귀 가방도 어머니용으로 만들어져 있을지 모른다. 하지만 그가 이른바 스위스 아미 기저귀 가방을 선택할 수 있다면 어떻게 될까? 또 스포츠 가방처럼 보이는 나일론 나이키 가방을 선택할 수 있다면 어떻게 될까? 검은색 가죽 기저귀 가방이 딸려 있는 할리 데이비슨 브랜드의 유모차를 모는 것도 괜찮지 않을까? 이처럼 모든 유아용품들은 새롭게 개발될 필요가 있다.

전통적으로 여성의 입지가 확고했던 다른 분야에도 남성을 적응시킬 수 있지만, 거기에는 남성에 대한 이해가 필요하다. 적극성이 부족한 남자들의 특성을 잘 이해해야 하는 것이다. 지금도 많은 매장들의 바닥과 벽, 그리고 거기에 걸린 모든 것들이 무모하게 침입한 남자들에게 "당장 여기서 꺼져! 이곳은 당신이 있을 곳이 아니야!"라고 소리치고 있다. 내 사무실 근처에 접시와 유리잔 같은 제품을 파는 매장이 있다. 이 매장 안으로 들어갈 때 내게 놀라움을 주는 것은 낯선 기분이 들지 않는다는 것이다. 반면 블루밍데일의 로열 덜턴(Royal Doulton, 도자기 및 식기 브랜드) 코너는 항상 내게 두려운 존재였던 할머니의 식당으로 다시 돌아간 듯한 느낌을 준다.

물론 남자들이 원할 경우 즐거운 마음으로 쇼핑할 수 있는 장소가 없는 것은 아니다. 일례로 오늘날에는 과거와 달리 건강 및 몸단장에 관련된 제품들이 많이 팔리고 있다. 그러나 그 제품들이 팔리는 과정을 들여다보면, 대다수 남자들이 절대 탐욕스러운 구매자가 될 수 없음을 깨닫게 될 것이다. 왜냐하면 이러한 제품들을 판매하는 잡화점 체인이나 슈퍼마켓의 분위기가 지나치게 여성적이기 때문이다. 그곳에서는 남녀 공용으로 사용 가능한 샴푸나 비누 같은 제품들이 죄다 여성 취향으로 포장되고 이름 붙여져 있다. 그러다 보니 면도 크림과 모발 연고, 탈취제처럼 특별히 남성을 위해 만들어진 제품들조차 향기로운 여성용품 코너 사이에 끼여 있는 신세가 되고 말았다. 남성을 위한 공간은 아예 배제된 셈이다. 그러니 남자들이 어떻게 그런 제품들을 쇼핑할 수 있겠는가?

전통적으로 미용 산업은 항상 고급품 분야로 이동하면서 발전을 거듭했다. 예를 들어 에스티로더와 로레알 같은 제품들은 나이트 크림을 바르는 자그마한 행운에 충분히 투자할 만한 가치가 있다는 식으로 여성을 유혹하고 있다. 그러나 남성 시장에서는 이것이 바람직한 접근 방식이 아니다. 남성용 스킨 제품이 성공을 거두려면 배치와 언어와 포장에서 차별화된 다른 선택이 필요하기 때문이다. 실외에서 작업하는 남자들(경찰관, 건설 인부, 케이블 TV와 전화선 가설 인부, 도로공사 인부)에게 피부 보습제와 자외선 방지 로션은 거대한 미개척 시장이나 다름없다. 그러나 그들이 블러셔나 주름살 제거 크림을 사기 위해 통로를 배회하는 일은 없을 것이다. 여성이나 아동을 주대상으로 하는 제품을 구입하지는 않을 것이기 때문이다. 전형적인 건강 미용 코너를 거닐다 보면, 남자들은 아예 피부를 갖지 않은 듯한 느낌이 들기도 한다. 하지만 그들은 피부를 가지고 있으며, 그 피부는 도움을 필요로 한다.

이런 문제에 대한 해법을 찾아볼 수 있는 사례로, 할리 데이비슨 판매 대리점이 있다. 그곳에서는 자사 생산 스킨케어 제품에 자신이 원하는 명칭을 붙일 수 있다. 중요한 점은 이것이 개방적이고 자유로운 가치와 함께 상징성 있는 명칭도 그 제품에 부여한다는 것이다. 그런데 이러한 제품은 손에 기름이 묻지 않게 해주는 굽(Goop)이나 소나무 수액을 없애주는 라바 비누(Lava soap)처럼 남자들에게 적합한 물건으로 시장에 출시되어야 한다. 할리 데이비슨이 앞장서면 후발 주자로 존 디어(John Deere)와 캐터필러(Caterpillar) 같은 회사들이 그 뒤를 따라갈 것이다.

화장품 회사인 크리니크는 남성용 면도 및 스킨 제품 생산을 위한 시설을 완벽히 갖추고 있다. 그러나 뉴욕 시에 위치한 버그도프 굿맨 백화점에서 남성이 그 제품을 찾으려면 1층의 여성 전용 화장품 코너를 찾아가야 한다. 심지어 5번가 건너편에 있는 남성용품 전문점에서도 그 제품을 찾기 힘들다. 면도 크림이 립스틱 바로 옆에 있다는 것을 누가 짐작이나 하겠는가? 결국 많은 여자들이 자신의 남자들을 위해 면도용품을 구입하고 있는 것이다. 그러나 이것은 시대에 뒤떨어진 접근 방식이다.

질레트에서는 다양한 피부에 적합한 면도 크림을 생산하고 있다. 의심의 여지없이 남성을 위한 제품이다. 그렇다면 남자들은 자신의 피부 타입을 어떻게 알 수 있을까? 이를 위해 벽에 간단한 차트를 걸어두는 것도 좋은 방안이겠지만, 아직까지 그런 차트를 구경한 적이 없다. 최근에 나는 게이들이 밀집해 있는 맨해튼 첼시 지구의 한 잡화점 체인을 방문한 적이 있다. 그러나 그 매장에서도 남성은 여전히 뒷전이었다. 그곳의 남성 전용 제품(탈취제, 올드스파이스 제품, 브라일 크림 튜브, 그리고 머리단장 제품들만 취급하는 일부 코너) 역시 필름 현상 부스와 일회용 면도기 진열대 사이에 끼어 있었던 것이다. 이러한 매장을 제대로 운영하기만 한다면 그곳을 모범적인 남성 전용 코너를 갖춘 완벽한 장소로 만들 수도 있지 않았을까? 그러나 그곳 역시 구태의연한 방식을 답습하고 있었다.

일단 남성에게 자신의 취향에 맞는 제품과 그것들을 구입할 수 있는 공간을 제공해보라. 그것만으로도 성공적인 출발이 될 것이다. 그러나 지금도 건강용품과 미용용품, 그리고 화장품 코너는 여성이 선호하는 디자인으로 설계되어 있다. 그러므로 누군가는 '남성 건강용품 매장'의 디자인을 앞장서서 시작할 필요가 있다. 그곳에서는 남성을 위한 피부용품과 미용 보조용품, 면도 기구, 샴푸와 린스, 향수, 콘돔, 근육통 치료제, 장외 거래 약품과 비타민제, 가벼운 질환을 예방하는 식물성 의약품 등이 판매될 것이다. 또 양말과 티셔츠, 서포터, 밴드 같은 스포츠 의류를 취급할 수도 있고, 건강 및 외모와 관련된 서적과 잡지들을 진열할 수도 있을 것이다. 특히 매장 자체가 설비에서 포장 디자인에 이르기까지 남성적 이미지를 강하게 풍겨야 하며, 광고 역시 남성미를 고려해야 할 것이다.

지난 10년 동안 가장 눈부신 성공을 거둔 잡지는 『맨스 헬스

(*Men's Health*)』라는 정기간행물이었다. 그것은 『GQ』나 『에스콰이어(*Esquire*)』, 『맨스 저널(*Men's Journal*)』 같은 유수한 남성 잡지들을 제치고 매달 150만 부 이상 팔려나가고 있다. 이 잡지가 성공을 거두었다면 남성 전용 코너도 성공하지 못할 이유가 없지 않겠는가?

9 여성이 원하는 것들

삶의 감성, 넓은 공간, 남성성

이 장을 시작하기 전에 위대한 미국의 명물이자 전후 시대의 남성미를 대표하는 진정한 최후의 보루(실제로 그들의 은신처는 아니었다 할지라도)였던 것을 잠깐 언급할까 한다.

내가 말하는 것은 조의 철물점(Joe's Hardware)이다. 아니, 짐이었던가? 아무튼 미국인 누구나 알고 있는 곳이다. 그곳의 바닥은 삐걱거리는 널빤지로 되어 있고, 실내에는 고무와 기름 냄새가 섞인 묘한 냄새가 풍긴다. 그리고 3인치짜리 못이 담긴 큰 나무 상자, 삼끈, L자형 관, 이름 모를 테이프, 방수제 드럼통, 대가리 없는 못이 보인다. 납작한 못과 압정, 스테이플, 너트, 볼트, 핀, 슬리브 관, 브래킷, 하우징, 플랜지, 경첩, 개스킷, 심, 나무 나사, 판금 나사도 보인다. 정면의 달력에는 아슬아슬한 옷차림의 섹시한 아가씨가 공구를 들고 있고, 그 위에 한 사내가 사다리에 올라서서 싸구려 시가를 입에 문 채 낡은 박스에서 두 갈래 플러그를 뒤지는 사진이 담겨 있다.

그 사내가 바로 '조'이다.

그에게 무슨 일이 일어났을까? 죽었다.

그의 매장은 어떻게 되었을까? 망했다.

누가 그를 죽였지? 음……여자들이다!

조의 철물점은 어떻게 꾸며져 있었을까? 가엾은 사내는 고객이 원하는 것이라면 무엇이든 그곳에 진열해놓았다. 그러나 그 물건들은 하나같이 색깔이 칙칙했고, 모양새도 예쁘지 않았으며, 싸구려 담배 냄새 같은 악취가 풍겼다.

잘 가라, 조.

여성이 쇼핑의 세계에서 이런 구조적 변화를 유발할 수 있다는 것은 그리 놀라운 일이 아니다. 지금도 여성이 쇼핑의 주류를 형성하고 있고, 앞으로도 그럴 것이기 때문이다. 남성은 쇼핑을 해도 본질적으로 여성의 활동 영역에 참여하는 수준에 지나지 않는다. 쇼핑하는 남성은 질질 끌려 다닌다고 해도 과언이 아니다. 따라서 자신의 요구와 수요에 적응하지 못하는 소매업자나 제품들을 무엇이든 무용지물로 만들 수 있는 장본인은 바로 여자들이다. 그것은 마치 공룡의 멸종을 지켜보는 것과 흡사할 것이다.

또 다른 예를 찾아보자. 1950년대에는 재봉틀을 소유하고 있던 미국 가정의 비율이 75퍼센트를 상회했다. 그러나 오늘날 그 비율은 5퍼센트 미만이다. 여기서 조의 철물점에 해당하는 것이 바로 미스터 싱어(이 거대한 재봉틀 회사는 군사물자 사업에서 출발했다)라는 재봉틀 회사이다. 예전에는 여자들이 자신과 가족을 위해 모든 옷을 손수 만들었다. 그리고 새 옷을 다시 만들 때까지 그 옷을 고쳐 입었다. 그러다가 지난 30년 동안 사회경제적 격변이 발생했다. 지금은 여자들이 헐거워진 단추를 다시 달 때를 제외하고는 바늘을 잡는 경우가 거의 없다.

그렇다면 잡화점에서 나누어주던 종이 쿠폰은 어떻게 되었을까? 어디론가 사라져버렸다. 2007년 현재, 신문이나 잡지 또는 우편을 통해 쿠폰을 나누어주는 제조업자의 비율은 채 3퍼센트도 되지 않는다(이에 대응하여 쿠폰 산업은 온라인을 통해 쿠폰을 배포하려는 과감한 시도를 하고 있다). 여자들의 삶은 변했다. 부엌 식탁에 구부정하게 앉아 종이 쿠폰을 가위로 오려내는 것은 직접 버터를 만드는 것만큼이나 비효율적인 것처럼 보인다. 물론 지금도 끈질기게 쿠폰을 오려두는 사람들(대부분 나이 든 여자들로, 변변한 직업 없이 적은 돈으로 매우 알뜰하게 살아가는 사람들)이 없는 것은 아니다. 하지만 이들을 제외하면 쿠폰은 별 쓸모가 없다.

물론 남자들은 예전에 비해 쇼핑을 좋아하고, 그것에 더 능숙하고 민감해졌다. 그들은 일상생활용품 구매에 있어서도 여자들과 일부분 부담을 나눌 의향을 가지고 있다. 그러나 이런 변화가 가능한 것도 여자들의 은근한 자극(강압적인 강요는 아닐지라도) 때문임을 잊어서는 안 된다. 또 하나 명심할 점은, 소매업의 미래가 시장에서 남성의 영향력 증대와 관련 있음은 의심의 여지가 없지만, 앞으로도 중대한 변화에는 여성의 생활과 취향이 반영될 수밖에 없다는 것이다.

그렇다면 마케팅 천재인 지그문트 프로이트가 말했던 것처럼 여성은 쇼핑에서 무엇을 원하는 것일까? 우리는 이미 매장 내에서 여성과 남성의 특징적인 차이에 대해 충분히 검토했다. 그러나 이 것을 일반화하기 전에 적절한 사례부터 들어보자. 이탈리아의 어 느 슈퍼마켓 체인점을 조사할 때였다. 육류 코너에 설치한 비디오 카메라에 다음의 장면이 잡혔다.

그곳에서 우리는 포장된 다진 고기를 이리저리 살피고 있는 한 중년 여성을 관찰했다. 그녀는 하나씩 꼼꼼히 물건을 고르고 있었 다. 그때 한 남자가 그 여자 쪽으로 성큼성큼 걸어왔다. 그는 뒷짐 을 진 채 잠시 물끄러미 내려다보더니 이내 물건을 하나 골라 카트 에 휙 던져 넣은 후 바로 사라졌다. 중년 여성은 여전히 포장육을 뒤적이고 있었다. 이번에는 유모차를 끌고 있는 남편과 아내가 다 가왔다. 아내가 유모차를 끄는 동안 남편이 포장육을 골랐다. 그 는 포장육을 집어 들고 대충 살펴보더니 카트에 집어넣었다. 그러 자 아내가 물건을 요리조리 살피면서 고개를 저었다. 남자는 물건 을 다시 돌려놓고 다른 포장육을 들어 카트에 넣었다. 아내는 그 물건을 살피더니 또 고개를 저었다. 그는 다시 골랐고, 그녀는 또 다시 고개를 저었다. 결국 화가 난 아내는 유모차를 남편에게 맡기 고 직접 물건을 고르기 시작했다. 잠시 후 그 부부가 사라졌을 때,

중년 여성은 진열된 마지막 포장육을 뒤적이고 있었다. 이윽고 그녀는 만족스러운 표정을 지으며 맨 처음에 살폈던 물건을 카트에 집어넣은 후 그 자리를 떠났다. 내 여동생은 자기 남편이 굳이 시든 채소를 사들인다고 화를 낸 적이 있다. "애 아빠는 도통 몰라요. 우리가 시든 채소가 아니라 신선한 채소를 먹고 싶어 한다는 걸 모른다고요."

그럼 무엇이 여성으로 하여금 쇼핑에서 이토록 탁월한 솜씨를 발휘하게 만들었을까? 자연주의적 성향 있는 이들은 이렇게 주장한다. 즉 선사 시대의 여성의 역할이 매머드를 찾아 헤매는 사냥꾼이 아니라, 가정에 남아 식물 뿌리와 견과류, 과실류를 수집하는 채집자였기 때문에 생물학적으로 쇼핑에 능한 기질을 타고났다는 것이다. 반면 문화주의 성향이 강한 이들은, 수세기에 걸친 강력한 가부장적인 제도로 인해 여성이 집안에 틀어박혀 있게 되었고, 그 결과로 소비자로서 소매 활동에 나서는 것을 제외하고는 여성이 상업적인 세계로 나아갈 기회가 없었기 때문이라고 주장한다.

어쨌거나 한 가지 사실만큼은 확실하다. 즉 쇼핑 덕분에 가정주부들이 집 밖으로 나가게 되었다는 것이다. 과거의 노동 분업 체제 하에서 여성이 주로 담당했던 일은 무언가를 획득하는 것이었다. 여자들은 체계적이고 자발적으로 능숙하게 그런 일들을 해왔다. 그리고 이것이 곧 여성의 공적인 삶의 영역이었다. 개인으로서 여성은 비즈니스 세계에서 별다른 영향을 미치지 못한다. 하지만 집단이 되었을 때는 시장의 운명을 좌우할 정도로 막강한 영향력을 발휘할 수 있다. 쇼핑은 여성의 바깥나들이를 가능케 하는 좋은 핑계거리였다. 그들은 쇼핑을 이용해 혼자만의 시간을 즐겼고, 잠시나마 가족의 굴레에서 벗어날 수 있었다. 또한 쇼핑을 통해 점원, 가게 주인, 고객 같은 다른 성인들과 사교 활동도 할 수 있었다.

그러나 여성의 생활이 변함에 따라 쇼핑과 그들의 관계도 변화를 겪었다. 오늘날 미국 여성은 대부분 직업을 가지고 있기 때문에 그들은 사적인 만남이 아니라 주로 업무와 관련하여 다른 성인들과 접촉한다. 또 안락한 가정에서 벗어난 곳에서 많은 시간을 보내는 만큼 일상적인 쇼핑이 더 이상 삶의 탈출구가 되지 못한다. 지금은 쇼핑이 직장과 통근, 가정생활과 수면으로 이어지는 빡빡한 공간의 틈바구니에 꼭 끼여 있는 듯한 느낌마저 든다. 점심시간이나 귀갓길, 혹은 한밤중에 틈틈이 짬을 내어 서둘러 마쳐야 하기 때문이다.

여성의 삶의 변화로 직접적인 수혜를 입은 산업이 바로 편의점이다. 오늘날 여자들은 매주 빼곡히 적힌 목록을 손에 들고 슈퍼마켓을 찾아가는 대신 밤 9시에 이튿날 점심식사용으로 우유나 빵을 사려고 세븐일레븐으로 달려간다. 뿐만 아니라 TV 쇼핑 채널과 인터넷 쇼핑도 주로 여성의 책임이 변한 덕분에 번창하고 있다. 여성이 매장 안에서 보내는 시간이 줄어듦에 따라 그곳에서 구입하는 물건이 감소하는 것도 어쩌면 당연한 노릇인지 모른다.

이제 여성이 전통적인 의무(요리, 청소, 세탁, 아동 보호)의 일부를 남성에게 넘겨주면서 음식과 비누, 아동복에 대한 권리도 포기하고 있다. 심지어 쇼핑 습관도 남성화되어, 예전처럼 신중하고 꼼꼼히 물건을 살피는 것이 아니라 대충 서둘러 마치곤 한다. 바로 이 점에서 포스트 페미니스트 세계에서 소매업자들의 이익(과거보다 여자들이 더 많은 돈을 가지고 있다)은 다른 손해(여자들이 매장 안에서 보내는 시간과 그곳에 머물려는 의향이 더 줄어들고 있다)로 인해 상쇄되고 있다.

그러나 쇼핑을 통한 사회적 활동은 크게 변할 것 같지 않다. 여자들은 여전히 친구들끼리 서로 부추기며 쇼핑할 물건을 놓고 수다 떠는 걸 좋아하기 때문이다. 두 남자가 마음에 드는 수영복 쇼핑을 하려고 함께 한나절을 보낸다는 것은 상상하기 힘든 일이다. 앞서 말했듯이 두 여자가 함께 쇼핑할 경우, 혼자 쇼핑할 때보다 시간과 돈을 더 많이 소비한다.

한마디로 2명의 여자는 매장 안에서 '쇼핑 기계'가 될 수 있다. 따라서 현명한 소매업자들은 그들의 행동을 부추기기 위해 갖가지 방법을 다 동원한다. '친구를 데려오는 경우 할인 판매'를 하든지 혹은 좀 더 편한 마음으로 시험 삼아 옷을 입어볼 수 있도록 탈의실 바깥에 좌석을 마련하는 식이다. 또 매장을 벗어나지 않고도 쇼핑을 하며 휴식을 취할 수 있도록 구내에 카페 시설을 갖춰놓기도 한다.

우리는 많은 쇼퍼들을 관찰하면서 대다수 남성에게서는 찾아보기 힘든 쇼핑에 대한 심리적·감정적 측면이 여성에게 존재한다는 사실을 알게 되었다. 여성은 쇼핑을 하면서 일종의 환상을 체험한다. 그들은 사용할 물건을 바라보고, 비교하고, 상상하고, 마음속에 그리면서 의식에 참가하듯 쇼핑에 몰입한다. 그런 다음 오랫동안 구매할 물건의 이해득실을 냉정하게 따진다. 그리고 적절한 가격에 원하는 물건을 찾으면 구매에 나선다. 일반적으로 여성은 구매 활동을 할 때 아주 사소한 부분까지 신중히 고려한다. 그리고 그것이 멜론이든 주택이든 남편이든, 완벽한 것을 고를 수 있는 자신의 능력에 자부심을 느낀다. 실제로 물품 코너에 있는 남성과 여성을 관찰해보라. 남자들은 양상추를 고르면서 이파리에 갈색 반점이 있는지 살피지 않고 대충 위쪽에 있는 것을 집어 든다. 반면 여자들은 신선한 양상추를 고르기 위해 꼼꼼히 살피며 냄새까지 맡는다. 남자들은 양상추 가격조차 모를 수 있다. 가격을 모른다는 건 여자라면 상상하기 힘든 일이다. 남자들은 주로 내구성 있는 제품들(자동차와 공구, 보트, 바비큐 그릴, 컴퓨터)을 능숙히 다룰 수 있다는 데에 자부심을 느끼지만, 전통적으로 여자들은 영구성이 없는 세계(요리, 케이크 장식, 머리 손질과 화장 등)의 중요성을 이해하고 있다.

소비와 여성의 관계에서 피상적인 면은 찾아보기 힘들다. 남성과 달리 여성은 쇼핑의 형이상학을 이해하고 있다. 다시 말해 여성은 눈앞에 보이는 대상들 중에서 최상의 것을 찾고 모색하고 획득하고 흡수하면서 어떻게 인간이 삶을 경험하는지 알려준다. 더 높은 차원에서 보자면 쇼핑은 뭔가를 변화시키는 경험, 즉 더 새롭고 더 향상된 인간이 되는 방식이다. 자신이 구입한 물건이 이상적인 또 다른 자아로 자신을 변화시킬 수 있는 것이다. 예컨대 드레스는 여자를 아름답게 만들 수 있고, 립스틱은 여자와 입맞춤하고 싶은 생각이 들게 할 수 있으며, 집 안의 램프는 실내를 우아한 공간으로 탈바꿈시킬 수 있다.

실용적인 기준으로 보면, 이 모든 것이 한 가지 명백하고 중요한 사실에 귀착된다. 즉 여성이 남성보다 더 많은 쇼핑 환경을 요구한다는 것이다. 남성은 그저 최소한의 시간에 자신이 원하는 물건을 찾을 수 있는 장소를 원할 뿐이다. 어떤 남자가 무언가를 찾아 이리저리 돌아다녀야 한다면 실망감에 쇼핑을 포기할 가능성이 있다. 남자들은 돌아다니는 것에 흥미를 느끼지 않는다. 반면에 여자들은 상대적으로 인내심과 호기심이 강하며, 조금씩 모습이 드러나는 공간에서 훨씬 편안함을 느낀다. 그들은 시간을 충분히 활용할 수 있고, 때로는 일종의 황홀경을 체험하며 여유 있게 움직일 수 있는 환경을 원한다.

앞에서 언급했던 '부딪침 효과'를 떠올려보자. 쇼핑하는 여자들은 허리 아래쪽에 진열된 물건을 살피는 걸 꺼려한다. 뒤쪽에 있는 누군가와 부딪치고 싶지 않기 때문이다. 그러나 미국 소매 매장의 경우, 허리 아래쪽에 위치한 공간이 많은 부분을 차지하고 있다. 여자든 남자든 그들에게 허리를 숙여달라고 부탁해보라. 그들은 분명 불편함을 느낄 것이다. 인파로 붐비는 곳에서 고객이 오래 머물길 기대할 수는 없다. 붐비는 통로에서 그들의 표정을 살펴보라. 한두 차례 다른 사람들과 부딪치고 나면 그들은 곧 불쾌한 기색을 드러낼 것이다. 그리고 신경질이 난 고객들은 더 이상 그곳에 머물고 싶어 하지 않을 것이다. 실제로 자신이 원하는 물건을 구입하지도 않고 매장을 빠져나가는 고객들도 많이 있다. 소매업자들은 물건을 팔 장소를 결정할 때 이런 점을 유념해야 한다.

물론 매장에서 가격 할인 행사가 벌어질 경우에는 혼잡하다는 사실을 뻔히 알면서도 여자들이 마음을 굳게 먹고 쇼핑에 나선다. 헐값을 원하는 그들의 욕구가 낯선 이들과의 접촉이 야기하는 문제를 개의치 않게 만드는 것이다. 여기서 여러 해에 걸쳐 우리의 관심을 끈 것은, 여성의 부딪침 효과가 낯선 남성이 아닌 다른 여성일 경우 달리 반응한다는 것이었다. 혼잡한 장소에서 두려움 없이 걸어가는 여자들은 주로 남자들이 아닌 다른 여자들과 서로 밀고 당기거나 부딪쳤다.

예를 들어 백화점 화장품 코너에는 제품을 테스트하는 동안 여성 고객들이 앉거나 서 있을 장소가 필요하다. 그렇지 않으면 바쁜 시간대에 문제가 발생할 수 있다. 반복적으로 조사해본 결과, 자기 몸을 조금이라도 감출 수 있는 카운터 구석에 서 있는 여자들이 카운터 한가운데에 있는 여자들보다 제품 구입 확률이 더 높은 것으로 나타났다. 몇몇 화장품 매장에서는 카운터를 활용해 일부러 막힌 공간을 만들기도 한다. 고객들이 분주히 지나치는 사람들을 의식하지 않고 마음 편히 물건을 살펴볼 수 있도록 하기 위함이다. 이렇듯 쇼핑하는 여성을 더 오랫동안 붙잡아두는 데에 효과적인 장소를 이른바 '집수 구역(catchment basins)'이라고 부른다. 앞서 언급했듯이, 잡화점에서는 주름살 제거 크림처럼 그리 매력적이지 않은 물품들을 종종 진열대 맨 아래쪽에 보관한다. 이것은 웅크리는 자세를 싫어하는 나이 든 여자들이 어쩔 수 없이 허리를 굽히고 엉덩이를 내밀어야 함을 의미한다. 아래쪽에 진열된 주름살 제거 크림의 판매가 저조한 것도 이 때문이다.

공간에 대한 여성의 요구는 모든 소매점에서 목격할 수 있다. 예컨대 공항의 선물 전문점은 흔히 물건을 '집어 들고 가는(grab and go)' 구역(고객들이 달려와 신문이나 껌을 산 다음에 서둘러 나갈 수 있는 계산대 근처)과 '머무는(dwell)' 구역(주로 선물 품목들이 진열되어 있는 매장 안쪽)으로 나뉘어 있다. 우리의 조사에 따르면, 매장 안으로 들어온 여자들은 거의 무의식적으로 북적거리는 카운터를 피해 좀 더 안전한 '머무는' 구역으로 향했다. 그런데 이 같은 매장 구조에는 진열대와 선반에 의해 만들어지는 한적한 공간(방해받지 않고 쇼핑할 수 있을 만큼 완전히 구석진 곳)이 거의 없다. 그래서 여자들은 분주한 메인 통로의 시야에 속해 있지만 몸을 숨길 수 있는 한적한 공간에서의 쇼핑을 선호한다.

부딪침에 민감한 여자들의 속성은 매장 디자인과 활자의 관계에도 영향을 미친다. 공간이 비좁을수록 여성이 그 자리에 머무는 시간도 줄어든다. 따라서 그런 장소의 광고물이나 판촉물은 명확하고 직접적이어야 한다. 즉 각종 인쇄물들은 크고 선명한 대조를 이루어야 한다. 특히 공간이 비좁은 체인형 잡화점에서 판매되는 다양한 제품의 설계자들은 이 점을 반드시 유념해야 한다. 우리는 잡화점의 건강용품 및 미용용품 코너를 조사하면서 여자들이 항상 물건 구입 이전에 관찰하길 좋아한다는 사실을 알게 되었다. 특히 신제품일수록 그런 경향이 강했다.

우리의 조사에 따르면, 잡화점에서 모든 구매자의 91퍼센트가 제품 포장의 앞면을, 42퍼센트가 뒷면을, 8퍼센트가 양옆을 읽었다. 또한 물건을 구입한 여성의 63퍼센트가 최소한 한 가지 이상의 제품 포장을 읽는 것으로 나타났다. 다시 말해, 포장 읽기와 제품 구매 사이에 뚜렷한 연관관계가 존재했다. 포장을 읽는 것에는 시간이 걸린다. 그리고 시간은 공간을 필요로 한다.

다음은 제품을 구입한 여성이 포장을 읽는 시간에 관한 데이터를 항목별로 분류해놓은 것이다.

얼굴 세안제 : 13초

피부 보습제 : 16초

비누 : 11초

샤워 젤 : 5초

자외선 차단제 : 11초

여드름 치료제 : 13초

그런데 여성 고객이 심리적으로 불편함을 느낀다면 단 2초도 그 자리에서 머물지 않을 것이다. 그리고 이것은 천천히 살펴보아야 할 물건들을 그들이 하나도 구입하지 않음을 뜻한다. 소매업자라면 매장 구석구석을 돌아다니며 스스로에게 "뒤쪽에서 누군가와 부딪치지 않고 쇼핑할 수 있을까?"라고 자문해보아야 한다. 만약 부정적인 답변이 나온다면 그곳은 고객들의 세심한 관찰이 필요한 물품을 진열하기에 적당한 공간이 아니다.

패스트푸드점에서도 남성과 여성이 요구하는 공간은 차이가 있다. 대체로 남자들은 별 생각 없이 실내에서 가장 분주한 앞쪽 테이블을 선택한다. 반면에 여자들은 빅 맥을 내려놓을 만한 적당한 자리를 찾아 한동안 두리번거린 후, 어느 정도 프라이버시가 보장되는 뒤쪽 테이블로 향한다. 사실 여자들은 홀로 패스트푸드점에 가는 것을 그리 내켜하지 않는다. 그래서인지 드라이브인 매장을 방문하여 그곳 주차장에서 패스트푸드를 먹는 고객들은 여성의 비율이 높은 편이다.

환상을 꿈꾸는 여성의 쇼핑 방식은 그들이 주고객층인 매장에서 쉽게 목격할 수 있다. 일례로 인사장 카드를 파는 매장이 있다. 그곳에서 여자들은 단순한 의무감이 아니라, 자신의 진정한 감정 표출을 모색하기 위해 쇼핑을 한다. 그들은 마음에 쏙 드는 카드 한 장을 발견하기까지 장시간 공들여 카드를 하나하나 살핀다. 따라서 카드 전문점에서는 감성적인 삶이 지배하는 공간 같은 분위기를 조성할 필요가 있다.

몇 해 전에 홀마크에서 소매 공간을 새롭게 단장하려고 백화점 설계 경험이 풍부한 노련한 설계자를 고용한 적이 있다. 그는 대리석과 다른 고급 자재들을 사용하여 그곳을 멋진 외양으로 바꿔놓았다. 그곳은 전체적으로 깔끔해지고 세련된 분위기를 풍겼다. 그러나 고객들은 예전처럼 친근하고 따뜻한 분위기를 느낄 수 없었다. 결국 매장의 새로운 단장으로 인해 고객들의 쇼핑 시간이 짧아지는 역효과가 발생했다.

카드 전문점의 경우, 고객이 조용하고 여유 있게 생각할 수 있는 공간을 마련하도록 다시 설계해야 한다. 우선 통로를 더 넓혀 카드를 살피는 이들과 그냥 지나치는 이들에게 충분한 공간을 제공해야 하며, 주위에 배치할 인접물도 신중히 계획해야 한다. 그곳에서 슬픔의 메시지를 발견한다거나 바로 옆에서 우스꽝스러운 40주년 생일 카드를 보고 깔깔 웃는 여자들 때문에 집중력이 흐트러지는 걸 좋아할 이는 없을 것이다. 카드 전문점에서는 진열과 관련된 다른 중요한 문제들도 고려해야 한다. 여자들은 카드를 집어 들고 그 안에 적힌 글을 읽은 후에야 비로소 물건을 구입한다. 그러나 카드는 쉽게 구겨지고 찢어지고 더럽혀지는 재질로 만들어져 있다. 이러한 상황임에도 쇼퍼들이 제품에 직접 손대지 않고 글을 읽을 수 있는 샘플카드 진열 시스템이 널리 활용되고 있지 않다는 사실이 그저 놀라울 따름이다. 일반적으로 카드 전문점에서는 바닥 위 30센티미터에서 180센티미터까지 카드를 진열한다. 이 경우, 두 가지 문제가 발생할 수 있다. 하나는 아래쪽 카드들이 지나치게 낮은 위치에 있어서 구경하려면 허리를 숙여야 한다는 것이고, 다른 하나는 엄마를 따라온 아이들의 손에 닿기 쉽다는 것이다. 만약 모든 진열대를 30센티미터쯤 높인다면 이러한 문제는 바로 해결될 수 있을 것이다. 가장 높은 곳에 위치한 카드가 바닥에서 210센티미터쯤 떨어진 곳에 있다 하더라도 신장이 150센티만 넘으면 누구든 팔을 뻗어 카드를 쉽게 만질 수 있을 것이다.

여성의 쇼핑 습관을 쉽게 관찰할 수 있는 또 다른 장소로는 화장품 전문점이 있다. 백화점의 화려한 화장품 특매장에 있든, 체인형 잡화점의 벽장형 진열대에 있든, 화장품은 평범한 청바지와 스웨터 차림의 여성을 공주처럼 화려하게 변신시킬 수 있다. 화장은 사적인 활동이다. 화장품이 주로 벽이나 가려진 곳에 진열되어 있는 것도 그 때문이다. 여자들은 그런 곳에서 한결 마음이 편해진다. 따라서 그들이 거리낌 없이 행동하려면 약간의 프라이버시가 필요하다.

화장을 하는 여자들은 흔히 사춘기 무렵 잡화점에서 파는 저가 브랜드 화장품부터 구입하기 시작한다. 그 후 서서히 백화점에서 매력적인 판매원들(흰 가운 차림으로 루즈와 기초화장과 나머지 화장을 위해 브러시를 들고 있는 예쁜 아가씨들)이 파는 다양한 제조업체의 고가 화장품으로 옮겨간다. 이것이 바로 전통적인 화장품 판매 방식이다. 판매 직원은 우선 의자에 고객을 앉힌 후, 부드러운 음성으로 편안한 분위기를 만든다. 그러면 고객은 판매 직원이 권하는 제품을 구입하게 된다(적어도 이론상으로는 그렇다). 가격은 의도적으로 애매하게 말한다. 심리적으로 위축된 고객이 가격을 묻지 않으려 한다는 것을 잘 알기 때문이다.

지금까지 화장품 판매는 이러한 방식으로 이루어졌다. 그러나 최근에는 화장품 코너까지 밀어닥친 '오픈 판매'의 영향으로 상황이 급변하고 있다. 이것 역시 여성 해방의 한 형태라 할 수 있다. 이제 화장은 시범을 보이는 판매 직원의 영향력에서 벗어나고 있다. 고객 스스로 시험하고 판단한 다음, 구입 여부를 결정할 수 있게 되었기 때문이다. 과거의 관행 중 일부는 이미 사라진 것처럼 보인다. 몇몇 고도의 판매 전술 역시 더 이상 먹혀들지 않고 있다. 이제 여자들은 '오픈 판매' 덕분에 겸연쩍어하며 직원에게 묻지 않아도 화장품의 가격을 알 수 있게 되었다. 한편 화장품 매장 입장에서는 비싼 가격으로 인한 충격을 줄여야만 매상을 올릴 수 있는 처지가 되었다.

이러한 사실들이 지금까지 변하지 않는(어쩌면 영원히 변하지 않을) 기본적인 여성의 쇼핑 방식이다. 따라서 누군가가 어떤 물건을 팔고자 한다면 이 같은 원칙이 필요하며, 이를 잘 적용해야 한다. 결국 오늘날에는 물건을 판매할 장소가 아니라, 이러한 원칙을 어떻게 실행하느냐가 더 중요하다.

앞서 살펴보았듯이, 쇼핑에서 급격한 성별 변화는 남성 고객과 관련이 있다. 주로 여성 고객을 겨냥한 매장과 제품에서 남성을 끌어들이려는 다양한 시도가 이루어지고 있는 것이다. 그런데 여성의 경우 정반대의 현상이 벌어지고 있다. 전통적으로 '남성 취향'의 제품과 환경이 여성 고객에게 다가가려는 시도를 하고 있기 때문이다.

예를 들어 너트와 볼트를 파는 구식 상점들은 지금도 여기저기에 남아 있긴 하지만, 단일 품목만 취급하는 전문 매장들이 그런 상점들을 고사시켰다. 그렇다면 홈 디포(Home Depot)는 어떻게 살아남은 것일까? 주로 여자들이 더 이상 과거처럼 남자들에게 의존하지 않는 사회경제적 현실을 반영한 덕분이었다. 그렇다면 이것이 집게 나사나 도관 테이프와 대체 무슨 상관이란 말인가? 한번 생각해보자. 사회정치적 활동에 시달리며 하루를 보낸 여자들이 한밤중에 집에 돌아온 남편에게 페인트칠을 해달라거나 전등을 달아달라고 요구할 수 있겠는가? 쉽지 않을 것이다. 지난 30년 동안 꾸준히 증가한 독신 여성들(스스로 자립할 수 있는 돈과 욕구를 지닌 여자들)은 더 말할 것도 없다. 여성이 경찰관, 소방관, CEO, 벤처 기업가, 부통령 후보가 되는 세상에서, 자신감 있고 야심적이며 능력 있는 여자들이 남자와 같은 솜씨를 발휘하지 말란 법이 있겠는가?

그렇다면 이러한 여자들이 도구를 다루는 기술을 익히기 위해 어디로 향할까? '조의 철물점'일까? 그렇지 않을 것이다. 철저히 남성 위주인 그 철물점은 여성을 대하는 데에 그리 친숙하지 않다. 그러니 다른 곳을 찾아보자. DIY 체인점(소매 스펙트럼의 다른 쪽 끝에 위치한 철물 매장)이다. 그곳은 기존 철물점과 사뭇 다르게 기술 초보자라도 친근감이 느껴지는 분위기가 조성되어 있다. 이것은 판매뿐 아니라 그 목적에도 많은 변화를 거친 과정이다. 너트와 볼트를 팔던 과거의 매장들이 생활양식을 파는 매장들에 자리를 내주었으니 말이다. 이러한 변화의 흐름 속에서 너트와 볼트, 재목과 석고판이 조명 시설, 부엌 찬장, 목욕용품, 장식 달린 커튼 등과 함께 팔려나갔다. 이 매장들은 철물을 파는 게 아니라 가정용품을 팔았다. 결과적으로 소매 철물 산업은 '이미 만들어져 있는 장치'의 사고방식에서 '만들어가는 과정'의 접근법으로, 오직 남성만의 세계에서 여성도 함께하는 세계로 이동한 셈이다.

이 같은 흐름은 풍부한 지식을 바탕으로 고객에게 자신 있게 정보를 설명해줄 수 있는 직원 고용에도 영향을 미치고 있다. 즉 가정용품을 파는 매장에 밀어닥친 새로운 물결이 지금까지 남성이 독점해온 판매 및 관리직에 여성의 고용을 가능케 한 것이다. 홈디포의 TV 광고에는 여자들만 등장하는 장면이 나온다. 매장 자체도 교육을 위한 장소로 적극 활용되고 있다. 그곳에서 비디오 작동법이나 도구 조작법을 배울 수 있기 때문이다. 오늘 그림 거는 법을 배운 여자는 내일 스패클(spackle)을 칠하고, 다음 달에는 몰딩을 씌울 수 있게 될 것이다. TV로 방영되는 간단한 집안 수리 프로그램을 누가 시청할 것 같은가? 남자들이 주로 배스 낚시 채널을 시청하는 동안 여자들은 이런 프로그램을 시청하면서 진행자처럼 솜씨 있는 일꾼이 되고 싶어 할지도 모른다.

이러한 여성 에너지의 유입은 매장의 제품 진열 방식에도 변화를 일으키고 있다. 예컨대 조명 시설의 경우 단순히 진열대에 달려 있거나 선반에 세워놓는 것은 더 이상 먹혀들지 않는 방식이다. 조명이 실내에서 정확히 어떤 식으로 비쳐지는지 고객에게 직접 보여주어야 효과가 있기 때문이다. 마찬가지로 욕실용 수도꼭지 박스를 진열하는 대신 샤워 커튼과 수건까지 고루 갖춘 욕실 전체를 보여주어야 한다. 홈 디포가 너트와 볼트를 파는 구식 상점들의 시장을 잠식할 수 있었던 것도 이 때문이다. 예전에는 사람들이 무언가 필요할 경우에만 철물점을 찾아갔다. 그러나 요즘에는 어떤 제품이 새로 나오고 무엇이 진열되어 있는지 살피려고 매장을 찾기도 한다. 지금은 누구든 철물을 쇼핑할 수 있다. 과거 남성 위주의 '조의 철물점'과 여성의 경쟁에서 결국 여성이 승리를 거둔 셈이다.

최근 들어 가장 성공적인 페인트 제조업체에서 라이프스타일의 권위자인 마사 스튜어트와 랠프 로렌의 이름의 브랜드로 페인트를 팔고 있는 것도 결코 우연이 아니다. 이제 페인트는 철물에서 패션으로 옮겨가고 있다. 순전히 여성이 이 영역에 개입했기 때문이다. 남자들은 벽의 칠이 벗겨지거나 금이 가지 않는 한 페인트칠을 하지 않는다. 그러나 여자들은 단순히 변화가 필요하다는 느낌만 들어도 페인트칠에 나선다. 물론 예전에도 페인트칠은 남녀를 불문하고 평범한 사람이면 누구든 너끈히 해낼 수 있는 작업이었다. 그러나 비로소 페인트 자체(그것이 포장되고 판매되는 방식)는 오늘날에 와서야 남녀 공용이 될 수 있었다.

철물점의 이러한 변화에는 또 다른 수혜자가 존재한다. 현재 대다수 성인들은 자라는 동안 집 안을 어떻게 수리하는지 배운 적이 없는 베이비 붐 세대이다. 여자들은 점점 도구 사용에 익숙해지고 있지만 남자들은 오히려 정반대 현상을 보이고 있다. 지금은 남자들도 구식 철물점에 들어서면 심리적으로 다소 위축감을 느낀다. 페미니즘의 등장 이후 우리는 철물점뿐만 아니라, 남성 전용 이발관, 구두닦이 스탠드, 남성복 전문점과 구두 전문점 등의 몰락을 지켜보았다. 맨 먼저 대학과 군대, 개인 클럽에서 여성 참여를 가로막고 있던 장벽이 허물어졌고, 남녀 공용 헤어 살롱과 갭, 바나나 리퍼블릭, J. 크루와 같은 남녀 공용 매장들이 남성복 전문점(혹은 그런 스타일)을 누르고 부상하기 시작했다. 이렇듯 20세기 후반에 밀어닥친 전반적인 변화의 흐름은 남성을 그들만의 울타리 밖으로 몰아냈다. 그리고 좋든 나쁘든 그것이 영향력을 미쳤다. (추가 거꾸로 흔들릴 준비를 하고 있는 걸까? 최근에 당신은 흡연자들이 단골인 시가 바를 가본 적이 있는가?)

성별의 급격한 변화가 발생한 두 번째 영역으로는 컴퓨터 전문점과 전자제품 매장이 있다. 일반적으로 우리는 남자들이 기술적 영역에서 뛰어나다고 생각한다. 실제로 그들은 기가바이트의 의미를 알고 있으며 스피커 장만에 거금 수만 달러를 쏟아붓기도 한다. 최근 들어서는 PC와 핸드폰이 그들 삶의 일부가 되고 있다. 그러나 여자들이 먼저 새로운 기술을 채택하는 경우도 있다. 기업에서 컴퓨터를 사용하기 시작했을 때 운영 시스템과 소프트웨어를 맨 처음 익힌 당사자는 여직원들이었다. 또 점심시간을 틈타 자동응답기에 가장 먼저 열성적인 관심을 보인 것도 여성들이었다.

그렇다면 우리는 왜 이러한 사실을 눈치채지 못한 것일까? 그것은 남성과 여성이 판이하게 다른 방식으로 기술을 이용하기 때문이다. 남자들은 기술 자체를 좋아하고, 감탄사를 터뜨릴 만한 요소를 좋아하고, 자랑할 수 있는 마력(馬力)과 본전을 뽑을 만한 가치를 좋아한다. 자동차의 내부 구조가 컴퓨터로 작동되기 전만 해도 미국에서는 엔진 뚜껑이 열린 자동차 주위에 3~4명의 남자들이 서성거리며 카뷰레터를 조정하거나 제너레이터를 설치하는 차 주인을 지켜보는 광경이 자주 눈에 띄었다. 그곳에서 그들은 좀 더 수월한 작업 방식을 놓고 다양한 의견을 주고받았다. 그런 그들이 지금은 바비큐 주위에 모여 자신들의 하드 드라이브 용량과 휴대폰 속도를 비교하고 있다.

일반적으로 여성은 남성과 전혀 다른 방식으로 첨단 기술의 세계에 접근한다. 여성은 일단 기술을 채택하면 그것을 다시 응용할 수 있는 대상으로 변화시킨다. 심지어 유용성을 위해 장치에서 난해한 요소들을 모두 제거해버리기까지 한다. 여자들은 기술을 바라보면서 그 목적과 용도를 먼저 생각한다. 그들에게 있어 기술이란 우리의 삶을 더 편리하고 효율적으로 만드는 것이다. 따라서 여자들은 이러한 목적 달성을 요구한다.

2009년 시점에서 보면 여성 소비자는 전자 제품 산업의 건전성에 핵심적인 역할을 하고 있다. 전자 제품 유통 기업인 라디오색에서는 여성 매장 관리자를 고용하기 위해 각별히 애쓰고 있다. 그런가 하면 베스트 바이(Best Buy)에서는 개별 매장의 성공과 매장에서 근무하는 여성 직원의 숫자 간에 상호 관련성이 있음을 입증했다.

그렇다면 이러한 현상이 장차 어떤 결과를 낳을까? 컴퓨터 기업을 대표하는 인물로 여성이 등장하여 빌 게이츠처럼 「타임스」나 CNBC 채널의 비즈니스 코너 첫머리를 장식하게 될 것이다. 그 회사의 제품은 램의 용량이나 마이크로프로세서의 속도를 강조하는 대신 폭넓은 용도와 편리성을 강조하게 될 것이다. 과정이 아닌 결과에 중점을 둘 것이며, 그들의 컴퓨터는 과학적 장비가 아닌 냉장고처럼 팔려나갈 것이다. 그들은 특히 프로그램이 정지하거나 프린터가 고장 났을 때 쉽게 기술적 도움을 줄 수 있는 무료 장거리 전화 같은 서비스에 주안점을 둘 것이다. 일부 대리점에서는 TV와 인쇄 광고에 여성의 이미지를 활용하게 될 것이다. 심지어 남자들이 기술을 접하는 과정을 우스꽝스럽게 풍자한 캠페인이 등장할지도 모른다. 마지막으로 디자이너들은 인체공학적으로 개선된 키보드를 제공할 것이며, 컴퓨터 청소도 한결 쉬워질 것이다(현재는 거의 불가능하다). 컴퓨터 색상도 단조로운 연한 회색이나 검은색 계통에서 벗어나 다채로워질 것이다.

　기술을 바라보는 남녀의 시각 차이를 보여주는 증거가 필요한가? 컴퓨터 소프트웨어 전문점을 조사할 때였다. 당시 그 매장의 쇼퍼들은 대부분 남자들이었지만 전환 비율, 즉 실제 물건을 구입한 고객 비율은 여자들이 더 높은 것으로 나타났다. 그것은 여자들이 단순히 새로 출시된 집드라이브나 스캐너를 구경할 목적이 아니라, 실제로 제품 구입을 마음먹고 매장을 방문했기 때문이다. 여자들은 흔히 필요성을 느낄 때만 제품 사용법을 익히고 싶어 한다. 하드웨어와 소프트웨어의 세계에서는 여타 매장들과 달리 남성과 여성의 역할이 바뀐다. 남자들은 구경하며 이리저리 돌아다니는 것을 좋아하지만 여자들은 뚜렷한 목적을 가지고 있으며, 자신이 원하는 것을 찾을 때까지 절대 한눈을 팔지 않는다. 온라인 쇼핑에서도 남자와 여자의 역할이 바뀐다. 남자들은 오랫동안 이쪽 사이트에서 저쪽 사이트로 돌아다니느라 바쁘다. 반면 여자들은 곧장 한 곳에 들러 자신이 구입하고 싶은 것만 클릭한 다음 컴퓨터 사용을 마친다. 남성과 여성의 TV 리모컨 사용도 이와 비슷하다. 남자들은 정신없이 이 채널에서 저 채널로 옮겨 다니지만, 여자들은 한 프로그램만 계속 보려 한다.

미국에서 가장 후진적이며 고객의 취향에 역행하는 분야를 꼽자면 아마 자동차 산업일 것이다. 그러나 최근 들어 자동차 회사들도 여성이 차량을 구입한다는 사실을 깨닫기 시작했다. 자동차 판매는 항상 남성이 지배하는 세계였지만 이러한 변화의 흐름에 편승하려면 자동차 판매 및 서비스에 더 많은 여성을 고용해야 하는 상황이 된 것이다. 그러나 전체 자동차 영업 사원들 중 여성의 비율은 채 10퍼센트도 되지 않는다. 자동차 판매를 위해 여성을 고용하는 문제는 단순히 성차별을 피하는 '정치적 정당성'에 국한되는 것이 아니다. 조사에 따르면, 대다수 여자들이 다른 여성에게서 자동차를 구입할 때 더 편안함을 느낀다고 말했기 때문이다.

자동차 영업 사원들은 고객이 부부라면 으레 남편이 결정권을 쥐고 있다는 선입견을 가지고 있기에 대부분의 경우 신차 구입을 재촉하는 것이 아내임을, 혹은 반드시 극복해야 할 것이 바로 아내의 반대 의사임을 깨닫지 못한다. 영업 사원들이 남자만 상대하면 여자들이 은근슬쩍 불쾌함을 느끼는 것도 이 때문이다. 일단 자동차 판매 계약이 체결되면 구매자들은 흔히 관리자를 만나기 위해 서비스 부서로 향한다. 그런데 그곳은 오로지 남성만을 위한 세상으로, 대기실에 비치한 잡지조차 남성 취향 일색이다. 나의 바람은 조만간 그곳에도 여성 취향의 잡지가 비치되었으면 하는 것이다. 여자들은 자동차 딜러와 기계적인 분야와 자동차 부품 매장을 그리 선호하지 않는 것으로 알려져 있다. 그 분야에 종사하는 이들이 여자에게 생색을 내고 비아냥거리며 바가지를 씌울 수 있다고 느끼기 때문이다. 그러나 지금까지 이런 문제에 대해 달리 선택의 여지가 없었다. 여자들이 더 나은 대우를 받을 자격이 있음에도 불구하고 말이다.

다시 말하지만, 이러한 문제 해결을 위한 바람직한 조치는 자동차 수리 및 부품 판매를 위해 여성을 고용하는 것이다. TV 광고에 여배우들을 활용하는 것도 남성 위주의 세계에 변화를 줄 수 있다. 몇 년 전 자동차 부품을 대량으로 파는 한 매장을 조사한 적이 있었다. 고객의 90퍼센트는 남성이었다. 그러나 컴퓨터 정보 시설을 이용하는 고객의 25퍼센트는 여성이었다. 그녀들은 질문 사항을 가지고 있었고, 직원들로부터 얻지 못하는 답변을 원하고 있음이 분명했다. 아마도 직원들이 그 답변을 알지 못했거나, 여자들이 그 남자들에게 물어보는 걸 내켜하지 않았기 때문일 것이다. 어쨌거나 이것은 여자들이 차량에 대한 기본적인 관리 유지 및 손쉬운 수리법을 배울 용의가 있음을 보여주는 사례였다.

만약 내가 당장 내일 주유소를 소유하게 된다면 가장 먼저 '청결한 화장실'을 광고하는 대형 광고판부터 설치하고 싶다. 주유소들은 고집스러울 만큼 한결같이 10분의 1센트까지 따져가면서 리터당 가격을 알리는 광고에 열을 올리고 있다. 그들은 고객이 그런 사소한 가격 차이에 굉장히 민감하게 반응한다고 생각하는 모양이다. 그러나 휘발유는 어디나 똑같고, 가격도 엇비슷하다. 하지만 깨끗한 화장실은 여성 운전자들을 끌어들일 수 있다. 여자들은 남자들보다 자주 화장실을 이용할 뿐만 아니라, 그곳의 지저분한 환경에 대해서도 강한 불만을 표출한다. 주유소가 셀프서비스로 변해감에 따라 우리는 과거에 비해 도로에서 더 많은 도움을 원하고 있다. 이제 우리는 전보다 훨씬 먼 거리를 이동한다. 따라서 방향 표지판, 먹고 마실 수 있는 훌륭한 장소, 청결한 화장실이 필요하다. 아이들 옷을 갈아입힐 수 있는 깔끔한 테이블과 싱크대 그리고 깨끗이 비워진 휴지통까지 갖추어져 있다면 더할 나위가 없을 것이다. 만약 이러한 시설들이 모두 마음에 든다면, 단돈 몇 푼 차이의 기름 값을 따질 여자는 거의 없을 것이다.

남성인 주유소 사장이 이러한 사실을 깨닫고 있을까? 대다수는 그렇지 않을 것이다. 그렇다면 왜 그들은 이러한 깨달음을 얻지 못하는 것일까? 만약 더 많은 여성이 자동차 판매에서 부품과 수리에 이르기까지 자동차 관련 업무에 종사한다면 자동차 산업은 전

체적으로 변모할 것이다. 철물점이 그러했듯이 말이다. 그리고 이
것은 자동차 산업이라 할지라도 희망이 아주 없는 것은 아님을 의
미한다.

노년의 쇼핑

작은 것은 불편하고 큰 것은 아름답다

    통계에 따르면 2025년경 전체 미국인의 5분의 1은 65세를 넘어선다. 만약 당신이 일본, 이탈리아, 독일, 프랑스 또는 중국에 살고 있다면 이 비율은 더욱 높아질 것이다. 이것이 의미하는 바는 베이비 붐 세대의 노령화이다. 즉 많은 베이비 붐 세대의 노인들이 생긴다는 뜻이다.

    그렇다면 이러한 변화의 진정한 의미는 무엇일까? 당장 떠오르는 생각은 나이를 먹는다는 게 그리 나쁘지 않다는 것이다. 나쁠 이유가 없지 않은가? 베이비 붐 세대가 젊었을 때는 젊은 세대가 좋았다. 그들이 중년이 되었을 때는 경험이 풍부한 원숙한 세대가 좋았다. 그러므로 21세기의 노인들은 오늘날의 노인들처럼 근엄한 노년의 시민이 아닐 것이다. 미래의 노인들은 대공황이나 2차

세계대전의 고난을 겪지 않았으며, 50년대와 60년대와 70년대의 풍요와 자유분방을 마음껏 누리면서 성장한 세대이기 때문이다. 그들은 희생과 인내, 자기부정의 덕목을 강요받지 않았으며, 늙음을 허약함과 무능력의 상징으로 받아들이는 이상한 고정관념으로부터 영향을 받지도 않았다. 2025년의 할머니는 흠집 하나 없이 차고에서 마냥 잠자고 있는 포드 페어레인(Ford Fairlane, 오직 일주일에 한 차례 교회 갈 때만 이용하는 차량)을 소유하지 않을 것이다. 오히려 머리부터 발끝까지 나이키 복장을 한 채 온 동네를 알파 로메오(Alfa Romeo, 수압 리프트 좌석이 갖춰져 있는 차량)를 타고 분주히 돌아다닐지 모른다. 차량을 주차할 때는 노년이긴 하지만 건강한 이들을 위해 특별히 마련된 널찍한 공간(2012년 활동적인 미국 노인 헌장의 지시대로)을 이용하게 될 것이다. 또한 건강과 영양 상태의 향상, 그리고 성형외과 기술의 발전으로 70대임에도 불구하고 50대 여성의 기분을 그대로 간직하게 될 것이다. 아이들은 자라서 사회보장제도의 빚을 지지 않으려고 개미처럼 부지런히 일할 것이다. 반면 노인들은 이미 세상을 떠난 부모 세대로부터 물려받은 유산과 함께 퇴직연금의 결실을 만끽하며 많은 돈을 쓸 것이다. 이미 이러한 방식으로 역사상 가장 큰 규모의 부의 이동이 진행되고 있다.

앞으로 쇼핑 세계는 일종의 파티처럼 변할 것이다. 이것은 명백한 사실이다. 모든 소매업자들(매장, 레스토랑, 은행)이 고객을 만족시켜야 할 것이다. 그들의 수중에 현금이 있기 때문이다. 그렇다고 아주 새로운 쇼핑 세계를 창조할 필요는 없다. 그런 세상이 가능하지도 않겠지만, 사람들이 그것을 원하지도 않을 것이기 때문이다.

그렇다면 지금의 쇼핑 세계가 가지고 있는 문제점이 무엇일까? 우선 모든 활자의 크기가 너무 작다. 이 문장이 보이는가? 어떤 느낌인가? 지나치게 작다는 느낌이 들 것이다. 조간신문은 어떨까? 두말할 것도 없다. 활자가 너무 작다. 약병에 적힌 설명은? 이것도 마찬가지다. 눈을 찡그려 가면서까지 글을 읽으려 하지는 않을 것이다. 그래 봤자 주름살만 늘어날 테니 말이다. 결국 당신이 그 설명을 읽을 수 없다면 약을 구입하지 않을 것이다. 또 당신이 이런 이유로 약을 구입하지 않는다면 다른 이들도 마찬가지일 것이다.

인간의 시력은 대략 40세부터 나빠지기 시작해 60대에 이르면 건강한 이들도 흔히 안구의 손상이 생긴다. 노령화가 진행되면 눈에는 적어도 세 가지 장애가 발생한다. 우선 수정체가 딱딱해지면서 그것을 받치고 있는 근육이 약화된다. 작은 활자에 초점을 맞추지 못하는 것도 이 때문이다. 또 각막이 노래지면서 색감이 변하고 망막에 닿는 빛이 줄어 세상이 전보다 더 어둡게 보인다. 이 같은 시각적 문제는 이미 시장에서 중요한 요소로 다루어지고 있으며, 앞으로 훨씬 더 중요해질 것이다.

신문 독자들을 대상으로 실시한 최근의 조사에서도 같은 결과가 나왔다. 그것은 독자들이 더 큰 활자를 원한다는 것이었다. 현재 대다수 신문에서 사용하는 활자는 9포인트인데, 독자들은 12포인트 이상의 활자를 원한다. 그 때문에 더 큰 활자를 사용하려는 시도가 막 시작되고 있다. 활자의 크기를 키운 최초의 주요 일간지로는 「마이애미 헤럴드」가 있다. 「런던 타임스」도 보통 사이즈의 신문에서 헤드라인과 서체를 더 키운 타블로이드 형식으로 변했다. 2007년에는 「뉴욕 타임스」도 읽기 쉽도록 신문 사이즈를 줄이고 세로단을 축소했다. 그러나 활자 크기는 8.7포인트를 여전히 사용하고 있다. 아직은 갈 길이 먼 셈이다. 하지만 우리가 그들을 향해 손을 흔드는 걸 그들이 볼 수 있게 되기까지 그렇게 오래 걸릴 이유가 있을까?

활자 문제는 인쇄업계에만 국한되지 않는다. 오늘날 잡화점의 주고객층은 나이 든 사람들로, 그 의존도가 갈수록 높아지는 추세이다. 물론 모든 단어들은 세상 사람들이 삶의 과정에서 읽어줘야 의미가 있다. 그러므로 라벨, 의약품의 설명서, 경고문에서 가장 중요한 것은 바로 활자이다. 피부 보호제를 구입하는 고객의 91퍼센트는 박스나 병 앞면에 적힌 라벨을 읽은 후 제품을 구입한다. 그들의 42퍼센트는 포장 뒷면까지 읽는다. 이렇듯 라벨을 읽는 것은 피부 보호제나 여타 건강 미용용품 판매에서 아주 중요한 역할을 한다.

우리는 잡화점에서 제품 포장을 조사하면서 몇 가지 흥미로운 사실들을 발견했다. 예컨대 유명 브랜드의 염색약과 스킨, 여드름 치료제, 칫솔 등의 포장에 적힌 설명이나 성분, 혹은 경고에 관한 활자의 크기는 10포인트 이상이었지만, 아스피린과 그 외 여러 진통제들의 포장에 적힌 것은 6포인트 내지는 9포인트에 불과했다.

비타민과 감기약도 마찬가지다. 포장 설계자들이 진통제나 감기약을 찾는 노인들보다 여드름 치료제를 찾는 10대들이 더 읽기 쉽게 제품을 디자인하고 있었던 것이다. 그나마 연령을 고려한 제품은 폴리던트(Polident) 박스가 유일했다. 그 박스의 경우 설명은 11포인트, 성분 표시는 8포인트로 적혀 있었다.

부분적으로 이것은 제약 회사의 포장 부서에서 근무하는 직원들의 과실임이 분명하다. 그러나 그래픽 디자이너들이 대부분 20대임을 고려해보면 이러한 착오가 빚어진 이유를 쉽게 납득할 수 있다. 포장을 제작하는 이들이 그것을 반드시 읽어야 하는 고객들의 입장을 전혀 헤아리지 못했던 것이다. 『와이어드(Wired)』나 『스핀(Spin)』처럼 젊은 독자층을 겨냥하는 잡지들을 한번 살펴보자. 그 잡지들은 한결같이 활자 크기가 작을뿐더러 때로는 바탕색과 구분하기 힘든 색상의 글씨를 사용하는 경우도 있다. 이것이 전하는 메시지는 명확하다. 어디까지나 젊은이들을 위한 것이지, 노인들을 배려하진 않는다는 것이다. 더욱이 앞으로는 잡화점 제품의 디자이너와 그것을 자주 읽는 고객들 간의 연령 격차가 더 커지면 커졌지, 작아지진 않을 것이다.

플로리다에 위치한 몇몇 잡화점에서 진열대에 돋보기안경을 사슬로 묶어둔 적이 있었다. 임시방편치고는 괜찮은 방법이었다. 그러나 그것만으로는 충분치 않았다. 매장에서는 고객 5명당 한 명 꼴로 직원에게 도움을 청한다고 보고했지만, 나이 든 고객의 경우에는 그것보다 두 배나 더 많은 비율로 도움을 청했기 때문이다.

당연히 그들에게 필요한 것은 제품을 찾거나 라벨을 읽기 위한 젊은 눈의 도움이었다. 어떤 매장에서든 노령화된 눈이 시리얼 박스 옆면의 영양 정보, 실크 셔츠의 세탁 정보, 염색약 설명, 콜레스테롤 자가 진단, 카메라나 소프트웨어 또는 VCR의 매뉴얼, 프린터의 잉크젯 카트리지 설명, CD 노래 제목, 골프 슈즈 사이즈, 포도주 병 라벨, 페이퍼백 가격 등을 읽으려면 이 같은 도움이 필요하다. 그렇다면 전화번호부나 인터넷 목록을 뒤져 매장을 찾아오게 될 미래의 고객들은 어떨까? 지금 나는 깨알 같은 크기의 글자가 쓰인 전화번호부를 읽을 수가 없다. 레스토랑 메뉴, 열차 시간표, 정부 발행 전단, 생일 카드, 우표, 온도계, 속도계, 주행거리계, 라디오 다이얼, 세탁기와 드라이기의 버튼, 에어컨과 냉장고, 가습기, 온수 히터 등의 설명서도 마찬가지다. 사과에 붙어 있는 작은 스티커도 글씨가 작은 탓에 잘 보이지 않는다. 대부분의 경우에 이러한 제품들은 활자체만으로 노령 고객들의 접근을 불허하거나, 심지어 멀리하기까지 한다. 현재의 노인들은 별 불평 없이 이런 사소한 차별을 묵묵히 견디고 있다. 그러나 자기주장이 뚜렷한 베이비 붐 세대라면 틀림없이 이러한 상황에 반기를 들 것이다. 만약 2025년경에 13포인트보다 작은 크기의 활자를 사용한다면 그것이 곧 상업적인 자살 행위가 될 수도 있다. 심지어 지금도 베이비 붐 세대의 시야가 흐려짐에 따라 9포인트 활자를 사용하면 망한다는 인식이 생기고 있는 실정이다.

그런데 여기서 딜레마가 느껴지지 않는가? 쇼퍼들의 교육 수준이 높아질수록 그들은 더욱더 라벨과 박스와 병에 적힌 설명에 의존하여 구매 결정을 한다. 실제로 모든 소매 활동이 과거에 비해 훨씬 더 단어에 의존하고 있다. 이것은 곧 제품과 포장과 판촉물에 가능한 한 더 많은 정보를 담아야 함을 의미하는 것처럼 보인다. 흔히 디자이너들은 더 많은 단어를 넣으라는 요구를 받을 때 활자 크기를 작게 함으로써 간단히 그 문제를 해결한다. 그러나 이보다 더 나은 해결책은 포장을 크게 하는 것이다(그런데 이 방식은 재료를 더 많이 낭비할 뿐 아니라 진열 공간을 배분할 때 문제를 일으킬 소지가 있다). 또 그래픽 이미지를 더 많이 사용해서 라벨을 꾸미거나, 더 크고 근사한 광고판 혹은 음성 진열 시설을 설치할 수도 있다. 휴대폰으로 즉시 전송하는 것도 하나의 방편이다. 어쨌든 이러한 아이디어들을 다 시도해보는 편이 좋을 것이다. 머잖아 활자 크기와 관련하여 문화적 격변에 가까운 큰 변화를 경험하게 될 것이기 때문이다.

그렇다고 활자 크기만 시각적 고려 사항인 것은 아니다. 노화된 각막이 노래진다는 것은 대다수 사람들이 색상의 미묘한 농도 차이를 구별하지 못함을 의미한다. 많은 사람들이 계단 바닥과 그 수직면을 제대로 보지 못하고 걸려서 넘어지는 것도 이 때문이다. 나이를 먹으면 청색과 녹색의 차이를 구분하는 것도 갈수록 힘들어진다. 디자이너들은 노란색을 더 진하게 사용할 것이고, 모든 제품들이 다소 노란빛을 띠게 될 것이다. 따라서 포장과 표지와 광고는 가급적 선명한 대조를 이루도록 색상을 디자인해야 할 것이다. 그 결과, 앞으로는 다른 색상보다 흑색과 백색, 적색 계열의 색상을 더 많이 보게 될 것이다.

캘리포니아에 위치한 대형 저축은행에서 홍보물을 조사할 때였다. 우리는 은행을 빠져나가는 고객과의 인터뷰를 통해 노년의 단골 고객들이 금전 출납원 뒤쪽 벽에 붙은 대형 포스터를 잘 보지 않는다는 사실을 알게 되었다. 금괴 위에 크게 확대된 신용카드를 그려놓고 은행의 비자 골드를 광고하는 포스터였다. 젊은이들에게는 그 이미지가 명확하게 보였다. 그러나 노인의 눈에는 카드와 금괴의 구분이 힘들었다. 그냥 커다랗고 노란 형체의 덩어리로 보일 뿐이었다. 따라서 65세 이상의 노인들에게는 아무 의미 없는 포스터였다. 뉴욕의 대형 호텔 안내 표지를 조사할 때였다. 그곳에서는 객실 번호가 흰색 바탕에 금색 글자로 적혀 있었다. 그 때문에 노인들은 객실을 찾는 것에 애를 먹을 수밖에 없었다.

일반적으로 50대의 망막은 20대에 비해 대략 4분의 1 정도 빛을 적게 받아들인다. 이것은 곧 쇼핑 매장과 레스토랑, 은행에서 지금보다 조명을 더 밝게 해야 함을 뜻한다. 조명이 어두운 탓에 고객이 쇼핑하고 있는 물건을 잘 보지 못하거나 어느 곳을 향해 걸어가고 있는지 모른다면 곤란하다. 특히 나이 든 고객이 자주 찾는 시기라면 반드시 조명을 더 밝게 해야 한다. 그리고 모든 인쇄물의 색상은 쉽게 눈에 띌 수 있도록 선명한 대조(가령 흰색 바탕에 검은색 글자)를 이루어야 한다.

왜 포도주 제조업자들은 상표를 예술 작품으로 생각하기 시작한 걸까? 크로거(Kroger)에서 트레이더 조스(Trader Joe's)에 이르기까지 우리는 상표를 읽느라 애를 먹는 수많은 사람들을 목격했다. 지역 술집의 경우 상황이 더 안 좋다. 그곳의 조명은 대형 체인점보다 더 어두우며, 진열대도 다운라이트(downright)로 어둑어둑해 보인다. 소비자들은 포도주를 구입할 때 술병을 집어 들고 상표부터 살핀다. 이 과정은 이제 막 사업을 시작한 소규모 포도주 제조업자들에게 특히 더 중요하다. 소비자들이 알고 싶어 하는 것이 포도주 종류, 제조 연도, 포도원, 마케팅 홍보 등과 같은 정보이기 때문이다. 싸구려 프랑스산 브랜드라면 별 상관이 없겠지만 칠레, 아르헨티나, 남아프리카, 오스트레일리아, 뉴질랜드 등지로부터 글로벌 포도주 시장에 새롭게 진출하려는 우수한 브랜드라면 당연히 이 같은 과정에 관심을 기울여야 할 것이다.

우리가 조사한 한 패스트푸드 레스토랑의 사장은 55세 이상의 고객이 급속히 증가하고 있음에도 불구하고 나이 든 사람들이 읽기 힘든 형태의 메뉴판을 사용하고 있음을 깨달았다. 그래서 그 식당은 커다란 음식 사진을 사용하여 메뉴판을 다시 디자인했다. 그러자 메뉴판에 담긴 목록은 줄었지만 매상은 오히려 증가했다.

노안에 부응하려는 시각적 세계의 변화는 미래에 필요한 구조적 변화와 그 흐름을 같이 할 것이다. 물론 21세기에도 노인들은 허약한 몸을 이끌고 움직일 것이다. 그런데 이 노년의 시민들이 장수할 거라는 점을 명심해야 한다. 앞으로는 대다수의 사람들이 수십 년에 걸쳐 서서히 늙어갈 것이다. 65세의 팔팔한 노인과 허약한 85세의 노인이 같은 세상에서 돌아다닐 것이다. 20년 전 직장에서 막 은퇴한 사람들이 해변에 위치한 '은퇴자 전용 콘도'를 구입하는 것이 유행한 적이 있다. 해변이 훤히 내다보이는 현관 딸린 2층 내지 3층의 아파트 구조물은 황혼기를 보내기에 완벽한 보금자리처럼 보였다. 그러나 20년이 지나자 원기 왕성했던 60대의 노인들도 휠체어를 사용하거나 높은 곳에 올라가지 못하는 신세가 되었다. 결국 그 휴양지는 황폐화되었다.

만약 오늘날의 많은 유모차들이 자동 휠체어로 바뀐다면 매장과 거리와 쇼핑센터에서 어떤 상황이 벌어질까? 현관과 엘리베이터, 통로, 계산대, 레스토랑 테이블, 화장실, 공항, 기차, 버스, 자가용 등등 이 모든 공간이 지금보다 더 넓어질 것이다. 경사로도 정부 명령이 아닌 상업적인 고려 사항을 참작하여 만들어질 것이다. 계단은 구시대 유물로 남겨질 것이다. 에스컬레이터와 무빙워크는 속도를 늦추도록 재설계될 것이다. 2025년경이면 전체 인구의 5분의 1이 다층 구조의 쇼핑센터에서 불편함을 느낄 것이다. 또 일반 잡화점은 물론 갭, 랠프 로렌, 토이즈 알 어스, 스타벅스, 보더스처럼 젊은이들이 주로 찾는 매장에서도 쉽게 노인들과 마주치게 될 것이다. 특히 제조업체들이 세련되고 경쾌한 모양의 자동 휠체어(1인용 골프 카트와 비슷한 형태)나 단정한 유럽 스타일의 보행기를 제작하기 시작하면 이러한 변화를 실감하게 될 것이다. 그 시절이 오면 보행자 교통을 지도할 경찰관이 필요할지도 모른다.

이러한 소매 환경의 변화는 걷지 못하는 이들에게 국한되지 않을 것이다. 걸을 수 있는 쇼퍼라 할지라도 나이가 들면 예전처럼 몸을 구부리거나 쭉 펼 수 없다. 실제로 그들은 몸을 구부리거나 펴는 동작을 원치 않는다. 그것이 나이를 먹었다는 느낌을 주기 때문이다. 라디오 색에서 잘 팔리지 않는 제품 중에 보청기용 배터리가 있다. 여태껏 그 제품은 회전식 진열대 아래쪽에 보관하는 것이 상식이었다. 보청기 배터리를 구입하는 고객은 물론 몸을 구부리기 힘들어하는 노인들이었다. 그 배터리를 진열대 위쪽으로 옮기자 매출도 껑충 뛰어올랐다. 뉴욕에 위치한 백화점의 고급 여성복 코너에서도 이와 유사한 사례를 목격한 적이 있다. 디자이너가 직접 제작한 의상을 구입할 정도로 여유 있는 여성 고객들은 대부분 나이가 들어 뚱뚱한 편이었다. 그러나 자신의 이미지를 염려한 디자이너들은 평균 사이즈의 의상은 진열대에 진열하고 큰 사이즈의 의상은 후미진 곳에 보관했다. 그 때문에 나이 든 고객들은 창피함을 무릅쓰고 날씬한 점원에게 큰 사이즈의 옷을 갖다달라고 부탁해야만 했다. 다른 의류 전문점에서도 이와 유사한 상황이 벌어졌다. 그곳에서는 속옷이나 바지를 사이즈 순으로 진열했다. 가장 작은 사이즈를 맨 위에 두고 가장 큰 사이즈를 아래에 두는 식이었다. 그런데 이것은 젊은이들에겐 아주 유용하지만 뚱뚱하고 나이 든 고객에게는 불편하기 짝이 없는 방식이었다.

(개인적으로 나는 ATM과 분수식 식수대에서 어쩔 수 없이 허리를 굽혀야 하는 키 큰 쇼퍼들의 반란을 이끌고 싶다. 일반 대중인 우리는 점점 키가 커지고 있으며 그렇게 나이를 먹을 것이다. 그리고 이것은 앞으로 20~30년이 지나면 허리를 굽히는 것이 신체에 문제를 일으킬 수 있음을 의미한다.)

슈퍼마켓의 경우, 지나치게 높거나 낮은 곳에 비치된 물품들은 나이 든 쇼퍼들에겐 사실상 금지 구역이나 마찬가지다. 수고할 만한 가치가 없기 때문이다. 그들은 그저 한숨을 내쉴 뿐이다. 이런 광경은 도처에서 목격된다. 특히 청량음료 케이스나 대용량 세제 박스처럼 무거운 물품이 쌓여 있는 곳에서 이런 상황이 자주 발생한다. 선반 밖으로 밀어낸 후 자신의 카트 안에 넣지 않는 한 그 물품을 구입할 수 없기 때문이다. (사실 모든 연령대의 쇼퍼들을 위해서라도 부피가 큰 포장물들은 쇼핑 카트 높이의 선반에 비치되어 있어야 한다.) 1장에 나온 애완동물 간식의 사례가 기억나는가? 나이 든 쇼퍼들에게 편리를 제공하는 것은 제품 판매에 도움이 될 뿐 아니라, 소매업자들에 의해 종종 형편없는 서비스를 제공받는 집단으로부터 호감을 얻을 수도 있다. 보청기 배터리를 구입하기 위해 매장을 찾았다가 육체적으로 편리함을 느낀 노인이라면 십중팔구 휴대폰이나 컴퓨터를 구입할 때 다시 그 매장을 찾을 것이다.

일본은 노년 인구의 요구에 부응하는 데에 있어 상당히 발전된 면모를 보이는 국가이다. 일본의 경우, 높은 땅값으로 인해 쇼핑몰의 면적보다 높이를 더 키우는 경향을 보인다. 몇몇 쇼핑몰의 경우 에스컬레이터가 아주 천천히 움직이는데, 인파를 헤치고 달리는 10대들을 짜증 나게 하려는 것이 아니라 노년층 고객을 배려한 것이다. 일본 최대의 휴대폰 서비스 제공업체인 도코모 매장에서는 큼지막한 버튼과 숫자를 가진 노인 친화형 전화기를 판매하고 있다. 그렇다면 일본과 똑같이 노령화된 소비자를 가진 미국이나 이탈리아, 또는 러시아(노인 인구가 빠르게 증가하고 있는 다른 두 국가)에서는 왜 그들에 대한 준비가 미미한 것일까? 50세 이상의 인구는 갈수록 공간의 불확실성을 견디기 힘들어하고 있다. 840평이 넘는 넓은 매장이라면 노년층 고객들은 길을 잃어버릴지도 모른다는 두려움을 가질 수밖에 없다. 그래서 상인들은 그런 고객들이 혼란을 겪거나 분통을 터뜨리지 않고 탈 없이 매장을 빠져나가길 바란다.

대기 장소는 상인과 임대주들이 관심을 가져야 할 또 다른 공간이다. 만약 평범한 노인이 특정 방향으로 가면 앉아서 쉴 수 있는 장소가 있다는 사실을 안다면, 그가 그곳을 애용할 공산이 크다. 텍사스에 위치한 잡화 체인점 HEB는 많은 라틴계 사람들이 대가족 전체가 무리지어 쇼핑하는 걸 즐긴다는 사실을 알게 되었다. 매장 곳곳에 벤치를 설치한 것은 배려심을 보여주는 행위인 동시에 게릴라 마케팅의 일환이다. 게다가 모든 대기 장소는 매출과 정보 교환을 위한 장소로도 적격이다. 당신의 고객은 당신이 제공하는 모든 정보를 읽을 준비가 되어 있다. 만약 그곳에 이용하기 편한 의자를 설치한다면, 특히 노인 고객들에게서 많은 점수를 얻을 수 있을 것이다. 적당한 영향력을 행사하는 위치에 있는 손윗사람들은 노령인 자신의 연령대에 어울리는 세계를 준비하는 데에 있어 상당한 기득권을 가지고 있다. 그러니 더 늦기 전에 노년층 쇼퍼들을 유심히 관찰하는 편이 좋을 것이다. 캘빈 클라인에서 고급 성인용 기저귀를 생산하기 전에 좀 더 노인 친화적인 세계를 스스로 창출해야 하는 것이다.

오늘날 은행 업무에서 힘든 과제 중 하나는 나이 든 고객에게 ATM 사용법을 알려주는 것이다. 대화식 터치스크린과 기계 음성에 익숙하지 않은 사람들은 ATM 사용에 두려움을 가질 수 있다. 물론 노인들에게 작동법을 가르칠 수 있다. 그런데 조사 결과, 나이 든 고객들은 젊은이가 아닌 자신과 비슷한 연배에게서 가르침을 받고 싶어 하는 것으로 나타났다. 따라서 나이 지긋한 은행원을 금전 출납원 옆에 배치하여 노인들을 ATM으로 이끄는 것이 좋은 방법일 수 있다. 금전 출납원 앞에 줄 서 있는 이들의 눈에 잘 보이도록 ATM을 설치하는 것도 바람직하다. 사람들이 ATM을 사용하는 모습을 지켜보다 보면, 기계에 대한 노인들의 두려움도 누그러질 수 있기 때문이다. 그런가 하면 ATM도 노인들의 약한 시력과 관절염을 앓고 있는 손가락에 적응해야 한다. 버튼이 더 커져야 하며, 화면과 그 위에 나오는 활자도 더 커져야 한다. 만약 이런 셀프서비스로 경제적 이득을 얻을 수 있다면 노인의 손과 시력에 맞게 장치들을 재설계해야 할 것이다. 우체국의 자동 우표 판매기와 자동 저울에 적힌 설명이나 버튼은 그 크기가 너무 작은 탓에 노인들은 그 장치들을 쉽게 다룰 수 없다. 신용카드 판독기, 셀프서비스 주유소의 주유기, 통근 기차표 발매기, 공항의 체크인 박스도 마찬가지다.

여성복의 등 쪽에 달린 작은 단추나 호크도 간단한 잠금 장치로 바뀌어야 한다. 현재 휴대폰 제조업체들은 사이즈를 최대한 작게 하기 위해 치열한 경쟁을 하고 있다. 그러나 달리 생각해보면 노령의 이용자들에게는 큼지막한 버튼과 액정 화면이 있는 전화기가더 바람직할 수 있다(앞으로 휴대폰은 젊은이들의 장난감에서 노인들의 생명줄로 변할지도 모른다). TV와 VCR, CD 플레이어용 리모컨, 캠코더버튼, 노트북 컴퓨터의 키보드 등도 갈수록 크기가 줄어드는 추세이다. 그러나 그럴수록 노인들은 이러한 제품들을 구입하지 않게될 것이다. 이것이 먼 미래의 일이 아니다. 소매업계에서 이미 이러한 흐름에 관심을 보이고 있기 때문이다.

오늘날의 소매 환경을 뒷받침하는 모든 에너지와 혁신과 자본은 어디를 향하고 있을까? 미래에도 밀물처럼 밀려드는 과거의 고객들에게 봉사해야 할 것이다. 그렇지 않은가? 하지만 틀린 주장이다. 아베크롬비, 아메리칸 이글, 록시와 토리드처럼 젊은이들의현금을 겨냥한 매장들에 이러한 에너지와 혁신과 자본이 집중되고 있기 때문이다. 디자인 연구소에서 나온 새로운 인터액티브 시설과 디스플레이는 매장에 들어온 것인지, 테마 공원에 들어온 것인지 구분할 수 없을 만큼 경이롭다. 이러한 시설을 갖춘 장치와매장을 구상하는 것은 너무나 재미난 일일 것이다. 따라서 그곳에모든 활동이 집중되는 것은 그리 놀랄 일도 아니다.

그러나 유감스럽게도 이러한 매장들은 이미 사양길에 접어든시장을 만족시키고 있다. 미국의 인구 통계 자료에 따르면, 2035년경에는 65세 이상의 노인이 지금의 두 배로 증가할 것이다. 장차 가장 급속히 증가하는 연령대인 셈이다. 그러므로 소매업계에서는 노인들에게 더 나은 봉사를 하기 위해 미리 많은 준비를 해야 할 것이다. 그리고 상상력과 열정을 가지고 이러한 노력을 실행에 옮겨야 할 것이다.

사실 이러한 준비를 시작해야 할 시기는 바로 지금이다. 자, 그럼 간단한 것부터 시작해보자. 엘리베이터에서 더 나은 음악을 요구하는 것도 그중 하나이다. 개인적으로 나는 노인이 되면 시러피 스트링스(Syrupy Strings)가 리메이크한 2001년도 곡인 '라이트 마이 파이어(Light My Fire)' 대신 도어스(Doors)가 직접 연주한 음악을 들으며 슈퍼마켓을 돌아다니고 싶다. 또 하루 빨리 노인 사교 센터에 가입하여 그곳의 DJ가 '토요일 밤의 열기' 50주년 기념 사운드트랙을 틀어주는 동안 보행기에 의지한 다른 노인들과 함께 유쾌하게 춤을 추고 싶다.

마케팅 분야에서도 노안을 인식하기 시작하고 있다. 대규모 판매업자들은 소형 가정용 기기, 철물, 자동차 물품, 계절 품목 같은 몇몇 부문에서 나이 든 소비자들을 대상으로 하는 프랜차이즈를 구축했다. 그러나 그들은 서적, 의류, 건강 미용 보조물, 처방전 없이 살 수 있는 약품 같은 부문에선 그다지 성공을 거두지 못했다. 노인들이 단어나 외모에 관심이 없기 때문이 아니다. 그들에게 진통제나 기침약이 불필요하기 때문도 아니다. 어쩌면 이런 문제는 제품 자체와 관련이 있는지도 모른다. 일례로 패션업계는 노인들이 맵시 있으면서도 몸에 잘 맞는 옷을 원한다는 사실을 잘 모르는 것처럼 보인다.

앞에서 휠체어의 멋진 신세계에 대해 언급했다. 내가 아는 한 그 곳은 아직 아무도 손대지 않은 미개척 지대이다. 이런 개인용 운송 수단은 고성능 엔진, 자동 속도 유지 장치, 다양한 실내 장식품 선택, 1990년대 지프차 타이어만큼 큰 타이어, 전화 충전기, 컵 받침대, CD 플레이어, 범퍼 스티커 등과 같은 기능을 갖추도록 개조될 것이다. 또 면허를 취득하는 기회가 증가하면서 할리, BMW, 존 디어(혹은 루이비통, 샤넬, 프라다) 같은 브랜드 휠체어가 시장에 진출할지도 모른다. 심지어 휠체어라는 명칭조차 아예 사라져버릴지도 모른다. 아마 미래의 휠체어는 트랙터형 잔디깎이나 세 바퀴 달린 모터사이클과 흡사할 것이다. 굳이 장애를 암시하지도 않을 것이다. 그때는 이 같은 장비들을 멋진 편의 장치로 취급할지도 모른다.

운동화 시장에서 아이들 못지않게 노인들이 큰 비중을 차지하고 있다는 것은 공공연한 비밀이다. 실제로 운동용품들(부드러운 고무창으로 만들어진 신, 목이 드러나는 헐렁한 셔츠, 탄력적인 허리 밴드를 가진 헐렁한 바지)은 패션에 민감한 노인들의 요구에 맞게 제작되고 있다. 노인들은 운동화 구입에 아이들보다 더 많은 돈을 사용할 뿐 아니라, 편하게 디자인한 제품에 기꺼이 돈을 지불할 용의를 가지고 있다. 그러나 자존심 강한 10대들은 할머니의 운동화와 똑같은 운동화를 신으려 하지 않는다. 나이키와 리복 광고에 등장하는 인물들이 젊은이들 일색인 것도 이 때문일 것이다. 그렇다면 주요 운동화 제조업체가 노년의 고객을 목표로 삼을 방도가 없단 말인가? 장담컨대 머지않아 그들은 노인층을 겨냥할 것이다. 막대한 수익이 보장된 시장을 놓칠 리 없기 때문이다(어쩌면 65세의 마이클 조던이 21세기에 각광받는 센터와 함께 일대일로 농구하는 장면이 광고에 등장할지도 모른다).

베이비 붐 세대의 기본 패션은 앞으로 어떻게 변할까? 미래에는 아이들도 할아버지, 할머니들이 선호하는 브랜드의 바지를 구입할까? 모르긴 몰라도, 베이비 붐 세대는 무덤에 들어갈 때도 청바지를 입고 있을 것이다. 하지만 그것이 획일적인 노인 복장이라면 다른 이들이 그 옷을 만지려 할까? 혹시 청바지 역시 중절모의 전철을 밟게 되는 건 아닐까?

오늘날 건강 미용 보조용품 업계는 노인 고객에게 그리 관심을 보이지 않고 있다. 그러나 미래에는 65세 이상 노인들의 필요에 부응하는 종합 브랜드, 즉 머리카락, 피부, 치아, 남성 몸단장과 화장과 관련된 특별 제품들이 등장할 것이다. 또 누군가는 노년의 베이비 붐 세대에 요실금 관련 용품들을 판매하는 방식을 고안할 것이다. 적어도 지금처럼 노인들이 여성 위생용품 코너에서 타인의 눈길을 의식하며 성인용 기저귀를 구입하는 일은 없을 것이다. 어쩌면 그것이 헤인즈, 캘빈 클라인, 에스티로더 같은 유명 브랜드 제품이 되거나 여성용 스포츠 브라와 남성용 국부 보호대와 함께 판매될지도 모른다.

미래의 매트리스 전문점은 노인들을 위한 판매에 더 세심한 신경을 써야 할 것이다. 노인들은 인체 공학적으로 조금이라도 더 편한 침대를 찾아 장시간 열심히 쇼핑할 것이고, 그 비용도 기꺼이 지불할 것이다. 그때는 매트리스가 가정용 가구라기보다 유사 의료용품으로 취급될 것이다. 수면과 관련된 분야도 호황을 누릴 것이다. 심지어 호텔에서도 노년층 여행객들을 위한 마케팅 수단으로 침대를 활용할 것이다.

패스트푸드 레스토랑에서도 어린아이들이 주고객층인 시절이 지나면 노년층 고객에게 더 많은 관심을 기울여야 할 것이다. 패스트푸드 시장에서는 이미 노인들이 많은 비중을 차지하고 있다. 언젠가는 버거킹 광고에 최신 디즈니 만화영화 대신 노인들이 등장하는 날이 도래할지도 모른다.

부모들은 아이들을 위해 옷, 장난감, 책, 비디오를 쇼핑하면서 어떤 사이즈를 골라야 하는지, 아이들이 어떤 물건을 좋아하는지, 어떤 수준의 책을 읽어야 하는지 잘 알고 있다. 그러나 30년 후에는 현재의 부모들이 손자 손녀들을 위해 쇼핑을 할 것이다. 그 시절이 오면 과연 의류 제조업체들이 합리적이고 표준적인 사이즈 체계를 고안해낼 수 있을까? 최근 아동복을 쇼핑해본 적이 있다면 그 체계가 얼마나 엉망인지 실감할 것이다. 만약 적절한 체계가 아직 잡혀 있지 않은 매장이라면 노인들이 자신 있게 물건을 구입할 수 있도록 필요한 모든 조치들(크고 읽기 편한 차트, 다양한 크기의 마네킹, 친절하게 도움을 주는 직원 등)을 강구해야 할 것이다.

만약 노인들이 아동복을 살 수 없다면 그들은 그 대신 장난감이나 책, 혹은 비디오를 구입할 것이다. 다시 말하지만 제조업자와 소매업자들은 이러한 제품들이 지금보다 더 쉽게 눈에 띄도록 신경 써야 한다. 모든 아동용 도서에는 그 책을 읽을 수 있는 적정 연령이 명시되어 있어야 한다. 비디오와 비디오게임도 마찬가지다. 귀여운 다섯 살짜리 손자에게 그랜드 세프트 오토(Grand Theft Auto) 같은 폭력성과 선정성 있는 게임을 사주고 싶은 할머니는 없을 것이다. 그리고 이러한 할머니는 누군가로부터 도움의 손길을 필요로 한다.

물론 베이비 붐 세대는 기술주의 사회에서 태어난 이들이다. 그러나 30년 후에는 어떤 가공할 만한 기술이 우리를 두렵게 할지 모른다. 새로운 기술들은 과거의 고객에게 완벽히 적응할 때만 혜택을 가져다줄 수 있다. 가령 인터넷 쇼핑과 이메일은 익숙해지지 않으면 쉽게 활용하기 힘들다. 또한 포켓용 PC가 필요한 전화번호나 슈퍼마켓 구매 목록을 잊었을 때 그 기억을 상기시켜주기도 한다.

그렇다면 오늘날 신기술은 시장에서 어떤 식으로 거래되고 있을까? 이러한 기술에 관한 광고나 그것을 판매하는 매장의 카운터 뒤편에서 서른 살을 넘긴 이들은 눈 씻고 찾아보려고 해도 찾아보기 힘들다. 게다가 제품 자체도 소형 키보드에서 웹사이트 활자 디자인에 이르기까지 노년층 고객들에게 불편하게 느껴지는 것들 일색이다. 물론 할머니들이 이용 가능할 정도로 단순해진다면 첨단 기술은 그 매력을 잃어버릴 수도 있다. 그러나 앞으로 이삼십 년 후 우리가 노인이 되었을 때는 그 대가를 치러야 할 것이다.

아이의 쇼핑

쇼핑은 상품과 함께 '노는 것'이다

　서로 입장이 뒤바뀐 성별 역할이 우리의 삶에 많은 변화를 가져오고 남자와 여자들이 새로운 영역에서 과감히 쇼핑을 즐김에 따라, 최근에는 이러한 측면이 아이들에게 미치는 영향도 명확해졌다. 오늘날에는 아이들도 어디든 갈 수 있다.

　예전에 아이들은 어디에 갔을까? 당연히 학교에 갔다. 그동안 어머니들은 안주인으로서 가족을 위해 잡다한 가사일을 했다. 어머니들은 식료품과 잡화와 의복 등을 구입했다. 한편 아버지들은 술과 타이어, 담배, 잔디 깎기, 식료품(1년에 한두 번 정도), 아내의 생일 선물 등을 샀다. 가족 전체가 쇼핑에 나서는 경우는 아주 중요한 물품을 구입할 때뿐이었다. 그러나 자동차나 소파는 자주 구입하는 물품이 아니어서 아이들은 거의 쇼핑에 따라나서지 않았다.

오늘날 아이들의 부모는 대부분 맞벌이를 하고 있다. 따라서 예전처럼 낮 시간을 이용할 수 없는 까닭에 지금은 가족이 함께 보내는 시간에 쇼핑을 한다. 이제 쇼핑은 디즈니월드를 방문하는 것만큼이나 재미난 외출 활동이 되고 있다. 그런가 하면 이혼이 흔해짐에 따라 영화관과 레스토랑, 매장에 아이들을 데려온 편부모들도 곧잘 눈에 띈다. 토요일 오후 미국의 비디오 전문점이나 게임 상가를 방문해보라. 주말 양육권을 가진 이혼한 아버지들이 아이들과 함께 있는 모습을 쉽게 목격할 수 있을 것이다. 오늘날 아이들은 어른들과 함께라면 어디든 갈 수 있다. 따라서 아이들이 때로는 직접적으로, 또 때로는 아주 미묘한 방식으로 쇼핑 환경에 변화를 가져오고 있다.

우리는 나이를 먹을수록 그 어떤 제품이든 소유권이 변하지 않는다는 사실을 더욱 명확히 인식한다. 특정한 드레스나 립스틱 혹은 아이팟을 가지고 있다고 해서 당신에 대한 자신의 견해나 다른 누군가의 견해가 변하지는 않는다는 사실을 인식하게 되는 것이다. 나이 든 소비자는 온라인 팝업 광고를 무시할 뿐 아니라, 자신이 좋아하는 프로그램을 티보로 시청함으로써 귀찮은 상업 광고를 연속으로 5분 이상 보지 않는 것에도 능숙하다. 따라서 21세기의 마케터는 어린이와 10대들에 초점을 맞추고 있다. 평균 네 살배기 미국 아이가 100개 이상의 브랜드를 알아볼 수 있다는 사실에 주목하는 것도 그리 놀라운 일이 아닌 것이다.

오늘날 아이들은 이전 세대와 비교가 안 될 만큼 다양한 대중매체들을 이용하고 있다. 그리고 이런 대중매체들은 아이들에게 물건을 팔려고 서로 경쟁하고 있다. 시장에서는 아이들을 끌어들이기 위해 온갖 호의를 베풀고 있다. 요즘 아이들은 그들의 선조가 수호천사를 숭배했던 것처럼 TV 주인공들을 우상처럼 섬긴다. 또 어려서부터 브랜드와 그 자격의 연관성을 꼼꼼히 따진다. 이것은 자본주의가 어떻게 민주화를 가져올 수 있는지 보여주는 또 다른 사례이다. 이제 아이들은 키가 작고 수입이 없으며, 부모의 손을 잡아야만 길을 건널 수 있다는 이유로 글로벌 시장에서 도외시하는 존재가 아니다. 지금은 물론 미래에도 아이들은 경제적 영향력을 발휘하게 될 것이다. 이것이 중요하다. 그리고 이러한 변화는 다른 주요한 변화와 마찬가지로 우리에게 혜택임과 동시에 부담으로 작용할 것이다. 현실적으로 이러한 측면은 다음 세 가지를 의미한다.

1. 만약 어떤 매장이 아이들에게 우호적이지 않다면 부모인 고객들은 분위기를 파악한 후 그 매장을 떠날 것이다. 그런데 여성 고객들에게 주로 의존함에도 불구하고 진열대와 시설물 사이의 통로가 유모차가 들락거릴 만큼 충분히 넓지 않은 매장들이 많다. 이럴 경우 20대와 30대 여성 고객 중 최소한 절반은 한동안 그 매장을 찾지 않을 것이다 (많은 남성 고객들도 마찬가지다). 우리는 백화점을 조사하면서 유아복과 아동복 코너의 진열대와 시설물이 다른 코너보다 더 붐빈다는 사실을 알게 되었다. 그 결과, 그 코너들은 유모차를 끄는 고객들이 가장

힘들어하는 장소가 되었다. 그러니 그들이 그 코너들을 기피하는 것도 우연이 아니었다. 해마다 홀마크에서는 TV 광고를 통해 크리스마스 전시물을 선전한다. 우리가 조사했던 한 매장에서는 전시물이 좁은 통로에 자리하고 있었다. 그러다 보니 유모차를 밀고 다니는 고객들은 그 코너에 진입할 수 없었다. 그 결과, 매장 안에서 전시물을 구경한 이들은 전체 고객의 10퍼센트에 불과했다. 이렇듯 매장의 디자인과 시설물만 잘 살펴도 그곳이 아이들에게 우호적인지 아닌지 쉽게 구분할 수 있다. 만약 그곳에 자동문과 층계 없는 넓은 통로가 있었다면, 유모차를 몰고 가는 부모들은 한결 마음이 놓였을 것이다.

2. 아이들은 수요가 있는 한 열성적인 소비자로 간주될 수 있다. 그러므로 아이들에게 무언가를 팔고자 한다면 그 물건은 눈에 잘 띄고 쉽게 손길이 닿는 곳에 놓아야 한다. 앞서 언급한 것처럼 욕실 발포제는 물론이고 애견용품도 그렇게 해야 한다. 노인들과 함께 아이들도 애견용 간식 시장의 주고객층이기 때문이다. 이와 반대로 매장에서 아이들이 물건을 만지지 못하게 할 경우, 좋지 않은 결과를 초래할 수 있다.

3. 만약 부모들이 정신을 집중해야 할 경우(예컨대 자동차 영업 사원이나 은행의 대출 담당 직원과 대화를 나눌 경우)라면, 누군가는 반드시 쉼 없이 움직이며 지루해하는 아이들의 기분을 전환시킬 수 있는 방안을 먼저 강구해야 한다.

내가 '성인' 세계에 미치는 아이들의 영향력에 대해 처음 관심을 갖게 된 것은 소매점이 아닌 필라델피아에 있는 로댕 박물관에서였다. 그곳에서 실물보다 더 큰 청동상을 구경하고 있을 때 "엄마, 이것 봐. 궁둥이야!"라고 소리치는 아이의 목소리가 들렸다. 고개를 돌려보니 어떤 개구쟁이가 작은 두 손으로 청동상의 엉덩이를 잡고 있었다.

잠시 후 나는 실내를 둘러보았다. 모든 조각상에 누군가가 만진 흔적이 남아 있었는데, 대략적인 높이로 보아 어린아이들의 손자국이었다. 그 순간 나는 아이들과 관련하여 몇 가지 사실을 깨달았다. 우선 아이들은 사물의 세계에 열의가 넘치는 참여자이다. 만약 어떤 사물이 아이들의 손길이 미치는 범위 안에 있다면, 또 그것이 조금이라도 흥미를 끈다면 아이들은 그것을 만지려들 것이다. 아이의 창조적 충동은 모든 사물에 숨겨져 있는 장난감적인 속성을 발견하는 것으로 표출된다. 다리미판은 어떨까? 아이들에게 그것은 장난감이다. 청동상의 엉덩이는? 그 역시 아이들에겐 장난감이다. 여기서 내가 깨달은 것은 아이들로 하여금 무언가를 만지게 하려면 그 물건을 충분히 낮은 곳에 놓아야 한다는 것이었다. 실제로 특정 지점 아래에 위치한 물건들은 아이들만 만질 수 있다.

물건을 만지는 아이들의 쇼핑 스타일을 활용할 수 있는 대표적인 장소로는 슈퍼마켓이 있다. 우리는 비디오테이프를 통해 잡화점에서 물건을 사달라고 부모에게 떼를 쓰는 아이들을 수없이 많이 목격했다(그렇게 애원해도 소용없으면 아이들은 물건을 집어 카트 안으로 던져 넣었다). 자신의 손길이 닿는 범위 안에 있으면 아이들은 그 물건을 만지려든다. 물건을 만지면 부모의 마음이 누그러지면서 그것을 사줄 최소한의 가능성이 생긴다(특히 아빠가 그럴 가능성이 더 높다). 그러나 이러한 상황도 신중하게 대처하지 않으면 안 된다. 예전에 우리는 아이들의 흥미를 끌 만한 물건들을 맨 아래 진열대에 보관한 슈퍼마켓을 조사한 적이 있다. 그런데 그들은 카트를 타고 있는 아이들에게 이상적인 위치는 중간 진열대임을 간과하고 있었다.

슈퍼마켓은 아이들에겐 아주 매혹적이지만, 그것이 부모에게 반감을 불러일으킬 수 있다. 그래서 일부 매장에서는 캔디 및 껌 진열대에 대한 부모들의 불평을 무마하기 위해 계산대에서 공짜로 캔디를 나누어주기 시작했다(그러자 이번에는 과자가 불평의 대상이 되었다). 몇 해 전 우리는 조사를 통해 한 가지 놀라운 사실을 발견했다. 아이들이 떼쓰는 것을 피하고자 쿠키와 크래커 통로를 의도적으로 멀리하는 성인들이 점점 증가하는 현상이 그것이었다. 이에 대응하여 한 쿠키 제조업체에서는 묘안을 짜냈다. 그들은 통로에 적절한 '인접물'을 다시 배치하여(예컨대 통로 왼편에 쿠키를 진열하고 오른편에는 유아식품을 진열하는 식) 가족들이 초콜릿 칩과 한 번은 마주칠 수밖에 없는 상황을 만들었다.

1980년대에 제너럴 밀스(General Mills)는 튀기면 다양한 색상으로 변하는 전자레인지용 팝콘을 신제품으로 선보인 적이 있다. 그들은 어린이 TV 프로그램을 통해 그 제품을 집중적으로 광고했다. 그러나 당시만 하더라도 고객의 손길이 닿는 곳에 제품을 진열해야 한다는 인식이 부족하던 시절이었다. 실제로 일반 슈퍼마켓에서는 부모를 구매자로 예상하고 그 제품을 높은 곳에 진열해놓았다. 그 결과, 매출은 실망스러울 정도로 저조했다. 우리는 지금도 여섯 살배기 꼬마가 팝콘이 보관된 진열대를 향해 팔짝팔짝 뛰고 있는 장면이 담긴 비디오를 고객들에게 보여주고 있다. 아이는 팝콘을 바닥에 떨어뜨려 엄마에게 보여주려고 그런 행위를 하고 있었다. 결국 팝콘은 바닥으로 떨어졌다. 그러나 아이의 엄마는 팝콘을 카트에 넣지 못하게 했다. 아이는 풀이 죽은 채 그것을 진열대에 도로 올려놓았다. 그런데 그 자리가 원래의 위치가 아닌 아이의 눈높이에 해당하는 위치였다. 잠시 후 그 팝콘을 발견한 또 다른 아이가 그것을 아빠의 카트에 던져 넣었다. 고객을 관찰하면서 얻을 수 있는 교훈이 바로 이런 것이다.

만약 아동 친화적인 음식점이 등장하지 않았다면 가족 동반 쇼핑이 불가능했을지도 모른다. 이러한 측면에서 커다란 성공을 거둔 곳이 바로 맥도널드이다. 맥도널드는 아이들이 이용하기에 편리한 데다, 아침 일찍 방문하는 어린이들을 대상으로 선물까지 제공하고 있다. 맥도널드에서는 일찌감치 아이들의 관심을 유도할 수 있다면(장난감과 캐릭터 컵, 만화 주인공이 그려진 컵, 놀이터 등을 통해) 어른들은 저절로 따라온다는 사실을 알고 있었다. 미국에서 팔리는 주요한 패스트푸드가 아이들이 특히 좋아하는 음식이라는 것은 결코 우연이 아니다. 그러나 맥도널드라 할지라도 완벽하지는 않다. 그들도 한 가지 중요한 점을 놓치고 있기 때문이다. 그곳의 카운터가 아이들이 이용하기에 너무 높다는 것이 그것이다. 일곱 살 내지 여덟 살 또래의 아이라면 프라이드치킨이나 음료수를 주문하려고 혼자 카운터에 갈 수 있다. 그러나 레스토랑의 설계는 이를 허용치 않고 있다. 심지어 메뉴판도 어른들이 보기 편하도록 높은 곳에 위치해 있다. 따라서 큼지막한 음식 사진과 적은 수의 글자로 제작된 아동용 메뉴판을 따로 설치해야 한다.

한때 나는 이어인이라는 레스토랑의 공동 사장이었다. 우리가 처음 그 사업을 시작했을 때 레스토랑의 단골 고객은 대부분 나이든 인쇄업자와 항만 노동자들이었다. 새로운 소유주로서 우리는 한 블록쯤 떨어진 곳에서 우리의 이웃으로 옮겨오기 시작한 예술가와 젊은 가족들을 고객화하는 데에 심혈을 기울였다. 가격을 올려야 하고, 고객층 구성도 변화시켜야 하는 상황이었다. 해결책은 무엇이었을까? 우리는 모든 테이블에 종이와 크레용을 올려놓았다. 그리고 적절한 시기에 우리가 좋아하는 단골 고객들을 초대하여 그들의 자녀를 레스토랑에 풀어놓게 했다. 아빠가 맥주를 천천히 마시는 동안 엄마는 집에서 자유롭게 저녁을 요리할 수 있도록 하기 위함이었다. 그리하여 오후 5시부터 밤 8시까지 이어인 레스토랑은 아장아장 걷는 유아와 맨발의 꼬마들로 붐비게 되었다. 그러자 항만 노동자와 인쇄업자들이 서서히 자취를 감췄다. 그들을 짜증 나게 할 의도는 없었지만 어쨌든 그들은 발길을 끊었다.

그런데 우리가 미처 예상치 못했던 것은 아동의 출현이 레스토랑을 보호하는 역할도 한다는 것이었다. 새로 개업한 거의 모든 레스토랑의 사장들은 지역 불량배들 때문에 골머리를 앓고 있었다. 그들은 돈을 갈취하거나, 쓰레기 비용을 요구하거나, 난투극을 벌이거나, 전화박스 안에서 죽치면서 사설 마권으로 도박을 하곤 했다. 정확한 이유는 모르겠지만 이어인 레스토랑은 이러한 모든 문제들을 피해갈 수 있었다.

몇 년 후 나는 몇몇 이웃들을 알게 되었다. 그 시절에 사귄 두 남자는 현재 개인적으로 힘든 시기를 보내고 있지만 다른 이들은 지금도 거리에서 만나면 반가운 마음이 앞선다. 10여 년 전 어느 날밤, 나는 거리를 걷다가 우연히 옛 친구를 만났다. 그를 그냥 토니라고 부르기로 하자. 우리는 지역 술집을 찾아가 술 몇 잔을 마시며 지난날에 대해 많은 얘기를 나누었다. 나는 우리의 관계가 멀어진 이유를 그에게 물었다.

"파코, 그건 빌어먹을 꼬마들 때문이었어. 우린 세 차례나 자네의 레스토랑을 찾아가 담소를 나누려고 했지. 그러나 레스토랑에 들어갔을 때 자넨 노파와 꼬마들을 상대하고 있었지. 우린 아무것도 할 수 없었네. 아무것도 할 수 없었지."

종이와 크레용만으로 이런 놀라운 변화를 만들 수 있는 것이다. 정말이지 이건 꿈같은 이야기가 아니다. 지금은 서점에 과거보다 더 많은 아이들이 있다. 예전에는 아동용 도서 코너가 후미진 구석에 위치해 있었지만 지금은 매장에서 가장 잘 눈에 띄는 곳에 위치해 있다.

이번에는 재치 있게 도서 진열을 한 서점의 사례를 들어보자. 그 서점의 경우, 인기 있는 TV 프로그램 주인공이 등장하는 책은 아래쪽에 진열되어 있다. 덕분에 아이들은 상업적으로 과대 선전한 괴상한 녀석들이라며 미심쩍은 눈길로 바라보는 부모의 방해 없이 『브라츠』나 『보글보글 스폰지밥』 또는 『티미의 못 말리는 수호천사』 같은 책들을 쉽게 집어들 수 있다. 그런가 하면 『그림 동화집』이나 『어린 왕자』 같은 어린이 명작은 어른의 눈높이에 진열해두었다. 부모들은 주로 읽을 만한 가치가 있는 책들을 선택하기 때문이다. 그리고 중간쯤에는 『코끼리왕 바바』나 『큐어리어스 조지』 혹은 닥터 수스(Dr. Seuss)의 작품처럼 여러 세대가 함께 읽을 수 있는 서적과 캐릭터들을 진열해놓았다. (DVD 매장도 이와 동일한 방식을 활용해야 한다. 예컨대 부모들이 주로 선택하는 「올드 옐러」, 「오즈의 마법사」 같은 교양물은 위쪽에, 아이들이 좋아하는 「하이스쿨 뮤지컬」, 「한나 몬타나」 같은 작품은 아래쪽에 진열하는 식이다.)

우리는 언제나 서점을 운영하는 고객들에게 성별로 구역을 나누라고 조언한다. 남성은 스포츠와 비즈니스, DIY와 컴퓨터 관련 코너에 몰리는 반면, 여성은 심리학, 자기 개발, 건강, 식품, 다이어트, 가정, 정원 관련 코너로 몰리는 경향을 보이기 때문이다. 특히 아동 도서는 여성 코너에서 잘 보이는 곳에 위치해야 하며, 진열대도 아이들 키 높이에 맞아야 한다. 그래야 엄마들이 책을 훑어보면서 틈틈이 아이들에게 시선을 돌릴 수 있기 때문이다.

우리 사무실 근처에 대형 서점인 반스 앤 노블이 있는데, 그곳의 아동 도서 코너에는 아동용 작은 의자들이 여러 개 놓여 있다. 이것은 그리 나쁘지 않은 발상이다. 그러나 이런 방식은 대부분의 아이들이 부모의 무릎 위에서 책을 읽는 것에 익숙하다는 사실을 간과하고 있다. 나는 그곳에 방문할 때마다 매장의 다른 곳에 있는 커다란 안락의자를 한두 개쯤 아동 도서 코너로 끌어다놓고 싶은 욕구를 느끼고는 한다.

아동 도서 출판업자들은 자신의 책을 주된 고객인 어른들에게 다가가게 하는 데에 아주 서툰 편이다. 물론 자신의 자녀를 위해 책을 구입하는 것이라면 취향과 독서 수준을 알고 있을 테니 별다른 도움이 필요 없을 것이다. 그러나 할아버지나 삼촌, 이모 혹은 가족의 친구들이 자녀들에게 책을 사주고 싶어 하는 경우라면 어떨까? 아마 그들은 각각의 책이 몇 학년(혹은 몇 살) 수준에 적절한지 알려주는 명확한 표시(책 위, 혹은 서가나 다른 진열대 위해 적힌 설명)을 원할 것이다. 그러나 이런 중요한 정보를 알려주는 아동 서적이나 서적 진열은 거의 찾아보기 힘들다. 이것은 제품 디자이너와 마케터들이 쇼퍼들이 정작 무엇을 원하는지 모르고 있음을 보여준다. 잠재 고객들이 매장에서 선 채로 책을 읽는 것은 흔히 볼 수 있는 광경이다. 그들은 책을 읽으면서 뭔가 단서를 찾는 것처럼 보인다. 그러나 선택이 불확실하다 싶으면 그들은 책을 내려놓고 아이들에게 뭔가 다른 것을 사주기로 마음먹는다. 여기서 중요한 점은 특정 서적의 핵심을 쇼퍼에게 알릴 수 있는 방안을 강구해야 이 같은 상황을 피할 수 있다는 것이다. 어떤 책이 선물용으로 타당한지 알려주는 것도 좋은 방안이다.

출판업자들이 선물용 도서를 고르는 고객들을 잘 활용하지 못하는 사례가 또 하나 있다. 아동용 도서는 비교적 저렴하다. 따라서 아동용 책을 구입할 때는 한 권 더 살 가능성이 높다. 그러나 아동용 시리즈로 큰 성공을 거둔 『구스범프스』나 『레모니 스니켓의 위험한 대결』조차 박스에 든 세트를 찾아보기 힘들다. 네다섯 권이 함께 들어 있는 세트라면 선물용으로 손색이 없을 텐데 말이다.

실제로 장난감을 고르고 구입하는 사람은 성인일 수 있지만, 그것에 대해 결정을 내리는 당사자는 아이들이다. 아직 말을 배우지 못한 아기일지라도 부모는 진열대에서 장난감을 집어 들고 살펴본 후 아기의 얼굴을 향해 흔들며 의견을 묻는다. 아기가 장난감을 깨물면 부모는 그것을 구입할 것이다. 현재 대다수 장난감 포장이 박스를 개봉할 필요 없이 버튼을 누르거나 끈을 당기면 열리는 구조인 것도 이 때문이다.

원리는 간단하다. 즉 어른들이 뛰어난 촉각을 가진 고객이라면, 아이들 역시 그렇다는 것이다. 앞서 청동상의 엉덩이를 만지는 것처럼 아이들은 무엇이든 만지고 싶어 한다. 아이들은 일단 사물의 움직임을 관찰한 후 그에 따라 계획을 세운다. 그러나 여기에는 최소한 두 가지 골치 아픈 측면이 있는데, 이 두 가지 모두 소매업자의 상식을 요구한다.

첫 번째는 아이들로 하여금 물건을 보고 만지고 집어 들고 그것을 소유하고 싶은 욕망을 갖게 하는 데까지 성공했다 해도, 그것이 오히려 부모들(실제로 아이들에게 물건을 사주는 사람들)에게는 실망과 당혹감을 안겨줄 수 있다는 것이다. 어른들이 쿠키 통로 혹은 캔디와 껌, 최근 유행하는 장난감이 잔뜩 쌓인 계산대를 피하는 것도 이 때문이다. 쇼핑을 한다고 굳게 믿고 있는 아이의 뒤를 쫓아다녀야 하는 상황에서 부모의 쇼핑은 버거울 수밖에 없다. 매장에서 아이들이 지나치게 떼를 쓰는 것을 경험한 어른이라면 될 수 있는 한 그런 상황을 피하고 싶을 것이다. 따라서 매장에서 무엇보다 중요한 것이 균형감이다.

두 번째는 아이들을 대상으로 매장을 홍보하려면, 아이들의 보호를 우선시해야 한다는 것이다. 쉴 새 없이 움직이는 꼬마들이 어떤 장난을 치는지 세심하게 살펴보아야 하고, 전기 콘센트나 날카롭게 각진 선반과 같은 위험 요소들을 눈에 잘 띄는 곳에 설치해야 한다. 특히 무거운 물건이 쉽게 당겨지거나 흔들리지 않도록 조심해야 한다. 버거킹을 조사할 때였다. 그곳에는 길게 늘어선 줄을 관리하기 위해 '복잡한 미로식' 카운터(허리 높이로 불쑥 내민 선반)를 설치해놓고 있었다. 8시간 동안 헤아려본 결과, 위험하게 그곳을 기어오르거나 뒤뚱거리며 그 위를 걸어 다니는 남녀 아이들은 총 52명이었다. 당연히 몇몇 아이들은 그곳에서 떨어졌다.

내 첫 번째 연구 중 하나로, 휴대폰이 대중화하기 이전에 우리는 서로 다른 세 지역에 위치한 AT&T 전화기 매장을 조사한 적이 있다. 세 곳 모두 호감을 끌 만하게 설계되어 있었다. 또 직원 수도 비슷했고, 그들이 상대하는 고객 수도 비슷했다. 그런데 유독 한 매장에서만 고객의 인터셉션 비율—판매 직원의 설명을 들은 잠재 고객 비율—이 낮게 나타났다. 직원들이 고객들과 함께 보낸 평균 시간도 훨씬 적었다. 무엇이 이런 차이를 낳았을까? 얼마 후 우리는 그 매장에 '폭포'처럼 생긴 진열 시스템—층층이 낮아지는 받침대 위에 장비들이 진열되어 있는 시스템—이 있다는 사실을 발견했다. 우리는 다양한 각도에서 매장을 살피면서 비디오에 담았다. 그러자 한 가지 패턴이 나타났다. 그것은 실적이 저조한 그 매장의 직원들이 아이들의 손길이 닿는 곳에 위치한 전화기와 팩시밀리를 보호하려고 항상 분주히 움직인다는 것이었다. 판매 직원들은 쇼퍼와 대화를 나누는 도중에도 꼬마들이 폭포 진열대에 손을 댈까봐 잠시도 감시의 눈길을 소홀히 할 수 없었다. 게다가 진열대를 단정하게 정돈하는 것도 중요했지만, 각 모델에 해당하는 물품이 그 매장에 오직 한두 대밖에 없다는 것도 문제였다. 만약 고가의 팩시밀리가 받침대에서 떨어져 망가지기라도 하면 그것을 대체하여 팔 물건이 없었다. 그러다 보니 가엾은 직원들은 고객과 대화를 나누는 것보다 값비싼 통신 장비들을 보호하는 데에 더 신경을 쓸 수밖에 없었다. 결론적으로 호기심 많은 고객들의 손길이 닿는 곳에 전화기를 진열하는 것은 재치 있는 발상이었지만, 아이들이 만질 수 있는 곳에 진열해둔 것은 역효과를 낳았을 뿐이다.

어느 날 오후, 나는 대화식 비디오 장치의 설계자로 유명한 사람과 자리를 같이했다. 당시 그 설계자는 패스트푸드 레스토랑의 놀이터에 있는 비디오 게임장에서 최신 기기를 선보이고 있었다. 처음에는 두 아이가 이 새로운 장치에 앉아 별 탈 없이 그것을 가지고 놀았다. 그런데 세 번째로 그곳에 앉은 아이는 신발을 벗더니 의자에 기대앉아 발가락으로 터치스크린을 작동시켰다. 그다음에 아이는 딱딱한 플라스틱 장난감으로 비디오 스크린을 마구 두드리기 시작했다. "맙소사, 저 아이가 지금 뭘 하고 있는 거지!" 설계자가 깜짝 놀란 목소리로 소리쳤다. 그래서 나는 "기계와 상호작용을 하고 있지 않습니까"라고 대답했다. 나의 이 답변이 이러한 상황에서 핵심을 건드린 것이 아니었을까? 근본적인 교훈이 아니었을까? 매장 바닥에 설치된 기술은 그것이 무엇이든 간에, 아이들의 접근이 가능하면 마치 전쟁터로 향하는 것처럼 일반적인 기준과 맞붙어 싸울 각오를 해야 한다.

아이들을 즐겁게 해주려고 굳이 만화 캐릭터 같은 존재가 될 필요는 없다. 그러나 거래를 하면서 고객이 자리에 남아 주의를 집중해야 하는 상황이라면 아이들에게 오락거리를 제공해야 한다. 부모들은 이러한 상황을 힘들어하는 것처럼 보인다. 그런데도 사업가들은 이를 허용하지 않으니 그저 답답할 따름이다. 최근에 나는 어떤 매장에서 엄마가 쇼핑을 하는 동안 두 살짜리 꼬마가 요란스럽게 뛰어다니는 것을 관찰한 적이 있다. 당연히 그 매장은 아이들의 출현을 인지하고 있어야 했다. 그곳이 임부복 전문점이었기 때문이다. 아이들에게 오락거리를 제공하는 것은 그리 어려운 일이 아니다. 프랑스의 한 대형 슈퍼마켓처럼 한구석에 TV를 설치해

디즈니 비디오를 틀어주는 정도로 충분하기 때문이다. (비디오 매장에서 단 한 대의 모니터로 아동 프로그램을 틀어주어도 어른들이 최소한 몇 분더 자유롭게 쇼핑할 수 있음에도 불구하고, 그렇게 하지 않는 매장들이 적지 않다.) 또 좁은 매장이라면 부모가 간간이 들여다볼 수 있는 다섯 평넓이의 공간에 플라스틱 장난감을 몇 개 갖다놓기만 해도 아이들의 오락거리로 충분하다. 이케아는 아이들을 위한 놀이 울을 제공하는 것으로 유명하다. 화려한 색상의 플라스틱 볼이 눈사태처럼밀려드는 광경은 이제 친숙한 아이콘이 되었다. 이러한 측면에서보면 스웨덴에 위치한 체인점 한 곳이 선두주자 역할을 하고 있다.유럽인들(특히 스칸디나비아인들)은 자녀의 안전에 그다지 극성스럽지 않기 때문에 쇼핑하는 동안 매장 직원들의 보호하에 아이들을맡긴다. 몇 년 전 뉴욕에서는 한바탕 소동이 벌어졌다. 젊은 네덜란드인 여성이 잠든 아기가 탄 유모차를 레스토랑 창 밖에 세워둔채 실내(창 옆에 위치한 테이블)로 들어가 점심식사를 즐겼기 때문이다. 그러자 누군가가 경찰에 전화를 했고, 복지부에서 관리가 출두했다. 결국 그 여성은 아동 보호와 관련하여 자기 책임으로 법적다툼을 벌여야 했다.

한편, 미국 부모들은 어떤 이유에서인지 자녀들이 머무는 장소에 지나치게 민감한 것 같다. 일례로 이케아에서는 어른들의 신분을 확인한 뒤 자녀를 놀이터에 맡겨두는 제도를 추진한 적이 있다.그러나 대다수 부모들은 매장 안에서 항상 지켜볼 수 없다는 이유로 자녀를 맡기려 들지 않았다. 몇 년 전에 블록버스터에서 아이들을 위해 소규모 드라이브인 극장을 만든 적이 있었다. 그곳에는 개구쟁이들이 앉아서 구경할 수 있는 대형 스크린의 비디오와 소형 자동차들이 마련되어 있었다. 그러나 안타깝게도 그 극장이 출구 바로 안쪽의 외진 곳에 위치해 있는 바람에 부모들은 지레 겁을 집어먹었다. 미국인들은 공적인 '데이케어(미취학 아동·고령자·신체장애자 등 각 집단에 대해 전문적 훈련을 받은 직원이 가족 대신 주간에만 돌보는 제도/옮긴이)' 경험이 그리 많지 않다. 결국 아이들은 드라이브인 극장에 들어가는 대신 부모를 따라 매장과 은행과 여타 소매점들로 끌려 다닐 수밖에 없었다.

넷 년 전 우리는 웰스 파고(Wells Fargo) 은행을 조사했는데, 그곳을 방문하는 고객 중 15퍼센트가 일곱 살이 채 안 된 어린아이들이었다. 대출 담당 직원에게 판매에 가장 도움을 주는 수단이 무엇이냐고 묻자, 그는 서랍에서 막대 사탕을 꺼내 보였다. 그 사탕이 부모들과 상담할 때 2분간 시간을 벌어주었던 것이다. 아이들의 방해를 받지 않고 상담하기에 적당한 시간이었다. 그 은행에서는 웰스 파고의 한 지점에 사는 강아지가 주인공으로 등장하는 색칠 그림책도 아이들에게 나눠주고 있었다. 뉴욕에 위치한 시티 은행에서도 아이들에게 움직이는 그림책을 제공하고 있다. 이 두 가지 사례에서 은행들은 오늘도 미래의 충성스러운 고객들(어린 시절의 행복했던 기억을 우리가 얼마나 좋아하는지 생각해보라)을 소리 없이 만들어 내고 있다.

아이들을 위한 적당한 공간 설계에는 몇 가지 원칙이 있다. 우선 부모들이 언제나 아이들을 지켜볼 수 있는 공개된 장소여야 한다. 즉 벽이나 장애물들에 의해 막혀 있어서는 안 된다. 아울러 안전하고 충분히 넓어야 한다. 아이들을 연령별로 구분할 수 있다면 더할 나위가 없을 것이다. 다양한 연령대의 아이들이 섞인 곳에서는 언제나 나이를 더 먹은 아이들이 대장 노릇을 하게 마련이다. 따라서 다른 아이들에게서 방해를 받은 어린아이들은 그것이 불쾌한 경험으로 남을 수 있다.

자동차 딜러들의 경우, 아이들의 관심을 다른 데로 돌리는 데에 상당한 어려움을 겪는 경향을 보인다. 아이들이 마치 장난감처럼 자동차를 좋아하는 성향을 가지고 있기 때문이다. 이에 대해 여러 가지 조치를 취할 수 있기는 하지만, 자동차 업계의 대응책은 미숙하기 짝이 없다. 그 때문에 가족 단위의 쇼핑을 하면서 고객들은 불필요한 어려움을 겪고 있다. 자동차 딜러들이 이 점을 개선하지 않으면 문제 해결은 요원할 것이다. 그러나 포드와 크라이슬러가 자동차 대리점에서 아이들의 존재를 인식하기 시작하면 타 기업들도 그 추세를 따라갈 것이다.

일본에서는 닛산이 블루 대리점과 레드 대리점으로 나뉘어 있는데, 각각의 대리점은 서로 다른 라인의 차량을 판매하고 있다. 그러나 두 대리점 모두 매장 앞에 멋진 장난감 자동차를 진열하고 있다. 대리점에서 판매하는 차량의 모델과 색상을 그대로 모방한 장난감이다. 일본의 경우, 대다수 대리점들이 협소한 탓에 미국처럼 주차할 수 있는 공간이 넉넉하지 않다. 그러나 사람들은 장난감 차량으로 간단히 사전 쇼핑을 할 수 있다. 개인적으로 나는 닛산이 장난감 차량을 충분히 확보하여 마치 막대 사탕처럼 딜러들이 그 것을 고객에게 나누어주었으면 하는 바람을 갖고 있다. 장난감 차량은 즉각적으로 활용할 수 있는 저렴하고 훌륭한 광고 수단이다. 21세기에는 여섯 살짜리 꼬마도 가족용 차량을 구입하는 데에 있어 발언권을 갖게 될 것이다.

아이들에게 오락거리를 제공해야 하는 또 다른 장소로 약국 대기실이 있다. 흔히 그곳에는 처방이 끝날 때까지 기다리는 병약한 어른 옆에 의기소침해 보이는 아이들이 앉아 있다. 이러한 아이들은 대부분 그 자신이 아픈 것처럼 보이는데, 그곳에서 마음대로 행동할 수 없기 때문이다. 약국에서는 대기실 근처에 장난감이나 색칠 그림책이나 크레용을 쉽게 구비해놓을 수 있다. 이것은 아이들에게 오락거리를 제공하는 또 다른 훌륭한 방식이다. 많은 부모들이 자녀를 달래려고 일종의 뇌물에 의존하는 것을 감안하면 아주 지혜로운 전략이 아닐 수 없기 때문이다. 아직까지 여성들이 대부분의 쇼핑을 하기 때문에, 엄마들이 쇼핑하는 코너 근처에 아이들을 위한 제품들을 진열하는 방식은 일리가 있다. 그렇다면 이것이 아이들을 이기적으로 이용하는 것일까, 아니면 엄마에게 편의를 제공하는 것일까? 어쩌면 두 가지 모두일지도 모른다.

몇 해 전, 나는 한밤중에 주차장에서 어슬렁거리는 10대들 때문에 골머리를 앓는 어느 편의점에 관한 뉴스 기사를 읽은 적이 있다. 경비원을 고용하면 해결될 문제이지만 비용이 만만치 않았다.

그래서 매장에서는 한 가지 묘안을 짜냈다. 크게 울리는 스피커를 통해 만토바니 오케스트라가 연주하는 매끄럽고 우아한 음악을 내보낸 것이었다. 그러자 어슬렁거리던 10대들이 거짓말처럼 사라졌다.

10대는 이미지, 광고, 미디어 메시지, 유행, 브랜드 등의 유혹에 쉽게 빠져드는 나이이다. 그들은 브랜드의 힘이 지위와 멋, 카리스마와 지식을 가져다준다고 믿는다. 그래서 그들은 쇼핑한 물건을 통해 자신의 신분을 구축한다. 이들은 이미지 광고가 아직 등장하지 않던 시절인 1950년대의 어른들과 아주 흡사하다. 아동은 성인에 비해 미디어 선택의 폭이 좁기 때문에 메시지를 집약된 형태로 받아들인다. 또 자신들의 취향에 맞는 것들(물건이나 매장)이 있는 세계를 찾아 돌아다니길 좋아한다. 그들이 가벼운 음악조차 질색하며 달아나는 것도 그 때문이다.

시장에서 10대들은 손쉬운 표적이다. 그러나 여기에는 몇 가지 난관들이 있다. 우리는 어느 청바지 코너를 조사하면서 10대들의 쇼핑에서 한 가지 특이한 패턴을 발견했다. 친구들과 함께 청바지 코너를 찾은 10대들(3분 52초)은 부모들과 동행한 10대들(2분 32초)보다 더 오래 머물러 있었다. 그리고 친구들과 함께 온 10대들은 3분의 1 정도 더 많은 물건들을 살펴보았다. 그런데 정작 청바지 구입 비율은 부모와 동행한 10대들(25퍼센트)이 친구들과 함께 온 10대들(13퍼센트)보다 두 배쯤 높게 나타났다.

그 결과, 우리는 10대의 청바지 구입이 다음과 같은 과정을 거친다는 것을 알게 되었다. 10대들은 실제 쇼핑에 앞서 구경을 목적으로 친구들과 함께 청바지 코너를 방문한다. 그곳에서 그들은 자신이 선택할 물건을 정하고 친구들의 의견까지 참조한다. 얼마 후 그들은 부모와 함께 다시 그곳을 찾는다. 그리고 그때는 되도록 빨리 거래를 끝낸다. 공개된 장소에서 부모와 함께 옷을 구입하는 창피한 모습을 타인들에게 보여주고 싶지 않기 때문이다.

그렇다면 이러한 측면은 일반적인 상거래에서, 특히 은행 업무에서 나이 어린 고객들에게 더 나은 봉사가 가능함을 의미하지 않을까? 예를 들어 현금 자동 출납기 카드를 이용해 아이들에게 용돈을 직접 주는 것도 가능하지 않을까? 소매업자들이 유치 상품(예약 할부 판매)을 제공하고 있고, 그것이 점차 일반화되는 추세라면, 나이 어린 고객들을 겨냥하여 같은 방식을 시도할 수 있지 않을까?

예전에 나는 프랑스 금융기관인 크레디트 아그리콜(Crédit Agricole)을 위해 조사한 적이 있다. 당시 그곳에서는 10대 후반 및 20대 초반 고객들을 위한 지점을 개설하고 있었다. 젠와이 뱅크 (GenY bank)로 이름 붙여진 그 지점은 일반 은행과 사뭇 다른 특징을 보여주고 있었다. 그곳의 디자인과 그래픽, 영업 시간, 직원 배치, 음악 등이 모두 Y세대의 취향을 반영하고 있었기 때문이다. 그곳에서는 아파트를 처음 임대하는 법, 모터사이클 구입을 위해 대출받는 법 등에 대한 세미나도 열릴 예정이었다.

이것은 훌륭한 접근법이지만 한 가지 주의해야 할 점이 있다. 어떤 제품이나 서비스가 10대 고객을 목표로 정할 경우, 나머지 연령대에서 접근을 회피하는 경향이 있다는 것이 그것이다. 프록터 앤 갬블의 화장품 브랜드였던 클레리온(Clarion)은 한때 명성이 자자했지만, 지금은 자취를 감추었다. 그 회사는 대화식 컴퓨터 기기(여자들이 자신의 피부색과 유형에 관한 정보를 컴퓨터에 입력시키면 거기에 적당한 클레리온 제품을 알려주는 장비)를 남들보다 앞서 사용한 업체였다. 그런데 모종의 이유로 그 기기는 차츰 진열대 아래쪽으로 이동하기 시작했다. 컴퓨터를 좋아하는 사춘기 소녀들이 이용하기에 딱 좋은 위치로 옮겨갔던 것이다. 그러자 그 광경을 지켜본 성인 여자들은 클레리온이 초보자들을 위한 화장품이라 생각하고 그곳을 피하기 시작했다. 결국 클레리온의 명성은 가라앉기 시작했고, 얼마 안 있어 그 브랜드는 시장에서 퇴출되는 신세가 되고 말았다.

4부

감각과 유혹이 있는
쇼핑의 과학

지금까지 기본적으로 사용자 친화적인 소매 환경을 구축하는 것과 관련된 내용을 살펴보았다. 그런데 가능한 한 쇼핑을 위해서는 면밀한 분석의 요구를 따라야 한다. 성별과 나이에 근거한 행동의 차이도 반드시 고려해야 한다. 그러지 않으면 쇼핑 매장과 레스토랑, 은행들이 모두 현실적으로 존재하지 않는 보편적 인간—성별도 나이도 없는—에게나 적당한 장소가 될 것이다. 쇼핑의 과학의 세 번째 측면은 그곳에서 주고받는 사람들, 앞뒤로 움직이는 사람들, 낭만을 즐기는 사람들을 발견할 수 있다는 것이다.

소매 활동을 모르는 사람은 없다. 그러나 여전히 미스터리로 남아 있다. 왜 휴렛팩커드를 구입하기로 작정하고 매장 안으로 들어간 고객이 느닷없이 캐논을 들고 나오는 걸까? 왜 고급 양품점에서 잠깐 구경이나 하며 시간을 때우려던 고객이 화려한 1,000달러 짜리 옷을 사 가지고 나오는 걸까? 대답은 간단하다. 자신이 원하는 것을 발견했기 때문이다. 그러나 그 이유를 설명하기란 쉽지 않다. 훌륭한 매장은 유도(柔道) 시합을 하듯이 고객을 붙잡아둔다. 그들은 고객의 충동, 즉 그들의 성향과 욕구를 이용하여 계획에도 없던 행동을 하게 만든다. 결론적으로 이것은 고객의 손길이 닿는 곳에 물건을 놓는 것만으로는 충분하지 않다. 고객의 손길이 닿게 하려면 그 물건을 소유하고 싶은 욕구를 불러일으켜야 한다. 그러지 않으면 모든 노력이 물거품이 된다. 결국 우리는 과학적인 조사를 통해 소매 활동의 세계를 움직이는 것이 '애정'임을 발견했다. 그렇다면 쇼퍼들은 어떻게 애정을 느끼는 것일까? 다음은 이와 관련하여 우리가 발견한 몇 가지 중요한 사항들이다.

접촉

우리는 접촉의 기회를 박탈당한 사회에서 살아가고 있다. 따라서 쇼핑은 물질세계를 직접 경험할 수 있는 드문 기회 중 하나이다. 충동구매는 대부분 매장 안에 있는 물건을 만지거나, 들거나, 냄새 맡거나, 맛을 보고 나서 이루어진다. 판매가 마케팅보다 훨씬 큰 효과를 발휘하는 것도 이 때문이다. 또 인터넷과 카탈로그, TV에 나오는 홈쇼핑이 번창하고 있지만 실제 매장을 절대 따라올 수 없는 것도 이 때문이다.

거울

반사되는 표면 앞에서 사람들은 어떤 행동을 보일까? 남자든 여자든 우리는 침팬지처럼 몸치장을 한다. 자신에 대한 관심은 인간 종의 근본적인 특성의 일부분이다. 쇼핑에서부터 성형 수술에 이르기까지, 우리는 자신의 외모에 관심을 갖는다. 앞에서도 언급했듯이 거울은 고객의 발걸음을 붙잡아두는 역할을 한다. 근처에서 무언가를 팔고 있다면 더없이 유용한 도구인 셈이다. 그러나 거울이 긴요한 역할을 하는 의복과 보석, 화장품 관련 매장에서조차 부족한 경우가 있다.

발견

매장 안으로 들어가 자신이 원하는 물건을 골라서 자신의 보금자리로 돌아가는 것만큼 만족감을 주는 일도 드물 것이다.

수많은 광고판과 진열물은 쇼핑 여행을 흥미진진한 모험으로 이끈다. 매장은 혼란하거나 모호한 느낌을 주지 말아야 하며, 다음에 무엇이 등장할지 넌지시 알려주는 암시나 힌트를 통해 고객을 유인해야 한다.

향긋한 빵 냄새만으로도 슈퍼마켓 쇼퍼들을 제과점 코너로 이끌기에 충분하다. 크림색 야외복을 걸친 제임스 본드의 근사하고 멋진 사진도 깔끔한 예복 광고보다 훨씬 더 다양한 정보를 전달할 수 있다.

대화

부부나 친구, 혹은 쇼핑 집단을 많이 끌어들인다면 그곳은 아주 잘 운영되고 있는 매장이다. 사람들이 의상이나 전화기에 대해 스스럼없이 대화를 나눌 수 있는 분위기가 조성된 곳이라면 제품은 저절로 팔려나갈 것이다.

인지

예전 TV 프로그램인 「치어스(Cheers)」의 테마 송은 "당신은 모든 사람들이 당신의 이름을 알고 있는 곳으로 가고 싶어 하지"라고 시작한다. 오늘날 지방에 있는 소규모 개인 매장들은 전국적인 체인망을 갖춘 최고의 매장들과 치열한 경쟁을 벌여야 하는 전쟁터나 다름없다. 그러나 재치 있는 매장들은 자신의 이점을 최대한 활용한다. 누구든 선택권이 주어진다면 더 나은 대접을 받을 수 있는 곳에서 쇼핑할 것이다. 심지어 그런 특권을 위해 약간의 돈을 더 지불할 용의도 있을 것이다. 초소형 매장이라 할지라도 사람들이 구매하는 물품들을 끊임없이 조사하고 적절한 가격 인하를 단행함으로써 충성도 높은 고객을 만들 수 있다. 우리의 조사에 따르면 매장 직원과 고객들 간의 접촉이 많을수록 제품 구입 가능성도 높아지는 것으로 나타났다. 따라서 판매 직원이 한두 가지 제품이나 정보를 고객에게 일일이 알려준다면 판매 가능성도 그만큼 더 높아질 수 있다. 물론 고객은 물품을 강매하는 판매 직원을 좋아하지 않으므로 도에 지나친 행위를 해서는 안 될 것이다.

할인 판매

할인 판매는 가격을 깎는 것 이상의 의미가 담겨 있는 것처럼 보인다. 예컨대 빅토리아스 시크릿에서는 종종 테이블 위에 속옷을 잔뜩 쌓아놓고 네 벌에 20달러라는 가격표를 걸어둔다. 이것은 한 벌에 5달러라는 가격표보다 훨씬 그럴듯해 보인다. 심지어 아주 호화로운 매장에서도 재고 정리 진열대에 있는 제품들은 불티나게 팔려나간다. 그러나 한 가지 주의할 점이 있다. 할인 판매 테이블 주변이 매우 혼잡하여 신체적 불편함이 느껴질 정도라면 쇼퍼가 물건 구입을 아예 포기할 수 있기 때문이다. 만약 인파로 북새통을 이루는 할인 판매 코너에서 어렵사리 블라우스를 하나 집어들었는데 그것을 꼼꼼히 살펴볼 공간이 없다면, 그 물건을 사지도 않을뿐더러 매장에 대해 좋지 않은 인상마저 갖게 될 것이다.

지나치게 많은 거울

매장이 마치 '유령의 집'처럼 느껴져서는 안 된다. 지나치게 많은 거울은 사람들을 혼란스럽게 할 수 있기 때문이다.

줄 서기

사람들은 줄 서는 것을 싫어할 뿐만 아니라 그동안에 느껴지는 불쾌한 감정도 싫어한다. 비효율적인 상황을 지켜봐야 하는 실망감, 자신이 가장 빠른 줄에 있는지 의구심이 드는 불안감, 기다리는 동안 딱히 읽거나 구경하거나 쇼핑할 것이 없는 데에서 오는 지루함 같은 감정이 엄습하기 때문이다. 계산대에서의 안 좋은 경험은 쇼핑의 좋은 기억마저 물거품으로 만들 수 있다.

무언無言의 질문

특히 신제품들은 고객이 쉽게 살펴볼 수 있도록 바깥쪽에 진열해야 한다. 또 그곳에는 고객들이 질문하기 전에 살펴볼 수 있는 광고물과 안내 책자, 해설용 비디오, 신문 기사, 대화식 전시물 등이 충분히 갖추어져 있어야 한다. 만약 매장에서 신제품과 복잡한 제품에 쉽게 접근할 수 있도록 한다면 매출은 계속 증가할 것이다.

상체 숙이기

특히 양손에 물건이 가득할 때 상체를 숙이는 것이 문제가 된다. 만약 제품을 향해 손을 뻗거나 집어 드는 것에 애를 먹는다면 쇼퍼들은 그냥 지나치면서 더 쉽게 물건을 구입할 수 있는 다른 매장을 생각할 것이다.

제품 품절

이것은 굳이 설명할 필요조차 없다.

불분명한 가격표

이 역시 설명할 필요가 없다.

불친절한 서비스

무례한 서비스와 느린 서비스, 부족한 정보 서비스, 무지한 서비스, 혼란스러운 서비스, 게으른 서비스, 퉁명스러운 서비스 등이 이에 포함된다. 매장을 소문내는 데에 있어 최상의 문장은 아마 "최고의 대접을 원하신다면 우리 매장을 찾아오십시오!"라는 구절일 것이다. 서비스가 불친절하면 고객은 다른 매장을 찾기 마련이다. 형편없는 서비스는 좋은 상품과 좋은 가격, 좋은 위치를 한꺼번에 망쳐버린다. 쇼핑 활동이 아무리 실용적인 일이라 해도 감정이 우선이기 때문이다.

다음에 이어지는 장들을 통해 우리는 쇼핑에서 가장 강력한 유인책(만지고, 입어보고, 맛보고, 냄새 맡는 등등 원하는 물건의 세계를 탐색할 수 있는 기회 및 차별화를 낳을 수 있도록 물건을 교묘하게 배치하는 방식)이 무엇인지에 대해 논의할 것이다. 물건에 대한 고객의 관심을 결정하는 것이 제품이 아닌 진열에 있다는 사실도 살펴볼 것이다. 쇼핑 경험을 통제하기 위해 소매업자들이 시간에 대한 고객의 인식을 어떻게 조작하는지, 또 감각적인 쇼핑의 대항자(인터넷을 통해 소매 활동을 하는 미래 세계)가 무엇인지도 살펴볼 것이다.

12 인간은 상품을 만지고 싶어 한다

"쇼핑이란 무엇인가?"

누군가의 입에서 이런 질문이 나왔다면 이상하게 들릴 수 있다. 특히 우리가 쇼핑을 조사하는 이 시점에서 이 같은 질문은 더욱 이상할 수밖에 없다. 그러나 어찌 되었든 나는 이 질문을 던질 수밖에 없다.

나의 이 질문은 구매를 뜻하지 않는다. 사람들이 돈으로 교환하기까지 물건을 보관하는 공적인 장소에 들어선다는 의미도 아니다. 그렇다고 소매나 상업 혹은 거래를 뜻하는 것은 더더욱 아니다. 요컨대 내 질문은 아래와 같은 의도를 담고 있다.

쇼핑이란 무엇인가?

쇼핑하는 사람은 누구이며, 쇼핑은 어떻게 이루어지는가?

사람들이 어떻게 이런 쇼핑 활동에 참여하게 되는가?

이 논의의 목적을 위해 쇼핑이란 개인의 삶에서 절대적으로 필요한 무언가를 의무적으로 구입하는 것 이상의 의미가 있다고 규정해보자. 이른바 '집어 들고 나오는' 행동 그 이상의 의미가 있는 것이다. 예컨대 당신에게 콘플레이크가 필요하다고 가정해보자. 당신은 콘플레이크가 있는 쪽으로 다가가 그것을 집어 든다. 그리고 값을 치르고 나온다. 이처럼 내가 의미하는 쇼핑 활동에는 삶의 일부분을 경험하는 과정이 포함된다. 이 과정에서 우리는 감각(시각과 촉각, 후각, 미각, 청각)을 이용하고, 그런 다음 물건을 선택하거나 거부한다. 여기서 가장 흥미를 불러일으키는 것이 바로 의사 결정 과정에서의 감각적인 측면이다. 이러한 측면이 없다면 어떻게 우리가 쇼핑 경험을 할 수 있겠는가? 특히 완벽한 성취감은 아닐지라도 즐거움을 약속하는 무언가를 고객이 직접 보거나, 만지거나, 냄새를 맡거나, 맛봄으로써 사실상 모든 충동구매(대부분의 계획된 구매도 마찬가지이지만)가 이루어진다는 점에서, 이것은 매우 중요한 부분이다.

나는 다시 한 번 이런 측면을 강조하고자 한다. 이것이 핵심적인 역할을 하기 때문이다. 오늘날 우리는 과거 그 어느 때보다 테스트와 접촉을 중시하면서 물건을 구매하고 있다.

그렇다면 사람들은 왜 물건을 구입하기 전에 먼저 만지고 싶어하는 것일까? 여기에는 다분히 실용적인 이유가 있다. 만약 가장 중요한 부분이 제품의 촉감이라면 우리는 그것을 만질 때 어떤 느낌인지 반드시 알아야 할 것이다. 예를 들어 우리는 타월을 구입하기 전에 먼저 만져보고 싶어 한다. 조사에 따르면 타월 한 장이 팔리기 전에 평균 여섯 사람이 만지는 것으로 나타났다(구매한 타월을 사용하기 전에 세탁해야 하는 이유도 이 때문이다). 침대 시트 역시 마찬가지다. 시트에서 느껴지는 촉감이 그것의 구입 여부를 결정한다. 의복도 같다. 특히 스웨터와 셔츠를 고를 때 우리는 주무르고 두드리고 쓰다듬는다. 의류는 대부분 이러한 유형에 속한다. 그러나 남성 속옷 제조업자들은 비닐 백 안에 제품을 봉해둠으로써 이런 좋은 기회를 놓치고 있다. 여성 속옷은 이런 식으로 판매되지 않는다. 여자들은 자기 피부에 그 속옷이 맞는지 테스트하는 것을 당연시하기 때문이다. 만약 누군가 남자들에게도 이 같은 기회를 제공한다면 남자들 역시 여자들처럼 테스트할 것이다.

신체와 접촉하기 때문에 만져보는 제품으로 의류만 있는 것이 아니다. 건강 미용 코너에서 쉽게 찾을 수 있는 로션과 보습제, 립스틱, 일반 화장품, 탈취제, 파우더 등도 그런 제품들이다. 손에 쥐거나 들고 다니거나 휘두르는 물건들도 만져봐야 한다. 예컨대 망치라면 한 번쯤 들어 올려야 무게가 적당한지 알 수 있다. 핸드백과 서류 가방, 옷 가방, 우산, 나이프, 주걱, 집게 같은 제품들도 마찬가지다. 지갑처럼 하루 종일 몸에 지니고 다니는 제품도 만져보아야 한다. 그렇다면 만질 필요가 없는 제품으로는 어떤 것들이 있을까? 전구가 대표적이다. 누구도 전구를 만지려 들지는 않을 것이다. 당신은 슈퍼마켓에서 박스에 담겨 있거나 철물점에서 선반에 매달려 있는 전구를 구입할 수 있다. 또 대형 홈쇼핑 센터를 찾아가 램프 갓 속에서 은은히 빛을 발하는 전구를 볼 수도 있다. 그럼 여기서 더 많은 전구를 팔거나 더 비싼 전구를 팔려면 어떤 방안을 강구해야 할까?

이 문제와 관련된 기본 원칙은 고객들이 스스로 강도 높게 개입하고 있는 물건들을 꼼꼼히 살펴보고 따져볼 수 있는 시간을 원한다는 것이다. 예를 들어 슈퍼마켓에서 새로운 상표의 케첩이나 치즈, 혹은 값비싼 품종의 사과나 배를 판매한다면, 당신은 그 제품들을 시험 삼아 맛보고 싶을 것이다. 이 같은 이유로 살사(스페인 또는 이탈리아풍 소스) 제조업체는 신제품이 나올 때마다 항상 시식회를 거행한다. 버드와이저라면 굳이 시음회를 할 필요가 없을 것이다. 하지만 새로 나온 고가의 벨기에산 람빅 맥주나 아르메니아산 맥주를 구입하고자 한다면 시험 삼아 조금 맛보고 싶을 것이다. 설탕이라면 어떨까? 한마디로 그건 시간 낭비다. 설탕은 그냥 설탕일 뿐이다. 식물성 식용유도 마찬가지다. 사람들이 올리브유를 마치 고급 포도주처럼 맛본다 한들 달라질 게 없다. 물론 20년 된 발사믹 식초 같은 특산품이라면 기꺼이 시음회에 나설 것이다. 그럼 우유는 어떨까? 차갑게 보관되어 있고 유통기한이 지나지 않는 한 맛볼 이유가 없을 것이다.

새로 나온 식료품 가운데 대략 90퍼센트는 시장에서 실패를 맛본다. 사람들이 신제품을 좋아하지 않아서가 아니다. 그 제품들을 맛볼 기회가 없기 때문이다. 개인적으로 나는 충분한 자본과 지원

(마케팅과 광고)을 통해 고객에게 샘플을 제공하지 않는 신제품 소개는 뭔가 부족한 시도라고 생각한다. 담배는 건강에 해로운 제품이다. 그러나 담배 회사들은 훌륭한 방식(젊고 아름다운 젊은이들이 거리 모퉁이에 서서 무료 경품을 제공하는 방식)으로 사람들에게 샘플을 나눠 준다. 심지어 담배를 피우지 않는 사람들조차 기분 좋은 간청을 뿌리치지 못하고 샘플을 받을 정도다. 그러므로 슈퍼마켓에서는 젊은이들이 매장에서 물건을 나눠주도록 직원들을 재교육시키는 편이 좋을 것이다.

물론 마케팅과 샘플 작업을 병행하려면 적절한 광고 타깃(광고주가 광고 메시지를 전하기 위해 목표로 하는 대상)을 미리 결정해야 한다. 전자레인지용 팝콘이 처음 출시되었을 무렵, 우리는 그 제품의 시장 진출을 돕고자 제너럴 밀스를 위해 일한 적이 있다. 우리는 "지금 누가 그 제품을 구입하고 있습니까?"라고 물었다. 그러자 그들은 구매자의 64퍼센트가 여성이라고 대답했다. 그것은 당시 남자들이 편리한 전자레인지 요리법에 아직 익숙하지 않은 데다 마케팅(TV 광고와 인쇄물 광고)이 주로 여성을 겨냥하여 여성 전용 프로그램과 언론에 노출되었기 때문이다.

우리는 "샘플링 작업을 하면서 어떤 고객에게 접근하고 싶은가요?"라고 물었다. 그러자 그들은 "당연히 여자들입니다"라고 대답했다. 그러나 그것은 살못된 답변이었다. 여성 시상은 이미 충분히 확보하고 있었기 때문이다. 전자레인지용 팝콘을 다시 떠올려보자. 팝콘은 남자들에게 딱 어울리는 식품이다. 손쉽게 만들 수 있고 남성의 입맛에 맞는 짭짤한 스낵이기 때문이다. 더욱이 남자들은 무엇이든 시도해보길 좋아하는 충동적인 쇼퍼이다. 전자레인지용 팝콘은 6개짜리 포장으로 4달러의 가격에 판매되고 있었다. 우리는 남성층을 겨냥하여 판매 전략에 약간의 변화를 주라고 조언했다. 2개짜리 포장을 1달러에 파는 것과 아이스하키 게임에서 그 제품을 광고하라는 것이 그것이었다.

화장지 같은 제품도 틈새시장을 노려봄직하다. 만약 슈퍼마켓 매장에서 뭔가 특별한 것을 보여준다면 사람들은 그곳에서 더 많은 시간을 보낼 것이다. 그러나 그것이 문제가 되는 경우가 있다. 특히 이 문제와 관련하여 식품 포장용 랩이나 알루미늄 호일이나 쓰레기봉투를 만드는 제조업체들이 많은 좌절감을 맛보곤 한다. 이런 종류의 제품일 경우, 고객들이 무조건 싼 물건만 찾기 때문이다. 사실 더 나은(그래서 더 비싼) 쓰레기봉투를 사는 것이 좋다고 고객들을 설득하는 건 거의 불가능에 가깝다. 제품의 특별한 장점을 모른다면 굳이 돈을 더 쓸 이유가 없잖은가?

다행히 슈퍼마켓은 점점 더 감각적인 공간으로 변해가고 있다. 오늘날 잘 운영되는 대다수 슈퍼마켓에서는 구내에 제과점을 비치하여 부드럽고 향긋한 냄새로 실내 공간을 채우고 있다. 비타민 코너에서도 향긋한 냄새가 풍긴다. 그렇게 냄새를 쫓다 보면 고객들은 무심결에 카운터 앞에 서게 될 것이다. 그러고는 갑자기 "그래, 빵이 필요하지"라고 생각할 것이다. 그러나 이보다 더 중요한 점은, 향긋한 냄새가 침샘을 자극하여 매출을 증가시킨다는 것이다. 그런가 하면 스타벅스로부터 비결을 배운 매장들은 값비싼 원두커피를 끓여 잔으로 팔고 있다. 이것은 바로 제품의 감각적인 측면을 활용한 또 다른 방식이다.

냄새는 마케팅 분야에서 새로운 개척지나 다름없다. 유명한 저자이자 컨설턴트인 마틴 린드스트롬은 기업들이 냄새를 활용하여 고객들에게 강한 인상을 심어줄 수 있다고 주장한다. 린드스트롬은 자신의 저서 『브랜드 센스(*Brand Sense*)』에서 유아용품인 플레이도우(Play-Doh)나 존슨스 베이비 샴푸, 혹은 순수한 바닐라 향기처럼 우리의 기억 속에 냄새를 각인시켜준 특별한 장소들을 언급하고 있다. 어린 동물이 어미의 냄새를 알아차리듯 인간 역시 냄새와 밀접한 관련을 맺고 있다는 것이다.

2007년 4월에 나는 캐나다 핼리팩스에서 새로 오픈한 노바스코샤 주류 대리점을 방문한 적이 있다. 그 매장은 연령별로 선호하는 공간으로 나뉘어 있었는데, 각각의 코너에서는 환기구를 통해 테마가 담긴 특정한 냄새가 흘러나왔다. 혼합주와 데킬라와 보드카로 채워진 서른 살 이하 고객들을 위한 코너에서는 감미로운 과일향이 풍겼다. 그리고 술맛을 아는 고객들을 위한 또 다른 위스키판매 코너에서는 미묘한 훈제향이 풍겼으며, 특정 연령대의 고객들을 위한 다양한 포도주 컬렉션 코너에서는 제품과 빈티지에 따라 서로 다른 냄새가 풍겼다. 그런데 인간의 눈이 노화되는 것처럼 냄새와 맛을 느끼는 감각 역시 노화된다. 예전에 나는 내 마음에 쏙 드는 광고를 목격한 적이 있다. 그것은 뉴욕의 한 버스 정류장에 걸려 있는 유명한 스카치위스키 광고로, 거기에는 이렇게 적혀 있었다. '소녀 시절에는 정말 맛없다고 생각했지요.' 요컨대 아이들이 단맛과 감미로운 냄새를 좋아하는 반면, 나이가 들수록 짠맛과 쓴맛을 즐긴다는 것은 단순한 우연의 일치가 아니다.

2007년 가을에 콜럼버스 서클 외곽에서 베스트바이 전자제품 소매점이 새로 문을 열었는데, 그곳의 가전제품 코너에서는 막 다림질한 셔츠 냄새가 풍겼다. 요즘에는 기계를 통해 냄새가 널리 퍼지도록 하고 있다. 그렇다면 이렇게 풍기는 냄새는 어느 정도가 적당할까? 슈퍼마켓의 냉동육 코너에서 굽고 있는 스테이크나 베이컨 냄새로 시작해보자. 개인적으로 나는 이 냄새를 좋아한다. 아마도 이러한 냄새 덕분에 고기는 더 많이 팔려나갈 것이다. 그런데 쇼핑 경험에서 냄새는 다른 효과를 낳을 수도 있다. 슈퍼마켓 방문이 감각주의자의 즐거운 여정이 될 수도 있지만, 그렇지 않을 수도 있기 때문이다. 문제는 누군가에겐 향긋한 냄새가 다른 누군가에겐 고약한 악취로 여겨질 수 있다는 것이다. 일례로 이탈리아인인 내 친구는 사무실에 오렌지 반입을 금지할 정도로 오렌지 냄새를 끔찍이 싫어한다. 마찬가지로 고기 굽는 냄새는 많은 이들의 군침을 돌게 하지만, 채식주의자들에겐 구역질을 유발할 수도 있다.

오늘날 영국의 몇몇 유아복 매장에서는 환풍구를 통해 베이비파우더 냄새가 풍겨 나온다. 고객의 머릿속에 달콤하고 시큼한 갓난아기의 냄새를 떠올리게 한다는 아이디어인데 그 효과가 상당하다. 우리는 미국의 베이비파우더 제조업체들에도 제품 포장에 냄새를 첨가하라고 조언했다. 그러나 그들은 매장 관리자들이 청결한 구내에서 냄새나는 물품들은 죄다 치워버릴지도 모른다며 지레 겁을 먹었다. 맞는 말이다. 농산물 통로를 제외하고 슈퍼마켓에서 고객의 감각적인 충동(후각, 미각, 촉각, 시각)을 만족시키는 그런 전통은 존재하지 않기 때문이다. 그들은 지금도 1960년대 방식을 고수하면서 냉동 식품, 통조림 식품, 가공 식품, 분말 식품, 포장 식품과 완전무결한 무균의 청결함을 강조하고 있다. 그러나나는 그곳에다 TV 요리 쇼에 나오는 개방형 부엌 같은 것을 설치하여 주방장이 스낵을 집어 들고 고객들에게 그것(요리법과 함께)을일일이 나눠주었으면 하는 바람을 가지고 있다. 매니저가 스피커를 통해 큰 소리로 이렇게 외치는 건 어떨까?

"고객 여러분, 잠시 주목해주십시오! 앞으로 15분 동안 냉동식품 코너에서 여러분 모두에게 공짜로 과일 빙수를 나눠드릴 겁니다!"

농산물 코너에 DJ와 댄스 플로어를 설치하고, 시리얼 통로에서인형극을 보여주고, 계산대에서 재즈 트리오나 합창단 연주를 들려주는 건 어떨까? 이런 식으로 따분한 쇼핑 매장에 좀 더 활력을불어넣을 수 있지 않을까?

매장의 기능이 변화함에 따라 쇼핑 세계에서 접촉과 테스트가그 어느 때보다 중요시되고 있다. 과거에는 매장 주인과 판매 사원들이 제품 안내자 역할을 했다. 풍부한 지식을 바탕으로 제품과 고객 사이에서 중재자 역할을 했던 것이다. 대부분의 경우, 직원들의 설명이 옳았기 때문에 고객은 그들의 말을 순순히 받아들였다. 당시는 유리로 제작된 호화로운 목재 캐비닛을 앞에 두고 제품은 그 뒤에 진열하던 시절로, 철물점과 잡화 상인과 일반 매장의 전성기였다. 또한 고객과 직원 간의 공간이 명확히 구분되던 시절이기도 했다.

그러나 오늘날의 '오픈 판매' 진열 방식에서는 거의 모든 물건을 바깥에 진열하기 때문에 고객들은 판매 사원의 중재 없이 물건을 직접 만지고, 냄새 맡고, 테스트할 수 있다. 1960년에 시어스에서는 전체 물품의 35퍼센트를 창고에 보관했지만, 지금은 그 비중이 채 15퍼센트도 안 된다. 요즘은 점원에게 자신이 원하는 품목이 '안쪽 창고'에 있느냐고 묻는 고객이 거의 없다. '안쪽 창고'가 아예 없는 경우도 있다. 지금은 모든 물건이 진열대 혹은 작은 벽장 안에 비치되어 있다. 그야말로 눈부신 혁신이다. 창고에 보관되어 있기만 하다면 그 물건이 대체 무슨 소용이 있겠는가. 만약 물건이 창고에 처박혀 있다면 직원의 도움 없인 그것을 구매할 수 없을 것이다. 그런데 제품에 대해 훤히 알고 있는 직원이 거의 없다면, 적극적으로 당신에게 도움을 주려고 애쓰는 직원이 거의 없다면 어떻게 해야 할까? 이러한 상황이라면 가능한 한 모든 물건을 바깥에 내놓고 고객들의 관심을 유도하는 것이 합리적일 것이다. 즉 고객들로 하여금 자신의 훌륭한 감각을 이용해 물건을 직접 고르게 하는 것이다.

접촉과 테스트가 중요해진 또 다른 이유는 제품 브랜드의 영향력이 점점 약화되고 있기 때문이다. 고객이 대형 브랜드를 신뢰하던 시절에는 그 믿음이 곧 매출로 이어졌다. 그러나 이러한 흐름은 더 이상 통용되지 않는다. 예전에 피부 및 모발 관련 제품으로 전국적인 지명도를 가진 브랜드를 조사한 적이 있다. 그룹별로 인종을 구분하여 조사하면서 아시아계 미국인들이 로션과 비누, 샴푸를 개봉하고 만지는 데에 가장 적극적임을 알게 되었다. 실제로 이러한 쇼퍼의 23퍼센트가 제품의 점도(粘度)와 향기를 파악하려고 박스를 찢거나 병을 열었다. 이것은 특정 브랜드가 광고와 미디어에 수백만 달러의 현금을 쏟아부었음에도 불구하고 날로 증가하는 소수 인종 미국인들의 신뢰를 얻지 못하고 있는 현실을 여실히 보여주는 사례였다.

이런 점에서 우리는 모두 '네이더(랠프 네이더가 주창한 공격적인 소비자 보호 운동)' 이후의 쇼퍼이다. 우리는 무엇이든 보고, 듣고, 냄새 맡고, 맛보고, 테스트한 다음에야 비로소 그것에 대한 믿음을 갖는다. 우리는 제품 구입 이전에 미리 머릿속으로 무엇을 살 것이며 가격은 얼마인지 따져본다. 그리고 TV 광고나 떠도는 소문이 아닌 엄격한 증거에 입각하여 제품과 그 가치에 대한 확신을 갖는다. 그런데 놀랍게도 대다수 매장들은 이러한 사실을 잘 모르고 있다. 컴퓨터 소매점을 조사할 때마다 우리가 목격하는 상황이 있다. 컴퓨터 전문점에는 프린터를 진열하는 대형 코너가 있었지만 실제로 전원이 연결되어 작동 가능한 프린터는 몇 대밖에 되지 않는다는 사실이 그것이다. 대다수 프린터들이 테스트용으로 쉽게 작동될 수 있음에도 불구하고 현실이 그랬다.

　제품 구입시에 우리의 자신감이 필요한 대상은 자동차나 스테레오 스피커, 혹은 유명 디자이너의 고급 의류처럼 값비싼 품목들만 있는 것이 아니다. 냉장고에 청량음료를 넣어두는 구조의 가판대 설계와 관련하여 조사할 때였다. 한 가지 좋은 방안은 카운터 아래에 차가운 음료수를 숨겨두고 고객에게는 진열된 텅 빈 캔을 보여주는 것이었다. 그러나 우리는 이내 그것이 무모한 계획임을 깨달았다. 음료수 캔 위에 성에가 덮여 있지 않으면 사람들은 그 음료가 차갑다고 생각하지 않았기 때문이다. 그들은 거의 본능적으로 이런 판단을 하는 것처럼 보였다. 그래서 우리는 고객의 눈에 보이는 곳에 케이스를 설치했다. 그러자 차가운 청량음료의 매출이 증가하기 시작했다. 이런 측면에서 보면 편의점이 슈퍼마켓보다 한 발 앞서 나가고 있다. 고객들이 당장 마시지 않더라도 차가운 청량음료나 맥주 구매를 선호한다는 사실을 편의점이 먼저 인식했기 때문이다. 실제로 따뜻한 맥주는 뭔가 부자연스러운 느낌을 준다.

　삶의 '직접적인' 경험 중 많은 부분이 쇼핑을 통해 이루어진다. 물건을 잘 살피겠다는 특별한 의도를 가지고 찾는 곳이 어디 일까? 박물관이 있다. 그러나 그곳은 선물 가게(일종의 소매 환경)처럼 물건들을 마음껏 만질 수 있는 장소가 아니다. 촉각을 이용하여 감각적인 경험을 만끽할 수 있는 곳은 매장뿐이다. 심지어 사람들은 물건 구입이 불필요한 상황에서도 이따금 밖으로 나가 물건을 만지거나 맛을 보려 한다.

인간이 쇼핑을 하는 가장 순수한 사례를 찾고 싶다면 물건들을 만지면서 성장하는 아이들을 지켜보라. 아이들은 정보, 이해, 지식, 경험과 감각을 얻으려고 쇼핑한다. 여기서 특히 중요한 것이 바로 감각이다. 아이들이 어떤 물건을 몇 번씩 만지고, 들고, 맛보고, 냄새 맡는 것도 그 때문이다. 개나 새, 혹은 벌레를 지켜본 적이 있는가? 아마 당신은 개미를 보고서 먹이를 찾고 있다고 말할 것이다. 하지만 나는 개미가 쇼핑하고 있다고 말할 것이다.

만약 이 말이 믿기지 않는다면 감각적 경험과 전혀 무관해 보이는 물건들이 있는 장소인 서점을 방문해보라. 그곳에서 당신은 고객들이 책을 두드리고 문지르고 들어 올리며 제품의 물질적 특성을 체험하는 광경을 목격할 수 있을 것이다. 책은 딱히 즐거움을 제공할 만한 물질적 속성(활자 크기만 빼고)을 지니고 있지 않다. 그런데도 사람들은 무심코 책을 만진다. 인간 역시 동물이다. 상상하고, 사고하고, 시각화하고, 개념화하고, 지식화하는 온갖 능력에도 불구하고 인간이라는 육체적 창조물은 오감을 통해 세상을 경험한다(아주 민감한 사람이라면 육감, 즉 초자연적인 감각을 가질 수도 있다). 세상 만물이 우리 가까이에 있고, 그것이 오감과 반응하여 우리 자신을 자극한다. 따라서 느낄 수 있는 능력과 느끼고자 하는 욕구는 아주 기본적인 것이다. 심지어 우리는 감각을 통해 알 수 없는 것과 마주칠 때도 마치 그것을 아는 것처럼 말한다.

내 말의 의도를 알겠는가? 내 말이 옳은 것 같은가? 일리가 있다고 느껴지는가? 아니면 나의 추론이 미심쩍은가?

다음은 접촉이 중요시될 수밖에 없는 마지막 이유이다. 고객이 실질적으로 물건을 소유하는 것은 언제쯤일까? 기술적으로 말하자면, 계산대에서 물건이 화폐와 교환되는 바로 그 순간일 것이다. 그러나 계산대는 매장 입장에서나 기분 좋은 장소일 뿐, 고객의 입장에서는 그 순간이 그리 달갑지 않다. 실제로 그곳에서는 상실감(화폐의 지출)과 고통(줄 서서 기다리고, 신용카드 승인을 기다리고, 점원이 물건을 봉투에 넣는 것을 기다려야 하는 지루함)을 경험할 뿐이다. 그렇다면 어디서 소유가 발생하는가? 분명한 사실은, 소유가 단지 기술적인 순간이 아닌 감정적이고 정신적인 순간이라는 것이다. 소유는 고객이 물건을 손에 넣었다고 느낄 때부터 시작된다. 또 그물건을 눈으로 보고 손으로 만져보는 것으로 시작된다. 일단 물건이 당신의 손에 쥐이거나 입 속으로 들어가면 그 순간부터 소유의 과정이 시작되는 것이다. 값을 치르는 것은 단지 기술적인 요소에 지나지 않는다. 따라서 쇼퍼의 손에 물건이 빨리 쥐일수록, 혹은 고객이 그것을 입어보거나 마시거나 한 블록쯤 운전해보는 것이 쉬울수록 판매자로부터 구매자로의 소유권 이동도 한결 쉬워질 것이다.

이것이 바로 쇼핑이다.

요컨대 쇼핑의 원리는 아주 간단하다. 고객이 물건 구입 이전에 그것을 먼저 경험해보고 싶어 한다는 것이 그것이다. 따라서 매장의 중요한 기능은 고객과 제품 간의 접촉을 용이하게 하는 것이다. 매장은 고객이 손쉽게 물건을 만지고 시험해볼 수 있는 분위기를 조성해야 한다. 그런데도 이러한 접촉을 힘들게 하는 매장이 적지 않다. 만약 어떤 제품이 기능을 가지고 있다면 매장에서 그 기능을 알 수 있어야 한다. 어떤 제품이 맛을 지니고 있다면 고객은 그것을 맛볼 수 있어야 하며, 냄새를 가지고 있다면 그 냄새를 맡을 수 있어야 한다. 심지어 제품에서 풍기는 냄새가 물건의 본래 목적과 무관하다 할지라도 냄새를 맡을 수 있어야 한다. 그것은 제품의 주된 용도가 고객이 그것을 경험하는 방식과 다른 경우도 있기 때문이다.

예컨대 에어컨의 원래 기능은 무엇일까? 실내를 시원하게 만드는 것이다. 그렇다면 에어컨이 원래 기능을 유지할 수 있는지 여부를 어떻게 확인할 수 있을까? 친구들에게 물어보거나 안내서를 읽거나 직원에게 질문할 수 있다. 그러나 눈으로 보기만 해서는 알 도리가 없다. 심지어 에어컨 판매점에서 작동시켜봐도 확인하기 힘들다. 결국 확실히 확인할 방도가 없기 때문에 우리는 늘 사용해오던 브랜드나 세일 중인 브랜드를 선택하게 된다. 여기에 또 다른 문제도 있다. 에어컨 소음은 어떻게 한단 말인가? 엄밀히 따지자면 찬 공기는 차갑기만 하면 되기 때문에 그리 문제가 되지 않는다. 하지만 소음은 그렇지 않다. 최종 확인 과정에서 소음은 에어컨을 서로 비교하는 몇 가지 사항 중 하나가 될 수 있다. 어차피 몇 년쯤 지나면 집 안에 설치한 에어컨에서 잉잉거리는 소음이 나기 시작할 것이다. 어느 해 여름이면 당신은 에어컨의 소음과 관련하여 불평하게 될 것이다. 이 시점에서 비로소 에어컨 소음에 관심을 갖게 되는 것이다. 그러나 에어컨을 구입할 당시에는 이러한 사실을 전혀 몰랐을 것이다. 바로 이런 측면에서 제조업자와 소매업자들은 좋은 기회를 놓치고 있다. 만약 판매 사원들이 스위치를 올리고 프로펠러 비행기와 같은 소음이 나는 제품과 망가진 믹서기 같은 소음을 내는 제품, 그리고 좀 더 고가이지만 잠자는 고양이의 가르랑거리는 소리 정도의 소음을 내는 제품을 보여준다면, 고객은 에어컨 선택에서 새로운 기준을 갖게 될 것이다.

어떻게 생각해보면 각종 주요한 가전제품들(냉장고, 식기세척기, 진공청소기, 세탁기, 드라이어)에서 사소한 제품들(커피 가는 기계, 식품 가공기, 깡통 따개)에 이르기까지 이러한 과정은 대동소이하다. 우리는 박스를 보고 원하는 제품인지 여부를 알 수 있다. 설명서를 읽고 어느 정도 그 기능을 알 수도 있다. 그러나 최소한 그것이 작동하는 소리도 들어봐야 할 것이다.

다음은 사람들이 제품을 경험하고 싶어 하는 방식과 관련하여 매장에서 그 핵심을 놓치고 있음을 보여주는 또 다른 사례이다. 침대 시트의 포장 방식을 판단하는 데에 있어 가장 중요한 것이 이른바 '스레드 카운트(thread count)'이다. 대체 스레드 카운트란 무엇일까? 일반인은 이 용어를 알 리가 없지만, 거의 모든 시트와 베개주머니에 이것이 적혀 있다. 물론 침대 전문가들은 스레드 카운트를 잘 알고 있다. 그러나 일반인들은 만져서 느껴지는 촉감으로 시트의 상태를 판단할 뿐이다. 여기서 문제는 시트가 대부분 비닐 백에 밀봉된 상태로 판매되고 있다는 것이다. 제품을 볼 수는 있지만 만질 수는 없다. 사람들이 손톱으로 비닐 백을 찢고 몰래 직물을 만져보는 것도 그 때문이다. 만약 당신이 그 제품을 산다면 다른 포장을 선택할 공산이 크다. 이미 손상된 제품을 누가 구입하고 싶겠는가? 사람들이 시트 상태를 모를 수밖에 없는 또 다른 이유는 이른바 '풀 먹임' 때문이다. 시트의 정확한 사이즈는 어떻게 될까? 아무도 모를 것이다. 그렇다고 새로운 시트를 세탁하지 않을 수도 없다. 풀을 먹인 시트는 뻣뻣하고 긁히기 쉽기 때문이다. 그럼 쇼퍼들은 왜 최악의 여건임도 불구하고 시트를 만지려 하는 걸까? 우리 사무실 근처에 침대와 목욕용품을 파는 대형 매장이 있다. 그런데 그 매장의 시트들은 모두 한 차례 세탁하여 폭신폭신한 상태로 진열되어 있다. 덕분에 고객들은 가정에서 사용할 때와 비슷한 느낌을 주는 시트를 구입할 수 있다. 고객들은 바로 이런 측면에 관심을 보인다.

아마도 접촉과 테스트가 가장 중요시되는 분야는 의류일 것이다. 지금은 3달러짜리 땀 양말이든, 1,500달러짜리 디자이너 맞춤복이든, 대다수 의류 전문점에서 모든 제품들을 만지고 주무르고 두드릴 수 있다. 일반인이 현대 미술관을 방문해 피카소의 작품을 만질 수 있을까? 그것은 꿈도 꾸지 못할 것이다. 그러나 매디슨 가에 위치한 캘빈 클라인이나 아르마니 매장에선 기성복 명품들을 마음껏 만질 수 있다. 대부분의 경우, 의류 전문점을 설계하는 이들은 판매하는 모든 제품들을 만질 수 있도록 배려한다. 그런데 탈의실을 설계할 때는 그렇게 하지 않는 것 같다. 탈의실을 살펴보라. 그들이 매장에서 벌어지는 상황에 대해 얼마나 잘못 알고 있는지 한눈에 알 수 있을 것이다.

대체 그들은 무엇을 잘못 알고 있는 것일까? 그들은 탈의실을 배관 시설이 없는 욕실쯤으로 생각한다. 또 고객이 옷을 벗고, 골라온 옷을 걸치고, 거울을 한 차례 바라본 후 다시 옷을 갈아입는 칸막이 방 정도로 생각한다. 그래서 매장의 탈의실을 공중 수영장 탈의실 수준으로 설계하는 것이다. 매장 건축과 설계에서 가장 잘못 이해되고 있는 측면이 바로 이 부분이다. 왜냐하면 그런 탈의실이 소매업자나 쇼퍼들에게 도통 관심이 없음을 단적으로 보여주기 때문이다. 흔히 매장 설계자들은 탈의실을 대충 날림으로 공사한다. 크게 만들어봤자 쓸데없이 공간만 낭비한다고 생각하기 때문이다. 그들은 고급 디자인 잡지에 실리지 않는 탈의실에 많은 예산을 투입하려 하지 않는다.

그러나 탈의실은 어쩌면 매장보다 더 중요할 수 있다. 탈의실을 질적으로 향상시킬 경우, 매출이 증가하기 때문이다. 탈의실은 단순한 편의시설이 아니다. 그곳은 진열대나 윈도, 또는 광고처럼 일종의 매출 수단이 될 수 있다. 탈의실을 적절히 활용할 경우, 매출 효과가 크게 나타날 수 있다. 나는 어떤 매장이든 갈 때마다 빼놓지 않고 탈의실을 방문한다. 방해를 받지 않으면 여성 탈의실 구경을 부탁하기도 한다. 탈의실에 관해서라면 나는 한 권 분량의 책도 쓸 수 있다. 그만큼 할 말이 많다. 우리는 수많은 의류 전문점들을 조사한 후, 다음과 같은 법칙을 알게 되었다. 직원이 주도하는 접촉이 있을 경우에 쇼퍼의 전환 비율이 50퍼센트 상승하지만, 탈의실 사용까지 덧붙일 경우에 그 비율이 100퍼센트로 상승한다는 것이 그것이다. 이것은 어떤 고객이 직원과 이야기를 나눈 후에 탈의실에서 제품을 입어볼 경우, 그 물건을 구입할 가능성이 두 배로 높아진다는 것을 의미한다.

어느 대형 의류 체인점을 조사할 때였다. 그곳은 눈부신 성공을 거두고 있었지만 탈의실은 형편없었다. 복도를 따라 길게 늘어서 있는 그곳의 탈의실은 휑하고, 장식 없이 지저분하고, 비좁았을 뿐 아니라, 제대로 비치지도 않는 거울이 달랑 하나 있을 뿐이었다. 그 매장을 조사한 결과, 고객들은 전체 쇼핑 시간의 3분의 1 내지 4분의 1을 탈의실에서 보내고 있었다. 즉 그들은 자신을 아름답게 꾸며줄 무언가를 구입하겠다는 욕구만으로 그 비좁은 공간에 오랫동안 갇혀 있었다. 만약 다른 분야의 사업이었다면 그 정도 시간에 이미 구매를 결정했을 것이다. 심지어 소매 기술이 서툰 자동차 판매 대리점조차 이런 중요한 시점을 위해 따로 준비된 공간이 있을 정도다. 그러나 그 의류 전문점은 실내를 조금이라도 쾌적하게 하거나 적절한 조명 속에서 옷을 살필 수 있는 공간을 조성하려고 애쓰지 않았다. 어느 누구도 직원들의 서비스가 그 상황에 영향을 미칠 거라고 생각하지 않았던 것이다. 사실 이런 노력은 간단하다. 직원이 고객을 탈의실로 인도한 다음, 고객의 바지와 잘 어울리는 벨트, 셔츠, 조끼를 찾으러 가는 것이 전부이기 때문이다. 대부분의 경우, 적절한 장신구는 의류 판매에 도움을 준다. 만약 고객이 탈의실에 있다면 그는 구매를 결심했다고 봐도 무방하다. 그런데도 대다수 매장들은 이러한 이점을 잘 활용하기는커녕 등한시하고 있다.

예전에 나는 뉴욕의 대형 백화점 고급 의류 매장에서 끔찍한 탈의실을 목격한 적이 있다. 지저분하고 닳아빠진 양탄자와 거친 조명, 싸구려 옷걸이와 의자, 비뚤어지게 비추는 전신 거울 등등 너무 형편없었다. 내가 이 점을 지적하자, 한 직원은 비웃듯이 "엉덩이가 더 크게 비치면 여자들은 좋아하지 않을까요?"라고 되물었다. 그러나 탈의실 가구는 꿈속의 한 장면처럼 고급스럽게 꾸며져야 하며, 조명 시설도 모든 사람들이 백만장자처럼 보이게끔 갖춰져 있어야 한다. 특히 조명은 다양한 방식으로 세팅할 필요가 있다. 그래야만 의상의 색상이 햇빛이나 형광등에 어떻게 비치는지 알 수 있기 때문이다. 거울도 최고 품질의 대형 거울이 바람직하다. 훌륭한 초상화를 담고 있는 액자처럼 보여야 하기 때문이다. 탈의실 바깥에 작은 곁방을 마련할 만한 공간이 있으면 더 좋다. 그곳에서 고객과 동행자가 함께 물건을 살필 수 있기 때문이다. 의자도 필요하다. 그래야만 옷을 입고 앉았을 때 실제 어떤 느낌인지 알 수 있기 때문이다. 특별한 만찬석상에서 그 옷을 입는다고 가정하면 한번 앉아보는 것이 아주 중요한 문제가 될 수도 있다. 탈의실에는 신선한 꽃도 비치해야 한다. 신선한 꽃은 오늘 누군가가 그 공간에 공을 들였음을 말해준다. 멋진 메시지인 셈이다.

　그렇다면 탈의실 바깥 사정은 어떨까? 흔히 의류 전문점들은 거울처럼 간단한 물건도 잘못 다루곤 한다. 거울이 턱없이 부족하거나 전혀 엉뚱한 곳에 위치해 있는 것이다. 거울은 옷을 걸쳐보는 공간은 물론 단순히 옷을 살펴보는 공간까지 두루 비치되어 있어야 한다. 누군가 옷을 집어 들고 즉시 자신에게 어울리는지 살필 수 있다면 그 옷을 구입할 공산이 크기 때문이다. 그러나 한참 동안 거울을 찾아 헤매야 한다면 그런 수고를 하고 싶지 않을 것이다. 만약 그곳에 모자가 있다면, 당연히 근처에 거울이 있어야 한다. 나는 셀프서비스로 구두를 판매하는 매장임에도 불구하고 바닥 높이에 거울이 없는 매장을 본 적이 있다. 심지어 의자조차 없는 곳도 있었다. 이것은 아주 간단한 문제처럼 보인다. 그럼에도 왜 이런 잘못이 계속되는 것일까?

　우선 의류 전문점은 탈의실을 넉넉히 갖추어야 하며, 멀리서도 쉽게 찾을 수 있도록 명확한 표시가 있어야 한다. 판매하는 의류로부터 탈의실이 멀리 떨어져 있을수록 그곳을 찾아가는 고객이 적어질 수밖에 없기 때문이다. 물건을 구입하기로 작정한 고객이라면 십중팔구 탈의실을 찾을 것이다. 한 번은 옷을 걸치기 위해 매장 전체를 가로지른 후 다시 층계를 몇 군데나 오르내려야 하는 매장을 목격한 적이 있다. 이 정도면 가히 치명적이다. 또 한 번은 매장에서 고객들이 옷을 손에 든 채 탈의실을 찾아 우왕좌왕하는 모습을 본 적도 있다. 그 매장의 탈의실은 넉넉했지만 위치가 구석진 곳이었다. 게다가 표지가 불명확했고 출입구도 작았다. 탈의실을 찾는 것이 이렇듯 힘든 도전이어서는 안 된다.

이제 현장에 들어가보자. 대형 사무용품 체인점에 한 남자가 있다. 그는 연필깎이 진열대 앞에서 서성이고 있다. 그는 수동형 모델과 배터리 작동형 모델, 그리고 큰 플러그 접속형 모델을 살피고 있다. 그는 제품 상태를 확인하기 위해 수동형 모델의 손잡이를 돌린다. 그런 다음 배터리 작동형 모델을 집어 들고 배터리 용기를 비틀어 연다. 그 안에 배터리가 없다. 이번에는 플러그 접속형 모델을 집어 들고 콘센트를 찾아 두리번거린다. 콘센트가 눈에 띄지 않는다. 혹여 배터리나 콘센트를 발견했다 치더라도 문제가 다 해결된 것은 아니다. 연필이 눈에 띄지 않는 것이다. 그는 연필깎이를 들고 통로를 빠져나간다. 콘센트나 연필을 찾으러 가는 듯하다.
연필깎이 하나를 팔더라도 각별한 노력이 필요한 것처럼 보이지 않는가? 그 제품들은 서로 차이가 날 수밖에 없다. 다양한 선택이 존재하는 이유도 그 때문이다. 그런데 한 번의 테스트도 없이 이 가련한 남자가 무슨 수로 원하는 모델을 선택할 수 있단 말인가? 지금은 고객들이 무엇을 원하는지, 또 어디서 그것을 시험해 보고 싶어 하는지 예상하는 것이 아주 간단한 문제처럼 보인다. 그런데도 부주의한 매장들은 기존의 잘못을 아직까지 되풀이하고 있다. 심지어 전국적인 체인망을 갖춘 세련되고 수익성 높은 매장조차 이 같은 잘못을 저지르곤 한다. 사무용품 매장에는 높이 3미터의 진열대에서 묶음 단위의 종이도 팔고 있다. 종이들은 모두 밀봉되어 있다. 값싼 종이도 있고, 더 비싼 종이도 있다. 그러나 고객들은 종이를 살피거나 만질 수 없다. 그 결과, 전체 포장의 5분의 1 내지 6분의 1의 종이가 고객들의 손에 뜯겨졌다. 되도록 비용을 줄이려는 결정(손님에게 종이를 만지는 것을 금지하는 것)이 오히려 더 큰 손실(많은 포장이 뜯기는 바람에 판매가 불가능해진 것)을 가져온 셈이다.

다음은 제품에 대한 접근을 불가능하게 만든 또 다른 사례이다. 귀금속 전문점을 조사할 때였다. 그곳의 매장 소유주는 박물관 보석 전시 디자인으로 유명한 디자이너를 고용했다. 결론부터 말하면 전시물은 아름다웠지만 왠지 거리감이 있었다. 디자이너는 대중에게 전시물을 보여주는 것에 익숙했지만 그들의 접근은 허용하지 않았다. 그리고 그것이 쇼퍼들로 하여금 물건을 집으로 가져가고 싶은 마음을 사라지게 만들었다. 결국 그 전시물은 평균 이하의 역효과를 낳았을 뿐이다.

그럼 이번에는 잘 운영되고 있는 매장의 사례를 살펴보자. 라디오색을 조사하고 있을 때였다. 그 무렵 라디오색은 미국에서 인기있는 전화기 전문점이 되고자 노력하고 있었다. 우리는 진열된 전화기를 향해 다가서는 수많은 고객들을 관찰했다. 그들은 전화기들을 죽 훑어본 후 가격을 살피더니 거의 예외 없이 수화기를 들어 귀에 갖다댔다. 그들은 무엇을 원했던 걸까? 무얼 원한다기보다 그냥 일종의 반사 행동처럼 보였다. 전화기를 가지고 그 밖에 다른 행동을 할 수 있을까? 전화기를 손으로 만지고 귀에 대보는 것 말고 비교할 수 있는 또 다른 기준이 있을까? 우리는 이러한 점들을 곰곰이 생각해보았다. 만약 우리가 맨 먼저 시도해야 할 일이 실생활에 최대한 가깝게 하는 것이라면 전화기 안에 목소리를 집어넣는 게 그럴듯하지 않을까? 우리는 고객이 수화기를 들어 올릴 때마다 작동되는 녹음된 메시지를 전화기에 연결하라고 라디오색에 조언했다.

우리의 조언을 실행에 옮기자, 매장은 진열된 전화기를 들어 올리는 사람들로 생동감이 넘치기 시작했다. 그들은 자신이 먼저 녹음된 음성을 듣고 나서 친구들이 들을 수 있도록 수화기를 넘겼다. 이것은 또 시너지 효과를 발휘했다. 왜냐하면 제품에 관한 대화를 나눌수록 구매 가능성도 그만큼 커졌기 때문이다(매장 안에 있는 사람들은 자신이 쇼핑하는 물건이라면 무엇이든 떠들길 좋아한다). 여기에 광고 메시지를 녹음해 집어넣는 것도 좋은 방법이었다. 그런가 하면, 스프린트 휴대폰 매장에서는 전화기를 카운터식으로 진열해놓았다. 덕분에 고객들은 다양한 모델의 전화기를 살피며 들어 올릴 수 있었다. 게다가 그곳의 전화기는 실제로 작동 가능했다. 고객들은 배우자나 친구들에게 전화를 걸어 구입을 고려하는 전화기에 관해 논의했다. 그러자 전화기는 저절로 팔려나갔다. 그야말로 나무랄 데 없이 근사한 방법이었다.

브룩스톤(Brookstone)이나 프랑스 미용용품점인 세포라(Sephora) 같은 매장들도 고객들이 제품을 직접 체험할 수 있도록 바깥쪽에 진열하는 방식의 가치를 인식하고 있다. 만약 브룩스톤에서 진동

의자를 진열하다 쇼퍼들의 사용으로 두어 달 후 낡은 의자가 된다 하더라도 상관없다. 매출 증가로 그 손실을 충분히 만회할 수 있기 때문이다.

매장에서는 고객이 물건을 만지고 테스트할 수 있도록 진열 방식을 변화시킬 수 있다. 그러나 제품 포장을 바꾸지 않으면 좋은 기회를 계속 놓칠 수 있다. 예컨대 건강용품과 미용용품 통로의 경우, 물건을 만지고 냄새를 맡는 것은 아주 중요하다. 만약 스킨로션을 피부에 발랐을 때 느낌이 좋지 않다면 누가 그것을 바르겠는가? 방향제에 냄새가 없다면 누가 그것을 구입하겠는가? 샴푸의 주요 기능이 모발 청결(실제로 매장에서는 이를 테스트할 수 없다)이 아니라면 맑은 날 울창한 숲 냄새를 풍길 이유가 뭐란 말인가? 고객은 통로에서 이러한 점들을 확인할 수 있다. 그러나 아쉽게도 오늘날의 완전 밀폐형 포장은 고객이 물건을 체험할 수 있는 기회를 차단하고 있다.

질레트는 투명한 젤 타입의 남성용 방향제로 명성을 얻었다. 그들은 냄새를 맡으면 바로 제품 이름이 떠오르는 다양한 방향제를 출시하고 있다. 질레트의 한 직원이 떠올린 이 아이디어의 취지는 고객에게 약한 멘톨형과 일반형 외에 더 다양한 제품 선택이 가능하도록 하는 것이었다. 당시에 포장을 담당하던 직원들은 그리 내켜하지 않았지만, 그때부터 고객들은 다양한 냄새를 풍기는 여러 종류의 방향제를 매장에서 구경할 수 있게 되었다. 그들이 방향제 냄새를 맡고 싶어 했음은 물론이다. 그래서 일단 뚜껑부터 열었다. 그런데 뚜껑에는 접착력이 강한 호일 테이프가 붙어 있었다. 당신이라면 어떻게 하겠는가? 아무도 보는 사람이 없다면 테이프를 벗기고 냄새를 맡아보지 않을까? 그러나 이것은 잘못된 행동이다. 이제 고객들은 어떤 행동을 보일까? 딱히 구입 의사가 없다면 그들은 물건을 내려놓고 다른 곳으로 향할 것이다. 그러나 적극적으로 구입할 마음이 있으면 주변을 살피다 타인의 시선을 피하면서 테이프를 뜯고 냄새를 맡을 것이다. 이때 그가 그 제품을 구입하지 않기로 마음먹었다면(혹은 다른 제품이 더 마음에 든다고 생각했다면) 다음에 그것을 집어 든 고객은 손댄 자국이 남은 제품을 보고 어떤 기분을 느낄까? 훌륭한 많은 방향제들이 이런 식으로 손상되고 있다. 그리고 그 주범은 인간의 쇼핑 방식을 이해하려 들지 않는 포장 설계자들이다.

이 같은 문제에 대한 한 가지 해결책은 신제품을 자유롭게 테스트할 수 있는 '샘플링 카운터'를 설치하는 것이다. 신체와 관련된 제품들은 만져보는 것이 매우 중요하다. 그것이 매출 증가와 직결되기 때문이다. 그런데 이러한 측면에서 화장품 판매 방식은 큰 어려움을 겪고 있다. 화장품 제조업자와 소매업자들은 제품을 가급적 깔끔하게 정돈하여 팔고 싶어 한다. 여자들도 이 점에는 반대하지 않는다. 그러나 막상 물건을 구입할 때는 생각이 바뀐다. 구입하기 전에 제품을 먼저 테스트해보고 싶기 때문이다.

예전에는 처방과 소다수를 나눠주는 친절한 약사들이 화장품도 팔았다. 고객이 파운데이션을 찾으면 그들은 카운터 뒤쪽에서 서랍을 열고 원하는 상표를 발견할 때까지 박스를 뒤적였다. 이것은 단정하고 효율적인 방식이다. 그러나 오늘날에는 적당한 거리를 두는 이러한 방식을 아무도 좋아하지 않는다. 화장품 세계는 커버 걸(Cover Girl) 브랜드가 등장한 이후 아주 자유로워졌다. 그것은 고객들로 하여금 화장품을 만질 수 있게 한 최초의 브랜드였으며, 미래의 화장품을 셀프서비스의 영역에 속하게 만든 최초의 브랜드였다. 나아가 이 브랜드는 화장품의 또 다른 전통인 백화점 특매장의 감소에도 큰 영향을 미쳤다. 물론 지금도 화장품 조달업자들이 가부키 배우처럼 자신을 꼼꼼히 분장하는 동안 얌전히 카운터 의자에 앉아 있는 쇼퍼들이 있다. 그리고 이 방식의 결과물은 매장을 나서는 고객의 손에 들려 있는 작지만 값비싼 쇼핑백이다.

그러나 오늘날 이러한 방식의 화장품 판매가 현장에서 점점 자취를 감추면서(내 생각에는 여성들이 질려버린 듯하다) 개방적인 판매 방식으로 대체되고 있다. 그래서 제조업자들은 고객이 화장품을 직접 볼 수 있는, 때로는 테스트까지 가능한 진열 시스템을 고안하려고 애쓴다. 그러나 이것도 너무 지나치면 곤란하다. 여자들은 마음껏 화장품을 테스트하고 싶은 욕심에 내심 감시가 소홀해지길 바란다. 판매자와 구매자의 관심사는 서로 충돌하지 말아야 한다. 그러나 현실에선 종종 그런 일이 발생한다. 화장품 매장의 시설 설계자들도 가끔 실수를 범한다. 일례로 그들은 화장품 코너를 전반적으로 단정하게 하려면 고객에게 티슈처럼 간단한 편의품이 필요하다는 점을 고려하지 않은 채 진열대를 만든다. 또 거울을 충분히 비치하지 않아 화장품을 테스트하려는 여성들을 매장에서 우왕좌왕하게 만들기도 한다. 이런 설계자들이 토요일 오후 5시쯤 화장품 코너를 방문해보았을 리가 없다. 만약 그들이 달리 설계했다면 여성들에게 더 많은 편의를 제공할 수 있었을 것이다. 화장품 테스트를 방해하려는 의도를 가진 포장 방식은 대부분 그릇된 아이디어에서 나온 것이다. 그것이 고객의 구매 의욕을 떨어뜨릴 뿐 아니라, 제품 손상의 결정적 요인도 되기 때문이다. 요컨대 그 어떤 제품이든 포장의 손상을 막는 최선의 방법은 고객들의 자유로운 테스트를 허용하는 것이다.

수축 포장의 등장은 많은 제품들을 직접 만질 수 없게 만들었다. 실제로 그것은 과도하게 포장된 것처럼 보인다. 물건을 만지려는 고객에게는 커다란 걸림돌이 아닐 수 없다. 이 점에서 레코드 전문점의 리스닝 부스는 큰 진전을 보여주고 있다. 오늘날 그곳에서는 다소 복잡한 전자 시스템을 통해 고객들이 녹음된 샘플 음악을 들을 수 있다. 보통 그 매장에는 청취 시설(플러그에 연결된 헤드폰과 선곡할 수 있는 CD 메뉴)이 갖추어져 있다. 문제는 고객들이 아직 이러한 장치에 익숙하지 않다는 것이다. 당신이 원하는 디스크를 듣기 위해 버튼을 누른다고 가정해보자. 그런데 헤드폰에서 한동안 아무 소리도 들리지 않는다. 노래 선곡에 얼마간 시간이 걸리기 때문이다. 그러나 이 같은 사실을 알려주는 정보는 어디서도 찾아볼 수 없다. 당신은 잠시 기다려보다가 어깨를 으쓱하며 포기하거나 혹은 작동하지 않는 채널의 다른 버튼들을 누른다. 그렇게 버튼들을 마구 누르다 보면 기계는 고장 신호를 보낸다.

최고의 시스템은 언제나 간단하고 직접적이다. 가령 이런 식이다. 고객이 진열대에서 아무 CD나 고른 다음 리스닝 부스로 가져간다. 그러면 그곳에서 직원이 포장을 뜯고 디스크를 작동시킨다. 장치도 버튼도 메뉴도 기다릴 필요가 없다. 복잡하고 별 쓸모 없는 샘플 플레잉 장치에 비용을 들이는 대신, 매장에서는 고객이 구입하지 않은 제품을 재포장할 수 있는 수축 포장 장비를 마련한다. 그런데 이러한 시스템에서는 쇼퍼들이 최대한 편히 음악을 들을 수 있어야 한다. 가만히 서서 바닥을 내려다보며 음악을 듣고 싶어하는 사람은 없기 때문이다.

앨라배마에 있는 한 매장을 조사할 때였는데, 그곳 리스닝 부스의 헤드폰은 6미터 코드에 연결되어 있었다. 음악 애호가들은 음악을 들으며 진열대를 돌아다닐 수 있었다. 그곳은 음악을 들으며 레코드와 연주자들을 찾아볼 수 있는 장소로 유명해졌다. 매장을 고객과 상호작용하는 일종의 라디오 방송국으로 탈바꿈시켜 쇼핑을 즐거운 경험으로 만든 덕분이었다. 그중에서도 가장 큰 장점은 매장 입장에서 레코드 회사에 주로 의존해야 했던 제품 마케팅의 부담을 상당 부분 줄일 수 있었다는 것이었다. 이처럼 고객이 제품을 직접 체험할 수 있다면 저절로 마케팅이 이루어질 수 있다. 그것도 즉석에서 자신의 욕구대로 행동하려 하는 고객들을 일대일로 상대하면서 말이다.

포장은 가끔 정보를 얻고자 하는 고객의 욕구와 충돌하는 까닭에 말썽을 일으킨다. 전자제품 매장에서 이런 경우를 목격할 수 있다. 그곳에서 쇼퍼는 박스에 넣어진 상태로 쌓여 있는 헤드폰을 발견한다. 만약 박스가 제대로 디자인(크고 선명한 헤드폰 사진과 읽기 쉽게 설명서와 명세서를 잘 갖춘 디자인)되어 있다면 헤드폰을 살펴보는 것이 그리 중요하지 않을 수 있다. 그러나 포장은 고객에게 의구심을 불러일으킨다. 이러한 의구심을 해소하려면 포장을 풀어헤치고 헤드폰을 꺼내 직접 살펴보는 수밖에 없다. 그런데 고객이 포장을 뜯고 나서 헤드폰을 구입하지 않는다면 그것은 팔려야 팔 수 없는 물건이 되고 만다. 누가 너덜너덜해진 박스에 들어 있는 제품을 구입하려 하겠는가.

그러나 포장이 물건의 직접적인 접촉을 막는 유일한 장애물은 아니다. 제조업자들은 어른들이 장난감 구입 이전에 테스트를 원한다는 사실을 알고 있다. 아마 그것은 과장 광고로 어린이들을 현혹시키는 경우가 많기 때문일 것이다. 광고를 본 아이들은 싸구려 플라스틱 비행기가 공습을 하는 소형 폭격기처럼 실제로 부엌에서 급상승할 수 있다고 생각할지도 모른다. 어쨌거나 요즘엔 박스나 비닐의 방해를 받지 않고 장난감을 테스트할 수 있는 포장 설계가 점점 증가하고 있다. 이를테면 버튼을 누르거나 줄을 당겨 내용물을 꺼내는 방식이 있다. 덕분에 고객들은 매장 안에서 자신이 구입하고 싶은 물건을 더 쉽게 살펴볼 수 있으며, 그것이 곧 매출 증가로 이어질 수 있다. 최근에 나는 아주 모범적인 장난감 포장의 예를 본 적이 있다. 그것은 좌석과 페달 및 핸들이 바깥으로 노출된 상태로 박스에 들어 있는 아동용 세발자전거였다. 그 덕분에 박스를 손상시키지 않고도 아이들의 시험 운전이 가능했다. 만약 이러한 원칙이 모든 제품 포장에 적용된다면 쇼핑은 지금보다 훨씬 재미있어질 것이다.

제품에 대한 접근을 가로막는 또 다른 이유로는 보안 문제가 있다. 이런 제품 중 하나로 MP3가 있다. 특히 10대가 선호하는 고가의 제품은 도난 사고가 자주 발생한다. 그러나 도난 방지를 위한 잠금 장치가 있는 카운터 뒤에서 이런 제품을 판매하려는 결정은 바람직하지 않다. 그렇다고 그 대신 부피가 큰 플라스틱 용기에 포장하면 고객이 플레이어를 구입하기 전에 작동해볼 방도가 없다. 그런데 만약 고객이 몇 가지 모델을 비교하면서 쇼핑할 수 있다면 더 고가 모델의 판매도 증가할 것이 분명하다. 애플 매장의 성공 사례를 보라. 그곳에서는 아이팟을 들으면서 아이폰을 비롯한 다른 멋진 장치들을 만질 수 있다.

커스텀 쥬얼리 분야에서도 이와 유사한 잘못을 범하고 있다. 20달러 내지 30달러대인 이 품목들은 대개 자물쇠로 채워진 유리나 철제 진열대 안에 들어 있다. 따라서 쇼퍼들은 목걸이와 펜던트가 목이나 허리에서 어떻게 보이고 어떤 느낌을 주는지 살필 수 없다. 다른 많은 제품들도 아마 이런 식으로 진열할 것이다. 우리는 이와 유사한 경우를 컴퓨터화로 급성장하고 있는 품목(잉크젯 프린터 카트리지)에서 발견했다. 최근에도 미국의 주요한 대형 사무용품점들(스테이플스, 오피스맥스, 오피스데포 등등)은 잉크젯 카트리지를 자물쇠를 채운 캐비닛 안에 진열하고 있다. 그것이 작은 크기에 고가의 제품이었기 때문이다. 그러나 만약 당신이 캐비닛 열쇠를 가진 직원을 찾아 매장 통로를 배회하는 많은 고객들을 발견한다면, 보안을 우선시하는 이러한 방식에 의구심을 가질 수밖에 없을 것이다. 프린트 잉크 카트리지는 사무용품점의 이윤에서 많은 비중을 차지하고 있다. 그 때문에 지난 10년 동안 대다수 대형 체인점들은 잉크젯 카트리지 코너 주변을 새롭게 다시 설계했다.

의류 소매업자들은 고객의 쇼핑 과정에서 물건이 손상되지 않도록 제품 진열에 몇몇 비결을 사용하고 있다. 일례로 메디슨 가에 위치한 화려한 아르마니 매장을 찾아가보자. 쇼퍼들의 손이 어디 향할지는 아무도 모른다. 그들은 고가의 이탈리아 장식품들을 이미 구입한 것처럼 서슴없이 만지고 있다. 많은 손가락들이 이미 의상 소매를 만지며 지나쳤다. 이 사실을 알고 있는 직원의 마음이 과연 편할 수 있을까? 여기에 한 가지 전략이 있다. 의상이 다양한 색상으로 비치되어 있다면 매장에서 고객의 손길이 닿기 쉬운 아래쪽에는 어두운 색조의 의상을, 위쪽에는 베이지와 엷은 회색 계통의 의상을, 그리고 눈에 들어오긴 하지만 손으로 만질 수 없는 가장 높은 위치에는 흰색 의상을 진열하는 방식이 그것이다. 스웨터 진열에도 동일한 방식을 적용할 수 있다. 즉 밝은 색상은 아래쪽에, 그리고 고객의 손길이 닿는 위쪽에는 어두운 색상의 스웨터를 진열하는 것이다. 그렇게 하면 고객이 그 스웨터를 문지르고 파헤쳤다는 사실을 누가 알겠는가?

판매의 주된 목적은 고객으로 하여금 제품 이용을 가능하게 하는 것이다. 그러나 그것이 유일한 목적은 아니다. 매출 증가도 여기에 포함되기 때문이다. 만약 하나의 물건을 다른 물건과 비교할 수 있는 실질적인 기준이 없다면 고객은 본능적으로 그중에서 가장 저렴한 물건을 구입하려 할 것이다. 그러나 매장에서 고객에게 제품에 대한 정보를 준다면 더 많은 돈을 지출하는 고객들이 생길 것이다. 고객에게 세 가지 브랜드나 세 가지 모델에 대한 선택권을 주고, 그 제품들이 서로 경쟁할 수 있는 기회를 제공한다면 최소한 그들은 더 나은 품목을 선택한 것에 대해 나름 합리적 명분을 가질 수 있을 것이다.

이것은 지금까지 우리가 언급한 모든 제품들(남성 속옷, 커피, 스테레오 헤드폰, 스웨터, 스킨 크림 등)에도 동일하게 적용되는 문제이다. 매트리스 매장 역시 예외가 아니다. 그곳에 가면 장식 없는 침대들이 사람들의 눈길을 기다리고 있다. 몇몇 매트리스들은 다른 매트리스보다 더 저렴하다. 그러나 1,500달러짜리 매트리스든 4,000달러짜리 매트리스든, 소요되는 보관 및 유지 비용은 똑같다. 그러므로 5명당 한 명꼴이라도 저렴한 매트리스에서 더 고가의 매트리스로 고객을 유도할 수 있다면 그 직원은 일을 잘하는 것이다.

그럼 테스트 없이 이런 과정이 가능할 수 있을까? 달리 방법이 없다. 침대들은 모두 바깥에 진열되어 당신이 비스듬히 기대어 눕기를 기다리고 있다, 그렇지 않은가? 사실 당신은 편하게 매트리스를 테스트하고 싶을 것이다. 그러나 공개된 장소에서, 그것도 낯선 사람들의 시선 앞에서 매트리스에 눕기란 쉬운 일이 아니다. 판매원이 그 자리에 서서 당신의 앞을 가려준다 하더라도 그곳에 눕고 싶지는 않을 것이다. (물론 판매원은 1.5미터쯤 뒤로 물러나서 "당장 이 매트리스를 구입하세요!"라는 메시지를 텔레파시로 전달하지 못하면 당신이 아무것도 구입하지 않을까봐 두려워하고 있다.) 그럼에도 불구하고 매장 앞에 있는 매트리스에 누워 있다고 해보자. 당신의 누워 있는 모습이 앞 유리창을 통해 훤히 내다보일 것이다. 더욱이 드레스나 스커트 차림의 여성이라면 정숙하지 않은 여자로 오해받기 십상일 것이다. 세상에 이보다 더 불쾌한 경험이 어디 있겠는가? 침대 위에 시트도 없는데 집에서 사용할 때의 느낌을 어떻게 확인할 수 있겠는가? 그리고 베개도 없이 어떻게 편안함을 느낄 수 있겠는가?

그러나 만약 고급 매트리스가 사람들의 눈길을 피할 수 있는 곳에 진열되어 있다면, 즉 마치 탈의실처럼 일종의 칸막이식으로 되어 있다면 고객은 좀 더 나은 침대를 찾게 되지 않을까? 40달러짜리 청바지를 살 때보다 4,000달러짜리 침대를 살 때 더 고심하기 마련이다. 우리는 한 매트리스 전문점을 조사하면서 그곳 담당자에게 매트리스 테스트를 위해 다양한 두께와 굳기를 지닌 베개를 제공할 수 있는지 물어보았다. 베갯잇도 깨끗이 세탁되어 있어야 했다.

그러자 그들은 "그러나 우리 매장에서는 베개를 팔지 않습니다"라며 노골적으로 반대 의사를 표명했다. 베개에서 매트리스보다 훨씬 높은 이문을 남길 수 있다는 점, 베개를 파는 것이 제품 액세서리 판매를 추가할 수 있는 하나의 방편이라는 점 따위는 안중에도 없는 답변이었다.

AT&T 전화기 전문점에서도 이와 유사한 사례가 목격되었다. 그곳에서는 판매의 주안점이 주로 전화기에만 쏠려 있었다. 따라서 소프트 토크라 불리는 소형 전화기 홀더는 으레 전화기에 딸려 나오는 물품쯤으로 간주되었다. 소프트 토크는 수화기를 목과 어깨 사이에 편하게 올려놓을 수 있도록 제작된 플라스틱 받침대였다. 겉으로는 그리 대단해 보이지 않았지만, 그것을 테스트해본 사람들은 대부분 그 독창성과 효율성에 놀라움을 감추지 못했다. 그런데도 그곳에는 테스트용으로 진열되어 있는 소프트 토크가 하나도 없었으며, 판매 직원의 무관심으로 인해 그것을 테스트해 보려는 이조차 없었다. 그 제품의 가격은 5달러짜리에 지나지 않았다. 그러나 이윤은 다른 액세서리와 마찬가지로 아주 높은 편이었다. 우리의 계산에 따르면 모든 고객들이 세 사람당 한 명꼴로 그것을 구입할 경우, 그 수익만으로도 매장의 한 달 임대료를 충당할 수 있었다.

또 다른 사례로는 무선전화 서비스가 있다. 그곳에서는 고객들이 핸드셋과 온라인 서비스 비용을 비교할 수 있는데, 이윤은 적지만 벨소리부터 케이스에 이르기까지 다양한 액세서리 판매로 돈을 벌 수 있는 경쟁력 있는 시장이다. 예를 들어 베스트바이에서는 의류 브랜드인 리즈 클레이본(Liz Claiborne)과 계약을 맺어 호화로운 휴대폰 케이스와 노트북 케이스를 개발했다. 최근 개업한 어느 매장에서는 전화기와 컴퓨터와 디지털 카메라 케이스를 전시하는 패션쇼를 개최하기도 했다. 그것들은 모두 고가의 제품이었다. 개인적인 바람은 고가의 노트북 가방을 판매하고자 할 경우, 거울 역시 필요하다는 사실을 그들이 깨달았으면 하는 것이다. 일본에서는 자신의 휴대폰이나 아이팟에 '문신'을 할 수 있다. 약 40달러의 비용으로 스킨을 선택하면 휴대폰에 그 그림을 덧씌우는 방식이다. 여기에 차량과 핸드프리 장치를 위한 충전기로 예비 배터리를 추가할 수도 있다. 만약 이 같은 방식으로 거래한다면 훨씬 더 많은 이윤이 발생할 것이다.

다음은 감각적인 쇼핑에 관한 마지막 특징이다. 이상하게 들릴 수 있지만 이것은 '만져도 괜찮은지'의 여부를 고객들로 하여금 알게 하는 것과 관련이 있다. 예전에 우리는 홀마크의 매장들을 조사한 적이 있다. 당시 그 매장 입구에는 크리스마스 장식물이 전시되어 있었다. 그런데 고객들은 무척이나 공들여 제작된 그 전시물을 만져봐도 되는지, 아니면 그저 경탄의 눈초리로 구경만 해야 하는지 알 수가 없었다. 서점에서도 이와 유사한 사례가 목격된다. 테이블에 책을 무척 공들여 진열해놓을 때 종종 이런 문제와 맞닥뜨리기 때문이다. 사람들은 무언가를 멋지게 꾸미는 일이 쉽지 않다는 것을 잘 알고 있다. 그래서 그들은 누군가의 고된 노력의 결과물을 함부로 대할 엄두를 내지 못한다. 우리는 아인슈타인 바젤(도넛 모양의 딱딱한 롤빵) 판매를 처음으로 시도한 유타 주의 한 레스토랑을 조사하면서 이와 유사한 문제와 마주쳤다. 바젤에 대한 문화가 전무한 곳에서 바젤 판매를 위해 새로운 방식을 고안해낸 것은 아주 이례적인 일이었다. 그 매장에서는 벽 진열대에 다양한 향을 풍기는 바젤 칩을 진열해놓았다. 계산하기 위해 줄을 선 고객이 무심코 손을 뻗어 집을 수 있는 위치였다. 문제는 그것들이 너무 단정하고 질서정연하게 진열되어 있어 고객들이 선뜻 만져볼 엄두를 내지 못한다는 것이었다. 해결법은 간단했다. 직원이 자주 그곳 진열대를 어지럽힌 후 몇 개의 봉지를 뜯는 것이었다. 효과는 단박에 나타났다. 고객들이 그것에 손을 대기 시작했던 것이다. 직원들은 지방의 시골뜨기들에게 할리파 바젤 칩과 체더 바젤 칩, 순밀 바젤 칩의 놀라운 맛을 차례로 소개하는 방식으로 봉지를 집어 들고 줄서서 기다리는 사람들에게 바젤을 일일이 나눠줌으로써 훌륭한 감각적 경험을 선사했다. 어쩌면 이것이 우스운 상황처럼 느껴질지도 모른다. 하지만 당신이 직접 시도해보기 전까지는 비웃지 말았으면 한다.

쇼핑은 체험이다

나는 느낀다, 고로 소유한다

방금 나는 기발한 생각을 떠올렸다. 이제 돈을 절약할 수 있다. 이곳 체인점에서 우리는 판촉과 진열을 책임지고 있다. 지금 낡고 값비싼 목재 진열대를 새로 나온 값싼 철망 진열대로 바꾸는 결정을 내리려 한다. 비용 차이는 곧 순이익으로 이어질 것이다. 이제 일을 다 끝냈다. 다음 할 일은 무엇일까?

어떻게 됐을까? 한번 살펴보자. 어이쿠, 이렇게 될 줄 누가 알았을까? 실제로 제품을 올려놓기 전까지만 해도 철망 진열대는 흠잡을 데 없이 완벽해 보였다. 그러나 불과 몇 분 후 철망의 중대한 결점이 드러나기 시작한다. 고객이 제품을 만질 때마다 진열대가 기울어진다. 가끔은 아무도 손대지 않은 상태에서 저절로 기울어지기도 한다. 빌어먹을 박스들이 서로 기울어지게 하는 것처럼 보인다.

철망을 내려다보니 너덧 개당 하나 꼴로 물건이 기울어져 있다. 다른 무엇보다 당장 손볼 사람이 필요하다. 영업부 직원들이 물에 젖은 침팬지처럼 비명을 지른다. 박스를 고치려면 시간당 6달러 50센트를 지불해야 한다. 바쁜 토요일 저녁, 늘어선 줄은 점점 더 길어지고 있는데, 1시간이 넘도록 매장마다 쓸데없이 노동력을 낭비하고 있다. 이 같은 상황에 처한 매장들이 얼마나 많을까? 얼마나 많은 시간을 낭비하고 있을까? 그렇게 해서 얼마나 많은 비용을 줄였을까?

이것은 단순한 가설 시나리오(인바이로셀 각본의 요약집)가 아니다. 쇼핑에서 가장 중요한 원칙 중 하나를 보여주고 있기 때문이다. 소매의 기본 원칙은 매장이 다음의 세 가지 특징을 지니고 있다는 개념으로부터 시작한다. 디자인(구내를 의미)과 판매(진열된 제품들), 운영(직원들의 모든 활동)이 그것이다. 이 세 가지 중요한 특징은 서로 분리된 것처럼 보이지만 실제로는 긴밀히 연관되어 있으며, 상호의존적이다. 즉 한 가지와 관련된 결정을 내리면 나머지 두 가지 결정도 영향을 받는다. 그리고 이 같은 이유로 언제나 실수가 발생한다. 진열대 설계자들은 자신의 창조물을 살피기 위해 매장을 방문하는 법이 없다. 그래서 그들은 현실에서 벌어지는 상황을 잘 모른다. 여기서 중요한 교훈은, 세 가지 중 하나의 영향력이 강화되면 나머지 둘의 압력이 줄어드는 반면, 그중 하나의 영향력이 약화되면 나머지 두 가지에 더 많은 부담을 안겨줄 수 있다는 것이다. 이것은 좋지도 나쁘지도 않다. 당연한 결과일 뿐이다. 그리고 이것이 바로 쇼핑의 세계를 지배하는 절대적인 원리이다.

사례를 하나 들어보자. 의류 브랜드인 갭의 트레이드마크는 고객이 쉽게 만지고, 두드리고, 펼치면서 매장에 있는 모든 제품들을 가까이에서 살필 수 있다는 것이다. 쇼퍼와 제품 간의 접촉을 장려하는 이러한 결정 덕분에 많은 스웨터와 셔츠들이 팔려나가고 있다. 당연히 이러한 판매 정책은 진열 방식(선반식 진열에 비해 쇼핑하기가 더 수월한 넓은 탁상식 진열)도 결정한다. 그리고 직원들이 어디서 어떤 식으로 시간을 보내는지도 결정한다. 이러한 접촉은 곧 스웨터와 셔츠를 다시 펼쳐 단정히 정돈하는 작업이 필요함을 의미하기 때문이다. 그러므로 대다수 직원들은 계산대 뒤에 마냥 서 있는 대신, 매장을 여기저기 돌아다녀야 한다. 이 작업에는 많은 비용이 들어간다. 그러나 갭의 경우, 이런 영업 비용을 건전한 투자로 간주한다. 핵심은 그것이 의식적인 결정이라는 것이다.

그러나 현실을 반영하지 않은 결정이 내려질 때도 있다. 예컨대 레블론(Revlon) 판매 방식은 다양한 환경(대량 판매업자, 화장품 전문점, 잡화점 등)에서 제 기능을 발휘해야 한다. 흔히 잡화점 통로는 비좁을 뿐만 아니라, 물건들이 빽빽이 들어차 있다. 설계상의 문제로 인해 끔찍한 부딪침 요소—여자들은 쇼핑하는 동안 뒤에서 누군가와 부딪치는 것을 싫어한다는 사실—가 발생하는 것이다. 레블론 판매 방식은 알아보기 쉽고 대담하며 직접적이어야 한다. 그럼으로써 고객들이 최대한 빨리 자신들이 원하는 물건과 브랜드를 찾을 수 있기 때문이다. 만약 광고물과 진열품을 한눈에 알아보지 못한다면, 고객들은 물건을 하나 고르기도 전에 통로에서 타인과 부딪칠 수 있다. 이러한 문제는 자주 발생한다. 왜냐하면 포장 및 광고물을 디자인한 사람들이 매장을 방문하여 자신의 창작물이 제 기능을 발휘하는지 세심하게 지켜보는 경우가 드물기 때문이다. 예를 들어, 우리 모두가 알다시피 대학 교육을 받은 쇼퍼들은 포장에 인쇄된 것은 무엇이든 읽으려는 경향이 있다. 제품 구입 여부를 결정하기 전에 많은 정보를 얻고 싶어 하는 것이다. 그 때문에 식물성 의약품을 판매하는 회사는 약병에 되도록 많은 양의 정보를 담을 수 있도록 포장 디자이너에게 주문한다. 디자이너는 그 주문을 그대로 따른다. 그러나 비타민과 식물성 보조 약품의 주요한 고객층인 노인들은 깨알 같은 활자를 읽기 힘들다. 물론 이 약품들은 약국에서 그런대로 팔리는 편이지만 비좁은 통로에서 고객들이 그토록 긴 설명이 적힌 포장을 읽는다는 건 여간 힘든 일이 아니다. 이것은 좋은 결정(포장에 더 많은 정보를 담는 것)이 어떻게 좋지 않은 결과(아무도 그것을 읽지 않는다는 사실)를 초래하는지를 보여주는 사례이다. 작은 활자 문제에 대해 가능성 있는 해결책은 17장에서 다시 논의할 것이다.

여기서 핵심은, 결정을 내릴 때마다 그것이 멀리 떨어진 곳까지 미칠 영향을 면밀히 검토해야 한다는 것이다. 그러나 현실 세계에서는 종종 이 같은 검토가 이루어지지 않는다. 소수의 사람들이 모든 결정을 내리는 중소기업은 물론, 심지어 대기업에서도 이러한 문제가 발생한다. 우리는 조사 결과를 보고하기 위해 다른 회사의 회의실을 자주 방문한다. 그 회의에는 매장 설계와 판촉과 운영 책임자들도 참석한다. 그런데 그들이 서로에 대해 거의 모르고 있는 경우를 목격할 때가 있다. 심지어 그들이 서로 다른 도시에 거점을 두고 있는 경우도 있다. 실제로 서로에 대한 의심과 적대감, 치열한 영역 다툼이 확연히 느껴질 때도 있다. 그런데도 경영진은 다른 직원들이 무슨 일을 하는지 전혀 모르거나 알려고 하지 않는다. 그 결과, 많은 근시안적 결정들이 만들어지고 있다.

다음의 좋은 사례는 유명한 대형 백화점의 숙녀화 코너에서 벌어진 일이다. 그곳의 책임자는 진열 공간을 넓히기 위해 계산대가 차지하는 공간을 줄이기로 결정했다. 그러자 예전에 카운터를 활용하여 숙녀화를 쇼핑백에 넣던 직원들이 바닥에 쇼핑백을 내려놓고 신을 그 안에 넣어야 했다. 이것은 숙녀화를 판매하는 과정에서 불필요한 몇 단계 작업을 추가했으며, 흔히 예쁘장한 힐을 신고 있는 직원들의 업무를 더 힘들게 했다. 그 때문에 직원들은 근무를 마칠 무렵이면 모두 녹초가 되었다. 우리는 조사의 일환으로 계산대 근처에 비디오카메라를 설치한 후 사무실로 돌아와 스톱워치로 거래 시간을 일일이 체크했다. 조사 결과, 오후 4시 30분의 거래 시간이 오전 11시에 비해 거의 두 배나 더 오래 걸린 것으로 나타났다. 게다가 카운터의 공간이 줄어듦에 따라 어수선함은 더 가중된 반면, 거래는 예전보다 더 활기를 띠지 못했다.

우리의 결론은 판매 방식을 조금 개선한 것이 설계의 변화를 가져왔고, 또 그런 변화가 운영상에 차질을 초래했다는 것이다. 좀 더 많은 숙녀화(10여 켤레)를 진열하고자 했지만 그로 인해 거래 시간은 더 길어졌고, 고객의 인내심은 한계에 다다랐으며, 직원의 기력과 사기는 저하되었다. 특히 직원들이 물품 진열보다 숙녀화 판매에 더 능하다는 사실을 고려해보면 이것은 아주 잘못된 결정이었다. 그리고 이런 잘못된 결정이 발생한 원인은, 하나를 바꾸면 모든 것이 바뀐다는 사실을 누군가 간과했기 때문이다.

우리가 조사한 어느 비디오 체인점의 경우, 매장 외관과 관련하여 몇 가지 흥미로운 결정을 내린 적이 있다. 그 매장의 주요 색상은 진홍색이었다. 그리고 조명은 예전의 극장 출입구 차양처럼 늘어선 백열전구로 꾸며져 있었다. 화판 위의 그림이라면 그야말로 멋진 광경이었다. 하지만 현실은 그렇지 않았다. 세월이 지날수록 진홍색 칠은 닳아 흠집이 생기고 조각조각 떨어져나갔다. 그러자 매장은 이내 우중충해 보이기 시작했으며, 구내를 덧칠하는 데에도 많은 시간이 소요되었다. 대체로 어두운 색상으로 칠해진 표면은 시간이 지나면 곳곳에 흠집이 생긴다. 게다가 어두운 색상의 벽과 진열대에는 흰색 계통보다 더 밝은 조명이 요하기 때문에 전기요금도 많이 들어간다. 뿐만 아니라 백열전구는 자주 꺼지기 때문에 전구를 제때에 교체해주지 않으면 매장 분위기가 음산해지기 십상이다. 결국 설계상의 잘못된 결정이 체인점의 간접비와 유지비를 상승시켰으며, 그것이 순이익에 악영향을 미치는 결과를 낳은 셈이다.

소매 세계에서 이 세 가지 특징들 간의 관계는 한 가지 이유로 큰 압력을 받고 있다. 대다수 기업체들이 인건비를 줄이기 위한 방안을 지속적으로 모색한다는 것이 그것이다. 사업자의 관점에서 보면 이런 시도는 경영 방침과 맞아떨어진다. 그러나 고객의 관점에서 보면 이것은 서비스 부실을 의미한다. 소매업자들은 인건비를 줄이면서 서비스 수준은 그대로 유지하려 애쓰지만, 대개의 경우 불가능한 일이다. 과거에는 매장에 직원들을 넉넉하게 배치했다. 직원들은 일자리를 잃을 걱정을 하지 않으면서 업무를 배울 수 있었다. 설계와 판매 방식에 대한 요구도 드물거나 단순했다. 심지어 누군가가 매장을 어질러놓아도 별 상관이 없었다. 도움을 줄 수 있는 직원들이 늘 그곳에 있었기 때문이다. 그들은 물건들이 어디에 위치해야 하는지 훤히 알고 있었다.

오늘날 많은 소매업자들은 판매 직원들의 임금을 적게 주면서 그들의 가치를 과소평가하고 있다. 그리고 이러한 부담은 고스란히 설계와 판매 방식에 영향을 미치고 있다. 때로는 이것이 제 역할을 하기도 하지만 그렇지 않은 경우도 있다. 예를 들어 고객의 질문에 답하는 대화형 컴퓨터 장치를 사용함으로써 직원 수를 줄이고자 하는 소매업자들이 있다. 문제는 이 장치가 터무니없이 잘못 설계되었다는 것이다. 그것은 고객을 혼란스럽게 하거나, 올바른 답변을 제공하지 못하거나, 작동을 멈춘 것처럼 느리게 반응하곤 했다. 그렇다면 고객들은 이 장치에 어떻게 반응했을까? 우리는 그 장치의 사용을 포기하고 투덜거리면서 발길을 돌리는 많은 고객들을 목격할 수 있었다. 몇몇 이들은 직원들을 붙잡고 한참 동안 사용법을 물었다. 이것이 바로 인건비 절감을 위한 장치의 실상이다.

우리가 조사한 어느 백화점에서는 격무에 시달리는 직원들이 진열대에 과도하게 많은 물품을 올려놓은 방식으로 시간을 절약하고 있었다(그들은 관리가 힘들 정도로 많은 옷을 선반에 잔뜩 올려놓고 있었다). 그러자 몇몇 고객들은 옷을 꺼내려는 시도조차 하지 않았다. 그것이 고역이었기 때문이다. 게다가 힘들게 옷을 끄집어내면 다른 옷들도 함께 딸려와 바닥에 떨어졌다. 그렇다면 바닥에 떨어진 옷들을 집어 먼지를 털어낸 다음 다시 진열하는 일은 누가 해야 할까? 결국 직원들은 진열 방식으로 절감한 시간을 옷을 정돈하는데에 다 써버리고 말았다. 설상가상으로 아무도 바닥에 떨어진 옷을 만지려 들지 않았다. 속옷 판매 코너라고 생각해보자. 바닥에 떨어진 속옷을 어느 누가 사겠는가?

그러나 설계와 판매 방식을 적절히 활용할 경우, 그것이 원활한 운영에 도움을 줄 수 있다. 일례로 미국우편공사(USPS)가 있다. 몇년 전 우리는 우편공사 산하의 새로운 우체국을 조사한 적이 있다. 그 '지점' 중 한 곳에는 우체국 직원들이 근무하는 기존 카운터 너머로 셀프서비스 코너가 있었다. 그 코너에서는 고객이 직접 우표와 봉투를 구입한 후 소포 무게를 재고, 우편 요금을 지불했다. 맨처음 문을 연 지점의 경우, 셀프서비스 비율이 아주 저조하게 나타났다. 우체국 직원들과의 거래에 익숙한 사람들은 줄지어 서 있으면서 뒤쪽에 있는 기계에는 눈길조차 주지 않았다. 그러나 두 번째로 문을 연 지점에서는 셀프서비스 비율이 훨씬 높게 나타났다. 직원 앞에 줄 서서 기다리려 했던 고객들이 셀프서비스 코너를 이용하여 신속하게 일처리를 하는 이들을 눈여겨보았던 것이다. 은행에서도 이와 유사한 패턴이 나타나고 있다. 금전 출납원 앞에 늘어선 줄에서 현금자동출납기가 눈에 띄자, 고객들이 자동화 기기가 위치한 곳으로 옮겨가기 시작한 것이다.

두 번째 사례는 대형 약국 체인점이다. 지난 20여 년간 약국은 많이 변했지만 통로와 통로 사이에 일직선으로 각종 작은 약병과 상자들을 늘어놓는 진열 방식은 크게 변하지 않았다. 그리고 이것은 직원들에게 상당한 부담을 안겨주는 방식이다. 고객이 라벨을 읽기 위해 물건을 집어들 때마다 다시 정면을 향하도록 그것을 바로 놓아야 했기 때문이다. 얼마 전 월마트에서 한 가지 실험을 한 적이 있다. 그들은 기존의 선반식 진열 방식 대신, 통로에 통을 놓아두는 시스템으로 교체했다. 고객들은 6개의 작은 아스피린 병이 진열되어 있는 선반 대신 아스피린 라벨을 크게 확대한 표지를 볼 수 있었다. 확대된 표지 아래에 통이 있었고, 아스피린 병은 그 통 속에 담겨 있었다.

이 시스템은 상당한 효과가 있었다. 우선 제품 보관과 관련된 문제가 말끔히 해결되었다. 직원이 통로로 손수레를 끌고 가서 통을 열고 그 안에 물건들을 내려놓으면 작업이 끝났기 때문이다. 고객들 역시 이 시스템을 선호했다. 깨알같이 작은 글씨로 인쇄된 병들을 쳐다보는 대신, 읽기 쉽게 크게 만든 라벨을 볼 수 있었기 때문이다. 특히 약국에서 많은 비중을 차지하는 노년의 고객들에게 무척 편리한 시스템이었다. 이러한 변화와 관련하여 월마트에서는 쇼퍼들이 통 속에 담긴 물건을 보고 진열대에 놓인 물건에 비해 싸구려에다 품질도 떨어진다고 생각하지 않을까 걱정했다. 그러나 실상은 정반대였다. 인터뷰에 응한 고객들은 그것을 향상된 진열 시스템으로 생각했다. 이것은 아주 훌륭한 해결책이었다. 그런데 새로운 시스템에 대한 비용을 누가 지불하느냐 하는 문제가 발생했다. 체인점일까, 아니면 제품을 만든 판매 회사일까? 이 문제로 대규모 분쟁이 뒤따르면서 그 시스템은 더 이상 시도되지 않았다. 그러나 2년 후 우리는 이와 동일한 시스템이 프랑스 대형 슈퍼마켓 체인점인 오샹에서 성공적으로 활용되고 있는 광경을 목격했다.

14
고객은
'즐거운 기다림'을 원한다

인생살이와 마찬가지로 매장에도 맑은 날이 있는가 하면, 흐린 날이 있다. 물론 좋은 시기라면 사업가는 사업을 확장하고 싶을 것이고, 나쁜 시기라면 몸을 사리고 싶을 것이다.

그런데 고객을 기다리게 하면 나쁜 시기가 찾아오기 마련이다. 그들은 기다림을 좋아하지 않는다. 물론 이성적인 존재이므로 감내할 수 있는 수준까지는 기다릴 것이다. 그러나 도가 지나치면 문제가 생긴다. 우리는 반복적인 조사를 통해 쇼퍼들이 제공받는 서비스를 판단하는 가장 중요한 요소가 대기 시간임을 알게 되었다. 대기 시간이 그다지 길지 않으면 그들은 좋은 대접을 받고 있는 것처럼 느낀다. 그러나 그 시간이 지나치게 길어지면 서비스가 적절치 않거나 형편없다는 느낌이 든다. 요컨대 짧은 대기 시간은 전반적인 쇼핑 경험을 더 좋게 하지만, 오랜 대기 시간은 오히려 치명적이다.

그러나 이런 대기 시간에 '융통성'을 부여하는 것은 가능하다. 쇼퍼가 그 시간을 인식하는 과정에 변화를 줄 수 있는 것이다. 심지어 기분 나쁜 시간을 기분 좋은 시간으로 바꿀 수도 있다.

먼저 시간과 인식에 대한 전반적인 문제점부터 짚어보자. 고객은 손목에 시계를 차고 있다. 시계는 시간을 측정할 수 있는 아주 정확한 수단이다. 그러나 그의 마음속에는 이보다 훨씬 중요한 시계가 존재한다. 이러한 마음의 시계는 외부의 영향력에 아주 민감하게 반응한다. 그런데 이 시계는 고가의 '진짜' 시계보다 훨씬 더 중요하다.

우리는 이 주제를 놓고 많은 고객들과 인터뷰를 진행하면서 흥미로운 결과를 발견했다. 예컨대 1분 30초쯤 기다린 이들은 경과 시간에 대해 거의 정확한 느낌을 갖고 있었다. 그러나 그보다 더 오래 기다리자, 시간에 대한 그들의 느낌이 왜곡되기 시작했다. 대기 시간을 물었을 때 그들은 흔히 과장된 답변을 했다. 예컨대 2분을 기다렸음에도 그들은 3분 내지 4분 동안 기다렸다고 대답했다. 이 경우 고객의 마음속에서 기다림의 시간은, 원대한 계획(제품 구입)을 실행하기 전에 잠시 멈추는 시간에서 그 자체로 하나의 쇼핑 과정으로 돌변할 수 있다. 그 순간 시간은 아주 불쾌한 경험이 된다. 쇼핑의 세계에서 시간은 냉혹한 심판자이다. 고객을 상대하는 데에 2분이 걸리면 성공이지만, 3분이 걸리면 실패를 뜻하기 때문이다.

드라이브인 쇼핑(은행 업무나 식사할 때)의 두드러진 장점은 편리성과 효율성에 있다. 주차장을 찾아 헤매는 수고를 하지 않아도 되고, 차에서 내려 매장 안으로 들어갔다 나온 후 다시 나와 차에 오르는 과정을 되풀이 할 필요도 없기 때문이다. 캘리포니아 휘티어에 위치한 드라이브인 은행에서 촬영한 비디오를 보면, 시간에 쫓긴 한 남자가 걸어서 줄을 선 차량 대열에 합류하는 장면이 나온다. 드라이브인 은행이라 해도 대기 시간은 여느 은행과 별 차이가 없을 것이다. 그러나 CD 플레이어와 히터 혹은 에어컨이 작동되는 편안한 좌석에 앉아 있다면 차 안에서 기다리는 시간이 훨씬 빨리 지나가는 것처럼 느껴질 것이다.

그런데 시간과 관련된 이러한 문제들은 대부분 계산대 근처에서 집중적으로 발생한다. 쇼퍼들이 계산하거나 음식을 주문하기 위해 그곳에서 줄 서기 때문이다. 그러므로 기다리는 시간에 융통성을 부여하고자 한다면 계산대 근처부터 다음과 같은 조치를 취해야 한다.

상호작용

우리의 조사에 따르면, 직원이 먼저 접촉을 시도할 경우에 쇼퍼의 대기 시간은 이런 상호작용이 발생하기 전보다 사실상 더 빨리 지나가는 것으로 나타났다. 직원이 기다리는 고객에게 간단히 설명하는 것만으로도 기다림의 초조함이 줄어들었던 것이다. 특히 기다림의 초기부터 이런 상호작용이 이루어지면 그 효과가 더 컸다. 예전에 내가 방문했던 어느 대형 쇼핑센터의 매니저는 고객과의 접촉을 아주 좋아하는 사람이었다. 그는 계산대 앞에 늘어선 줄이 다소 길어진다 싶으면 바로 사무실에서 나와 마치 모노드라마를 하는 연극배우처럼 매장 앞에서 길게 줄 선 고객들을 관리했다. 매니저가 등장하자 금전 출납원들의 움직임도 더 빨라지는 것 같았다. 매니저 역시 자신의 일을 즐기는 것처럼 보였다. 만약 바쁜 시간대에 세 사람의 금전 출납원을 고용할지, 아니면 두 사람의 금전 출납원과 줄을 관리할 한 사람의 매니저를 고용할지 선택하라면 나는 기꺼이 후자를 택할 것이다. 줄을 관리하는 매니저는 일종의 '예비 금전 출납원'이다. 그는 고객들에게 미리 주문을 준비하라고 넌지시 알려주고 그들의 질문에도 답해줌으로써 인식된 기다림의 시간과 실제 기다림의 시간을 모두 줄여줄 수 있다.

시간에 융통성을 부여하는 또 다른 방식은 기다림이 상황에 따라 변하거나 운에 좌우되지 않으며, 한정된 시간 내에서 관리되고 있음을 고객들에게 인지시키는 것이다. 몇몇 은행들은 대기 시간이 얼마나 남았는지 알려주는 전자 표지판들을 설치하여 이 방식을 활용하고 있다. 물론 이러한 표지판은 정확하지 않다. 하지만 그것이 문제가 되진 않는다. 표지판을 보고 2분만 참으면 된다는 생각이 들면 그것이 실제로 4분 기다림의 효과를 발휘하기 때문이다. 최근에 나는 한 컴퓨터 제조업체의 기술 지원 서비스에 전화를 건 적이 있다. 그러자 녹음된 음성으로 '1분에서 5분쯤' 기다리면 찾는 직원이 연결될 것이라는 목소리가 흘러나왔다. 생각해보면 상당히 긴 시간이었다. 그러나 그들의 재치 있는 대응이 시간에 대한 나의 불안함을 진정시켰다.

줄 서기

유럽의 쇼퍼들은 많은 사람들이 무리 지어 줄 서 있어도 그다지 개의치 않는 것처럼 보인다. 그러나 미국인이나 영국인들은 단정하고 공정한 일렬종대의 줄을 좋아한다. 어느 줄에 서야 할지 얼른 판단이 서지 않을 때 그들은 당혹감을 느낀다. 무질서를 용납하면 불안감이 생기기 마련이다. 그러나 정확히 도착하는 순서대로 도움을 받는다는 사실을 안다면 그들은 불안감을 느끼지 않을 것이고, 기다리는 시간도 한결 짧게 느껴질 것이다. 이런 방식이 시간에 융통성을 부여하는 비결이다. 불확실한 요소를 없애라. 그러면 인식되는 대기 시간도 줄어들 것이다.

쇼핑의 세계에서 계산대 앞에 늘어선 줄을 정돈하는 것은 여전히 커다란 난관으로 남아 있다. 물론 가장 빠르고 공평한 시스템은 고객들로 하여금 일렬종대로 계산대 앞에 줄 서게 만드는 것이다. 이 방식은 고객들에게 도착한 순서대로 도움을 받을 수 있다는 믿음을 갖게 한다. 게다가 가장 빠른 줄을 선택하기 위해 고민할 필요도 없다. 그러나 한 가지 문제점이 있다. 가끔 줄이 지나치게 길어지는 경우가 발생하기 때문이다. 바쁜 쇼퍼의 입장에서는 우려할 만한 광경이 아닐 수 없다. 실제로 15명이 한 줄로 기다리는 것에 비하면 5명이 세 줄로 기다리는 것이 훨씬 짧아 보인다. 비논리적이긴 해도 실상이 그렇다. 이것이 바로 인식과 현실의 차이이다.

여기서 한 가지 중요한 점은, 정문 앞에 계산대가 위치할 경우 길게 늘어선 줄이 매장을 방문하는 고객들의 발걸음을 돌리게 한다는 것이다. 흔히 매장에 들어온 고객은 계산대 앞에 늘어선 줄을 목격하게 되면 매장 전체가 붐비는 줄 알고 바로 방향을 틀어 출입구로 향한다. 실제로 그 매장은 계산대만 지나면 텅텅 비어 있을 수도 있다. 하지만 누가 이 사실을 알 수 있겠는가? (계산대의 위치를 외부로부터 보이지 않는 곳에 정해야 한다는 주장이 설득력을 얻는 것도 이 때문이다.)

미국에서는 두 곳의 대형 소매업체가 효율성을 끌어올릴 목적으로 줄서기 시스템을 변화시켰다. 소비자 전자제품 체인점인 베스트바이와 식료품 체인점인 홀푸드가 그들이다. 베스트바이에서는 고객들이 미로 같은 통로를 지나가야 하는데, 그곳의 높은 벽 때문에 앞에서 얼마나 많은 사람들이 대기하고 있는지 알 수 없다. 그 벽은 배터리, 비디오 게임, 사무용품, 컴퓨터용품을 홍보하는 용도로도 사용되고 있다. 이 방식은 아주 놀라운 효과를 발휘하고 있다. 홀푸드에서는 새로운 줄 서기 시스템을 고안했다. 이것은 평면 텔레비전 아래에 여러 개의 작은 줄을 만든 후 화면을 통해 맨 앞줄에 선 사람에게 가야 할 곳을 알려주는 시스템이다. 이 시스템의 장점은 구불구불 길게 늘어선 줄을 없앨 수 있다는 것이다. 기술 시스템이 모든 상황을 관장한다. 만약 누군가 매장에 신경을 쓰거나 관심을 갖고 있다는 사실을 알게 된다면 고객들의 불안감도 줄어들 것이다. 정말 근사한 시스템이지 않은가? 한 가지 분명한 사실은 이것이 과거의 무질서를 크게 개선한 시스템이라는 것이다.

교제

만약 당신이 누군가에게 말을 걸도록 시킨다면 기다림의 시간이 더 짧게 느껴질 수 있다. 이것은 그리 놀라운 일이 아니다. 매장에서 이 방식이 효과를 거두려면 혼자서 기다리는 고객들이 직원과의 접촉을 가장 필요로 한다는 사실을 인지하고 있어야 한다.

기분 전환

거의 모든 것들이 활용 가능하다. 우리가 조사한 어느 은행에서는 줄 서서 기다리는 사람들을 위해 TV로 연속극을 보여주고 있었다. 그러나 이것은 그다지 좋은 아이디어가 아니다. 연속극을 즐기려면 적어도 30분은 지켜봐야 하기 때문이다. 그런데 캘리포니아의 한 은행에서는 이보다 한결 나은 방식을 활용하고 있었다. 그곳에서는 대다수 고객들이 퇴직자들로 채워지는 낮 시간에 대형 스크린 TV로 옛 코미디 단편영화를 상영했다.

최근에는 누구든 비디오 시스템을 먼저 떠올린다. 그러나 고급 기술을 요하지 않는 오락물을 가지고도 이와 비슷한 효과를 얻을 수 있다. 예컨대 많은 식료품점들이 무료 샘플을 제공하고 있는데, 이것이 신제품을 선전함과 동시에 기다리는 시간을 무료하지 않게 만든다. 계산대 앞에 충동구매 품목을 진열하는 것도 기다림의 시간을 줄여줄 수 있다. 한 가지 더 명심해야 할 점은, 맨 앞줄에 서 있는 사람에겐 오락거리가 그리 필요하지 않다는 것이다. 계산대 바로 앞에 서 있는 사람은 자기 차례의 신호만 기다릴 뿐이다. 그러므로 판촉물과 광고판, 쇼핑 가능한 진열대와 그 밖의 다른 물품들은 모두 줄에서 두 번째 뒤에 위치한 고객들을 중심으로 배치해야 한다.

슈퍼마켓 계산대에 진열된 싸구려 타블로이드판 신문도 기분전환용 상품으로 유용하게 활용할 수 있다. 고객의 기분을 전환시키는 또 다른 유형으로 광고물이 있다. 조사에 따르면 읽을 만한 광고물이 있을 경우, 고객이 인식하는 기다림의 시간이 짧게 느껴지는 것으로 나타났다. 실제로 재치 있는 소매업자들은 기다림의 시간을 일종의 무형자산으로 간주하기도 한다. 고객들이 동일한 장소에서 한쪽 방향을 줄곧 바라보는 기회란 그리 흔치 않다. 이러한 기회를 잘 활용하면 기분 나쁜 시간을 기분 좋은 시간으로 탈바꿈시킬 수 있다. 기다림은 기분 나쁜 상황일 수 있다. 그러나 이 시간을 잘 활용하면 어떤 메시지를 전달할 수 있으며, 고객들에게 인식되는 시간을 더 짧게 할 수도 있다.

오늘날에는 계산대에서 멀찍이 떨어진 매장 안에서 기다리는 시간도 문제가 된다. 보통 소매업자들은 인력 감축으로 비용을 줄이려 하지만 이는 고객의 질문에 답할 수 있는 직원을 찾기까지 더 많은 시간이 걸림을 뜻한다. 이것은 기다림의 시간 중에서도 특히 치명적이다. 우리는 수많은 고객들이 도움을 청하려고 매장 안에서 갈팡질팡하는 모습을 목격했다. 그들은 대개 1분 남짓을 헛되이 돌아다니다 분통을 터뜨린다. 특히 남자들은 이러한 측면에서 취약한 모습을 보인다. 만약 빠른 시간 내에 답변을 구하지 못한다면 그들은 쇼핑을 포기하고 바로 집으로(혹은 다른 매장으로) 향할지도 모른다. 예전에 우리는 직원 배치 정책을 새롭게 변경한 백화점을 조사한 적이 있다. 그들은 매장 곳곳에 금전 출납원들을 배치하는 대신 입구에 금전등록기를 집중 배치했다. 그 결과, 줄 서서 기다리는 시간이 훨씬 길어졌고, 매장에서 직원을 찾는 것도 한층 더 힘들어졌다. 게다가 정문 바로 안쪽에서 많은 사람들이 초조하게 줄 서 있는 광경은 매장에 막 들어서려는 고객들에게 그 안이 아주 혼잡하다는 인상을 심어주기에 충분했다. 결과적으로 인건비를 줄이려던 시도가 뜻하지 않게 막대한 손해를 자초한 셈이다.

오늘날 소매업계에서는 이러한 상황들이 비일비재하게 발생한다. 그렇다면 어느 시점에서 절감된 인건비가 고객들에게 실망감을 안겨주는 비용으로 변하는 걸까? 특히 은행이 이러한 측면에서 취약하다. 은행에서는 되도록 최소 임금 수준에서 파트타임 금전 출납원들을 고용하려 한다. 하지만 그들은 능숙한 계산이나 사람들을 대하는 기술에 능숙하지 않다. 그 결과, 고객들이 기다리는 시간은 더 늘어난다. 어느 시점에 이르면 고객의 불안은 악영향을 미치기 시작한다. 우리는 두 사업체(한 곳은 유럽의 한 은행이고 또 한 곳은 미국의 전자제품 전문점)를 조사한 적이 있다. 두 군데 다 보안을 이유로 단 한 대의 금전등록기를 사용하고 있었다. 은행의 경우는 아주 간단한 거래를 할 때도 금전 출납원들이 창구에서 금전등록기까지 분주히 뛰어다녀야 했다. 매장의 경우는 판매 직원들이 고객이 지켜보는 앞에서 금전등록기에 먼저 도착하려고 서로 밀치는 모습을 보이곤 했다. 이러한 광경이 고객에게 신뢰감을 심어줄 리가 없다. 물론 대기 시간이 미치는 영향도 우리의 예상에서 벗어나지 않았다.

우리는 많은 매장들을 조사하면서 시간을 잡아먹는 절도 방지 정책이 결국 매상에 악영향을 미친 경우를 자주 목격했다. 일례로 크기는 작지만 값비싼 제품들(고급 향수와 컴퓨터 프린터 잉크 카트리지, 비디오게임 플레이어)을 파는 매장이 있다. 이 세 곳의 매장들은 모두 자물쇠가 채워진 유리 케이스 안에 제품을 진열하는 방식을 택하고 있다. 따라서 고객들은 자신이 선택한 물건을 만지거나 가까이에서 구경할 수 없다. 당연히 구매자들은 이런 방식에 실망감을 느꼈다. 심지어 열쇠를 갖고 있는 직원을 찾아 헤매는 고객들도 있었다. 아무런 도움을 받지 못한 고객이 결국 구매를 포기하는 광경을 목격한 적도 있다. 누군가 훔친 소량의 물건들이 이러한 매출 손실을 충당할 수 있을까? 분명 그렇지 않을 것이다.

물건(계산되지 않는 제품을 의미)이 감소하는 문제가 심각하다는 것은 의문의 여지가 없다. 그러나 이것은 모든 매장이 아닌 일부 매장에 국한된 문제인 것처럼 보인다. 만약 당신이 스테이플스 같은 사무용품 체인점에 있다면 상당한 양의 제품 손실 문제에 직면할 수 있지만, 다른 매장이라면 이러한 문제가 경미하거나 거의 없을 수 있다. 물건 손실은 세 가지 유형으로 나타난다. 첫 번째는 뒷문으로 빠져나간 물건, 즉 직원이 훔친 물건이다. 두 번째는 날짜를 정해 훔치기로 작정한 전문 절도범이 가져간 물건이다. 마지막 세 번째는 아마추어 절도범이 순간적인 충동심으로 훔친 물건이다. 월마트에서는 이러한 물건 손실이 채 1퍼센트도 되지 않는다고 주장하고 있다. 그러나 이것을 크게 우려한 체인점에서는 문제 해결을 위해 많은 돈을 사용하고 있다.

매장 곳곳에 보안 시설이 갖추어져 있는 것도 이 때문이다. 그런데 매장 입구에서 노년의 숙녀로 하여금 고객들에게 다정하게 인사를 건네게 하는 것이 한 가지 대안이 될 수 있다. 누군가가 자신의 존재를 인지하고 있을 경우, 매장 물건을 함부로 훔칠 엄두를 낼 수 없다는 점을 생각해보라. 몇몇 매장들은 또 다른 대안을 활용하고 있다. 그곳에서는 스피커를 통해 큰 소리로 "경비원은 6번 통로로 가세요!" 같은 지시를 내린다. 심지어 인력을 배치한 보안 시스템을 갖추지 못한 공간에서도 그들은 이러한 지시를 내린다. 하지만 대량의 물건 손실이 지속적으로 발생하는 매장이라면 당연히 전문적인 보안 요원이 필요할 것이다.

예전에 우리는 사우스캐롤라이나에 위치한 잡화점 체인점을 조사한 적이 있는데, 그곳에서는 관용의 표시로 반품 정책을 시행하고 있었다. 그들은 묻지도 따지지도 않고 모든 반품을 환불해준다고 주장했다. 그런데 내가 그곳에 있는 동안 관리자가 고가의 여성용 헤어 제품과 장비를 파는 코너로 데려갔다. "이것이 제가 팔고 있는 가장 비싼 헤어드라이어입니다." 그는 화려해 보이는 모델을 가리키며 말했다. "지난달엔 제가 넉 대를 반품 처리했습니다." 그는 잠시 말을 멈추었다. "그런데 문제는 지난달에 제가 단 한 대로 팔지 않았다는 겁니다."

물론 몇몇 사악한 영혼들은 동일한 헤어드라이어를 반복적으로 훔친 다음 반품하고 현금으로 환불을 받았을 것이다. 유감스럽게도 관리자는 '묻지도 따지지도 않고 모든 반품을 받아들인다'는 회사의 지시에 매여 있었다.

시간 문제로 돌아가보자. 회사의 지시에 구속당한 불쌍한 관리자는 환불 용지를 작성하고 환불하지 말아야 할 돈을 환불하며, 손실을 입은 품목들을 점검한 후 재고를 다시 채워야 했다. 여기서 부정적인 측면은 불필요한 시간이 늘어났다는 것이다. 반품 정책은 고객 호감도를 창출하는 대신 귀중한 시간을 낭비하였으며, 실제로 직원들에게 악영향을 미쳤다. 결국 시간을 잡아먹는 작업이 가치 없음을 보여주는 하나의 사례가 되었을 뿐이다.

계산대

고객과의 마지막 승부

잔인한 현실은 대부분의 쇼핑에 계산 과정이 포함된다는 것이다. 계산대는 필요악이다. 언젠가는 사라져버릴지도 모른다. 오늘날의 주유소와 은행처럼 앞으로 모든 매장에서 셀프서비스를 제공한다면 가능한 일이다. 쇼퍼가 구매한 물건들을 컴퓨터로 작동되는 장치에 집어넣으면 스캐너가 제품 코드를 읽고, 총비용에 세금을 합하여 계산할 것이다. 그리고 신용카드나 직불카드를 장치에 넣으면 승인과 함께 영수증과 적당한 크기의 봉투가 나오면서 다음과 같은 기계음이 흘러나올 것이다.

"파코에서의 쇼핑을 감사드리며 이 10퍼센트 할인 쿠폰을 가져가셔서 다음번 남성 액세서리 구입에 사용해주십시오. 즐거운 하루 되십시오. 고맙습니다."

사실 이러한 기술의 일부분은 이미 사용되고 있다. 페덱스(FedEx)와 UPS(미국소포우편서비스)에서 일하는 운전자들이 사용하는 휴대용 스캐너가 그것이다. 많은 슈퍼마켓에서도 이미 직불카드를 즐겨 사용하는 쇼퍼들에게 의존하고 있다. 그리고 유럽의 일부 레스토랑에서는 고객들에게 계산서 대신 휴대용 스캐너를 제공하여 즉석에서 신용카드 거래가 성사되도록 하고 있다. 여기, 드물긴 하지만 혁신적인 또 다른 사례가 있다. 스웨덴 슈퍼마켓 체인점인 ICA에는 고객이 쇼핑 카트와 함께 입구에서 집어들 수 있는 휴대용 스캐너가 비치되어 있다. 고객은 쇼핑 카트나 쇼핑백에 올리브유나 아이스크림을 집어넣을 때 그 물건을 스캔한다. 그러고 나서 매장 출구에서 본인의 신용카드를 긁는다. 그곳에서 직원은 고객이 구입한 물건과 가격이 일치하는지 점검한다. 이것으로 계산이 끝난다. 다른 셀프 스캔 계산 시스템과 비교하면 훌륭한 시스템이라 할 만하지 않은가.

자, 이제 본론으로 들어가보자. 지금까지 20세기 쇼핑 경험이 보여준 매력과 영광에도 불구하고, 또 상업 천재들에 의해 피어난 온갖 뛰어난 기술과 과학에도 불구하고, 어느 누구도 계산대를 친근한 공간으로 만드는 방법을 발견하지 못했다. 소매업자들은 계산대에 고수익의 충동구매 제품들을 진열함으로써 그곳을 최대한 활용하려 애쓴다. 또 돈을 건네는 특권을 누리려고 줄 서서 기다려야 한다는 사실을 쇼퍼들이 깨닫지 못하도록 기분 전환용 오락물을 마련하기도 한다. 그런데 궁극적으로 이런 것들이 계산대에서 실망감을 느끼게 한다. 논리적으로 생각해보아도 계산대는 고객이 돈을 내놓는 곳이기 때문에 당연히 감탄사를 터뜨릴 만한 요소가 있어야 한다. 그러나 그곳은 따분하기 그지없는 과정의 일부분일 뿐이다. 게다가 대다수 고객들에게 "내가 어디에 서 있는 거지? 계산이 끝나려면 얼마나 걸릴까"라는 불안감까지 야기한다. 매장의 나머지 장소들은 훌륭히 설계되어 있고, 사용자에게 우호적인 듯하다. 그러나 계산대에서는 이 같은 환상이 산산이 깨지면서 매장의 진정한 기능(물건과 현금을 교환하는 기계)이 드러난다. 그런데 계산대에서 이러한 기계적 기능이 흔히 형편없이 설계되거나, 조삽하게 만들어지거나, 운영자에 의해 잘못 이해되고 있다.

앞서 언급했듯이, 계산대와 관련하여 가장 큰 문제는 설치 장소이다. 만약 계산대를 입구 근처로 정한다면 그것은 논리적인 선택이다. 예컨대 당신은 매장 안으로 들어가 주위를 한번 훑어본 다음, 몇 가지 물건을 고른다. 그러고 나서 입구로 돌아와 계산을 마치고 매장을 떠난다. 직원 배치의 관점에서 보더라도 이것은 매우 합리적인 선택이다. 소규모 매장의 경우, 금전등록기가 입구 근처에 있다면 한가한 시간에는 직원 한 명만으로도 매장 운영이 가능할 것이다. 예전에 우리는 건축가가 계산대 위치를 잘못 설정한 매장을 조사한 적이 있다. 그곳 계산대는 뒤쪽에 위치해 있었고, 금전등록기도 뒷벽을 향하고 있었다. 그 결과, 점원은 거래할 때마다 매장 전체와 모든 고객들을 등지고 서야 했다. 그야말로 물건을 훔치기에 딱 좋은 환경이었다.

출입하는 고객의 시선이 가장 먼저 머무는 곳에 계산대 위치를 정하는 것도 잘못이다. 주방을 통해 레스토랑으로 들어가는 것과 같은 경우이기 때문이다. 매장을 찾는 고객의 기대감을 충족시킬 수 없음은 물론이다. 더욱이 그곳에서 거래가 느리게 진행된다면, 그래서 고객들이 길게 줄 서 있기라도 한다면, 출입하는 고객들에게 극약 처방을 하는 것이나 다름없다. 우리는 매장 안을 흘낏거리던 고객들이 계산대 앞에 늘어선 줄을 보고 발걸음을 돌리는 장면을 숱하게 보았다.

계산대 위치를 고민할 때면 그것이 매장의 다른 공간에 어떤 영향을 미칠지도 신중히 고려해야 한다. 당신이라면 아마 최신 매장의 설계나 예술가의 연출, 혹은 건축가의 모델을 참고할 것이다. 또한 질서 정연하고 조용한 공간도 참고할 것이다. 설계자들이 이러한 공간(사람이 붐비지 않는 장소)에서 자신의 창조물을 즐겨 상상하는 것도, 건축 관련 모든 잡지들이 텅 빈 매장을 묘사하고 있는 것도 다 이 때문이다. 그러나 일단 매장이 문을 열고 실제로 고객의 모습이 보이면, 그제야 당신은 계산대 앞에 늘어선 줄이 그 공간을 둘로 나눈다는 사실을 눈치 채게 된다. 또 그제야 계산을 위해 기다리는 고객들이 설계자의 예상과 달리 전혀 엉뚱한 방향으로 구불구불 늘어서 있고, 줄 선 고객들의 벽이 매장의 절반쯤을 시야에서 가리고 있으며, 접근을 불편하게 하고 있음을 깨닫게 된다. 줄 선 고객들이 카트를 밀고 있다면 사실상 그것이 장애물 역할을 한다. 매장에 들어선 대다수 고객들은 줄 건너편을 바라볼 수 없다. 그 때문에 자신이 원하는 물건이 뒤쪽에 있을 경우, 그 물건이 있는지조차 모르는 상황이 벌어진다. 우리는 다양한 방식으로 쇼퍼의 이동 패턴을 관찰하는데, 그중에 매장 밀집도(department density)라는 것이 있다. 우리는 매시간 매장을 돌아다니면서 각 장소에 얼마나 많은 고객이 있는지 일일이 그 수를 헤아린다. 그런데 계산대 위치가 잘못 정해진 매장의 경우, 가장 분주한 시간대에 매장 뒤편에 남아 있는 고객의 수가 뚜렷이 감소한 것으로 나타났다. 계산을 위해 기다리는 사람들의 줄이 마치 인간 바리케이드 같은 작용을 했기 때문이다.

아이러니컬하게도 때로는 계산대에 몰려든 사람들이 매장의 나머지 장소들의 상태에 대해 아무런 정보도 제공해주지 못하는 경우가 있다. 느리게 진행되는 거래로 인해 사람들이 매장이 붐빈다는 선입견을 갖게 되기 때문이다. 어느 누구든 매장 입구에 사람들이 잔뜩 몰려 있는 광경을 본다면 쇼핑할 엄두가 나지 않을 것이다.

그렇다면 매장에서는 왜 계산대를 이렇듯 소홀히 다루는 것일까? 주된 이유는 효율적인 금전 출납 시스템이 전반적인 쇼핑 경험에 어떤 영향을 미치는지 소매업자들이 미처 인식하지 못하고 있기 때문이다. 만약 고객이 엉뚱한 곳에 위치한 계산대 때문에 화가 치밀어 다시는 그곳을 찾지 않겠다고 다짐할 지경이라면, 사업가들의 이러한 인식 부족은 위험천만하다 하지 않을 수 없다. 소매업자들과 그들이 고용한 건축가들은 계산대를 설계할 때 쇼퍼들의 편리는 크게 고려하지 않는다. 그들은 충분한 공간을 제공하지 않으며, 가급적 일을 쉽게 하려고 절차를 생략하려 한다. 게다가 그곳에 배치되어 대부분의 시간을 보내는 직원들도 턱없이 부족하다. 여기서 내 머리에 떠오르는 두 가지 사례가 있다. 경영진이 계산대에서 피기백 방식(piggybacking, 편승식 판매 방식)을 고집하는 바람에 결국 불행을 자초한 매장들이 그것이다.

첫 번째 사례는 홀마크였다. 크리스마스 시즌을 맞아 그곳에서는 많은 업무를 준비하고 있었다. 그중 하나는 화려하고 값비싼 크리스마스트리와 다른 장식품들을 판매하는 것이었다. 장식품들은 대부분 선물용이어서 포장이 필요했다. 대개의 경우 계산을 담당하는 직원이 계산대에서 포장도 함께 한다. 휴가철에 카드 전문점을 방문해본 적이 있는가? 만약 직원이 박스를 포장하고 리본을 묶느라 2분간 거래를 중단해야 한다면 어떤 상황이 벌어질까? 어쩌면 추수감사절 전날 밤 오헤어 국제공항(세계에서 가장 바쁜 공항으로 유명함) 상공보다 더 붐빈 상황이 발생할지도 모른다. 선물 포장은 현장에서 이루어져야 한다. 그러나 이러한 방식을 사용하는 매장은 해마다 점점 감소하고 있다. 매장에서는 가급적 직원의 인건비를 줄이려 하지만, 그것이 계산대에서의 체증을 야기하고 있다. 이 같은 선물 포장과 관련하여 한 가지 효율적인 방식은 종이와 리본, 얇은 천, 가위와 테이프 등을 완벽히 갖춘 DIY 코너를 설치하는 것이다. 직원은 물론 불필요하다.

두 번째 사례는 라디오색 매장이었다. 그곳에서는 계산대를 수리 및 반품 카운터로 함께 사용하고 있었다. 그러나 이것은 제품 구입 후 서둘러 그곳을 떠나려 하는 사람들을 쓸데없이 잡아둘 뿐만 아니라, 테이프 녹음기나 컴퓨터 모니터를 막 구입해 들떠 있는 고객이 테이프 녹음기와 컴퓨터에 대해서 불평하는 고객과 바짝 붙어 있어야 함을 뜻했다. 이러한 환경에서 고객의 신뢰가 떨어지는 것은 당연한 일이었다. 우리는 수리와 반품 카운터를 고객들이 주로 다니는 통로에서 멀찍이 떨어진 위치로 옮기라고 조언했다.

개인적으로 나는 계산대의 영역에 속해 있는 호텔 체크인과 체크아웃 카운터에 많은 관심을 가지고 있다. 오늘날의 다른 많은 사람들처럼 나 역시 생활의 절반을 길 위에서 보내고 있다. 서비스업이 호황을 누리는 것도 출장이 잦은 현대적 업무의 특성 때문이다. 그러나 호텔에서 맞닥뜨리는 문제는 크게 달라진 것이 없다. 호텔에 늦게 도착하면 시차로 기진맥진한 탓에 얼른 이메일을 보내거나, 책을 읽거나, 글을 쓰거나, 전화를 걸거나, 룸서비스와 영화를 주문할 수 있는 객실로 달려가고 싶은 마음뿐이었다. 그러나 그곳에서 맨 먼저 해야 할 일은 줄 서서 기다리는 것이다. 이미 전화나 여행사를 통해 다른 절차는 모두 끝낸 터라 지금 내게 필요한 것은 열쇠뿐인데도 그렇게 기다려야 하는 것이다.

내가 방문한 한 호텔은 좀 더 개선된 방식을 사용하고 있었다. 그 호텔의 로비에는 원형의 '체크인 공간'이 따로 마련되어 있어, 그곳에서 고객과 직원은 단말기 옆에 나란히 앉을 수 있었다. 이것은 시작에 불과하지만 여기서 한 걸음 더 나아가면 출장 나온 회사원들로부터 많은 호응을 얻을 수 있을 것이다. 아마도 그 호텔 로비에는 편안한 안락의자를 비치한 체크인 구역이 있을 것이다. 당신이 그 의자에 앉으면 직원이 휴대용 컴퓨터, 신용카드 판독기, 객실 열쇠, 당신이 선택한 음료 등을 가지고 당신을 맞이할 것이다. 그리고 이런 문명화된 방식으로 서류 업무를 처리할 수도 있을 것이다.

16

상품 배열의 놀라운 마법

쇼핑의 과학에서 이른바 머천다이징(merchandising, 상품화 계획)은 온갖 마법과 속임수가 난무하는 세계이다. 이 책의 다른 부분은 인체 공학, 해부학, 운동학, 인구 통계학 등과 같은 주제들과 관련이 있다. 그러나 이 장에서는 오직 쇼퍼들이 실제로 마주치는 제품만을 다루고자 한다.

머천다이징의 세계는 두 가지 뚜렷이 구별되는 측면으로 나뉜다. 하나는 선반에서 자기 제품을 벗어나게 하려는 시도이다. 그곳에서는 동일한 자리를 차지하기 위해 어쩔 수 없이 다른 업체들과 경쟁해야 한다. 그런 경쟁을 누가 원하겠는가? 자력으로 제품을 선반 밖으로 내보내려고 막대한 노력과 자본을 쏟아붓는 것도 이 때문이다. 물론 도서관이라면 선반은 나무랄 데 없을 것이다.

그러나 그 밖의 공간에서 진열대는 되도록 회피하고 싶은 대상이다. 실제로 1970년대 후반에 볼티모어 도서관에서는 앞표지가 보이도록 도서를 진열하는 시스템을 시도한 적이 있다. 그러자 도서 대여가 현저히 증가했다. 지금은 많은 서점과 도서관에서 이러한 관행을 표준으로 채택하고 있다. 그러나 서점의 경우, 이 같은 방식으로 주요 도서를 진열하는 것은 여간 힘든 작업이 아니다. 게다가 아래쪽에서 이용 가능한 책들의 수도 현저히 감소할 것이고, 그러면 수심에 가득 찬 저자와 출판업자들은 당연히 불만을 제기할 것이다.

머천다이징의 또 다른 측면은 인접물의 활용(하나의 품목을 다른 품목과 연결할 때 발생하는 상승효과로, 매상을 증가시키는 방식)이다. 인접물 활용을 시도하는 이유 중 하나는 추가 구매가 가능하기 때문이다. 일반적으로 계산대 앞에 진열해놓은 과일향 사탕이나 건전지처럼 마지막 순간에 바구니에 던져 넣을 수 있는 충동구매 물품이 여기에 해당한다. 이러한 추가 구매는 매장 어디에서나 가능하다. 그러나 소매업자들은 이런 부분을 소홀히 하여 매장 운영에 어려움을 겪고 있는 것처럼 보인다. 흔히 추가 구매 제품들은 고수익을 보장하기 때문에 평범한 매장과 번창하는 매장의 차이를 결정짓는 중요한 역할을 할 수 있다. 그것이 침체된 매장을 성공 가도에 오르게 할 수 있는 것이다. 예전에 나는 뉴욕에서 술집을 공동 소유한 적이 있다. 당시에는 주크박스, 담배 자판기와 비디오게임에서 나오는 수입만으로 임대료를 충당할 수 있었다. 이제 소매업자들은 더 이상 새로운 고객들이 존재하지 않는다는 것을 엄연한 현실로 받아들여야 한다. 인구는 더 이상 늘어나지 않는 반면, 매장은 이미 포화 상태이기 때문이다. 조사에 따르면 20퍼센트의 단골 손님들이 매장 매출의 80퍼센트를 차지하는 것으로 나타났다. 따라서 매장이 성장하고자 한다면 기존 고객들의 소비를 더 증가시키는 방안을 강구해야 한다. 즉 고객들의 매장 방문 횟수를 더 늘리고, 매장 안에 더 오래 머물도록 하며, 더 많은 물건들을 구매하도록 해야 하는 것이다.

이것은 비단 의류 문제에 국한되지 않는다. 새로운 컴퓨터 마우스는 어떨까? 이 마우스패드를 한번 써볼까? 새로운 자동차는 어떨까? 이 근사한 마루 매트를 한번 써볼까? 지금 의류 브랜드인 갭에서 향수와 양초를 팔고 있다. 그리고 빅토리아스 시크릿에서는 화장품을 팔고 있다. 여자들이 어디서든 화장을 위한 쇼핑을 망설이지 않는다는 점을 감안하면 일리 있는 선택이다. 여자들의 미모를 더 아름답게 꾸며주도록 설계된 매장이라면 더 말할 것도 없을 것이다. 그런가 하면, 몰 오브 아메리카에 입점한 우체국 지점에서는 장난감 우편 트럭, 가죽 재킷, 우편배달부 복장의 곰 인형 등등 관련 제품들을 판매하고 있다. 우편배달로 돈을 벌어들이는 방식은 아니지만, 이러한 품목 덕분에 상당한 이윤이 발생하고 있다. 언젠가는 이런 방식이 시스템 전체 비용을 충당할지도 모른다.

또 다른 좋은 사례로 내가 애용하는 서점인 북피플이 있다. 텍사스 주 오스틴에 위치한 이 서점은 홀 푸드 본점 건너편에 위치해 있다. 북피플은 다양한 특성을 가진 멋진 매장이다. 그곳에서는 저렴하면서도 훌륭한 시각적 효과를 가지고 예상치 못한 경험을 선사한다. 요리책 코너에는 낡은 난로가 자리하고 있다. 매장 곳곳에 흩어져 있는 좌석은 어떤 물품이 팔리고 있는지 보여준다. 스포츠 및 기술 서적 코너에는 옛 이발소 의자가 자리하고 있다. 낡은 안락의자들도 적절히 사용되고 있다. 아울러 매장 주변에서는 각각의 코너를 주제로 하는 머천다이징이 이루어지고 있다. 아동 서적 코너에서 꼭두각시 모자와 마스크를 팔고, 종교 서적 코너에서 관련 의복과 장신구와 양초를 파는 식이다. 심지어 층계에도 포장지와 개그 기프트(웃음을 주는 선물)가 늘어서 있다. 그리고 계산대 근처에서는 오스틴을 알리는 티셔츠와 진귀한 과자와 북피플 상표가 새겨진 초콜릿 바를 판매하고 있다. 그곳은 단순히 책만 파는 서점이 아니라, 책을 좋아하는 사람들에게 다양한 물건을 파는 매장이다. 실제로 그곳은 작은 장식품들과 저속한 유머가 어우러진 가운데 다양한 카테고리와 작은 코너들이 재창조되는 진지한 공간이다. 예를 들면 폭동과 음모를 주제로 하는 책 코너는 저널리즘 서적 진열대 맞은편에 위치해 있다. 또 자작 농법 및 농경 관련 서적 옆에는 박제한 수탉 한 쌍이 자리하고 있다.

칭찬할 만한 사례를 하나 더 꼽자면 애플 매장이 있다. 그곳에서는 100달러를 상회하는 게임, 백업 하드드라이브, USB 허브 따위를 충동구매 물품으로 계산대에 배치하고 있다. 꼭 있어야 할 필수품은 아니지만 근사해 보이는 이 물건들은 다양한 위치에서 불티나게 팔려나가고 있다. 이것은 마치 신차를 구입한 고객에게 부속물을 판매하는 것이나 마찬가지다. 그 매장은 고객이 수천 달러를 소비할 경우 추가로 200달러쯤은 얼마든지 더 쓸 수 있다는 점을 계산에 넣고 있다.

주로 30달러짜리 셔츠를 파는 의류 매장에 있다고 가정해보자. 만약 당신이 고객에게 6달러짜리 양말 한 켤레를 더 판매한다면 매출을 20퍼센트쯤 증가시킬 수 있을 것이다. 이 정도면 결코 무시할 만한 수준이 아니다. 그 고객이 20달러짜리 벨트도 함께 고른다면 매상은 66퍼센트로 껑충 뛰어오를 것이다. 이쯤 되면 상술의 귀재로 불려도 무방할 것이다. 그럼 어떻게 이런 상황이 가능한지 정리해보자. 한 가지 좋은 방법은 물건을 충분히 구입하지 않은 것처럼 보이는 고객에게 넌지시 다른 물건을 권유하는 것이다. 마우스를 구입한 고객이라면 당연히 마우스패드도 필요하지 않을까? 또 다른 좋은 방법은 마우스패드를 마우스 바로 옆에 배치하는 것이다. 이런 방식은 아주 간단하다. 예컨대 허리띠는 어디에 놓아야 할까? 당연히 바지 근처에 배치해야 한다. 양말은 어디에 놓아둘까? 신발 근처가 적당할 것이다. 토마토소스는? 파스타 옆이 좋을 것이다. 백화점 일 층 매장의 경우, 주로 여성 고객들 덕분에 넥타이가 잘 팔린다. 당연히 넥타이는 신사복이나 스포츠 재킷 근처에 배치해야 한다. 그런데 놀랍게도 그렇지 않은 경우를 종종 목격할 수 있다. 이것은 중대한 잘못이다. 짙은 회색 양복을 입은 자신을 상상하는 고객이라면 밝은 색깔의 넥타이를 직접 보고 만지려 할 테니 말이다. 어쨌거나 달랑 양복 한 벌만 걸치는 이는 없을 것이다. 집을 나서기 전에 셔츠, 넥타이, 양말, 커프스단추와 허리띠도 필요하기 때문이다.

그렇다면 왜 고가의 제품들이 엉뚱한 곳에서 팔리고 있는 것일까? 여기서 컴퓨터 매장들은 중대한 실수를 범하고 있다. 대개의 경우, 컴퓨터 매장에서는 컴퓨터와 프린터를 각각 다른 장소에 진열하고 있다. 케이블에서 손목 받침대에 이르기까지 컴퓨터용 가구와 액세서리도 마찬가지다. 참으로 호감이 가지 않는 불합리한 진열 방식이 아닐 수 없다. 매장이 아닌 창고에나 적당한 배열이기 때문이다. 모든 제품들은 사람들이 그것을 사용하는 모습 그대로 진열될 필요가 있다. 예컨대 컴퓨터와 모니터와 프린터에는 전원이 켜져 있어야 하고, 액세서리도 빠짐없이 구비되어 있어야 하며, 고객이 앉아서 테스트 가동을 할 수 있도록 가구도 배치되어 있어야 한다.

이와 유사한 문제를 슈퍼마켓에서도 찾아볼 수 있다. 시급한 문제부터 지적해보자. 타코(멕시코 요리로 고기, 치즈, 양상추 등을 넣고 튀긴 옥수수빵) 껍질은 어디에 놓아야 할까? 다른 멕시코 요리와 함께 진열해야 할까? 흔히 이런 식으로 진열된다. 만약 다진 쇠고기가 가까이에 있다면 어떨까? 쇠고기와 타코의 결합이라면 오늘 저녁 식사를 궁리하던 쇼퍼의 머릿속에 '피에스타(fiesta)'를 떠올리게 하지 않을까? 타코 껍질을 두 곳에 진열해놓는 건 어떨까? 육류 코너 건너편에 빵가루와 스테이크 소스, 연화제, 후추, 소금, 신선한

야채 등을 진열하는 것도 괜찮지 않을까? 우리가 조사한 이탈리아의 어느 슈퍼마켓에서는 끼니에 맞게 식품을 진열해놓고 있다. 아침 식사 재료가 이쪽에 있다면 저쪽에는 저녁 식사 재료가 있는 식이다.

이번에는 아주 교묘한 방식이다. 케이크를 조각 단위로 포장해놓으면 어떨까? 이것을 케이크 코너에 진열해놓았다고 하자. 케이크 하나를 통째로 사려던 사람이 케이크를 한 조각만 구입할 수도 있다. 하지만 그 반대의 경우도 가능하지 않을까? 그런 케이크라면 푸딩처럼 냉장고 안의 냉동 디저트도 함께 곁들일 수 있을 것이다. 만약 샐러드 바에서 케이크 한 조각을 발견하게 된다면 어떨까? 그럴 경우에는 케이크가 음식에 대한 경험이 부족한 아이들의 미각을 만족시키는 대용 식품으로 안성맞춤일 것이다. 12장에서 언급했듯이 유명 브랜드 알루미늄 호일 제조업체들은 고품질 제품이 일반 제품보다 값이 더 비싼 이유를 고객들에게 납득시키는 데에 어려움을 겪고 있다. 이러한 문제를 극복할 수 있는 한 가지 방안이 바로 더 나은 머천다이징을 선택하는 것이다. 예를 들어 여름에 슈퍼마켓의 육류 코너 가까이에서 숯과 바비큐, 앞치마, 알루미늄 호일 등을 통째로 묶어 파는 방식이 있다. 남자들이라면 통로를 이리저리 돌아다니며 하나씩 구입하는 것보다 한꺼번에 물품을 구입하는 이런 방식을 더 선호할 것이다. 특히 이 경우에 유명 브랜드 호일의 장점을 부각시킬 수 있다.

잡화점이라면 비타민과 식이요법 보충제에 관한 서적을 어디에 진열해야 할까? 도서가 있는 곳일까, 아니면 비타민이 있는 곳일까? 두 곳 다 가능할 수 있지만 어느 한 곳에선 공간이 부족할 수 있다. 게다가 이러한 다각적인 배치가 매출 증대에 전혀 도움이 되지 않을 수도 있다. 또 다각적인 배치와 관련하여 샘플 사이즈의 샴푸와 린스는 어디에 진열해야 할까? 흔히 이러한 제품들은 진열대가 따로 마련되어 있지만 표준 사이즈 제품들이 위치한 진열대에서 함께 판매되어야 한다. 그것이 신제품에 대한 테스트용으로 적당하기 때문이다. 물건이 마음에 드는지 살피는 정도라면 굳이 큰 용기의 제품을 구입하진 않을 것이다. 상식적으로 생각해보더라도, 샴푸 진열대를 먼저 찾아가 평소에 사용하는 브랜드를 구입한다면 샘플 진열대에 도착하여 신제품을 집어 들지는 않을 것이다.

인접물은 순서와도 관련이 있다. 즉 매장 물품들은 합리적이고 논리적인 순서로 배치해야 한다. 예전에 우리는 직원 식당에서 감자튀김이 팔리는 과정을 조사한 적이 있었다. 한 식당에서는 감자튀김과 프레첼이 라인 앞쪽, 즉 고객이 자신의 접시를 들어 올리는 바로 그 지점에 위치해 있었다. 한편 다른 식당에서는 감자튀김이 라인 맨 뒤쪽, 즉 계산대 바로 앞에 위치해 있었다. 이러한 차이가 어떤 변화를 가져왔을까? 감자튀김은 라인 앞쪽에 놓여 있을 때보다 라인 뒤쪽에 놓여 있을 때 매출이 훨씬 더 높은 것으로 나타났다. 하긴, 샌드위치를 고르기 전에 자신이 원하는 감자튀김의 종류를 어떻게 결정할 수 있겠는가? 이와 유사한 사례로 어느 해 12월에 출입구 바로 안쪽에서 포장지 비품을 팔고 있는 어느 백화점을 조사한 적이 있다. 그곳의 매출은 신통치 않았다. 선물 구입 이전에 포장지부터 구입하려는 사람이 없었기 때문이다. 그래서 그 코너를 쇼퍼가 가장 나중에 찾는 위치로 옮기자 매출이 크게 상승했다. 슈퍼마켓의 플라노그램(고객이 구매하기에 편리한 제품 진열을 위한 효율적인 선반 배치 계획)은 인접물을 최대한 활용할 수 있도록 설계되어야 한다. 예컨대 콘플레이크처럼 인기 있는 품목을 적소에 배치하면 주변에 있는 다른 켈로그 제품들의 매출 증대에 보탬이 될 것이다. 그리고 대다수 고객들이 오른손잡이인 점을 감안하면 최적의 위치는 중앙에서 오른쪽이어야 할 것이다. 그래야 고객들이 물건을 쉽고 빠르게 집어들 수 있기 때문이다.

그러나 때로는 불합리해 보이는 조합이 우리의 관심을 끌기도 했다. 고가 서랍장의 경우, 가구점에서 팔리는 방식과 최신 가정용품점에서 팔리는 방식이 사뭇 대조적이다. 가구점에 가면 수십 개의 서랍장들이 단정하게 줄지어 세워져 있다. 창고형 판매에 적합한 방식이다. 그러나 가정용품점인 레스토레이션(Restoration) 하드웨어 매장에서는 서랍장을 실생활 가구처럼 다루고 있었다. 서랍장은 그 위에 레이스 달린 장식용 덮개나 액자, 혹은 거울을 가지고 의자 옆이나 구석에 세워져 있었다. 어떤 서랍장에는 크롬 도금을 한 볼핀 해머(윗면 대가리가 둥근 망치) 같은 소품이 담겨 있는 크고 고풍스러운 유리병이 놓여 있기도 했다. 유리병이나 빛나는 해머가 고객의 시선을 끌어당길 수도 있다. 고객은 그것을 집어 들다 서랍장을 발견할 것이다. 그리고 그 순간 해머가 담겨 있는 유리병이 아니라 적당한 가격의 정가표가 붙어 있는 서랍장이 진짜 상품임을 깨닫게 될 것이다. 고객은 비슷한 유형의 40개의 서랍장들을 보고 주눅 들 필요가 없다. 게다가 해머를 구경하다 가구를 발견하게 되는 과정에 스스로 만족감을 느낄 수도 있다. 가구를 찾는 이에겐 누구든 가구를 팔 수 있다. 그러나 가구를 찾지 않는 이들에게 가구를 팔려면 독창성이 필요하다. 모르긴 몰라도 장식용 덮개를 구입한 고객들 중에서 최소한 한 명은 새로 나온 단풍나무 화장대를 구입했을 것이다.

당신은 하나의 물건 가까이에 인접물을 배치하면서 스스로에게 이런 질문을 던질 수 있다. "여기에 또 무엇을 놓을까?" 페인트용품 코너라면 테이블 위에 놓인 포스터나 전단, 혹은 체인 톱도 '끼워 팔기'의 대상이 될 수 있다. 누구든 스스럼없이 그것을 집어들 수 있기 때문이다. 서점의 경우는 어떨까? 앞서 언급했듯이 우리는 구매 가능성이 높은 독자층을 성별로 구분해야 한다고 서점에 조언한다. 어느 한 곳에 컴퓨터와 스포츠 및 비즈니스 관련 서적을 모아두고, 다른 곳에는 자기 개발, 음식과 영양, 건강과 가정 관련 서적들을 모아두는 식으로 말이다. 예전에 우리는 컴퓨터 프린터 판매 방식에 관해 상담하면서 소매업자에게 프린터를 제조업체별로 구분해야 한다고 조언한 적이 있었다. 휴렛팩커드 제품이 이곳에 있다면 엡손 제품은 저곳에 있는 식이었다. 그러나 얼마 후 우리는 고객들이 그런 방식으로 제품 구입을 하지 않는다는 사실을 알게 되었다. 그들은 어느 한 제조업체가 제공하는 프린트들을 살

348

펴보는 것보다 300달러짜리 프린터들을 모두 모아놓고 서로 비교하는 방식에 더 많은 관심을 보였다. 그래서 우리는 서둘러 조언을 바꾸었다. 아동 서점 출판업체인 골든북스에서도 이와 같이 가격 단위로 코너를 배치한 적이 있다. 그러나 저렴한 제품의 경우, 사람들은 가격에 그다지 신경 쓰지 않았다. 따라서 아동용 도서의 경우에는 예쁜 조랑말이나 귀여운 곰 인형처럼 캐릭터 단위로 구분하는 것이 더 바람직했다.

다음은 기발한 판매 아이디어를 보여주는 사례이다. 팬티스타킹을 사면 달걀 모양의 플라스틱 용기에 담아주는 매장이 있다. 당연히 기묘한 느낌이 든다. 그러나 이 특이한 포장 덕분에 레그스(L'eggs, 다리의 의미로 발음되는 단어에서 달걀을 뜻하는 eggs를 차용해 다리와 달걀을 연관시킨 아이디어)는 전국에서 으뜸가는 유명 브랜드가 될 수 있었다. 널리 알려진 일이지만 블라인드 테스트(예비지식이나 선입감 없이 하는 테스트)에서 여성들이 노 넌세스(No Nonsense) 브랜드를 선호한다는 결과가 나왔다. 그러나 노 넌세스보다 더 많이 팔린 제품이 바로 레그스였다. 지금도 이런 '레그스의 법칙'은 성공적인 머천다이징으로 통하고 있다. 왜냐하면 이론상으로 더 뛰어난 브랜드는 어느 누구든 팔 수 있기 때문이다.

만약 당신이 소매업과 아무 관련이 없다면 매장에 머천다이징 물품(광고판, 진열장, 충동구매 등등)을 공급하는 업계의 규모에 대해 잘 모를 것이다. 슈퍼마켓과 잡화점에서 홈 센터와 자동 전시장에 이르기까지 PoP(point of purchase business) 광고는 단기간에 큰 성공을 거두었다. 물론 PoP 광고는 최초의 아메리카 인디언 목각상(옛날 담배 가게 간판)이나 빨간색과 흰색 줄무늬가 있는 이발소 간판 기둥이 생긴 이래로 지금까지 존속하고 있다. 그러나 1980년대 초반에 접어들고서야 비로소 제 역할을 하기 시작했으며, 지금은 마케팅과 어깨를 나란히 할 정도로 성장했다.

그러나 얼마 전까지만 해도 머천다이징은 마케팅 사업의 의붓자식과 같은 신세였다. 마케팅의 천재들이 시장에 제품을 내놓은 방식을 진두지휘하는 동안, 머천다이징의 어중이떠중이들이 소매업 차원에 머물러 있는 하찮은 일들(매장 내 광고판과 진열대 작업)을 떠맡아야 했기 때문이다. 그런데 어느 시점에선가 이 두 분야가 서로 자리를 바꾸기 시작했다. 그리고 소매업자들도 매장에서 구매 결정을 내리는 쇼퍼들이 점점 증가하고 있다는 사실을 깨닫기 시작했다. 앞서 언급했듯이 슈퍼마켓에서 팔리는 물품의 절반은 애초에 고객이 구매하고자 생각하지 않았던 것들이다. 즉 마케팅의 영향력이 갈수록 줄고 있는 것이다. 마케팅의 영향력이 정점을 지나면서 이러한 현상이 도처에서 발생하고 있다. 예를 들어 획일적인 TV 네트워크는 다양한 볼거리에 자리를 내주었으며, 유명 브랜드만 추종하던 소비자들은 더 회의적이고 자존심 강한 쇼퍼들에게 밀려났다. 결국 이러한 모든 상황들이 머천다이징의 입지를 한층 강화시켰다. 머천다이징 산업은 연간 50억 달러의 매출에서 연간 350억 달러의 매출로 단기간에 급성장했다. 전통적으로 머천다이징은 정교하진 않지만 열정과 끈기가 요구되는 소규모 가족 소유 기업의 사업이었다. 적절히 표현하자면 카우보이 사업이라고 할 수 있다. 아직 초창기인 탓에 머천다이징 사업자들이 익히고 배워야 할 교훈들이 많기 때문이다. 실제로 지난 20년간 진행된 많은 작업들은 대부분 매장 내 광고물과 비품 및 진열 시스템, 즉 머천다이징의 효과를 테스트하고 측정하는 정도에 지나지 않았다.

다음은 머천다이징을 놀라운 마법처럼 훌륭하게 전개하고 있는 좋은 사례이다. 예전에 나는 전국 체인망을 갖춘 여성 의류 전문점의 머천다이징 부사장과 얘기를 나눈 적이 있다. 그녀는 매장에서 특별히 설치한 티셔츠 진열대를 해체하면서 이렇게 말했다. "우리는 스리랑카에서 한 벌당 3달러씩 지불하는 조건으로 티셔츠를 구입했습니다. 그리고 그것들을 이곳으로 가져와 프랑스어와 영어로 적힌 세탁 설명서를 붙였습니다. 물론 프랑스에서 생산한 티셔츠가 아니라는 사실은 말하지 않았습니다. 우리는 그 티셔츠를 멋지게 선전했습니다. 그것들을 탁상식 진열대에 가지런히 포개놓고 뒤쪽 벽에는 티셔츠 차림으로 이국적인 장소에 있는 아름답고 매력적인 여인의 사진을 걸어두었지요. 그리고 티셔츠가 마치 100만 달러짜리처럼 보일 만큼 멋진 사진을 찍었습니다. 그것에 '엑스퍼디션(Expedition) 티셔츠'란 명칭을 붙였죠. 우린 그것을 37달러에 팔았습니다. 셔츠는 불티나게 팔려나갔답니다." 지금까지 내가 들은 것 중에서 가장 값진 교훈이 담긴 말이었다.

자동차 판매 대리점은 머천다이징이 어떤 기능을 하는지 아는 데에 적합하지 않다. 오히려 잘못된 머천다이징의 교훈을 배울 수 있는 장소이기 때문이다. 우리는 외국계 자동차 판매 대리점을 조사한 적이 있다. 그곳의 영업사원들은 고객들에게 전단을 나눠주면서 정작 폴더는 제공하지 않았다. 결국 고객들은 한 뭉치의 인쇄물을 들고 전시장을 여기저기 돌아다녀야 했다. 또 그곳에는 팸플릿 진열대는 많았지만 남아 있는 팸플릿은 하나도 없었다. 텅 빈 팸플릿 진열대는 그 대리점이 사소한 부분을 소홀히 한다는 인상을 심어줄 수 있었다. 게다가 윈도 안쪽과 바깥쪽으로는 한 면만 인쇄된 포스터들이 붙어 있어, 고객들은 아무 내용도 적혀 있지 않은 사각의 백지와 마주쳐야 했다. 다른 자동차 대리점에서는 신차 (전년도 신차)를 선전하는 광고를 본 적이 있다. 특별히 눈에 띄는 장소에 위치한 그 광고는 자동차 제조업체에서 그 대리점에 보낸 '상품'이었지만 쇼퍼들이 하품을 자아내게 할 뿐이었다. 구매자들에게 차량 색상을 보여주는 진열물(도관 테이프로 연결된 나선형 화첩) 역시 혼란을 안겨주었다. 다양한 색상의 차량 사진을 보는 대신 고객들은 마치 커튼을 선택하듯 작은 견본 책자를 뒤적거려야 했기 때문이다. 차량 위에 걸려 있어야 할 표지판들도 테이블 위에 놓여 있었다. 자동차에 대해 좋은 평이 실린 신문 기사들은 따로 오려놓긴 했지만 제대로 진열되기는커녕 무성의하게 테이프로 벽에 붙여져 있었다. 게다가 몇몇 기사들은 노랗게 빛바랜 상태로 돌돌 말려 있었다. 이 모두가 2만 달러짜리 제품을 위한 머천다이징이었다.

머천다이징 물품의 진열과 배치를 엉망으로 만드는 주범은 비단 소매업자만이 아니다. 때로는 그런 물품을 설계하고 제작하는 (그리고 상대적 약자인 소매업자에게 그것을 판매하는) 기업들도 어처구니없는 실수를 저지르곤 하기 때문이다. 예를 들면 코팅이 안 된 마분지로 제작된 진열품이 그런 경우다. 어느 금요일 밤에 선탠로션 진열물이 잡화점에 들어왔다. 진열물이 매장에 들어오자마자 선탠로션은 불티나게 팔려나갔다. 이윽고 영업시간이 끝나자 청소부들이 매장 안에 들어왔다. 그들은 늘 하던 대로 시설물들을 한쪽으로 치우지 않고 바닥을 자루걸레로 닦았고, 그 때문에 선탠로션 진열물의 밑부분이 축축하게 젖었다. 토요일 오후가 되자 진열물은 비스듬히 기울어지기 시작했다. 그날 밤 매장을 청소한 후에는 눈에 띄게 기울어졌다. 그리고 토요일 밤 그 진열물은 쓰레기통으로 사라졌다.

가끔은 제품의 절반이 사라질 때까지 진열물이 어떻게 보일지에 대해 그 누구도 진지하게 생각하지 않는 경우가 있다. 절반쯤 남겨진 물건이 잘 팔리는 품목처럼 보일까, 아니면 그저 방치된 품목처럼 보일까? 케첩 병 같은 물품이 사라졌을 때 쇼퍼들은 무엇을 보게 될까? 그곳에서 고객들은 갈색 종이만을 볼 수도 있고, 케첩 병에 관한 메시지나 사진을 볼 수도 있다. 바로 이러한 점이 차이를 낳는다.

여기서 또 다른 질문을 던져보자. 6미터쯤 떨어진 곳에서 광고 문구를 읽을 수 있을까? 만약 진열물의 윗부분만 보인다면 그것은 절반의 역할밖에 못하는 셈이다. 진열물의 뒤쪽에 아무것도 없다면, 또 그 옆쪽에 아무것도 없다면 어떤 결과가 나타날까? 진열물 설계자들은 매장 안에서 실제로 그것이 어떻게 설치되는지, 따라서 고객들이 진열물의 어느 쪽을 먼저 보게 되는지 모르고 있다.

미국의 소매점에서 흔히 볼 수 있는 것이 엔드캡과 프리 스탠딩이다. 매장 안에 그것들이 어떤 역할을 하느냐에 성공과 실패가 결정된다. 광고물의 경우, 움직이는 고객이 그것을 봐야만 좋고 나쁨을 말할 수 있다. 최근에 유행하는 진열물로 이른바 움직이는 시설물(activated fixture)이 있다. 그것은 움직이는 광선처럼 움직임을 이용한 진열물을 말한다. 우리는 이러한 유형의 시설물을 조사하면서 주목할 만한 몇몇 결과를 얻었다. 청량음료 코너에서 움직이는 진열물의 경우에 쇼퍼의 48퍼센트가 관심을 보인 반면, 움직이지 않는 진열물에는 6퍼센트가 관심을 보였다. 또 움직이는 엔드캡에 대해서는 37퍼센트가 관심을 보인 반면, 구식 엔드캡에는 16퍼센트가 관심을 보였다. 그러나 때로는 진열물들이 서로 방해하기도 한다. 즉 고객의 관심을 끌기 위한 시설물들이 지나치게 많을 경우, 오히려 시각적 혼란을 야기할 수 있는 것이다. 예전에 존 워너메이커는 광고의 절반이 쓰레기라는 유명한 말을 남긴 적이 있다(그 절반이 무엇인지는 그도 몰랐다). 그런데 오늘날 이와 똑같은 상황이 머천다이징 물품과 전략에서 그대로 재현되고 있다.

우리는 소화불량, 화상, 구토, 방귀, 불쾌한 위장병 같은 질환 치료를 위해 처방전 없는 약품을 구입할 때 느끼는 당혹감 해결을 위한 아이디어를 조사한 적이 있다. 제약 회사의 조사에 따르면 이러한 질병의 특성상, 수치감 때문에 사람들이 치료 방법을 잘 모르는 것으로 나타났다. 예컨대 고객들은 그런 약품을 들고 계산원 쪽으로 다가가는 것을 다소 망설였을 뿐 아니라, 심지어 자신의 질환에 대해 약사와 상담하는 것조차 꺼려했다. (개인적으로 이 조사는 내게 상당한 도움이 되었다. 나 역시 어떤 유형의 위장 질환에 어떤 약품을 사용해야 하는지 전혀 모르고 있었고, 대놓고 물어보고 싶지도 않았기 때문이다. 다른 사람들처럼 나 역시 방귀가 심할 때면 트림을 치료하는 약을 선택하지 않았을까? 그것이 설사를 완화시키는지 아니면 구토를 완화시키는지 몰라 불안해하면서 말이다.) 이에 대한 대책으로 다음과 같은 신호 체계가 제시되었다. 양쪽 끝에 다이얼이 달린 수평의 원통이 그것이었다. 당신이 화상을 입었다고 하자. 당신은 자신의 증상에 해당하는 다이얼을 돌린다. 그러면 그 질환을 치료하는 약품의 이름이 작은 창에 나타난다. 우리는 기막힌 아이디어라고 생각했다. 얼마 후 우리는 시험 삼아 몇 곳에 그것을 설치한 후 고객들의 반응을 조사했다.

그러나 고객의 반응은 신통치 않았다. 그 시설물을 거의 이용하지 않았던 것이다. 조사와 달리 고객들이 그런 질병에 그다지 당혹감을 느끼지 않았을 수도 있다. 시설물 설치가 잘못되어 회색 튜브가 진열대에서 잘 눈에 띄지 않았기 때문일 수도 있었다. 옆면에 있는 다이얼을 돌려야 하는지도 분명치 않았다(크고 붉은 화살표 하나만 있었어도 많은 도움이 되었을 것이다). 어쨌든 이 아이디어가 실패로 끝나는 바람에 우리는 문제 해결책을 놓고 한동안 씨름해야 했다.

또 다른 예를 하나 들어보자. 미국에서 으뜸가는 조미료 제조업체가 제품 진열을 위해 화려하고 값비싼 새로운 시스템의 슈퍼마켓 시설물을 선보인 적이 있다. 그것은 대형 PoP 공장에서 제작한 것으로 100만 달러 이상의 가치가 있는 진열물이었다. 그 회사 제품들을 가지고 제작된 진열물은 그야말로 근사했다. 슈퍼마켓은 모든 제품이 경쟁하는 전쟁터다. 조미료 역시 경쟁이 치열했다. 따라서 그 진열물은 타사 제품들과 차별화를 낳는 수단처럼 보이기에 충분했다.

진열물의 시제품이 회사 본사에 도착했을 때 직원들은 모두 찬사를 아끼지 않았다. 그런데 막상 그것을 매장으로 옮기자 매출에 그다지 긍정적인 영향을 주지 않았다. 그나마 다행인 것은 부정적인 영향도 주지 않았다는 것이다. 하지만 막대한 비용을 들였음에도 불구하고 이전 전시물보다 나아진 게 없다면 그것을 굳이 그 자리에 둘 이유가 있을까? 대체 무엇이 잘못되었던 것일까? 그중 하나는 진열물의 특징이 쇼퍼들에게 별 의미가 없다는 것이었다. 고객들은 조미료의 종류에 그다지 신경 쓰지 않았다. 그들에겐 그 조미료가 음식에 어떤 기능을 하는지, 혹은 어떤 맛과 향을 지니고 있는지가 더 중요했다. 조미료에 관해 사람들에게 많은 정보를 알려주었다면 실제로 고객들이 더 많은 제품을 구입했을지도 모른다. 사프론에서는 어떤 냄새가 날까? 만약 이 질문에 답할 수 있었다면 상당한 효과가 있었을 것이다. 그러나 그곳 전시물은 그렇지 못했다. 아마 단조로운 회색(아니면 베이지색이었던가?) 계통뿐인 본사에서는 그 전시물이 충분히 사람들의 눈길을 끌었을 것이다. 그러나 어지럽게 요동치고 불협화음이 난무하는 슈퍼마켓에서는 다른 전시물과 별반 차이가 없었다. 유명 시리얼인 캐픈크런치의 광고조차 목청껏 외쳐야만 들리는 판국에 그런 전시물이 고객의 시선을 끌기란 쉽지 않은 일이었다.

결국 멋진 그 전시물은 작별을 고했다. 사실 조미료를 위한 새로운 진열 시스템이 효력을 발휘할 수도 있었다. 그러나 여기에는 그 과정상 처음부터 문제가 있었다. 일단 회사에서 제품을 매장에 내놓은 방식에 대한 주요 결정을 내리고 나면 그 결정이 다시 세 곳의 외주업체(광고 대행사, 포장 설계사, PoP 대행사)를 거쳐야 했기 때문이다. 외주업체들은 항상 서로 다른 의견을 내놓았다. 게다가 그들은 모두 각자의 안건과 우선권을 지니고 있었음에도 불구하고 일단 진열물이 매장에 도착하면 아무도 그 효과에 관심을 두지 않았다. 따라서 많은 안건들이 합리적이고 실용적인 단일한 안건으로 정착할 때까지 진열 시스템의 결함을 없애는 것이 힘들 수밖에 없었다.

이제 마지막 예를 들어보자. 한때 새로운 슈퍼마켓 진열물에 막대한 투자를 했던 유명 브랜드 청량음료 제조업체에서 시제품 테스트를 위해 우리를 고용한 적이 있다. 나는 그 회사의 간부와 함께 한 슈퍼마켓에 도착했다. 우리는 윈도를 통해 청량음료가 바닥에 산더미처럼 쌓여 있는 것을 보았다. 그녀는 "왜 저런 식으로 쌓아놓았는지 모르겠군요. 너무 어수선해 보이잖아요"라고 말하며 청량음료를 제대로 정돈하려고 했다. 그 순간 나는 하루 동안 그대로 내버려둔 채 비디오에 담게 해달라고 부탁했다. 우리 조사에 따르면 전체 고객의 60퍼센트가 그것을 지나치면서 관심을 보였다. 그 정도면 그 회사의 다른 머천다이징 물품들보다 훨씬 더 높은 비율이었다. 고객들의 발걸음을 멈추게 한 것은 산더미처럼 쌓여 있는 색상이었다. 그리고 여기에 값진 교훈이 있었다.

5부

더 넓은 세상으로 확대된
쇼핑의 과학

인터넷

쇼핑의 또 다른 시장

1997년으로 거슬러 올라가면 당시에 나는 이 책을 통해 전자상거래를 떠들썩하게 치켜세우지 않았다. 그러면서 치즈와 크래커 이래 가장 위대한 발명인 인터넷이 확산되자 많은 사람들이 마치 내가 모차르트, 아인슈타인, 뉴턴, 톨스토이, 갈릴레오, 재클린 오아시스 같은 위인들의 재능을 이미 능가한 신생아를 모욕하기라도 한 듯한 반응을 보였다. 기본적으로 나는 전자상거래가 건물로 지어진 매장을 결코 대체하지 못할 거라고, 무언가에 대한 최종 결정이 될 수 없다고, 실리콘밸리의 동료들을 위해 그곳에 있는 한 무리의 컴퓨터광들이 만들어낸 것일 뿐이라고 말했다.

그러자 악성 메일이 밀려오기 시작했다. 그중 몇몇은 아마존에 실린 이 책의 초판에 대한 리뷰에서 찾아볼 수 있다. 많은 이들이 새롭고 멋진 디지털 세계를 받아들이지 못했다며 나를 비난했다. 나는 단지 그것을 이해하지 못했을 뿐이다. 심지어 인터넷 관련 회의가 열린 무대에서 내려오라는 야유를 받기도 했다. 컴퓨터 전문가, 소프트웨어 설계자와 인터넷 신봉자들의 무리에서 이 새롭고 강렬한 혁명의 부정적인 측면과 한계를 듣고 싶어 하는 이는 아무도 없었다. 그들은 인터넷과 전자상거래가 유사 이래 가장 놀라운 발견이라는 기본 주장을 내가 앵무새처럼 되풀이하길 원했을 뿐이다. 이러한 발견 덕분에 사업을 경영하고, 주식을 거래하고, 근사한 장치를 구입하고, 마음의 친구를 만나고, 고가구나 중세 기독교 또는 두에인 올맨의 슬라이드 기타 테크닉에 관한 의견을 교환하며 채팅방에 앉아 있는 것(글로벌 공동체의 환경에 속한 모든 것)이 가능해졌다고 말이다.

그렇다고 인터넷, 특히 전자상거래가 오즈의 마법사라는 것은 아니다. 그보다는 커튼 뒤에 웅크리고 숨어서 어리둥절해하는 사내에 가깝다. 이것은 현재 진행 중인 과정이며 실제로 불완전한 어린 인간이나 마찬가지다. 그러나 어느 누구도 이런 메시지를 귀담아 들으려 하지 않았다.

2001년 초 닷컴 버블이 터졌을 때 나는 즐겁지 않았다. 하지만 솔직히 말하자면 내 명예가 다소 회복된 듯한 기분이 들었다. 동시에 나는 월드와이드웹2 체제인 피닉스가 잿더미에서 다시 부상했을 때도 놀라지 않았다. 그러나 1990년대 초반 웹의 등장 이래로 변하지 않은 근본적인 문제가 있었다. 인터넷 쇼핑은 도처에서 성

362

장했다. 그것은 인터넷 쇼핑이 딱히 훌륭해서가 아니라 기존 쇼핑 방식이 더 형편없고, 거추장스럽고, 비싸고, 비능률적이었기 때문이다. 즉 오늘날 온라인 세계가 성공을 거둔 것은 주로 오프라인 세계에서 가능한 수단과 매개물, 그리고 공정 및 유통 시스템의 실패에서 기인한 것이다. 이 책의 초판을 쓰고 10년이 지난 2008년 현재, 나는 인터넷과 온라인 쇼핑 세계가 아직은 갈 길이 멀다고 생각한다.

월드와이드웹이 처음 세상에 등장했을 때를 돌이켜보면 빅뱅과 흡사했던 그 기원을 상기하지 않을 수 없다. 본질적으로 웹은 예나 지금이나 엄청나게 많은 자료가 버려지는 곳이다. 그곳에서는 누구든 여과되지 않은 막대한 양의 정보와 재화와 인물들을 샅샅이 살필 수 있는데, 이것은 일찍이 전례가 없다. 친한 친구가 추천한 범죄 스릴러물의 ISBN 숫자를 탐색하고 싶은가? 당신의 집으로부터 패서디나에 위치한 경마장까지 가는 방향을 알고 싶은가? 이번 주 화요일 오후의 열차편 예약 상황을 알고 싶은가? 버클리 대학을 가상 체험하고 싶은가? 1976년에 슈퍼볼에서 누가 우승했는지, 1981년에 브로드웨이 뮤지컬에서 누가 토니상을 받았는지 알고 싶은가? 베스트바이의 영업시간을 알고 싶은가? 인터넷은 전례 없는 수준으로 소비자들에게 제품, 장소, 일정, 인물 등에 대한 유용하고 기본적인 정보를 제공함으로써 정보의 민주화를 이끌고 있다. 나아가 우리는 부엌 식탁이나 교외 캠퍼스 혹은 블랙베리나 아이폰을 통해 우리에게 필요한 모든 정보를 얻을 수 있다.

그러나 이러한 무차별적 노출의 무한함은 월드와이드웹이 지니고 있는 가장 큰 단점 중 하나이다. 검열을 받지 않는 웹의 특징은, 누구든 유대인의 세계 지배 전략이 담긴 시온 의정서(Protocols of Zion)를 스스럼없이 전파하거나 성인의 간섭 없이 사제 폭탄 제조법에 관한 상세한 설명을 공유할 수 있다. 예를 들어 'Eric Clapton'이라는 글자를 입력해보자. 몇 초 후면 대략 1,750만 개에 달하는 엄청난 양의 웹사이트들이 당신을 깜짝 놀라게 할 것이다. 만약 당신이 48시간의 시간적 여유가 있다면 기타리스트의 공식적인 웹사이트부터 시작하여 에릭 클랩튼 팬 페이지, 에릭 클랩튼의 모든 인터뷰, 기타 타브와 코드와 베이스 태블러처와 가사에 관한 정보, 유튜브에 올라간 비디오, 이번 여름 에릭 클랩튼 투어 표를 파는 판매자 사이트, 에릭 클랩튼의 본업 외 작업을 연대순으로 정리한 목록, 에릭 클랩튼의 존 메이올 시절, 에릭 클랩튼의 야드버즈 시절, 에릭 클랩튼의 데릭 앤 더 도미노스 시절, 에릭 클랩튼의 연애 생활, 에릭 클랩튼의 마약 복용, 에릭 클랩튼의 금주, 에릭 클랩튼의 점성술 차트, 최근 출간된 에릭 클랩튼 자서전에 관한 찬반양론, 이베이에 팔려고 내놓은 에릭 클랩튼 자필 서명 기념물 등등 모든 것을 스캔할 수 있다. 그럼에도 당신은 이 기타의 거장에 대해 수박 겉핥기식으로 알고 있을 뿐이다. 에릭 클랩튼이 열세 살에 처음으로 기타를 집어든 이래로 그가 만든 순수한 정보의 양은 어마어마하기 때문이다. (그가 열세 살에 기타를 처음 배웠다는 것은 1,750만 개의 웹사이트 중 하나에서 수차례 그 자료를 읽어서 안 사실이다.)

그런데 여기서 정확히 어떤 정보를 취해야 하는지, 또 어떤 정보가 옳고 어떤 정보가 틀리는지를 판단해야 할 때 문제가 발생한다. 결국 인터넷은 완전한 소문, 절반의 소문, 오류, 추측, 가설, 도발적인 거짓말이 모여 있는 곳이다. 물론 이것들은 사실(최소한 근거가 확실한 출처에서 나온 것처럼 보이는 자료)과 함께 공존한다. 그렇다면 이 두 가지를 어떻게 구분할 수 있을까? 특히 이 두 가지가 때로 동일한 웹사이트에서 공간을 차지하고 있을 경우 어떻게 구분할 수 있을까? 공동 작업으로 실시간으로 만드는 백과사전인 위키피디아의 예를 들어보자. 학기 말 리포트 작성을 위한 출처로서 그 사이트를 활용하는 학생들은 자신이 읽은 항목들이 이튿날 아침에 업로드되는 동안 그 내용이 얼마나 제거되는지, 수정되는지, 업데이트되는지, 아예 삭제되는지 여부를 확신할 수 없다.

따라서 이러한 여과 기능 부족은 풍요에서 오는 혼란인 동시에 때로는 그 자체로 혼란을 유발한다. 인터넷 덕분에 소비자들은 엄청난 양의 자료에 접근할 수 있지만 그것이 어떤 자료가 가치 있는지, 또 어떤 자료가 믿을 만한지를 분별하는 신뢰성 있는 수단을 제공하는 것은 아니다.

이렇듯 온갖 정보와 자료가 넘치자, 많은 소비자들은 인터넷에서 뭔가 정확한 것을 발견하지 못할 경우에 그것이 존재하지 않는다는 믿음까지 갖게 되었다. 그들은 흔히 웹사이트에서 자신이 선호하는 호텔에 이용 가능한 객실이 없다거나, 오늘 오후 싱가포르로 떠나는 항공편이 없다거나, 온라인 지도인 맵퀘스트가 알려주는 것 외에 양키 스타디움에 가는 다른 경로가 없다고 알려주었는데 호텔이나 항공사에 건 전화 한 통으로 인터넷에서 잘못된 정보를 제공했다는 사실이 입증될 경우 놀라움을 감추지 못한다. 시간과 관련하여 온라인에서 제공하는 이런 정보는 95퍼센트가 올바른 정보이다. 그러나 나머지 5퍼센트의 경우, 온라인에서 예약이 끝났다고 알려주는 호텔에 아직 여분의 객실이 남아 있을 수 있고, 자신이 원하는 시간과 장소로 떠나는 항공편이 남아 있을 수 있다.

인터넷상에서의 여과 기능 부족, 그리고 오류의 여지는 모종의 전문 기술이 필요함을 시사한다(가능성 있는 많은 것들 중에서 신뢰할 만한 것들을 추려낼 수 있는 누군가가 필요한 것이다). 오늘날 대다수 소비자들이 인식하고 있는 것처럼 부분적으로 이런 문제는 선택할 것이 너무 많다는 것에서 기인한다. 제품들이 지나치게 많다. 잉크 카트리지의 종류도 지나치게 많고, 면도기도 지나치게 많다. 물건들도 지나치게 많다. 그렇다면 어디서부터 시작해야 하는 것일까? 소비자들은 종종 아주 기본적인 도움을 줄 수 있는 안내자를 찾곤 한다. 이용 가능한 물품 목록의 범위를 줄여줄 수 있는 누군가를 말이다. 이 세상에서는 오프라 윈프리와 마사 스튜어트 같은 인물들이 이것을 직감적으로 알고 있으며, 일종의 대리인이나 문지기로서의 역할을 자처하고 있다. 마치 『크리스마스 캐롤』에서 제3의 유령이 미래를 내다보면서 스크루지가 바보짓 하는 것을 막는 것처럼 그들은 특정한 도서, 음반, 편안한 매트리스, 오래 타는 양초, 평면 스크린 TV 등을 사람들에게 소개한다. 그러면 혼란을 느끼던 소비자들이 그들의 의견에 반응한다.

실제로 많은 사람들이 의사 결정의 부담을 떨쳐버릴 수 있다는 사실에 안도감을 느낀다. 아마존의 베스트셀러 리스트 또는 애플 아이튠즈 매장의 스크린에 나타나는 특정 카테고리의 시작 페이지 같은 온라인 베스트 리스트가 인기를 얻고 있는 것도 이 때문이다. 우리는 수십 년 동안 매장(특히 음반 매장과 서점)에서 작업하면서 다른 무엇보다 인기 있고 효과적인 머천다이징 수단이 목록(빌보드 매거진 리스트, 뉴욕 타임스 베스트셀러 리스트, VH1 톱10 핫티스 리스트 등)임을 알게 되었다.

분명한 한 가지 사실은, 사람들(특히 미국인들)이 리스트를 몹시 좋아한다는 것이다.

사람들은 문제의 목록이 조직 내 전문가 팀이 신중히 준비한 것이 아니라 다른 소비자들이 구매한 가장 인기 있는 품목에 대한 설명이라 할지라도 이 같은 목록을 좋아한다. 물론 '가장 인기 있는 것'은 종종 '최고의 것'과 일치하지 않는다. 그러나 대다수 소비자들이 그해에 가장 인기 있는 에밀리나 제이콥 같은 이름을 본떠 자기 자녀의 이름을 짓는 것에 아무 거리낌이 없는 것처럼, 다른 모든 사람들이 먹는 음식을 자신도 먹는다는 사실에 만족해한다. 아이튠즈의 가장 인기 있는 클래식 음악 다운로드 목록에서는 아이튠즈 웹의 클래식 음악 시작 페이지에 올라온 타이틀들이 구매 물품의 상위를 차지하고 있다. 다시금 말하지만, 소비자들은 다른 많은 소비자들이 물건 구입 직전에 미리 심사숙고한 것을 선호한다. 그리고 그것이 제품 구매에 영향을 미친다.

내가 보기에 더욱 중요한 것은 흥행주적인 아마존 독자들이 작성한 목록이다. 변동이 심한 것부터 아주 정확한 것에 이르기까지 이 목록들은 저자나 주제나 특정 장르에 관심이 있는 최초의 구매자, 그리고 지나치게 많은 도서에 압도당한 구매자들에게 진정 도움을 주려는 의도를 가진 것처럼 보인다. 나 역시 아마존의 이러한 여론의 장에 많은 흥미를 갖고 있다. 그곳에서 독자들은 갓 출시된 에크하르트 톨레나 재닛 에바노비치의 책의 장점에 대해 진정한 토론을 할 수 있다. 물론 최고의 별점을 부여한 일부 독자 의견의 경우 허위이거나 저자의 친구 같은 절친한 이들이 게재한 것일 수 있다. 하지만 모든 의견이 그럴 순 없다, 그렇지 않은가?

그런데 아마존은 확연히 눈에 보이는 단점을 가지고 있다. 일례로 당신의 주문에 문제가 생겼을 때 아마존과 접촉을 시도해보라 (흔히 웹사이트 전체가 이런 곤란한 상황을 야기하곤 한다). 당신에게 이런 문제가 발생할 경우 권력자인 아마존이 당신의 요청에 눈곱만큼도 관심이 보이지 않는다는 생각이 들 수도 있다. 이메일을 통해 아마존에 접촉을 시도해보라. 아주 간단한 답신이나 자동 응답을 받을 것이다. 고객 서비스 전화번호를 찾으려 애쓰다가 몇 날 며칠을 허송세월로 보낼 수도 있다. 아마존과 거래하면서 편리성과 원클릭 쇼핑과 의례화된 소매 경험을 위해 대가를 지불하지만 상대편에는 인지 가능한 인간이 아무도 없다. 기껏해야 편지함에 들어온 이메일 자료뿐이다.

마이크로소프트를 위해 일할 때 나의 사적인 부분에 이 같은 문제가 개입한 적이 있다. 마이크로소프트는 규모가 크고 열성적인 우리의 고객이었다. 그들을 위해 우리는 세계 도처에 있는 매장에서 고전적인 X박스 게임인 헤일로(Halo)의 화면이 가장 먼저 스크린에 나타나지 않은 소프트웨어 코너와 비디오 게임 코너를 아예 없앤 적도 있다. 그런데 우리가 마이크로소프트와 관계를 형성하던 초창기에 그 회사의 경영자 한 분이 몹시 흥분하여 내게 전화를 걸었다. 그는 마이크로소프트의 라이벌 운영 체계인 유닉스/리눅스의 새 매뉴얼 공동 저자가 나라고 아마존에 실렸는데, 그것이 사실이냐고 따졌다. 당연히 내가 아니었지만 아마존에는 그렇게 실려 있었다. (도대체 이 세상에는 얼마나 많은 파코 언더힐이 존재하는 걸까?) 우리의 동료는 진실을 알고 안도했지만 마이크로소프트 본사가 위치한 레드몬드에서는 스파이의 가능성이 있는 장사꾼 문제로 몇 차례에 파장이 발생한 적이 있다고 말했다.

　　나는 바로 조치를 취했다. 아마존에 내가 보낸 이메일은 대부분 자동 응답으로 되돌아왔다. 결국 화가 치민 나는 아마존의 법무 책임자에게 연락을 취했다. 그러나 그는 내 문제를 해결하기 위해 그가 손쓸 수 있는 여지가 많지 않으며, 많은 배급업체들 중 한 곳의 책임이라고 설명했다. 나는 아마존의 실수가 내 사업을 위험에 빠트리고 있으니 모종의 조치를 취해 달라고 요구했다. 그러자 그는 자신이 할 수 있는 최선의 조치는 불편함을 주는 공동 저자 목록에서 내 이름을 없애는 것이라고 답했다. 그러나 그는 다음번 업로드할 때 유닉스/리눅스 공동 저자로 내 이름이 뜨지 않을 거라고 100 퍼센트 보장할 순 없다는 말을 덧붙였다. 덕분에 나는 지금도 아마존 웹사이트를 꼼꼼히 확인하고 있다.

앞서 언급했듯이 오늘날의 웹사이트, 제품, 선택, 물건, 올바른 정보 및 잘못된 정보의 흐름은 미래의 '전문가에게 자문을 구해야 하는' 딜레마에 봉착해 있다. 이러한 전문가들은 2,000개의 웹사이트들을 수십 개로 간추려줌으로써 쇼퍼들에게 많은 도움을 줄 수 있다. 헤드 버틀러 같은 특정 웹사이트들은 이미 이 같은 서비스에 앞장서고 있다. 그 사이트 소유주는 슈어 E3c 소음 차단 이어폰으로부터 새로운 레본 헬름 앨범에 이르기까지 자신이 좋아하는 제품을 엄선한다. 그리고 그 제품의 장점에 대해 짧고 재치 있는 글을 사이트에 올린 후 관심을 보이는 소비자들을 아마존으로 안내한다. 만약 웹사이트를 간추려 정리하는 데에 도움을 주는 전문가들이 있다면 웹의 미래도 한층 더 밝아질지 모른다. 라이브퍼슨에서 일하는 우리 동료들은 새로운 온라인 서비스를 개시했는데, 그곳에서는 소비자들이 쇼핑에 관한 조언을 얻을 수 있을 뿐 아니라 미생물학자나 유명한 소프트웨어 엔지니어 같은 전문가들에게 일정 시간당 돈을 지불하고 개인적인 문제도 처리할 수 있다. 아울러 웹을 사용하는 새로운 세대의 읽고 쓰는 능력이 발전함에 따라 앞으로는 구글과 마이크로소프트와 야후가 소유하던 정보 독점도 지금보다 훨씬 더 차별화될 것이다. 하지만 나는 이러한 과정이 순조롭게 진행될 거라고 생각하지 않는다.

온라인과 오프라인에서 소비자의 구매 습관을 조사하면서 나는 오랫동안 웹이 물과 비슷하다고 생각했다. 물은 조금씩 흘러가나 개울이 되고 웅덩이에 고였다가 누군가가 이미 조사하여 만들어 놓은 도랑과 배수구와 수로와 운하로 흘러 들어간다. 사전 조사는 뛰어난 직감에 근거하여 그물망 구조를 형성한다. 그러면 물이 그 구조물을 채운다. 때로는 그 구조물들이 완벽하게 제 기능을 발휘한다. 그러나 그것 역시 오늘날 소매업자들이 직면하는 것과 동일한 문제를 아직 해결하지 못하고 있다. 포괄적인 것과 국지적인 것의 구분이 그것이다. 세계화 과정이 지방의 개인과 어떤 관련성이 있을 수 있느냐 하는 문제가 남는 것이다.

생방송이든 온라인이든 지역 방송국에서 보낸 뉴스와 구글 혹은 야후가 제공한 뉴스를 비교해보자. 내 경우에는 스포츠, 비즈니스, 국내 및 국제 뉴스, 일기 예보 등으로 시작 페이지를 맞춤화할 수 있다. 그러나 다음 주 화요일에 비가 올 거라는 사실을 알게 되면서 내 맞춤화가 그다지 중요하지 않게 되었다. 개인적으로 나와 별 관련성이 없게 된 것이다. 나는 내가 살고 있는 도시와 이웃에게 무슨 일이 일어났는지, 지난 밤 양키즈가 마지막 이닝을 승리로 마쳤는지 혹은 남쪽으로 여섯 블록 떨어진 곳에 위치한 안젤리카 필름 센터에서 어떤 작품을 공연하고 있는지 알고 싶을 뿐이다. 그 때문에 나를 비롯하여 많은 사람들은 인터넷에서 매체의 최대 강점이라고 줄곧 주장하는 보편적인 소프트웨어 솔루션에 실망감을 느낀다. 그런데 이 문제와 관련해서 벌써 다양한 아이디어들이 나오고 있다. 만약 지금보다 훨씬 지역성을 전문으로 하고, 지역성을 목표로 하는 검색 엔진이 개발된다면 어떻게 될까?

여기서 나는 벤처 자본가들을 책망하고 싶다. 그들은 대부분 1,000만 달러 사업에 투자하는 대신 1억 달러짜리 사업에 목매고 있다. 또 3년이 지나면 그 사업은 1만 퍼센트나 성장할 거라고 호언한다. 너 나 할 것 없이 향후 거대한 온라인 비즈니스에 투자하려 덤비고 있는 형국이다. 이러한 기업들이 눈부신 성공을 거두어 수십억 달러를 벌어들일 만한 자격이 없음을 말하고자 함이 아니다. 다만 그 결과만 놓고 볼 때, 심지어 페이스북조차 사회적으로 통합된 네트워크 개념이 개인과 장소와 환경에 맞게 아직 맞춤화되지 않았다는 것이다. 결론적으로 인터넷이 공적인 영역에 속한다 할지라도 구글, MSN, 유튜브 같은 인터넷 거대 기업들은 사업을 진행하면서 주주의 요구를 가장 우선시하고 있다.

내가 이상적으로 생각하는 지역 온라인은 자신의 이해관계와 믿음을 토대로 자기에게 적합한 검색 엔진을 선택할 수 있는 방식이다. 이러한 방식이 사용자인 당신에게 훨씬 더 즉각적인 반응을 보일 것이다. 나는 주기적으로 『빌리저(*Villager*)』 한 권을 구입하려 한다. 거기에 실린 광고와 목록이 맨해튼에서 실제로 생활하는 나의 존재와 직접적인 관련이 있기 때문이다. 인터넷상의 의류 매장들도 동일한 과정을 고려할 수 있다. 뉴욕에 거주하는 여성과 샌안토니오나 로스앤젤레스에 거주하는 여성의 옷 입는 방식은 서로 차이가 난다. 메이시스나 에일린 피셔 웹사이트에 올라온 '인기'

또는 '추천' 의상은 텍사스 주부에겐 멋있어 보이지만 40세의 할리우드 경영자의 눈엔 우스꽝스럽게 보일 수 있다. 이런 사이트들은 넷플릭스의 영업 방식을 참조하는 것이 바람직할 듯 싶다. DVD 우편 배달업체인 넷플릭스에서는 구독자의 우편번호 범위 내에 가장 인기 있는 타이틀 목록을 제공하고 있다. 다시금 말하지만 '가장 인기 있는 품목'은 '최고의 품목'과 좀처럼 일치하지 않는다. 그러나 이러한 시스템을 잘 활용하면 지역화와 세계화의 결합에 한 걸음 더 가까이 다가갈 수 있을 것이다.

유행을 선도하는 20대와 30대 여성들을 주고객층으로 겨냥하고 있는 데일리캔디라는 웹사이트도 권장할 만한 모범적인 또 다른 사례이다. 이용자들은 샌프란시스코와 시카고로부터 런던에 이르기까지 십여 곳의 도시들 중에서 어느 한 곳을 선택할 수 있다. 만약 당신이 마이애미나 그 근처에 살고 있다면 데일리캔디에서는 사우스비치에서 란제리를 구입하기에 가장 좋은 곳을 알려줄 것이다. 또한 주말에 그 도시에서 개최될 예정인 문화 행사, 자녀들과 함께 할 수 있는 활동, 최근에 식사하기 가장 좋은 장소 등도 알려줄 것이다. 나는 이러한 시도가 최소한 출발점은 된다고 생각한다.

웹과 관련하여 내가 제기하고 싶은 또 다른 문제는 다음과 같은 것들이다. 웹이 어떻게 유지되는 걸까? 웹의 기초를 형성하는 경제적 기반은 무엇인가? 광고가 웹을 존속시킬 수 있을까? 정부가 그 역할을 할 수 있을까? 지역 시설이 그 역할을 할 수 있을까? 이 질문에 대한 해답은 아직 나오지 않았다. 만약 기업의 광고가 그 역할을 한다면 삼성 같은 기업이 좋은 사례가 될 수 있다. 삼성은 마케팅 예산의 상당 부분을 인터넷 웹사이트 광고에 할애하고 있는데, 그 광고로 많은 이득을 보았다. 그러나 삼성이 이 같은 결정을 내리는 것은 쉽지 않았다. 왜냐하면 전통적인 30초짜리 TV 광고를 보는 시청자들이 그 광고를 흔히 무시하거나 기피했기 때문이다. 게다가 텔레비전 광고에는 많은 비용이 들었다. 신문과 잡지도 별반 차이가 없었다. 왜냐하면 미국인들의 60퍼센트가 매주 정기적으로 보는 대여섯 종의 정기간행물이 더 이상 그들에게 지배적인 영향력을 행사하지 못하기 때문이다.

결론은, 제품을 판매하고 전달하던 전통적인 시스템의 실패가 전자상거래로 알려진 새로운 시스템에 기회를 제공했다는 것이다.

문제는 여전히 남아 있다. 이러한 2세대 웹이 1세대 웹보다 더 큰 성공을 거둔 이유는 무엇일까? 앞서 말했듯이 이것은 인터넷이 더 근사하거나, 더 산뜻하거나, 더 빠르거나, 더 훌륭하거나, 더 효율적으로 변화했기 때문이 아니다. 한 가지 주된 이유는 여성들이 진지하게 인터넷에 시간을 할애하기 시작했다는 것이다. 2세대 전자상거래는 순조롭게 진행되고 있다. 2008년 1월에 발표된 닐슨글로벌 온라인서베이의 발표에 따르면, 전 세계 온라인 인구의 85퍼센트가 물건 구입을 위해 인터넷을 이용했다. 2006년에 조사된 40퍼센트에 비하면 크게 증가한 수치이다. 지구상에서 가장 열정적인 인터넷 쇼퍼를 가진 나라는 대한민국이다. 그곳에서는 온라인으로 물건을 구입하는 인터넷 사용자가 100퍼센트에 근접할 정도다. 그 뒤를 잇는 국가들로는 독일과 영국과 일본이 있다. 미국은 여덟 번째 순위로 뒤처져 있다. 온라인 구매로 가장 인기 있는 품목은 도서다. 그 뒤를 잇는 품목으로 의류와 액세서리, 신발, 비디오, DVD, 온라인 매표, 전자제품 등이 있다. 온라인 쇼퍼들은 충성도도 높은 편이다. 그들 중 60퍼센트가 주로 동일한 사이트에서 제품을 구매하는 것으로 알려져 있다.

그렇다면 실제로 거래가 성사된 것은 차치하고, 여성들은 온라인에서 어떤 물건들을 살피고 있는 걸까? 나는 이것 역시 '일종의' 쇼핑으로 부른다. 다음은 그 과정을 분석한 것이다.

프리쇼핑

사전 정보 없이 만나는 소개팅과 비슷한 소매 활동이다. 프리쇼핑에는 심적인 부담이 크지 않다. 단지 이리저리 넘겨보고 자료만 모으면 되기 때문이다. 당신의 아내나 여자 친구 또는 여동생이나 딸들은 인터넷 서핑을 하면서 타깃닷컴에서 나온 드레스나 학업용으로 나온 새로운 바인더 혹은 L. L. 빈에서 나온 최신 모델의 푹신푹신한 가죽신에 대한 정보를 얻을 수 있다. 특히 남성에 비해 여성의 프리쇼핑이 두드러진 분야가 바로 자동차 시장이다. 자동차 대리점은 쇼핑하는 여자들이 가장 기피하고 싶어 하는 장소이다. 그 때문에 여자들은 온라인을 통해 먼저 새로 출시된 프리우스나 시에나의 신차 가격 또는 자동변속기, XM 라디오, 위성 네비게이션 시스템, 스플래시가드, 선루프 등과 같은 옵션 유무를 파악한다. 그런 다음 그들은 자신감을 갖고 자동차 대리점으로 향한다.

그 결과, 어쩌면 우연일지도 모르지만, 인터넷은 실제 매장을 대신하는 하나의 방편과 같은 역할을 하고 있다. 만약 고객이 게으르거나 피곤하거나 반사교적이라면 그는 책이나 영화, TV 또는 자신이 좋아하는 조리 기구를 미리 살펴보거나 고객평들을 훑어볼 수도 있다. 그러고 나서 그는 자신이 원하는 물건을 찾아 방해받지 않고 곧장 매장을 찾아갈 것이다. 그는 30분 동안 직접 걸어갈 필요도 없고, 다양한 모델들 간의 차이점을 아예 모르거나 관심 없는 직원들에게 질문할 필요도 없다. 서점이나 DVD 대여점을 찾아가고 싶지 않다면 그 대신 아마존이나 넷플릭스 같은 온라인 매장을 이용하면 된다.

간접 쇼핑 요법

상상해보자. 붐비는 사람들이 없다. 쇼핑센터도 없고, 길게 늘어선 줄도 없다. 유모차로 통로를 가로막는 젊은 엄마들도 없다. 이것은 「보그」의 페이지를 넘겨보는 것과 흡사하다. 상상의 세계를 펼치며 시간을 때울 수 있기 때문이다. 여자들은 쇼핑의 불편함을 느끼지 않으며 곧바로 양품점과 고급 장식품점을 찾아갈 수 있다. 고객을 훑어보는 직원들도 없다. 고객을 향해 자세를 취하는 여직원들도 없다. 온라인을 통해 그는 보석 전문점인 해리 윈스턴을 거닐고, 루이비통을 방문하며, 투손에 위치한 휴양 리조트 캐년랜치나 파리에 위치한 리츠 호텔 또는 싱가포르에 위치한 마다린 오리엔탈 호텔에서 체크아웃할 수 있다. 마치 눈에 보이지 않는 날개를 단 것 같다. 심지어 발가벗은 몸이나 기진맥진한 상태에서, 혹은 샤워를 준비하거나 자신이 좋아하는 TV 프로그램을 시청하면서 온라인 쇼핑이 가능하다.

오늘날 많은 소비자들이 굳이 구입하지 않아도 제품에 접근할 수 있게 된 것은, 1850년대에 선보인 최초의 백화점이 소비자들에게 주었던 느낌과 흡사하다. 백화점은 증가세를 보이던 중산층의 이동성을 자극하는 역할을 했다. 당시만 하더라도 소비자가 매장 안에 들어서면 그곳에서 무언가를 사거나, 최소한 무언가를 구입하려는 수단을 가진 것으로 여겨졌다. 그러나 백화점의 등장과 함께 많은 사람들이 지금껏 경험해보지 못한 세계에 노출되었으며, 대부분의 경우 그런 세계가 성공의 욕구를 부채질했다. 그곳에서는 누구든 만족할 때까지 실컷 구경할 수 있었기 때문이다.

시간 절약

훌륭한 사례를 들어보자. 크리스마스 시즌이다. 소비자들은 1년 중 가장 즐거운 시간에 온갖 제품들을 훑어볼 수 있다. 그것도 붐비는 군중이나 혼잡한 주차장 혹은 위 닌텐도 게임이나 플립 캠코더 같은 장비를 구입하려고 서로 밀치는 부모들로부터 시달리지 않으면서 말이다. 온라인을 통해 그들은 원하는 제품을 찾아 클릭하고 장바구니에 담은 후 체크아웃한다. 그러면 크리스마스트리용 나무는 조카에게, 붉은 스웨터는 조카딸에게, 리걸 시푸드 상표의 2쿼트짜리 대합 차우더는 밤새 플로리다에 있는 삼촌에게 보내진다.

그러나 온라인 쇼핑이 언제나 이러한 범주에 속하는 것은 아니다. 인터넷은 유명한 성공 사례들을 가지고 있다. 그럼, 할인된 디자이너 패션 의류를 판매하는 블루플라이 같은 업체들의 인기는 어떻게 설명할 수 있을까? 블루플라이는 C3 캐시미어 스웨터나 마크 제이콥스 바지를 직접 만지고 냄새 맡고 맛보고 느끼려는 인간의 욕구를 극복하고 있다. 그리고 멋진 사진과 계속 변하는 제품 진열을 토대로 자신의 포털 사이트를 통해 지속적으로 제품을 이동시킬 수 있다. 어쩌면 이것이 사이버 윈도쇼핑의 궁극적인 형태인지도 모른다. 게다가 가격도 적절하다.

여기서 인터넷의 또 다른 장점은 2차 시장을 형성할 수 있다는 것이다. 이것은 차고나 다락에 방치되어 곰팡이가 피거나 녹슬 수 있는 물건을 재활용하는 편리하고 신뢰성 있는 시스템이다. 예전에 누군가 소유했던 베르세데스 벤츠든, 살짝 긁힌 자국이 있는 에피폰 레스폴 전자기타든 이베이에 그 물건을 올려놓으면 인터넷은 가상의 벼룩시장과 같은 역할을 한다. 내 친구들 중에는 불과 10년 전만 하더라도 상상조차 할 수 없었던 방식으로 특정 물건을 전문적으로 취급하여 부수입을 올리는 이들이 있다. 중고 아동 서적, 별장용 포도주잔, 모로코 타일, 골동품 엽서 등등 모든 물건이 가능하다. 누군가 그것을 원하는 사람이 있기 때문이다.

심지어 아마존도 이 같은 방식을 도입하고 있다. 때때로 중고 제품이 신제품보다 더 많은 수익을 안겨주기 때문이다. 절판 도서의 경우에는, 도서 판매 그 자체보다 배송 및 취급 수수료로 더 많은 돈을 벌 수 있는 중고 서적 판매상 네트워크와 연계하여 제품을 판매하고 있다.

인터넷이 효력을 발휘하는 또 다른 분야로는 클럽 펭귄이나 웹킨즈처럼 아이들이 가상의 애완동물을 보살피는 아동용 온라인 커뮤니티가 있다. 만약 당신이 펭귄을 구매한다면, 펭귄에겐 이글루가 필요하다. 그렇지 않은가? 당연히 펭귄에겐 먹을 것도 필요하다. 이런 식으로 계속 불어나는 요금에도 불구하고 이러한 클럽들은 아동의 컴퓨터 및 키보드 조작 기술 향상에 도움을 준다. 일례로 우리 회사의 자료 처리 부서를 책임지고 있는 구스타보의 어린 아들 루카는 세 살 무렵부터 컴퓨터를 켜고 온라인에 접속하여 자신이 좋아하는 게임을 할 수 있었다.

솔직히 말해서 나를 당혹스럽게 한 점은, 시각 예술가들도 온라인을 통해 수천 달러짜리 그림을 팔고 있다는 것이었다. 지금까지 예술가들은 예술품 품평회나 거리 공연 또는 개인이나 그룹 전시회를 통해 자신의 작품을 팔았다. 예술가들은 직접적이고 실질적인 방식으로 농산물 직판장과 유사한 새로운 범주를 만들어냈는데, 이것은 거리 시장과 예술 세계를 결합시키는 방식이었다. 이러한 모델이 성공할 수 있었던 것은 미술관 규약을 무시하려는 일부 예술가들의 욕구, 그리고 속물성을 비하하는 예술계의 오만함에 대해 소비자들이 느끼는 불편함 때문인지도 모른다. 어쩌면 예술계로부터 동떨어진 지리적 거리감 때문일지도 모른다. 그럼에도 나는 이 같은 방식이 효과적이라고 생각한다. 실제로 물건을 직접 보지도 않고서 온라인으로 쇼핑한다는 개념에 다소 회의적이기 때문이다. 그러나 많은 예술가들이 온라인 판매에 성공했다는 것은 기뻐할 만한 일이다.

만약 누군가 이 방식에 초점을 맞출 수 있는 감각을 가지고 있다면 온라인으로 물건을 파는 것이 가능할 뿐 아니라 엄청난 성공을 거둘 수도 있다.

내 친구는 뉴욕에서 온라인을 매체로 소규모 부티크 가정용품점을 운영하고 있다. 그는 고객을 직접 상대하지 않고 노트북 컴퓨터만으로 해마다 50만 달러 이상의 매출을 올리고 있다. 그는 소량으로 나오는 멋진 물건들을 발굴하여 잡지에 특집으로 게재한다. 그러면 사람들이 그 물건에 많은 관심을 보이면서 구입에 나서는 것이다. 그는 재고가 바닥날 때까지 특정 품목을 팔다가 그 과정을 되풀이한다. 나는 그의 웹사이트를 즐겨 방문한다. 그것이 모범적인 해법을 제시하고 있기 때문이다. 그가 성공한 이유는 무엇일까? 부분적으로 그가 잡지 세계를 잘 알고 있었으며, 잡지 디자인 편집자들이 좋은 물건을 선별하는 그의 능력과 원활한 재고 회전 그리고 그의 남다른 취향을 높이 평가했기 때문이다.

만약 당신의 소셜 네트워크가 칵테일 파티와 사적인 클럽과 비즈니스 세미나에 국한되어 있다고 생각한다면 오늘날 가상의 전자 인류의 화신격인 페이스북을 방문해보라. 페이스북은 저명한 건축가인 로이드 라이트나 저명한 자동차 제조업자인 헨리 포드 같은 선견지명 있는 이들이 창조한 산물이다. 그런데 이러한 페이스북의 등장은 교외 및 자동차 대중화의 직접적인 확대와 관련이 있다. 이 두 가지는 모두 사람들 사이에 엄청난 물리적 거리를 만들었다. 세상이 점점 탈도시화되면서 많은 사람들이 거주지로부터 멀리 떨어진 고립된 회사에서 힘겹게 일하고 있다. 하지만 우리는 여전히 타인에게 접근하고 교류하고 싶은 욕구를 가지고 있다 (소셜 네트워크 사이트를 포함하여 많은 새로운 현상들을 이해하는 데에 있어 종종 주택이 중요한 역할을 한다). 소외감과 위험과 불확실성에서 찾아오는 현대인의 공허감와 함께 가상의 교류 수단인 페이스북이 출현한 것도 그 때문이다. 내가 강조하고 싶은 것은 이것이 일종의 '친교' 수단이라는 것이다.

다시금 말하지만 인터넷은 물리적 세계의 빈틈을 확인하고 이를 보완하고 있다. 비록 우리는 고등학교, 대학 캠퍼스, 침실, 사무실 같은 현실 공간에 속해 있기는 하지만 온라인을 통해 만나고 대화하고 감정을 주고받을 수 있다. 특히 페이스북은 단순한 소셜 네트워크 사이트의 속성을 넘어서서 훔쳐보는 취미를 가진 이들에겐 꿈같은 공간을 제공하고 있다. 이것은 소파 위에 아무렇게나 펼쳐져 있는 누군가의 일기장을 훔쳐보는 것과 흡사하다. 당신은 전화를 하거나 이메일을 보내고자 하는 욕구도 이유도 의향도 없음에도 불구하고 실시간으로 친구가 무엇을 하는지 지켜볼 수 있다. 구글 지도처럼 당신의 전반적인 소셜 네트워크를 알려주기도 한다. 몇몇 유저들에게는 그들이 얼마나 많은 친구와 연줄을 가지고 있는지 과시하고, 공적인 사회적 지위를 공고히 하는 기회를 제공하며, 또 다른 유저들에게는 지속적으로 자체 갱신되는 주소록과 같은 편리성을 제공한다. 한마디로 페이스북은 중독성이 있다.

페이스북은 완전히 독립적인 소우주를 창조했다. 일례로 열여섯 살인 내 조카는 정상적인 상황이라면 여자 앞에선 긴장해서 말도 잘 못하지만 온라인에선 여자아이와 스스럼없이 대화를 주고받을 수 있다. 누군가를 물리적으로 직접 대면할 필요 없이 만들어지는 이러한 친교는 소매 환경에서도 그 유사점을 찾아볼 수 있다. 예를 들어 우리는 블루밍데일의 화장품 코너에서 여직원과 얼굴을 맞대고 상대하다가 이젠 화장품업체인 세포라의 오픈셀(open sell)로 옮겨갔다. 오픈셀에서는 당신과 당신을 돕는 사람은 마치 같은 팀원처럼 카운터에서 같은 자리에 위치한다. 부분적으로 이것은 의사소통과 친교로 나타난 변화의 초기 단계이다. 그러나 회의적인 시각에서 보자면 페이스북 유저들은 소셜 네트워크와 분리되어 있다. 왜냐하면 그들에겐 실제로 살아 숨 쉬는 인간을 대면할 수 있는 용기와 기회, 그리고 지리적 인접성이 부족하기 때문이다.

그렇다면 페이스북은 이 세상에서 얼마나 오랫동안 유지될 수 있을까? 결국 페이스북이 반영구적인 가상의 마을로 변화하게 될까? (사회과학에서 언급하는 기준에서 보자면 거의 모든 사람들이 대략 200명으로 구성된 '마을'에서 살아가고 있다.) 페이스북 유저는 어느 시점에서 자신의 네트워크를 통해 3년 동안 친구와 말하거나 이메일과 글을 주고받거나 전화하지 못한 까닭에 차라리 절교당하는 편이 낫다고 결심하게 될까? 유저가 페이스북에서 '졸업'할 수 있을까? 페이스북 이용자들 중 내가 아는 이들은 대부분 본인의 페이스북 계정에서 시간이나 날짜 혹은 장소나 연령을 예견할 수 없다고 말한다. 어쩌면 우리 문화의 특성상 교외에서 나와 이동해야 하는 상황에 직면함에 따라 소셜 네트워크(진행 중인 우리의 삶뿐만 아니라 공통적인 정체성의 맥락에서 일종의 '컴퓨터를 통한 영속성'을 발견하는 수단)가 자리 잡는 건지도 모른다. 그러나 일시적인 이 세계는 확고하게 뿌리 내릴 무언가가 부족하기 때문에 그곳에서의 당신의 삶은 한순간에 사라질 수 있다. 문제는 이렇게 삶이 사라져도 개의치 않을 수 있느냐 하는 것이다.

지금까지 페이스북을 비롯한 여타 소셜 네트워크 사이트들은 운영에 필요한 비용 구조, 즉 광고를 정당화하는 데에 곤란을 겪고 있는 것으로 알려져 있다. 친구 전용의 사이버 공간에 급히 짧은 글을 쓰면서 동시에 탄산음료 광고에 관심을 가질 수 있을까?

개인적으로 나는 한 해 동안 온라인 소셜 네트워크 사이트 가입을 권유하는 많은 초대를 받았다. 그러나 나는 단 한 번도 그 초대에 응한 적이 없다. 50대에 접어든 나는 그동안 전 세계 곳곳에서 받은 몇 박스 분량의 명함을 가지고 있다. 그 명함들을 하나하나 연결하면 아마 하늘로 올라가는 계단도 만들 수 있을 것이다. 어쩌면 이것이 나만의 페이스북인지도 모른다.

사람들의 사회적 영역 확대는 다른 극단으로 작용하기도 한다. 경제적 번영이 유용한 장치와 접속 가능성을 제공하는 문화가 존재하지만 사람들은 여전히 붐비는 좁은 공간에서 살아가고 있다. 어떤 의미에서 일본인과 한국인들이 스스로를 세상으로부터 차단시키기 위해 이 기술을 이용하는 이유가 이것인지도 모른다. 번잡한 일본 가정이나 아파트에서 그들은 마치 2인용 소형 텐트 안으로 들어가거나 날개를 하나 더 다는 것처럼 인터넷이나 휴대폰의 세계에 들어가 몸을 감춘다.

한국과 일본에서 인터넷이 성취한 또 다른 성과는 사회적 제약과 관습에서 쉽게 벗어날 수 있다는 것이다. 타인의 눈을 빤히 쳐다보는 것이 무례하게 여겨지는 이 두 나라에서 페이스북과 인스턴트 메시징(인터넷상으로 서로 즉시 메시지 교환이 가능한 시스템)은 누군가를 빤히 쳐다보는 동시에 그렇게 바라보지 않는 방식이다. 또 휴대폰을 이용하는 일본인 아이들은 최소한의 두드림으로 복잡한 서술문을 만들어낸다. 그들이 발음대로 단어를 타이핑하기 시작하면 재빠른 의사소통을 가능케 하는 캐릭터가 튀어나온다. 키 두드리는 횟수를 줄이기 위해 손수 약어를 고안한 미국의 10대들과는 대조적이다(한편 그들의 부모는 여전히 서툴게 엄지손가락을 사용하며 휴대폰 문자를 보내고 있다). 한마디로 이러한 모든 요소들이 아시아 국가에서 더 빠른 의사소통을 가능케 하고 있다. 인터넷 전화기의 역할이 그곳에서 자연스럽게 받아들여지는 것도 이 때문이다.

일본이나 한국 같은 많은 신흥 시장에서 나타나는 또 다른 특징은 대중교통이 예외가 아닌 표준이라는 것이다. 그곳 시민들은 하루 통근에 평균 두세 시간을 소비하는데, 기차나 버스를 타고 있을 때 휴대폰으로 떠드는 것은 실례로 여겨진다. 그러나 인터넷이 가능한 전화기가 있으면 만족할 만큼 충분히 웹서핑을 하거나 문자 메시지를 보낼 수 있다. 이것이 단순히 시간 절약의 역할만 하는 것이 아니다. 또 다른 사이버 보호막과 같은 역할도 하기 때문이다. 유럽과 미국에서 우리는 자기만의 공간인 자동차 안에서 전화 통화를 하며 운전하거나 잡담할 수 있다. 그러나 발음하면서 전화기를 응시할 순 없다. 자칫 가드레일에 부딪칠 수 있기 때문이다. 그렇다면 왜 우리는 컴퓨터 애플리케이션이 시장에 호응하여 다양한 성공을 거둘 거라는 사실에 놀라움을 나타내는 걸까?

나는 집게손가락이 아닌 엄지손가락이 모든 작업을 해낼 경우 장차 어떤 상황이 벌어질지 궁금하다. 모르긴 몰라도 인간을 만든 창조자는 엄지손가락은 힘의 원천이고 다른 손가락들은 섬세한 작업을 책임지도록 손을 만들었을 것이다. 만약 이 손에 관절염이 생기면, 즉 인스턴트 메시징의 시대가 종말을 고하면 어떻게 될까?

페이스북에는 단순히 전자 인류만 있는 것이 아니다. 이론상 그곳에는 우정과 소속감이 있으며 일종의 거대한 동문회 같은 문화가 형성되어 있다. 실제로 인터넷은 Match.com 같은 사이트들을 만들어내면서 현대판 유대인 결혼 중매인 같은 역할을 하고 있다. 그곳에서는 자신이 150센티미터의 키에 붉은 머리카락을 가진 디모인 출신 남자임에도 불구하고, 190센티미터의 키와 황갈색 피부를 가진 낙천적인 캘리포니아 비치보이라고 전 세계에 알릴 수 있다. 나중에 실제로 그를 만난 여성은 속았다는 사실에 분통을 터뜨릴 것이다.

Match.com을 비롯하여 이와 유사한 모든 사이트들이 가지고 있는 문제점은 그들이 상호 호환성에 기반을 두고 있다는 것이다. 예전에 당신이 대학 신입생이었던 시절에, 어떤 유형의 룸메이트를 좋아하는지를 묻는 설문지를 받았던 기억이 나는가? 아마 금연가를 선호한다든지 채식주의자를 선호한다든지 다양한 답변이 나왔을 것이다. 그런데 이와 동일한 기준이 온라인 중매 서비스에도 적용되고 있다. 당신은 테니스를 칠 수 있는가? 나 역시 테니스를 칠 수 있다. 우리는 둘 다 진지한 불교도는 아니다. 우리는 둘 다 이탈리아와 영국 코미디 「몬티 파이튼」과 고양이를 좋아한다. 당신은 이것이 무엇을 의미하는지 잘 알 것이다. 이 모든 것은 결국 잠재적 자기애의 탐닉이나 마찬가지다. 그렇다면 사랑에 빠질 때 우리는 진정 우리와 똑같은 인간을 찾아다닐까? 만약 내가 나 자신과 데이트를 한다면 하루도 지나지 않아 "데이트를 더 이상 진행할 수 없다"고 잘라 말할 것이다.

이것이 바로 웹이 가지고 있는 주요한 한계 중 하나이다. 웹은 컴퓨터처럼 자료를 판독하고 인식하고 처리한다. 왜냐하면 그것이 곧 컴퓨터이기 때문이다. 그러나 웹의 경우 독창적인 방식으로 사고하거나 창의력과 직관력을 발휘하는 능력이 부족하다. 심지어 아마존닷컴조차 이러한 결점을 가지고 있다. 아마존에서 미래를 내다보는 방식은 과거의 행동 양식(당신은 존 그리샴을 좋아한다)이 미래의 행동 양식(당신은 계속해서 존 그리샴을 좋아할 것이다)을 정의한다는 전제를 기반으로 하고 있다. 대다수 독자들도 아마 비슷할 것이다. 하지만 항상 새로운 것을 찾아나서는 이들도 많다. 내가 단순히 제임스 리 버크의 소설을 좋아한다고 해서 갈라파고스에서의 행글라이더 비행이나 리처드 버튼 경(배우가 아니라 신비로운 19세기 탐험가)의 새로운 자서전을 즐기지 말란 법은 없는 것이다.

내가 아는 사람들 중에서 다른 누구보다 절친한 관계를 유지하는 이들은 성격이 전혀 다른 두 사람이었다. 일례로 리처드와 스테이시 커플이 있다. 리처드는 시장 조사를 하는 데에 있어 내게 멘토와도 같은 역할을 한 분이다. 그는 뉴욕 메츠와 농구, 그리고 약간의 맥주와 중국 배달 음식을 좋아한다. 그리고 지금껏 내가 만난 사람들 중에서 어느 누구보다 핀란드 영화에 대해 해박하다. 한편 그의 연인인 스페이시는 5성급 호텔과 미식가를 위한 휴가의 열렬한 애호가이다. 그녀는 자신을 기다리고 있는 호화로운 호텔과 고급 헤어드라이어에 대한 사전 정보 없이 절대 비행기에 오르지 않는다. 이렇듯 두 사람은 뚜렷이 상반된 성격을 가지고 있다. 하지만 그들은 서로 끔찍이 사랑한다. 그들은 각자 한두 차례 이혼한 경험이 있지만, 이번에는 분명 평생을 함께 보낼 것이다. 내 생각에 그들의 관계를 돈독하게 만드는 요소는 매일 그들이 서로 타협하며, 서로의 특이한 취향을 눈감아준다는 것이다. 그런데 만약 Match.com에서 중매했다면 그들은 만나기는커녕 가까이 다가가지도 못했을 것이다.

일반적으로 우리가 소비하는 돈은 대부분 예측 가능하다. 그 때문에 소비가 지나치게 과하다고 여겨질 때도 우리는 그것이 의도적이었는지 여부만을 따진다. 마흔 살을 넘긴 대다수 사람들의 경우, 가정용 냉장고에 들어 있는 내용물의 80퍼센트가 일상적인 구매 물품들이다. 물론 계절에 따라 치즈와 채소와 육류에 변화를 줄 수 있다. 그러나 기본적인 물품은 변화가 없다. 이쯤에서 내가 좋아하는 물품을 나열해볼까 한다. 과육이 담긴 트로피카나 오렌지 주스, 무지방 파말라트 우유, 저지방 플레인 다농 요구르트, 봄 양파를 곁들인 크림치즈, 프랑스 겨자, 말레이시아 칠리소스, 약간의 맥주 등이다.

그렇다면 웹을 통해 이런 일상적인 물품들을 구입하지 못하는 어떤 이유가 존재하는 걸까? 일본인들은 냉장고 안에 들어가는 물품에 장착된 바코드와 전파식별 태그를 스캔할 수 있는 냉장고를 개발하고 있다. 그 냉장고는 물건이 없어지는 시점이나 무게가 감소하는 정도를 파악할 수 있다. 그리고 매일 혹은 일주일 단위로 온라인 매장을 통해 주문해도 되는지 여부를 묻는 문자를 보낸다. 세탁실에서도 동일한 방식이 적용된다. 그곳에서는 웹의 통제를 받는 선반과 보관 시스템이 비누와 표백제와 섬유 유연제에 대한 정보를 정확히 파악한다. 유감스러운 점은 장치들의 수명이 대부분 10년 남짓한 반면, 소프트웨어의 수명은 2년이 채 되지 않는다는 것이다. 하드웨어와 소프트웨어의 진정한 호환성이 가능하냐가 문제가 될 수 있는 것이다.

나는 인터넷의 미래가 수렴성(convergence)에 달려 있다고 생각한다. 다소 전문적인 용어로 들릴지 모르지만, 내가 말하고자 하는 것은 물리적 세계와 모바일 기술 및 웹과의 연결(일반 매장과 온라인 세계 및 휴대폰 간에 맺어지는 발전적인 결합)에 관한 것이다. 최근에 소매업자에 대한 고객의 잠재적 가치를 수량화하는 흥미로운 방식이 내 관심을 사로잡은 적이 있다. 만약 내가 가게 주인이고 내 고객들이 오직 오프라인 매장에서만 내 제품을 쇼핑한다면, 그들은 이른바 1만큼의 '가치'가 있을 것이다. 그들이 내 매장에서 쇼핑하면서 카탈로그를 훑어본다면 그들은 1.5만큼의 가치가 있을 것이다. 그런데 그들이 내 매장에서 쇼핑을 하고 카탈로그를 읽으면서 동시에 웹사이트까지 방문한다면 그들은 2만큼의 가치가 있을 것이다. 결국 이것은 고객들이 소비하는 지출 금액 측면에서 고객과 나의 관계가 그들이 나와 교류하는 방식의 수와 정비례함을 의미한다.

수렴성의 예를 들자면, 소비자들은 웹이 가능한 휴대폰을 가지고 지역 약국에 연결하여 처방전 없이 살 수 있는 약이 있다. 이용 가능한 약품, 복용량, 부작용 등을 웹사이트에서 직접 알려주면,

소비자들은 웹이 가능한 휴대폰으로 이런 정보를 스캔할 수 있다. 정말 간단하다, 그렇지 않은가?

수렴성은 온라인 쇼핑에 이미 진출한 현상, 즉 친환경적 수단으로서의 인터넷의 발전도 이끌고 있다. 최근에 내 친구는 아이팟을 구입했다. 그런데 포장 박스 안에는 사용법을 알려주는 매뉴얼 대신 사용 설명서를 비디오로 보여주는 애플의 웹사이트 주소가 들어 있었다. 내가 일본 백화점에서 새로 나온 고급 카시오 시계를 구입했을 때도 동일한 상황이 벌어졌다. 나는 박스에 들어 있는 웹사이트 주소를 가지고 노트북 사용 설명서를 다운로드할 수 있었고, 덕분에 프랑스어에서 세르보크로아티아어에 이르기까지 스물세 가지 언어로 적힌 사용 설명서를 일일이 찾아보는 수고를 덜 수 있었다.

분명한 점은 사용 설명서가 담긴 소책자든 무의미한 포장이든 간에 수렴성이 불필요한 잡동사니와 종이와 포장을 없앨 수 있는 좋은 방식이라는 것이다. 앞서 언급했던 인터넷 연결 냉장고가 쇼핑 및 상인의 유통 과정을 간소화시킨 것과 같은 이치이다.

이 시스템이 가지고 있는 두 번째 기능은 우리의 지갑을 대신하며, 동시에 지갑 그 자체(은행)가 될 수 있는 능력이다. 일본과 필리핀에 위치한 도코모 매장에서 당신은 미리 휴대폰에 현금을 저장하거나 휴대폰으로 무선 송금을 받을 수 있다. 특히 필리핀 같은 제3세계 국가들의 경우, 이것이 은행과 같은 기관들을 대신할 수 있다. 은행 계좌가 없는 사람들에게 이 시스템은 값진 특권임이 분명하다. 휴대폰으로 사용하는 통화로 간주할 수 있기 때문이다. 동시에 이것은 무시무시한 세상을 걱정하는 부모들을 위한 안전망과 같은 역할도 한다. 부모들은 다달이 자녀의 휴대폰에 돈을 넣어주면서 그 돈이 어떻게 쓰이지는 알 수 있다. 자녀들이 주장하듯 치즈버거와 영화 관람에 사용되었는지, 혹은 5온스짜리 도수 높은 술병 구입에 사용되었는지 알 수 있는 것이다. 또 다른 혜택은 무엇일까? 안전이다. 일단 이러한 전자식 수단에 돈을 집어넣기 시작하면 범죄는 눈에 띄게 감소할 것이다.

인터넷이 가능한 휴대폰의 세 번째이자 마지막 혜택은 이것이 일종의 개인 신분증과 같은 기능을 할 수 있다는 것이다. 근처에 휴대폰이 있을 경우, 휴대폰 작동 방식을 통해 당신의 물리적 자아와 휴대폰이 어떻게든 연결된다. 2004년 3월에 치러진 스페인 선거는 선거 전날에 발생한 마드리드 열차 폭발 테러로 인해 유발된 인스턴트 메시징으로부터 어느 정도 영향을 받았다. 정치적 문제로 논쟁한 사람은 아무도 없었다. 하지만 온라인 공동체는 자신의 충성도를 끌어올릴 수 있었다. 결과적으로 지금 우리는 전화기와 잡지와 신문(지역적으로 우리를 모두 연결시키는 매체)을 능가하여 정보를 전파할 수 있는 수단을 가지고 있는 것이다.

소매 차원에서 수렴성을 선택한다는 것은, 유통 시스템 및 공급 연쇄 경영을 가진 기존 산업 모델이 충분히 성장하여 점검을 준비해야 함을 의미할 수도 있다. 적어도 선진국에서는 대규모 소매업자들의 시대가 정점에 도달했다. 매장들은 점점 대형화될 수 있지만 이것이 시간과 돈의 양적 증가에 비례하여 소비자들이 소비 계획을 세운다는 의미는 아니다. 오히려 규모를 줄인 매장들이 경제적·생태학적으로 더 합리적이다. 만약 우리가 온라인으로 기본 생필품을 구입한다면(설령 우리가 매장에 잠깐 들렀다가 물건을 집어 든 경우라고 할지라도 말이다) 오프라인 매장에서 세탁물 통로를 돌아다닐 필요가 없는 걸까?

그러고 보니, 수렴성의 정점에 도달한다면 물리적 존재의 전반적인 목적을 다시 한 번 생각해야 할지도 모른다. 미국의 경우 나라 밖에서 진행되는 건설에 막대한 자금을 투자하고 있지만(이라크 같은 경우) 미국 내의 부두와 항구와 다리 건설은 제자리걸음을 하고 있고, 여객 열차는 자취를 감추고 있으며, 미국인들은 대담하고 과감하게 사고하는 능력을 거의 잃어버렸다. 미래로 향하는 우리는 뒷걸음질하고 있다. 화석 연료의 중독에서 벗어나 지구를 더 잘 보살펴야 할 시점에서 우리는 오도 가도 못 하고 있다. 150년 전에 우리는 미래를 내다보는 비전을 가지고 미국 전역에 철로 건설을 추진했다. 100년 전에는 결단력 있게 파나마 운하를 구상하고 건설했다. 그러나 오늘날 미국은 지도자가 아닌 추종자 신세로 전락하고 있다. 그 결과, 앞으로는 이러한 수렴성이 미국이 아닌 다른 나라에서 먼저 발생할 것이다.

아마도 수렴성은 일반 전화를 소유하지 못하거나 이용할 수 없는 사람들이 많은 아프리카나 인도 같은 지역에서 맨 먼저 기반을 잡을 것이다. 인도를 방문했을 때 나는 한 가지 흥미로운 사실을 발견했다. 그것은 공간과 밀도, 원시적 소매, 그리고 서구인들은 당연시하는 것들의 부재로 인해 인도가 전통적인 일반 전화의 단계를 뛰어넘어 바로 휴대폰을 사용하는 국가가 되었다는 것이다. 최근에 델리를 방문하는 동안 나는 휴대폰을 항상 손에 들고 있는 사람들의 수에 깊은 인상을 받았다. 뉴욕 시보다 훨씬 더 많았기 때문이다. 휴대폰은 단순히 전화를 거는 용도로만 사용되는 것이 아니었다. 소유자의 중요한 정체성을 나타내는 기능도 있기 때문이다. 사람들의 휴대폰 수는 최소한 그들의 이름만큼 많거나 그보다 더 중요한 것처럼 보였다.

이러한 현상은 대다수 미국인들이 거쳐온 기술 발전과 인도의 발전 경로를 대비해보면 납득할 만하다. 먼저 미국인들은 과거에 일반 전화를 소유했다. 그다음에 컴퓨터와 인터넷과 휴대폰 순으로 기술을 소유했다.

(1980년대 말과 1990년대 초만 하더라도 미국에는 휴대폰 매장이 없었다. 당시에 휴대폰을 사용하는 이들은 대부분 사업가들이었다. 예전에 나는 휴대폰을 한 번도 사용해본 적이 없는 친구와 오페라를 관람한 적이 있다. 그녀는 마치 이국적인 열대 과일을 보듯이 내 휴대폰을 흘긋 훔쳐보았다. 그리고 그녀는 딸에게 전화를 걸면서 감탄사를 터뜨렸다. "맞춰보렴. 지금 휴대폰으로 너와 통화하고 있는 거야!") 그 이후 일부 미국인들은 PDA로 옮겨갔고, PDA는 다시 최초의 모바일 인터넷 세상으로 그들을 이끌었다. 나는 우연히 오페라 관람을 하다 예전의 그녀를 다시 만났다. 그녀는 휴대폰과 블랙베리를 모두 소유하고 있었다.

1990년대 초반 이래로 사람들에게 질문을 던지면 대다수는 휴대폰이 영원할 거라고 답했을 것이다. 이러한 변화를 신흥국가들의 발전 과정과 비교해보자. 신흥국가의 국민들은 아무것도 없는 상황(일반 전화도 노트북도 없는 상황)에서 하룻밤 새에 갑자기 손가락 끝으로 인터넷을 하는 상황으로 이동하고 있다. 나는 델리에서 휴대폰으로 상대방과 통화하는 소리를 쉽게 엿들을 수 있었다. "너 어디 있어? 3분 후면 도착할 거야." 휴대폰 등장 이전에 그들이 어떻게 어울렸는지 의아할 정도였다.

그러나 이것이 바로 내가 신흥 국가에서 수렴성이 가장 먼저 정착할 거라고 확신하는 이유이다. 어느 시점에 이르면 미국에 있는 누군가는 이렇게 소리칠지도 모른다. "젠장, 왜 우리나라에서는 그걸 갖지 못하는 거야?"

월드와이드웹과 관련하여 가장 놀라운 사실 중 하나는, 내로라하는 전문가들조차 웹의 작용 방식에 대한 명확한 이해가 부족하다는 것이다. 우리들 대다수는 웹을 받아들였고 포용했으며 비난을 하기도 했다. 그러나 우리가 할리우드에 떠도는 소문이나 증권 거래를 위해 웹을 사용하든, 혹은 단순히 전자 우체국과 광대한 브리태니커 백과사전을 결합시킨 용도로 웹을 사용하든, 웹을 사용하는 장소는 주로 우리 집이나 커피숍 또는 항공기 안이다.

그런데 만약 사이버 전쟁이 발생하여 웹이 붕괴한다면 어떤 상황이 발생할까? 어떤 조직이나 국가가 미국을 공격하는 최선책으로 웹을 방해한다면 어떤 상황이 발생할까? 테러리즘과 9/11 사태를 떠올리면서 테러리스트들이 단순히 바이러스를 만들어내는 수준을 넘어서서 월드와이드웹을 사라지게 만드는 방안을 강구한다면 또 어떤 상황이 발생할까?

내게는 만나고 싶어도 자주 볼 수 없는 전문직에 종사하는 한 친구가 있다. 하지만 우연히 마주치기라도 하면 항상 내 기분을 좋게 하는 친구이다. 그런데 그에게는 서로 관련이 있는 세 가지 안 좋은 습관이 있다. 그는 마라톤을 하고 하루 반 갑의 흡연을 하며 열렬한 음악광이다. 우연히 회의에서 만날 때마다 그는 아이팟 소유자라면 꼭 애청해야 할 음악들을 차례차례 호명하기 전에 "이 친구의 음악을 한번 들어보세요"라고 적힌 쪽지를 내게 건넨다. 지난번에 그가 추천한 음악가는 동유럽 음악과 전자음악을 결합시킨 퓨전 음악을 연주하는 발칸 비트 박스라 불리는 밴드였다. 그들의 댄스 음악은 헤드폰을 착용한 채 거리를 거닐면서 리듬에 맞춰 춤을 춰도 좋을 만큼 멋졌다.

그래서 나는 아이튠즈 매장으로 들어가 '발칸 비트 박스'를 검색했다. 두 장의 앨범과 총 25곡이 화면에 나타났다. 그들의 음악에 관한 열 줄 분량의 설명과 몇 개의 고객 리뷰도 나타났다. 그게 전부였다. 상세한 정보를 얻기에는 턱없이 부족했기에 실망감을 느끼지 않을 수 없었다. 결국 나는 99센트를 지불하고 친구가 얘기했던 다른 두 밴드의 곡도 함께 서너 곡의 노래를 구매했다.

그러나 만약 친구의 권유로 그 밴드에 관심을 갖지 않았다면 발칸 비트 박스와 내가 서로 만날 가능성은 거의 없었을 것이다. 왜 그럴까? 그것은 아이튠즈가 디지털 음악의 샘플링과 다운로드를 위한 혁명적인 새로운 매체로 알려져 있음에도 불구하고 현실을 직시하면 그 용도가 아주 제한적이기 때문이다.

예를 들어보자. 왜 아이튠즈는 30초보다 긴 노래 샘플을 제공하지 않는 걸까? 간혹 보컬이나 멜로디의 시작조차 듣지 못하는 경우도 있다. 왜 아이튠즈 사이트는 내가 거주하는 장소와 내가 관심 있어 하는 종류의 음악 같은, 좀 더 사적인 정보를 요구하지 않는 걸까? 그렇게 하면 내가 선호하는 음악이나 이미 다운로드한 음악을 근거로 내가 살고 있는 지역에서 진행되는 콘서트에 관한 정보 따위를 알려줄 수 있을 텐데 말이다. 왜 아이튠즈는 25센트의 저렴한 가격으로 세 가지 버전의 연주를 구매할 수 있도록 허용하지 않는 걸까? 그렇게 하면 그것이 내 뮤직 라이브러리에 영구적으로 저장할 만한 연주인지 손쉽게 판단할 수 있을 텐데 말이다. 아이튠즈는 발칸 비트 박스를 구매한 이들이 왜 어사 키트의 옛 노래를 좋아하는지조차 모르는 것처럼 보인다. 해설지는 어디에 있는가? 나는 해설지 읽는 걸 좋아한다. 그러나 9.99달러, 11.99달러 또는 18.99달러짜리 앨범을 통째로 구매하지 않는 한 해설지를 다 읽을 수 없다.

그뿐만이 아니다. 또 다른 문제도 있다. 현재 나는 각각 스피커 시스템을 갖춘 넉 대의 아이팟을 소유하고 있다. 하나는 거실에, 다른 하나는 부엌에, 또 다른 것은 사무실에 두는 식으로 옮겨가며 나는 사운드 장치를 이용하고 있다. 그런데 왜 애플은 자신들이 창조하고 용이하게 만든 혁명적인 변화를 제대로 인식하지 못한 걸까? 애플은 나를 포함한 우리 모두에게 새로운 유통 시스템이 아니라 지금보다 더 광범위한 솔루션을 판매해야 한다. 왜냐하면 그들의 사이트는 99센트를 받고 노래(오디오북, TV 프로그램, 뮤직 비디오, 최신 DVD 포함)를 파는 것에만 온통 열중하고 있기 때문이다. 그들은 내가 가지고 있는 여러 대의 아이팟을 관리할 수 있는 수단을 제공하지 않는다. 나는 애플이 단순히 콘텐츠만 내게 팔 것이 아니라 내 생활 속에서 그 제품의 역할을 촉진하고 단순화하길 원한다.

최근에 나는 세계적인 음반 회사 소니 BMG의 고위 경영진을 만난 적이 있다. 많은 사람들이 알고 있듯이 CD 판매는 내리막길을 걷고 있다. 2007년에 CD 매출은 30퍼센트쯤 더 하락했다. 그런데 신기하게도 틈새시장만큼은 CD 판매가 양호하다. 예를 들어 폴카 음악은 고유한 시장을 확보하고 있다. 라틴 음악도 마찬가지다. 목적이 확실한 헌신적인 단골손님을 가진 독립된 소형 매장들은 생존하고 있다. 그러나 음악 산업의 나머지 영역은 고전을 면치 못하고 있다.

그런데 이 같은 상황은 현실을 올바르게 반영한 것이 아니다. 오늘날 우리는 과거 그 어느 때보다 열렬히 음악을 탐하는 시대에 살아가고 있기 때문이다. 2008년 현재 열다섯 살짜리 평범한 아이가 다양한 종류의 음악을 줄줄 외고 있다. 그 아이는 트랜스, 블루스, 록, 레게, 헤비메탈, 컨트리, 로커빌리, 스토너뮤직, 브리티시 인

베이전, 컨템퍼러리, 힙합, 월드뮤직은 물론, 심지어 크리스마스 피너츠 사운드트랙까지 알고 있다. 그러나 이 같은 지식과 열의에도 불구하고 인터넷은 아직 이들을 충분히 만족시킬 만한 수단을 갖고 있지 않다. 가장 깊이 있는 곳까지 파고들지 못하기 때문이다. 게다가 새롭고 훌륭한 음악을 듣는 것에 대해 우리를 들뜨게 하지도 못한다.

잘 알다시피 온라인 음악 판매는 호황을 누리고 있다. 감소세를 보이는 CD 판매와 사뭇 다른 양상을 보이고 있는 것이다. 다시금 말하지만 이것은 디지털 다운로드가 특별히 훌륭하거나 음질이 탁월하기 때문이 아니다. 그렇다고 MP3 사운드 파일 관리가 예전의 레코드 소장품 관리보다 더 쉬운 때문도 아니다.

파일 공유나 온라인 프라이버시 문제에 책임을 전가하는 것도 핑계에 지나지 않는다. 1959년에 전형적인 미국인 가정은 1.7 사운드 재생 장치를 가지고 있었다. 부모는 자신의 스테레오를 가지고 있었고, 자녀들은 2층에 휴대용 레코드플레이어를 가지고 있었다. 그들은 신중하게 레코드판 위에 바늘을 올려놓고 음악을 경청했다. 그들은 움직이거나 춤을 출 수 없었다. 레코드판 위에서 바늘이 튈 수 있었기 때문이다. 반면에 오늘날 우리는 음악을 들으며 요리을 하고, 책을 읽고, 운동을 하고, 사랑을 나누는 등 거의 모든 일을 할 수 있다. 이제 음악은 다중 작업을 하는 현대인의 삶에서 사운드트랙과 같은 역할을 하고 있다. 현재 나는 다양한 스타일과 사이즈를 가진 넉 대의 아이팟을 소유하고 있다. 그러나 집

안 전체로 보면 총 스물세 가지의 사운드 재생 장치를 가지고 있다. 나는 도어스의 특정한 앨범을 레코드, 카세트, CD와 MP3로 네 차례에 걸쳐 구입했다. 물론 아이들은 음악을 교환하고 있다(근 20년 동안 아이들의 예산에 맞는 45s 대신 값비싼 CD를 구입하도록 했으니 그렇게 하지 않을 이유가 없을 것이다). 문제는, 역사적으로 음악 산업이 소비자들보다 음악가들을 더 중시한다는 것이었다. 음악은 온라인에서 번창하고 있다. 그 이유는 소비자들이 케이크 전체가 아닌 조각을 원한다는 사실을 음악 산업이 미처 인식하지 못했기 때문이다. 우리는 거금 13.99달러를 들여 트로그스의 베스트 앨범을 사거나 24.99달러를 들여 루빈시테인의 쇼팽 녹턴 앨범을 사려들지 않는다. 우리가 원하는 것은 그 앨범에 속해 있는 'Wild Thing'이나 'Nocturne op. 15, no.3 in G-Minor' 같은 곡들뿐이다. 음악 산업은 이러한 사실을 직감적으로 이해하지 않았을까? 실상은 그렇지 않다. 그들은 여전히 척 베리 시대에 써먹던 방식 그대로 음악을 내놓았다. 그리고 지금 그 대가를 톡톡히 치르고 있다.

그런데 아이튠즈가 유일한 음악 포털일 경우, 우리는 모두 난처한 입장에 빠질 수 있다. 예를 들어 전문 음악가인 셰릴이 잘 알려져 있지 않은 실내 악곡을 찾고 있을 경우 아이튠즈에서는 그 곡을 찾기 힘들기 때문이다. 불과 얼마 전만 하더라도 링컨 센터 근처의 타워 레코드 매장을 방문하면 그녀가 원하는 것을 정확히 알고 있는 해박한 직원이 그곳에 있었다. 그 직원은 그녀가 원하는 곡에 대한 다양한 연주뿐만 아니라 1962년 비엔나에서 녹음된 스튜디오 연주가 1978년 콘서트게보우에서 녹음된 실황 연주보다 월등한 이유까지 잘 알고 있었다. 그러나 타워 레코드 매장은 자취를 감추었고, 반스 앤 노블의 음반 매장은 성공 가능성이 희박하며, 월마트의 음반 매장은 성공이 아예 불가능하다. 결국 셰릴은 어찌해 볼 수 없는 처지가 되었다.

나는 소니 경영자들에게 이런 질문을 던졌다. 사람들이 접근 가능한 장소에 소니의 카탈로그를 비치하는 좋은 방안이 있는가? 사실 이 물음은 그들의 클래식 음악 목록에 대해 회사 차원에서의 포털사이트의 필요성을 제안한 것이었다. 앞서 언급했듯이 오늘날 세상 사람들의 음악에 대한 욕구는 굉장하다. 단지 소비자들로 하여금 원하는 음악을 찾을 수 있도록 도움을 주는 것이 문제가 될 뿐이다. 만약 내가 '베토벤과 함께 하는 차분한 느낌'이나 '세상에서 가장 편안한 클래식 앨범' 같은 타이틀이 붙은 클래식 편집 음반을 원한다면 당연히 아이튠즈를 통해 그 음반을 다운로드할 수 있을 것이다. 그런데 음악 작품을 우리에게 전달하기 전에 소니가 주도하는 대화방에서 전체 목록으로부터 곡을 선별할 수 있다면, 또 우리가 어떤 유형의 녹음을 원하는지, 라이브 녹음과 스튜디오 녹음 중에서 무엇을 더 선호하는지, 우리의 나이가 어떻게 되는지, 음악을 듣는 우리의 수준이 어느 정도인지를 질문하는 운영자(버클리 음대 또는 줄리아드 음대 출신의 저명한 교수들)가 있다면 우리들 대다수는 웃돈을 얹어주고서라도 그 대화방을 이용하려 하지 않을까?

우리가 디지털 음반을 구입하든, 실제 CD를 구입하든, 이것은 그 과정을 고안한 누군가에게 좋은 기회이다. 그렇다면 그들은 기술 전문가일까?

미래의 음반 매장과 서점은 서로 비슷하지 않을까? 어쩌면 일본에 있는 만화 클럽과 비슷해질지도 모른다. 당신은 그곳에 들어가 자리 하나를 빌린 후 자신이 좋아하는 모든 만화책을 읽을 수 있다. 소정의 입장료를 지불하면 전문적인 누군가가 사회자 역할을 하며 도움을 주고, 클럽에서는 음료와 페타 치즈를 채운 올리브나 에푸아스 치즈를 제공할 것이다. 또한 운영자는 당신이 무엇을 좋아하는지 잘 알기 때문에 고급 소장품 같은 물품을 직접 판매할 수도 있다.

발칸 비트 박스로부터 피아니스트 마우리치오 폴리니에 이르기까지 가상의 콘서트 체험을 할 수 있다고 상상해보자. 당신은 그것을 임대하거나 구매하거나 다른 가상의 체험과 결합시킬 수 있으며, 클럽을 방문하거나 실제로 콘서트에 참석할 수도 있다. 전문가가 이 과정을 상세히 안내할 것 것이다. 그리고 온라인 공동체를 통해 당신은 그 장소와 발전적인 관계를 맺을 수 있을 것이다. 이제 내 귀에 음악이 들릴 것이다.

18 그 나라에 가면 그 나라 쇼퍼들의 법을 따르라

여객기 탑승권을 보여준다. 여객기에 오르자 게이트가 닫힌다. 안전벨트를 매고 수축 랩에서 푸른색 담요를 꺼낸다.

통로 쪽에 있는 좌석이 내 자리다. 해부학적으로 긴 다리를 가진 남자에겐 그 좌석이 필요하다.

이탈리아에서 인도까지 지구 반 바퀴를 도는 출장에 나선 시간이다. 도중에 몇 군데에서 멈출 것이다. 비즈니스와 더불어 약간의 즐거움이 있는 여정이 될 것이다.

1980년대 후반에 인바이로셀은 어느 방향을 선택하든 전도유망한 운 좋은 갈림길에 서 있었다. 시간과 에너지와 자원을 미국 현지 사업 확충에 투자해야 할지, 아니면 더 큰 외부 세계로 시선을 돌려야 할지 선택해야 하는 상황이었다. 내 결정은 그리 어렵지 않았다. 그것은 세계화로 나아가는 것이었다.

만약 우리가 제자리에 머물러 있었다면 미국에서 지금보다 더 큰 규모로 성장했을지 모른다. 그러나 전략적 관점에서 보면, 인바이로셀을 소매와 쇼핑 환경을 이해하는 국제적 사업으로 탈바꿈시키는 것이 훨씬 큰 이득이었다.

나는 편안하게 여객기를 타고 험한 세상을 돌아다니고 있다. 또한 함께 살고 있는 가족을 동반하지 않기 때문에 자유롭게 여행에 많은 시간을 투자할 수 있다. 일단 통관 절차를 마치면 내 적응력도 점점 나아질 것이다. 나는 지금 히말라야에서의 배낭 여행에 관해 말하거나 치앙마이에서 최고의 B&B를 찾고 있는 것이 아니다. 내가 말하고자 하는 것은 멀쩡한 정신으로 다수의 표준 시간대를 넘나들면서 열흘 만에 지구 한 바퀴를 완전히 돌 수 있다는 것이다. 아울러 미국산 안경을 접어넣고 새로운 스페인산이나 일본산이나 이탈리아산 안경을 써보는 스릴을 맛볼 수도 있다. 새로운 시각으로 모든 것을 바라볼 수 있다. 예를 들어 케이프타운이나 상하이 현지 매장들의 성공 비결을 콜로라도 주 스프링스나 텍사스 주 오스틴에서는 찾아볼 수 없다면, 대체 그 이유가 무엇일까? 왜 미국의 소매업자들은 이러한 측면들을 고려하지 못했던 걸까? 실제로 최선의 환경이든 최악의 환경이든, 그것은 하나의 계시가 될 수 있다.

나의 유일한 희망 사항은 무엇일까? 여객기 안에서 더 편히 잠들었으면 하는 것이다. 나는 사람들 앞에서 쉽게 잠들지 못하는 습성이 있다. 내 지론은, 형제자매들과 함께 방을 사용하면서 성장한 이들이 이 같은 환경에서도 쉽게 잠들 수 있다는 것이다. 그러나 어린 시절에 나는 내 방을 혼자 사용했다.

안전벨트를 채웠는가? 상공을 향해 날아오른다. 하지만 먼저 과거로 돌아가보자. 이메일 등장 이전인 1990년대 초에 내 팩스에서 윙 하는 소리와 함께 종이 한 장이 나왔다. 당시 POP 기관인 크리에이티버티 이탈리아의 대표이사였던 알베르토 파스쿠니가 보낸 팩스였다. 그는 업계 잡지에서 인바이로셀에 관한 기사를 읽고 나를 밀라노로 초대했다. 나는 이미 유럽 사무소 개설에 대한 열망을 가지고 있었기 때문에 대서양을 오가며 사업을 성사시키려고 애썼다. 그래서 그다음 주에 출장을 떠날 계획을 세우고 제네바로 출발한 후 밀라노에서 미국으로 다시 돌아올 수 있도록 비행기편을 준비했다. 열흘 후 나는 내게 팩스를 보낸 사내를 만나기 위해 스위스 로잔에서 밀라노로 향하는 열차에 올라탔다.

15년 전 처음 만났을 때 알베르토는 화려한 차림새에 눈처럼 흰 백발의 40대 후반 사내였다. 밀라노를 방문하자 알베르토는 기우시 스칸드로글리오라는 이름의 한 여성을 내게 소개했다. 당시에 그녀는 QT로 불리는 소규모 시장조사 회사를 운영하고 있었다. 알베르토는 매력적인 음성으로 서툰 영어를 구사하면서 "이분이 당신의 미래의 파트너입니다"라고 말했다. 당황한 나는 '알베르토, 이분이라니, 대체 무슨 말을 하고 있는 겁니까?'라고 속으로 뇌까렸다. 기우시와 나는 악수를 한 후 이야기를 나누었다. 상황은 더 이상 진전을 보이지 않았다. 그 후 대략 2년에 걸쳐 나는 종종 이탈리아를 방문했다. 그때마다 알베르토가 내 스케줄을 조율했는데 기우시와의 만남이 빠지지 않았다.

개념적으로 보면, 이탈리아의 역사는 고작 150년밖에 되지 않는다. 예나 지금이나 이 나라는 도시국가들의 집합체인데, 각각의 도시는 저마다 고유한 특성을 가지고 있다. 기우시의 경우, 출생은 제네바이지만 생활 터전은 밀라노이다. 역사적으로 제네바인들은 주로 상인으로, 때로 해적으로 지중해 연안을 떠돌아다녔다. 그래서 제노바인들에겐 이런 과거가 그들의 정체성에 명암으로 작용하고 있다. 반면 밀라노는 지속성 있고 근면하며, 세심하게 집중적으로 관리되는 산업 도시의 특성을 가지고 있다. 밀라노에서 발생하는 거의 모든 관심사와 중대사들은 은밀하게 진행된다. 24시간 내에 모든 것을 구경해야 하는 여행객들이 방문하기에는 그다지 좋은 도시가 아니다. 그러나 당신에게 도움을 주는 안내자나 유경험자와 함께라면 밀라노는 더없이 매력적인 장소가 될 수 있다.

알베르토 덕분에 만남이 성사되었고, 이탈리아 사무소 개설을 서둘러야겠다는 생각이 들었다. 그렇다면 누가 그 사무소를 운영해야 할까? 기우시 스칸드로글리오가 있었다. 훗날 인바이로셀 밀라노 지사에서 보여준 그녀의 통솔력에서 입증되었지만 그녀는 우리에게 필요한 적격자였다. 그녀는 밀라노인으로서 집중력과 독립성, 풍부한 지식과 악착같은 끈기를 가지고 있었다. 그리고 이것은 이탈리아처럼 남성이 지배하는 사회에서 생활하고 일하는 여성에게서 찾아보기 힘든 특성이었다.

나는 경험을 통해 한 가지 법칙을 배웠다. 그것은 국제화로 사세를 확장하는 과정에서 밤잠을 설쳐가며 현지 사정에 맞게 자신의 관점을 조정해야 한다는 고민거리가 생겼다는 것이었다. 이탈리아의 경우 지불 체계가 너무 복잡했다. 처음에 착수한 모든 프로젝트는 제삼자(주로 은행)에 의해 자금 지원을 받는다. 이것은 누군가와 계약을 체결해야 함을 의미하는데, 대개의 경우 180일은 지나야 금액을 지불받을 수 있었다. 개인적으로 나는 실패를 감수할 의향이 있었다. 하지만 인바이로셀이 위험이 빠지는 건 원치 않았다. 그래서 최초의 해외 지국에 대한 소유권은 내가 떠맡기로 했다. 많은 여정이 그렇듯 첫 걸음을 내디딜 때가 가장 두려운 시기였다.

일단 이탈리아 시장에 진출하자 일이 또 다른 일을 낳기 시작했다. 이탈리아에서 우리의 첫 고객 중 하나는 리바이스 이탈리아였다. 우리는 이미 미국 현지에서 리바이스를 고객으로 두고 있었지만 리바이스 이탈리아는 유럽 전역의 청바지 시장으로 우리를 이끌었다. 불과 이삼 년만에 우리는 암스테르담, 스톡홀름, 리스본 등지에서 리바이스와 다커스의 판매 상황을 조사했다. 또 얼마 지나지 않아 인바이로셀과 제휴관계를 맺은 존 라이언 컴퍼니(미니애폴리스에 본사를 둔 소액거래 은행 마케팅 대행사)의 도움으로 브라질 은행 업계에도 진출할 수 있었다. 그곳에서 우리는 방코 이타우(Banco

Itaú)로 알려진 은행과 처음으로 거래하기 시작했다.

이타우는 완벽하게 종적으로 통합된 은행이었다. 그들은 직접 은행에 비치된 가구를 제작하고 ATM과 컴퓨터를 조립했으며, 자사 소유의 건설사로 지점을 설립하고 직원들을 수용하는 복합 건물도 운영했다. 그들은 민간 기업으로 1년에 10억 달러 이상의 수익을 올리고 있었다. 대다수 사람들은 잘 모르고 있지만 이타우는 체이스나 시티 혹은 뱅크 오브 아메리카 같은 미국 은행들과 사뭇 다른 은행이다. 그러나 그곳은 브라질이다. 일반적으로 이타우 지점에는 100명이 넘는 금전출납원들이 있다. 우리가 조사한 첫 번째 지점의 경우 매장 한가운데에 감시탑이 있었는데, 그곳에서 자동화기를 가진 경비원들이 매서운 눈초리로 매장을 철통같이 감시하고 있었다.

방코 이타우에서 우리는 매장 내 광고물 문제, 서비스 시점, 금전출납 창구 디자인 등을 관찰했다. 그러나 그곳은 맨해튼 도심의 84평 면적의 시티 은행이 아니라, 대략 100명의 금전출납원들이 있는 562평 면적의 브라질 은행이었다. 브라질에서는 대기 시간에 대한 사람들의 개념도 달랐다. 앞서 언급했듯이 미국인들의 경우 내면의 시계는 약 3분 후부터 작동하기 시작한다. 그러나 브라질인들의 내면의 시계가 작동하는 시간은 5분까지 늘어난다. 그들이 기다리는 데에 훨씬 더 익숙하기 때문이다. 나를 놀라게 한 또 다른 상황은 고객들이 프라이버시를 전혀 보장받지 못한다는 것이었다. 본인에게 지극히 사적인 문제가 외부로 알려지는 것에 대해 아예 무관심한 것처럼 보이기도 했다. 만약 당신이 미국에서 융자나 담보 대출을 신청한다면, 당신이 창구에 앉아 있는 동안 다소 참견하길 좋아하는 부은행장이 당신의 연봉이 얼마인지, 매달 신용카드를 얼마나 사용하는지, 당신에게 또 다른 수입원이 있는지 등을 꼬치꼬치 캐물을 것이다. 아마 브라질에서도 동일한 질문을 받을 것이다. 그러나 그곳에서는 대여섯 명의 고객들이 당신 바로 뒤에서 자기 차례를 기다리고 있을 것이다. 게다가 그들은 꼼짝도 하지 않을 것이다. 감출 것이 많은 이들에겐 정말 거북하기 짝이 없는 문화일 것이다.

다른 많은 개발도상국들과 마찬가지로 브라질 역시 현금을 통해 대부분의 경제가 돌아간다. 고용주가 수표를 발행할 수도 있지만 수표는 은행에서 현금화된다. 많은 기업들은 자사 직원들이 한꺼번에 수표를 현금화할 수 있는 날짜와 시간을 미리 규정하고 있다. 어느 날 오후에 우리가 조사한 어느 은행 지점의 경우 500명의 버스 운전사들이 한꺼번에 그곳을 방문한 적도 있다. 뿐만 아니라 브라질에서는 많은 사람들이 임대료, 전기세, 전화세 등과 같은 청구서를 은행에서 현금으로 지불한다. 은행 지점은 거래하는 고객층에 따라 나뉘어져 있다. '아미고스(Amigos)'로 불리는 낮은 계층의 고객들이 주로 이용하는 은행이 있다면, 중산층의 '스타(Star)' 고객들이 주로 찾는 은행이 따로 있는 식이다. 브라질 은행은 시끄럽고 정신없이 분주하며 작업하기 힘든 환경이다. 그러나 우리는 그 은행을 사랑했다. 이타우 은행 역시 사랑으로 우리에게 보답했다. 1년이 채 지나지 않아 존 라이언은 직장을 옮겼지만 이 타우는 인바이로셀과의 거래를 중단하지 않았다. 얼마 후 브라질의 대형 양조 회사인 브라흐마도 우리의 고객 대열에 합류했다. 그래서 우리는 뉴욕에 있던 직원들을 번갈아가면 상파울루로 보내야 했다.

당시에는 한숨 돌릴 수 있는 기회가 그리 많지 않았다. 그러나 차분히 현황을 점검해보니 인바이로셀의 작업 중에서 거의 20퍼센트, 그리고 총수익의 30퍼센트가 브라질에서 만들어지고 있었다. 그렇다면 브라질 사무소 개설 문제는 어떻게 해결해야 했을까? 그 즈음 우리는 라이센시(licensee, 브랜드 임차 사업자) 방식으로 이 문제를 처리하는 데에 모두 동의했다.

외국에서 성공적인 라이센시를 구축하려면 당연히 신뢰할 만한 파트너를 찾아야 한다. 그래서 즉시 적격자를 수소문하기 시작했다. 우리가 원하는 인물은 시장조사 사업을 직접 운영한 경험이 있는 여성이었다. 밀라노에서의 경험은 우리에게 몇 가지 교훈을 가르쳐주었다. 기우시는 남성 중심 문화에서 오히려 성공을 거두었다. 우리가 브라질의 기우시(차별에 정면으로 부딪치면서 그것을 극복하는 것에 주저하지 않는 여성)를 적극적으로 찾아나선 것도 그 때문이었다. 게다가 우리가 판매하는 제품은 누구나 사용하는 일용품이 아니었다.

브라질에서 인바이로셀의 세계로 당당히 걸어 들어온 인물은 마리아 크리스티나 마스토피에트로였다. 사람들은 그녀를 키타로 불렀다. 총명함과 대담함, 널찍한 어깨와 인상적인 웃음을 가진 여성이었다. 스탠포드 대학의 석사 학위를 가진 그녀는 우리가 원하는 프로필과 정확히 일치했다. 그때나 지금이나 그녀는 우리가 찾는 적임자로서 조금도 손색이 없었다. 그녀의 비즈니스 파트너는 호세 아우구스토 도밍게스라는 이름의 젊고 총명한 젊은이였다. 그들은 손발이 척척 맞는 훌륭한 팀이었다.

나는 뉴욕의 우리 사무실에서 기우시와 키타가 처음 만났던 그날을 도저히 잊을 수 없다. 두 사람은 똑같은 복장을 하고 있었다. 또 동일한 스타일의 지갑을 가지고 있었으며, 동일한 방식으로 지갑을 휴대하고 있었다. 뿐만 아니라 동일한 색상에다 동일한 타입의 차량도 소유하고 있었다. 심지어 그녀들이 각자의 남편을 설명하는 방식도 비슷했다. 마치 동일한 남자를 두고 두 사람이 대화를 나누는 것처럼 보일 정도였다. 그녀들은 오랜 친구처럼 스스럼없이 잘 어울렸다.

보통 우리는 해외 사업에 라이센스를 내줄 때 해외에 있는 파트너들을 뉴욕으로 초대했다. 그들은 뉴욕에서 우리 사업에 관한 상세한 내용을 익히면서 한 달 남짓 우리와 함께 보냈다. 그런 다음 정반대의 과정이 진행되었다. 본사 직원들을 해외로 보내 첫 번째 프로젝트를 시작하는 해외 라이센시들에게 도움을 주는 것이 그것이었다. 우리는 트레이닝 및 마케팅 시스템을 제공하면서 그들의 인터넷 접속도 관리했다. 그 대가로 해외 파트너들은 그들 수익의 일부를 우리와 나누기로 합의했다. 우리에겐 그들의 실적을 검토할 수 있는 권한도 있었다. 예컨대 사무소 운영이 우리의 기대치를 밑돌 경우, 우리는 문제점을 처리하고 해결책을 강구하는 데에 필요한 모든 조치를 취할 수 있었다.

지금까지의 설명이 얼추 요약한 것이다.

뉴욕 본사에서 근무하던 직원들은 대부분 브라질에서의 작업이 개발도상국을 난생처음 경험하는 것이었다. 그래서 주변을 잘 살피는 대신 가급적 말을 적게 하는 것이 상책이었다. 특히 과거에 한 번도 해외로 나가본 적이 없는 중서부 출신의 직원들에겐 이러한 경험이 각별했다. 딱히 나쁜 일은 발생하지 않았다. 하지만 금발의 여직원이 거리에서 휘파람을 불며 따라오는 사내들에게 괴롭힘을 당하는, 그런 사소한 사건들은 두어 차례 있었다.

우리가 상파울루에 사무소를 개설한 지 10년쯤 지나자 브라질은 우리의 CM(category management, 상품군 관리) 작업을 이끄는 중심지가 되었다. 우리가 줄여서 '캣맨(Cat-man)'이라고 부르는 직원들이 판매 시점에서 상품군 쇼핑이 어떻게 이루어지는 점검한다. 그 대상은 유아용품, 통조림 수프, 휴대폰 등이다. 결과적으로 우리는 소매업체를 위해 일하는 대신 우리의 에너지를 투자하여 소비자 제품 제조업체에게 도움을 주고 있는 셈이다.

캣맨의 작업은 존슨 앤 존슨, 유니레버, 노키아, 모토로라 같은 기업들의 주문이 증가함에 따라 남미에서 호황을 누리고 있다. 현재 인바이로셀 브라질은 다른 남미 국가들의 사업을 주관하고 있다. 우리는 그들을 라이센시에서 합자투자자로 변경하는 과정을 진행 중이다. 사실 이런 모든 결과는 그들이 거둔 놀라운 성과 덕분이다.

그런데 우리의 상파울루 사무소는 통화와 정치와 축구가 서로 뒤섞여 있었다. 물론 이 같은 상황은 도움이 되지 않았다. 머리가 셋 달린 이런 괴물은 피해갈 방도가 없다. 하지만 이것은 정치적으로 과열된 한 해가 되거나 혹은 브라질 통화가 달러에 비해 약세를 보이거나 그 반대일 경우 평탄치 않은 몇 개월을 보낼 수 있음을 의미했다. 월드컵도 한몫 거들었다. 월드컵이 개최되면 브라질 전역이 석 달 동안 정지 상태였다. 축구의 시작은 곧 휴업 표지판을 내거는 것이나 마찬가지였다. 브라질인들은 자국 축구 팀을 위해 국기를 흔드는 것을 제외하고는 아무것도 하지 않았다.

인바이로셀이 전 세계적인 명성을 얻게 된 첫 번째 계기는 『뉴요커』의 젊은 과학 담당 필자인 맬컴 글래드웰(『티핑 포인트(The Tipping Point)』와 『블링크(Blink)』라는 두 권의 초대형 베스트셀러를 집필한 바로 그 작가이다) 덕분이었다. '쇼핑의 과학'이라는 제목의 그의 기사는 우리의 작업을 개략적으로 소개했는데, 『뉴요커』의 역사상 가장 많이 재발표된 기사 중 하나가 되었다. 나아가 이 기사 덕분에 이 책의 출간도 가능했다.

1996년 가을에 글래드웰의 기사가 발표된 후, 전 세계 도처에서 잠재적 라이센시들의 문의가 급증했다. 매주 우리와 동업을 원하는 누군가로부터 새로운 전화가 걸려왔다. 기분이 으쓱해지지 않을 수 없었다. 그 당시 우리 사업과 관련하여 무엇보다 놀라운 것은, 우리를 고용하려고 우리 회사를 방문한 기업체들의 수였다. 그들은 먼저 『뉴요커』의 기사를 통해, 그리고 나중에는 이 책을 통해 우리의 고객이 되었다. 그리하여 한때 차 안에서 잠자고 다음 날 아침에 근처 주유소에서 세수를 하며 호텔 비를 아끼면서 자신의 사업이 날개를 달고 훨훨 날 수 있을지 혹은 바닥으로 추락할지 알지 못한 채 오랜 세월을 보내야 했던 한 사내는 믿기지 않을 정도의 보상을 받을 수 있었다.

『뉴요커』의 기사에 뒤이어 우편함에 있던 짧은 편지 하나가 내 관심을 끌었다. 그 편지의 작자는 카즈 토요타라는 이름의 라이센스 에이전트였다. 일본에 근거지를 두고 있던 그는 미국에서 다수의 일류 고객들을 대행했을 뿐 아니라, 일본 전역에 분포한 그들의 사무소 라이센스 업무도 책임지고 있었다. 그는 『뉴요커』의 기사를 읽었으며, 온라인을 통해 우리 사업에 관해 많은 정보를 알고 있었다. 또한 그는 우리를 위해 적합한 라이센시를 구해주겠다고 제의했으며, 나중에 자신의 며느리가 될 모모를 가이드로 붙여주었다.

일본에서 비즈니스 생활을 하던 첫 4년 동안 모모 토요타는 일본 문화를 상세히 가르쳐주는 나의 스승이 되었다. 그녀는 어린 시절에 미국과 오스트레일리아에 머물렀던 적이 있기 때문에 내가 부딪쳤던 문화적 차이를 잘 이해했다. 우리는 다양한 쇼핑지구와 쇼핑센터를 방문했을 뿐 아니라, 심지어 신사를 찾아가기도 했다.

그녀는 내가 어리석은 질문이나 사적인 질문을 해도 솔직하고 사려 깊은 답변을 해주었다. 모모가 결혼했을 때 나는 새신랑과 함께 나를 방문하도록 뉴욕행 항공 티켓을 보내주었다. 내 선물을 받아들인 그 부부는 내 아파트에서 묵었다. 현재 그녀에겐 2명의 자녀가 있는데, 장녀의 이름이 엠마이다. 나는 엠마의 개인 전용 웹사이트를 통해 지금도 그녀와 지속적으로 교류하고 있다.

모모는 나를 일본 문화로 이끌어준 훌륭한 길잡이였다. 그 때문에 나는 그녀에게 늘 감사하는 마음을 가지고 있다. 그녀는 일본의 가족 구조로부터 청결함에 집착하는 국민성, 선물을 주는 것에 있어 무언의 약속, 허리를 굽히는 인사법의 미묘한 차이에 이르기까지 모든 것을 내게 가르쳐주었다. 예컨대 인사한 후 언제 상대방에 등을 보여주고 언제 등을 보이지 말아야 하는지, 상대방이 떠날 때 얼마나 오랫동안 어느 정도 허리를 굽혀야 하는지, 누가 먼저 돌아서야 하는지, 언제쯤 마음 편하게 간단한 인사를 할 수 있는지 등을 상세히 알려주었다. 나는 아시아에서 성장했다. 아버지가 외교관이었기 때문이다. 청소년 시절에 내가 선택한 스포츠도 유도였다. 많은 다른 외국인들과 비교하면 나는 일본 문화를 훨씬 빨리 접한 셈이었다. 그럼에도 모모는 일본 문화를 터득하는 기술을 속성으로 내게 가르쳐주었다. 나는 매일매일 점점 더 많은 정보를 습득할 수 있었다. 물론 이 가르침 덕분에 내가 기대했던 것보다 더 수준 높은 사람들도 만날 수 있었다.

유일한 걸림돌은 내 이름이었다. 비즈니스를 위해 처음으로 일본을 방문했을 때 일본인들은 '언더힐(Underhill)'이라는 단어를 어려워했다. 발음하기 힘들었기 때문이다. 그래서 어느 날 나는 "그냥 파코 상이라고 불러주세요"라고 부탁했다. 그런데 이러한 부탁은 평범한 일본인 사업가에게는 파격적인 제안임을 이해해야 한다. 일본에서는 어느 누구도 성이 아닌 이름으로 상대방을 부르지 않기 때문이다. 그러나 이것도 익숙해지자 큰 문제는 되지 않았다.

돌이켜보면 나 자신이 일본 문화에 잘 적응하고 일본인들 역시 내게 잘 적응한 이유는, 커다란 덩치에 우호적인 내 태도와 함께 모모의 가르침으로 일본 문화의 미묘한 차이점들을 익힐 수 있었기 때문인 듯싶다. 일본 여성의 이름 뒤에는 흔히 '쨩'을 붙여 부른다. '쨩'이란 젊은 여성들을 존중하고 다정한 관계를 맺을 때 애칭으로 붙이는 말이다. 남성의 경우 '군'이 여기에 해당한다. 개인적으로 나는 몇몇 일본인 고객들에게 "절 파코 군이라 불러도 괜찮습니다"라고 부탁한 적도 있다. 대개의 경우, 그들은 내가 그런 용어까지 알고 있다는 사실에 놀라움을 금치 못했다. 그러면서 나의 부탁을 흔쾌히 받아들였다. 동시에 그들은 이런 새로운 경험을 즐거워하는 것처럼 보였다. 나는 그들의 문화를 즐기는 동시에 일본 문화에 진정한 관심을 보였다. 일본인들은 일상생활에서 일본어를 조금 할 수 있고, 일본 문화의 기능을 이해하는 외국인이 있으면 언제나 놀라움을 표시했다. 그리고 이런 사소한 부분들이 아주 중요한 역할을 했다.

일본에서의 이런 새로운 약식 행위에는 심지어 내가 입는 옷도 포함되었다. 처음에 몇 차례 일본을 드나들 때 나는 가는 곳마다 코트와 넥타이 차림을 하거나 정장을 입었다. 그 후 사람들이 나를 다정하게 파코 상이라고 부르기 시작하면서 나는 누군가 꺼려할지라도 목욕 가운을 입은 채 머리에 키위를 올려놓을 수 있었다. 한마디 덧붙이자면, 도쿄 거리를 한가로이 거닐 때는 단추를 다 채운 흰 셔츠와 근사한 카키색 바지가 최상의 옷차림이다.

일본처럼 절대적인 남성 중심 사회에서 우리의 상무이사인 우치다는 군계일학 같은 존재였다. 어떤 사람들은 취미로 비니 베이비나 콜라 캔 혹은 유목을 수집했다. 그런데 우치다는 밤에 두세 시간밖에 자지 않는 능력과 함께 정성껏 모은 개구리 수집품을 가지고 있었다. 심지어 그녀의 직원들도 개구리 귀걸이, 개구리 펜던트, 개구리 목걸이 같은 그녀의 수집품을 가지고 다녔다. 혹시 회사에서 회의가 열리면 개구리 의상을 입은 직원이 문 앞에서 인사하며 손님을 자리로 안내하도록 우치다가 준비할지도 모른다.

미국의 록큰롤 가수인 톰 웨이츠는 "I'm big in Japan / I'm big in Japan(난 일본에서 거물이야)"이라는 후렴구가 붙은 노래를 부른 적이 있다. 이 책이 처음 발간되었을 미국 현지는 물론, 특히 일본과 캐나다와 네덜란드에서 잘 팔려나갔다. 나는 이들 국가들이 모두 예절을 아주 중시한다는 사실에 주목했다. 그리고 이것이 이 책의 주요 관심사(사람들의 예절과 행동의 의미를 해석하는 방법) 중 하나였다.

사람들이 우리에게 늘 하는 질문 중 하나는 나라마다 쇼핑에서 차이가 나는 이유가 무엇이냐는 것이었다. 이 질문에 대한 나의 첫

416

대답은 이 세상 어디에서나 동일하게 작용하는 것을 말하는 것이었다. 이를테면 다음과 같은 것들이다. 도쿄에서 살든, 시카고에서 살든, 상파울루에서 살든 우리의 눈은 동일한 방식으로 노령화된다. 우리 인간의 기본적인 척도는 동일한 매개변수(팔 길이, 손의 작업 방식, 대다수가 오른손잡이라는 사실 등등)의 영향을 받는다. 대부분의 경우 우리는 자녀와 배우자를 사랑한다. 우리는 친구들과 커플그리고 핵가족 및 확대가족들로 구성된 유사 집단으로 이동하는 경향으로 보인다.

다시 말해, 쇼핑을 가능케 하는 몇 가지 기본적인 원리, 그리고 우리가 살아가는 공간에 기반을 둔 다양한 물리적 생활환경이 존재한다. 그중 첫 번째 요소로 상대적인 인구 밀도가 있다. 도쿄와 뭄바이는 인구가 조밀한 도시이다. 반면 댈러스와 로스앤젤레스는 인구가 널리 흩어져 있는 도시이다. 공간적으로 여유가 있으면 혼잡을 피할 수 있다. 그러나 매장의 성공을 이끄는 비결 중 하나가 바로 평당 얼마나 많은 매출을 올릴 수 있느냐 하는 것이다. 예를 들어 긴자에 위치한 일본 매장에서는 시카고 외곽의 쇼핑센터에 위치한 동일 매장에 비해 최소한 열 배 이상의 평당 매출을 올릴 수 있다. 인구가 밀집해 있는 물리적 환경이라면 매장 관리에 크게 신경을 쓰지 않아도 사람들이 매장 안에 머물기 마련이다. 도쿄에서 몇몇 백화점 매장들은 10층 높이에 위치해 있는데, 에스컬레이터로 연결되어 있다. 심지어 그 도시에서는 각 층마다 서로 다른 식당을 가진 고층 식당가 건물도 자리하고 있다. 미국이라면 4층 높이에 애플비 매장을 개업한다는 것은 상상조차 할 수 없는 일일 것이다.

두 번째 요소는 당신이 살고 있는 장소의 경제적 수준이다. 북미와 유럽은 높은 생활 수준을 가지고 있다. 도처에서 가난한 이들이 생활하고 있지만 서구의 빈곤 수준은 아시아나 아프리카 일부 지역의 빈곤 수준과 차이가 난다. 그런데 이러한 빈부 격차는 종종 물리적 환경에 많은 영향을 미치는 보안 문제를 야기하기도 한다. 예를 들어 브라질의 쇼핑몰에서는 거리보다 더 엄중한 보안 수준을 유지한다.

세 번째 요소는 기후이다. 두바이와 헬싱키에 차이점이 있다면, 한 곳은 더위를 잘 관리해야 하고, 다른 한 곳은 추위를 잘 관리해야 한다는 것이다. 물론 그 나라의 문화 및 관습과 관련된 문제도 해결해야 한다.

인바이로셀 인디아의 본거지인 방갈로르로 찾아가보자. 인도는 아주 흥미진진한 곳이다. 현재 인도는 격동의 시기를 보내고 있다. 그곳에서는 민족적인 자부심과 애국심이 구석구석 깃들어 있다. 이런 점에서는 논쟁의 여지가 없다. 뭄바이와 방갈로르는 최신식 공장과 플라스틱 산업과 석유 가공업체들이 곳곳에 분포해 있다. 그러나 이와 동시에 인도의 주요한 인프라는 제 구실을 하지 못하고 있다. 또한 인도는 아직도 신흥 세계에서 매우 원시적인 소매 활동을 하는 국가로 남아 있다. 의복과 식료품에서 자동차에 이르기까지 대다수 소매 물품들은 여전히 가족이 운영하는 상점에

서 팔리고 있다. 그리고 이러한 상점들의 가격과 운영 기준은 천차
만별이다(품질 관리는 존재하지 않으며, 2008년 현재 대형 체인점들도 찾아
보기 힘들다). 인도에는 300년에 걸친 영국 식민 지배의 어두운 그림
자가 여전히 남아 있다. 실제로 근래에 인도를 방문했을 때 특히 인
상적이었던 것은 쿠알라룸푸르에 위치한 영국 군사학교에서 5학
년과 6학년 시절을 보냈던 내 어린 시절의 기억과 똑같은 광경이었
다. 마치 1950년대의 상황에서 시간이 그대로 멈춰버린 듯했다.

인도는 새로운 산업 세계에서 스타의 반열에 오른 국가로 비쳐
질지도 모른다. 그러나 시민의 자긍심을 보여주는 척도는 아직 갈
길이 먼 것처럼 보인다. 대다수 인도 도시들에서는 점등 제한과 정
전이 일상화되어 있다. 대형 호텔에서는 발전기를 가동시키지만
도시의 나머지 지역에서는 언제 꺼질지 모를 낡은 백열전구들이
깜빡이고 있다. 브라질과 마찬가지로 인도에도 높은 수준의 부유
함이 존재하지만 서구인의 눈으로 보면 거리 모습은 가히 충격적
이다. 나병 환자들, 거세자들, 앙상한 소들, 궤양에 걸린 개들, 다
가오는 차량을 거의 의식하지 않은 채 고속도로를 가로지르며 우
왕좌왕 하는 사람들 등으로 극도로 혼란스러운 거리를 목격할 수
있기 때문이다.

그러나 이런 온갖 문제(시민의 청결 의식 부족, 카스트 제도 같은 엄격한
신분 차별 등)에도 불구하고 인도는 매혹적인 곳이다. 간혹 좋아하기
힘든 구석도 있지만 인도는 언제나 내게 매력적이다. 인도의 주요
한 소매 컨설팅 회사가 우리에게 접근하여 방갈로르 사무소의 라

이센스 계약을 맺으려 한 적은 없다. 하지만 나는 자주 스스로에게 묻곤 했다. 인도를 다시 방문할 수 있을까? 물론 다시 찾을 것이다.

우리는 미국으로 귀환하는 여정에 올랐다. 그 와중에 모스크바에 들러 잠시 체류했다. 눈 덮인 잿빛의 도시였지만 소매 활동을 관찰하기에 아주 흥미로운 목적지였다. 알렉세이 프리아니시니코프는 새롭게 개설된 모스크바 인바이로셀 사무소로 우리를 인도했다. 열렬한 다이버이자 사이클리스트인 알렉세이는 구어체 영어 구사에 전혀 막힘이 없었다. 그는 미국 영화를 보면서 영어를 익혔다고 말했다. 우리의 러시아 협력자는 참신한 인물이었다. 그리고 알레세이의 말마따나 우리의 만남은 아름다운 우정의 시작이었다.

두 번째 체류지는 스모그가 낀 놀라운 도시 멕시코 시티였다. 멕시코에서는 모든 시장 조사의 70퍼센트가 멕시코 시티에서 이루어진다. 따라서 이 나라에서 사무소를 개설하고자 한다면 멕시코 시티가 안성맞춤이다. 그곳에서는 원하는 모든 종류의 맥주를 마실 수 있다. 하지만 스노클링과 산호 구경을 제외하고 해안으로의 출입은 제한되어 있다.

2002년에 전임 아과스칼리엔테스 주지사의 아들로 미국에서 교육을 받은 마놀로 바르베레나가 멕시코의 풀서비스 시장조사 회사인 피어슨을 대표하여 우리에게 접근했다. 마놀로는 유럽 시장조사 협회인 ESOMAR와 미국 시장조사 협회인 CASRO 이사회에서 근무한 적도 있었다. 그는 시장조사 업무에 아주 능숙했다. 그런데 그중에서도 특히 인상적이었던 것은 로큰롤에 대한 그의 방대한 지식이었다. 피어슨은 이미 존슨 앤 존슨, 프록터 앤 갬블과 함께 일한 적이 있었는데, 인바이로셀도 피어슨이 자기 고객들에게 제공하는 서비스의 일부로 순조롭게 그 대열에 합류할 수 있었다.

오늘날 멕시코 시티 지점은 매우 자율적이며 중심 잡힌 시장조사 사무소로 자리 매김하고 있다. 그리고 브라질의 우리 동료들과 마찬가지로 그들 역시 대단한 긍지와 탁월한 능력을 가지고 있다. 우리는 브라질 라이센시와 멕시코 라이센시 간의 협력이 앞으로 더욱 공공해지길 바라고 있다. 현실적으로 이들의 관계에는 언어 장벽이 존재한다. 그렇지 않으면 다른 누구보다 능력 있는 해외의 이 두 라이센시는 훨씬 더 밀접한 협력관계를 맺을 수 있었을 것이다.

우리는 방갈로르, 도쿄, 상파울루, 모스크바, 밀라노, 멕시코 시티 등지를 돌아다녔다. 그 과정에서 다리에 경련이 생기고 등이 결렸으며 빙상 스케이트 선수에 관한 형편없는 영화를 꾹 참고 관람해야 했다. 하지만 그럼에도 불구하고 이 여정은 그다지 나쁘지 않았다.

나는 미국인 청중 앞에서 해외의 소매 활동에 관한 얘기를 할 수 있다는 것이 인바이로셀을 차별화하는 주요 특징이라고 생각한다. 예를 들어 나는 미국 중서부에 위치한 쇼핑몰 사장에게 "2주전에 저는 도쿄 도심의 새로 오픈한 쇼핑몰에 있었습니다. 그들은 이런 식으로 영업 활동을 하더군요" 혹은 "저는 지금까지 두바이에 다섯 차례 다녀왔습니다. 그곳에서는 그 문제를 이런 식으로 바라보더군요"라고 말할 수 있다. 이것은 으스대며 내가 자랑하는 것이 아니다. 즉흥적으로 떠오른 생각도 아니다. 다른 세상이 어떻게 돌아가는지 늘 관심의 끈을 놓치지 않는 비즈니스 여행객이 터득한 삶의 체험이기 때문이다.

우리는 한 가지 이상의 언어를 구사하는 직원들을 고용해야 한다는 데에도 의견을 같이 했다. 오늘날 인바이로셀 뉴욕 본사에는 이탈리아어, 프랑스어, 스페인어, 일본어, 인도어와 다양한 아시아 언어들에 유창한 직원들이 있다. 나는 언어 구사 능력을 비즈니스 경력에서 아주 중요한 일부분으로 생각한다. 만약 당신이 자국어만 구사한다면, 불리한 조건에 처할 수밖에 없다는 것이 나의 솔직한 생각이다.

나는 더 많은 사람들이 이런 식으로 생각했으면 하는 간절한 바람을 가지고 있다. 이따금 나는 자국을 떠나 해외에서 외국과 관련된 지식의 저변을 넓히는 것에 대해 너무나도 '무관심한' 미국인들이 많다는 사실에 실망감을 느끼고는 한다. 여행을 두려워하는 사람들도 많이 있다. 부분적으로 이것은 우리가 살아가고 있는 불안정한 시대 상황과 관련이 있지만 달리 보면 관심 부족으로 간단히 요약할 수도 있다. 이것은 부끄러운 일이다. 왜냐하면 해외에서 처음 친구나 인바이로셀 직원을 얻은 것이 내 인생에서 가장 소중한 일부분이기 때문이다. 좋아하는 누군가가 남들이 생각하지 못하는 새로운 무언가를 발견할 때 이를 지켜보는 것이 내게는 큰 즐거움이다.

특히 내 눈에 띄는 한 사내가 있었다. 그의 이름은 토니 트루트였다. 우리의 목적지는 파리였다. 우리는 프랑스 은행인 크래딧뒤노르와 함께 일했다. 토니가 우리의 작업에서 재미를 느끼기까지 1시간 반쯤 걸렸다. 우리는 샤를 드골 공항에서 나와 열차에 올라 메트로 역에서 환승한 후 카르네(지하철 1회권을 10장으로 묶어서 파는 것)를 구입했다. 그리고 업무 첫날임에도 불구하고 토니는 아주 편안한 마음으로 근처 카페에서 커피를 주문했다.

새로운 곳에 도착하면 당신이 평소에 쓰던 안경을 벗어놓고 현지인들이 즐겨 쓰는 안경을 착용해보라. 그러면 갑자기 문이 활짝 열릴 것이다. 나는 반복적으로 이 같은 경험을 했다. 새로운 곳으로의 여행은 당신의 대처 능력을 향상시키며, 과거의 능력을 갈고 닦는 데에도 도움이 될 것이다. 그리고 결국에는 잘 대처하리라는 믿음도 심어줄 것이다.

우리의 다음 비행기는 내일 오후 4시에 떠날 것이다. 그 시간에 나는 공항 게이트에서 대기하고 있을 것이다.

세상의 창

세계 각지의 쇼핑 노하우

앞서 언급했듯이 오늘날 최첨단 소매 활동을 구경하고 싶다면 자본이 막 생기기 시작한 곳을 찾아가야 한다. 더블린, 모스크바, 상파울루 같은 도시들의 경우, 소매 세계는 마흔 살 미만의 젊은 사람들에게 속해 있다. 그 이유는 그들이 막 돈을 벌어들이기 시작하면서 사방에서 그 돈을 소비하고 있기 때문이다. 2010년경에는 소매 시장에서의 성장이 대부분 신흥 시장에서 발생할 것이다. 그리고 그곳에서는 잘 교육받은 상인들이 새로 생겨난 고객들에게 봉사할 것이다.

두바이는 좋은 본보기이다. 아마도 이 도시의 이미지라면 신기루 같은 마천루와 모래로 덮인 해변이 먼저 떠오를 것이다. 그러나 두바이가 21세기 쇼핑의 중심지로 탈바꿈하고 있다는 사실도 알

424

고 있는가? 현재 두바이 전역에는 쇼핑몰들이 우후죽순처럼 생겨나고 있다. 그중 몇몇은 과거에 볼 수 없던 유형의 쇼핑몰이다. 예를 들면 새로운 에미레이트 쇼핑몰에는 스키 슬로프가 있다. 10달러의 입장료를 내면 파카를 제공받고, 세계에서 가장 큰 냉장고에서 핫초콜릿을 마실 수 있는 기회가 주어진다. 그리고 70달러를 내고 스키나 스노우보드를 대여할 수 있다. 바깥 기온이 섭씨 45도를 넘나드는 한여름에 그야말로 환상적인 경험이 아닐 수 없다. 내가 좋아하는 두바이의 새로운 쇼핑몰은 전설적인 이슬람 여행객의 이름을 딴 이븐 바투타라는 쇼핑몰이다. 그 쇼핑몰의 각각의 구역에는 실크로드에서 안달루시아에 이르기까지 14세기 옛 이슬람 세계의 다양한 건축물들이 들어서 있다. 경탄할 만한 장관이면서 동시에 역사적 교훈도 담고 있다.

남아프리카공화국 더반의 해안 도시에는 게이트웨이 몰이 자리하고 있다. 그곳에는 다른 소매 상품들과 함께 조파기(수영장에서 파도를 일으키는 기계) 시설을 갖춘 서핑 스쿨과 토니호크 스케이트보드 파크가 있다. 그래서 점심식사를 하는 동안 당신은 사람들이 서핑이나 스케이트보드를 익히는 광경을 구경할 수 있다. 그런가 하면 우리 고객인 올드 뮤추얼이라는 생명보험 회사는 아프리카와 중동 전역의 상업용 부동산에 투자하고 있다. 역동적인 그 회사의 CEO와 함께 젊은 건축가와 마케터와 매니저들은 수백만 제곱미터 규모의 쇼핑몰과 타운센터들을 건설 중에 있다. 남아프리카공화국에는 단순하지만 놀랄 만한 혁신을 제공하는 쇼핑몰도 있다.

그들은 식당가와 인접한 곳에 고등학교 스포츠를 위한 경기장을 만들었다. 그곳은 안전하게 보호를 받으며 잘 관리되고 있다. 게다가 스포츠에 열광하는 문화가 형성되어 있기 때문에 항상 차량이 붐빈다. 그 쇼핑몰은 10대들이 특별히 찾는 장소이기도 하다. 부모들도 즐겨 찾는다. 보호 시스템을 갖춘 환경에 자녀를 맡기고 어느 정도 쇼핑을 한 후 아이들을 되찾아 집으로 돌아갈 수 있기 때문이다. 만약 당신이 쇼핑을 위한 세계 일주 관광여행을 한다면 모쪼록 남아프리카공화국을 포함시키고, 그곳에서 포도주 시식도 계획하길 바란다.

잔인한 인종 차별 정책 철폐 후 새로운 남아프리카공화국은 경제적 성장을 이룩한 좋은 본보기가 되고 있다. 비록 범죄와 부패와 AIDS가 21세기 남아프리카공화국의 객관적인 모습의 일부이긴 하지만 경제적으로 점점 부유해지는 그곳의 현실을 누구도 부정하진 못할 것이다. 개인적으로 나는 카불, 가자, 다르푸르와 바그다드도 이와 같은 번영의 길을 걸었으면 하는 바람을 가지고 있다.

더블린의 그래프턴 스트리트는 아일랜드 소매 산업의 중심지다. 아일랜드의 급상승하고 있는 경제 덕분에 지금은 우울한 영미인들보다 흥겨운 아일랜드인들이 더 돋보이는 형국이다. 실제로 더블린에서 만난 모든 이들이 성공으로 들뜬 표정을 짓고 있는 듯하다. 그래프턴 스트리트의 대표적 명소는 유서 깊은 브라운토머스 백화점이다. 그곳에서는 고상한 귀부인들이 쇼핑과 식사와 수준 높은 패션을 찾아 계절마다 순례를 한다. 그리고 더블린이 유럽에서 세상 물정에 가장 밝은 도시 중 하나로 변모하고 있는 것처럼 브라운토머스 백화점 역시 자체적인 변화의 과정을 거치고 있다. 몇 해 전 이 백화점은 도로 건너편의 더 크고, 더 밝고, 더 산뜻한 건물로 이주했다. 덕분에 오늘날 그곳은 첨단을 달리는 새로운 고급 백화점으로 자리 매김하고 있다. 새로운 토머스브라운 백화점은 아일랜드의 번영을 보여주는 완벽한 상징으로서 멋과 즐거움, 기회와 유행을 가지고 큰 울림을 내고 있다. 그곳은 40대보다 30대를 주고객층으로 삼고 있다. 이 젊은 인구는 나이트클럽에서나 느낄 수 있는 활력을 이 백화점에 제공하고 있다. 그리고 이것은 미국의 블루밍데일 백화점에선 결코 찾아볼 수 없는 광경이다. 이런 점에서 브라운토머스는 진정 '현대적인' 백화점이라고 할 수 있다.

나를 깜짝 놀라게 한 또 다른 백화점은 상파울루에 위치한 다슬루 백화점이다. 현재 소유주가 세금 문제로 브라질 정부와 마찰을 빚고 있긴 하지만 지난 20년간 다슬루 백화점은 전 세계에서 손꼽히는 사치품 공급업체였다. 이 새로운 백화점은 예술적으로 아름답게 연결된 맨션들과 비슷한 기능을 갖춘 4,200평 면적의 거대한 시설물로 구성되어 있다. 유명한 루이비통 매장도, 니먼 백화점도, 하이니콜스 백화점도 비교가 되지 않을 정도다.

그곳에서는 다슬루 멤버십 카드와 예외 없는 대리주차 정책이 일반인의 접근을 통제한다. 멤버십 카드 소유자의 경우 주차가 무료지만 카드를 소유하지 않으면 터무니없을 정도로 많은 주차비를 내야 한다. 차량의 평균 대기 시간은 3분 미만이다. 대다수 쇼퍼들은 자기 이름을 부르는 인사를 받는다. 출입구에 배치된 안내원들은 오랫동안 자신이 담당한 쇼퍼를 부르며 각각의 손님을 매장 안으로 안내한다. 정문은 국제적으로 유명한 패션 브랜드가 있는 곳으로 향해 있지만 손님들은 남성복 코너와 식당이 있는 두 번째 입구를 선택할 수도 있다. 당신이 비행을 즐긴다면 개인 전용 헬리콥터를 타고 백화점에 도착할 수도 있다. 걸어서 들어갈 순 없을까? 그건 불가능하다. 제복 차림의 경비원이 차단기가 있는 진입로 끝에서 차량들을 일일이 점검하기 때문이다. 그러나 카드를 소유하지 못한 이들과 호기심이 많은 이들에게 전혀 기회가 없는 것은 아니다. 지난해에 리오 핀헤어로스 맞은편의 본점 근처에 작은 규모의 새로운 다슬로 백화점이 문을 열었기 때문이다. 그곳에는 여성 전용 매장이 없으며 남성복 코너의 규모도 훨씬 작지만 있지만 그럼에도 불구하고 제법 호화로운 백화점이다.

커피숍과 샴페인 바, 두 곳의 레스토랑과 사치품 브랜드 매장을 갖춘 다슬루 백화점은 마치 사람들이 반갑게 인사를 나누는 개인 클럽 같은 분위기를 풍긴다. 그 백화점에는 성별 구분이 엄격한 곳이 있다. 예를 들어 여성 패션 구역 입구에 위치한 대형 도자기 코너인 그레이트 데인스에는 남성 출입을 금하는 푯말이 걸려 있다. 백화점의 여성 전용 구역에서 자신의 마음에 꼭 드는 블라우스를 찾고 싶다면 그곳을 방문하면 된다.

쇼퍼들은 개인 전용 탈의실을 사용하며 쇼핑할 수 있다. 예를 들어 당신이 마놀로스나 샤넬을 한 벌 고르면 그 의상은 곧장 적당한 사이즈의 전용 탈의실로 보내진다. 결국 백화점 직원이 당신을 알고 있는 것이다. 여성들이 옷을 갈아입는 구역에는 각종 고급 브랜드의 보석류도 진열되어 있다. 덕분에 의상에 액세서리를 다는 과정도 자연스럽게 이루어진다. 그뿐만이 아니다. 다슬루 백화점에서는 성형외과 의사, 응접실, 고급 약국, 휴가 설계자, 전 세계의 주택을 파는 부동산업자 등과 같은 서비스도 제공하고 있다.

성인 남자들을 위해서는 의류와 남성용 완구들이 짜 맞춰져 있다. 그곳에는 모형으로 만든 자동차와 기차, 무선조종 헬리콥터와 페라리 브랜드 노트북 컴퓨터가 있다. 그런데 그것들은 소형이 아니다. 남성 스포츠 의류 코너로 들어가면 볼보 SUV로부터 실물 크기 헬리콥터에 이르기까지 초대형 모형들을 구경할 수 있다.

다슬루 백화점은 으리으리하지만 브라질의 양면성을 그곳만큼 상징적으로 보여주는 곳도 달리 없을 것이다. 브라질에는 대략 벨기에 수준의 부유층이 있지만, 나머지 대다수는 인도 수준의 빈곤에서 벗어나지 못하고 있다.

지난 10년 동안 소매업의 혁신은 북미가 아닌 다른 지역에서 더 활발히 이루어진 것처럼 보인다. 스위스의 미그로스로부터 모스크바 외곽에 이케아가 신설한 메가 몰에 이르기까지, 국제적인 소매업자들은 북미에서 배운 교훈을 적용하고 있지만 그 과정에서 북미를 능가하고 있다.

소매업 설계의 관점에서 보면, 미국의 소매업자와 타지역 소매업자 사이에는 두 가지 주요한 차이점이 존재한다.

하나는 소매업자가 그 문화에 적응하는 방식이다. 고객이 어디에 살고 있느냐에 따라 소매업자의 역할은 다양한 수준의 사회적 신분을 갖는다. 미국의 경우 소매업은 대부분 하위 중산층 직업에 속한다. 적은 자본으로 시작할 수 있지만 평생 고된 일을 해야 하기 때문이다. 블루밍데일은 과거에 헌옷을 파는 영업사원에서부터 시작하여 눈부신 성공을 거두었지만, WASP(앵글로색슨계 백인 신교도로 미국 사회의 주류를 이루는 지배 계급을 지칭)에 속한 일원은 아니었다. 월마트를 창업한 샘 월튼은 아칸소 주에서 구식 잡화점을 운영하던 소매업자였다. 캘빈 클라인과 랠프 로렌은 어땠을까? 그들은 브롱크스에서 나고 자란 토박이였다. 물론 오늘 날에도 소매업자는 매장으로 성공을 거둘 수 있다. 하지만 그것이 그를 지역 컨트리 클럽의 명사로 만들어주진 않는다. 또 소매업으로 자신의 경력을 시작하리라는 원대한 꿈을 가지고 경영대학원을 나서는 MBA 소유자들도 거의 없다. 미국에서 비즈니스 역사는 대부분 이민자들의 이야기이다. 그들은 자신들에게 열려 있는 몇 안 되는 직업 선택의 하나로 자연스레 소매업에 종사하기 시작했다. 돌이켜보면 그것이 미국의 소매업을 혁신적이고 활력 넘치게 만드는데에 중요한 역할을 했다. 그러나 이민자들이 계속 밀려오면서 소매업은 지금처럼 정체 상태에 머물게 되었다.

그런데 대서양과 태평양을 건너면 사뭇 다른 양상이 나타난다.

그곳의 소매업자들은 어느 정도 존경받는 사회적 신분을 누리고 있다. 예를 들어 영국과 네덜란드에는 상인 은행업 혹은 사고파는 교환에서 중개인이 존재하는 오랜 전통을 가지고 있었다. 그 결과, 소매업은 부를 쌓는 기반을 갖출 수 있었다. 프랑스의 경우 500년 동안 귀족층에 물건을 팔아온 상인 계급이 존재했다. 이러한 풍부한 역사는 아주 다양한 방식으로 표출되고 있다. 예를 들어 세계적 명품업체인 LVMH는 루이비통과 세포라를 비롯하여 50여 개의 브랜드와 매장을 가지고 있으며, 럭셔리 제품 관리를 전공하는 경영대학원을 운영하면서 전 세계에서 가장 명망 있는 소매업 관련 MBA를 배출하고 있다. 그런가 하면 파리의 유명 백화점 갈르리 라파예트에서는 세계 최고 수준의 마케팅을 시도하고 있다. 그 백화점은 당신이 프랑스로 향하는 여객기에 탑승하는 순간부터 마케팅을 시작한다. 파리에 도착하자마자 그들의 마케팅은 곧바로 위력을 발휘한다. 호텔에 도착하면 당신은 빛의 도시인 파리의 수많은 명소들 중에서도 특히 갈르리 라파예트 백화점이 돋보이도록 제작된 지도를 건네받는다. 그 지도는 그곳이 면세품 쇼핑을 위한 최적의 장소라는 사실도 일깨워줄 것이다. 3시간 후 당신은 백화점 문을 열고 안으로 들어설 것이다. 당신이 구사하는 언어는 독일어인가, 일본어인가, 아니면 네덜란드어인가? 갈르리 라파예트 백화점에서는 당신의 언어를 구사할 수 있는 개인 쇼퍼와 당신을 연결시킬 것이다. 필요하다면 구내에서 당신을 위해 환전도 해줄 것이다. 한마디로 갈르리 라파예트 백화점은 당신이 쇼핑을 하면서 무엇을 필요로 하는지 빠짐없이 예상하고 있다. 그리고 바로 이런 점 때문에 당신은 그곳에서의 쇼핑을 원하게 된다.

미국 소매업자와 다른 지역 소매업자 간의 또 다른 주요 차이점은 지형학적 특성이다. 매장은 어디에 위치해야 할까? 역사가 깊고 인구가 조밀한 도심 지역은 소형부터 초대형에 이르기까지 고유한 형태의 소매 기술을 가지고 있다. 운영비, 매매 차익금, 직원 배치 모델은 물론 심지어 고정비 모델까지 역사와 치열한 독립의 장막 뒤에 잘 가려져 있다. 예를 들어 이탈리아는 특정 인구당 매출 비율이 전 세계에서 가장 높은 나라이다. 그러나 진열창의 상품을 구경하기로 마음먹은 사람들이 주로 찾는 밀라노에는 거리가 많지 않다. 나는 그곳에서 진열창을 구경할 때마다 "여닫이창을 한 번 열고 말거야"라고 해석되는 프랑스인 쇼퍼의 표정이 떠오른다. 가장 비슷한 경험을 할 수 있는 곳은 아마도 암스테르담의 홍등가일 것이다. 이 같은 경험으로부터 무엇을 배웠는지 잘 모르겠다. 하지만 밀라노를 구경했다는 특권 의식은 분명 느낄 수 있었다. 그곳의 제품들은 정가로 팔리고 있으며, 서비스도 전문적이거나 친숙한 느낌을 준다. 서비스는 매장마다 차이가 난다. 그러나 전체적으로 진열창과 매장의 결합은 독특하다. 부분적으로 이것은 윈도에 진열된 여성 마네킹들과 거리의 사람들이 상호작용을 하고 있기 때문이다. 진열창 안의 여성들은 활짝 웃고, 입을 삐죽 내밀고, 몸짓을 하고, 손을 흔드는 적극적인 마네킹이다. 게다가 통로는 너무 비좁고 통행인들은 물리적으로 윈도에 바짝 근접하기 때문에 윈도쇼핑은 은밀한, 거의 관음증에 가까운 체험이 된다.

북미의 경우, 역사적으로 사회적 계급이 섞이고 합쳐지는 인구 집중 현상이 없었다. 뉴욕, 보스턴, 토론토, 필라델피아와 워싱턴 DC는 그리 멀리 떨어져 있지 않다. 그리고 역사적으로 이 다섯 도시들은 땅과 인구와 부동산 가치의 변화와 함께 변천기를 거쳤다. 그러나 미국의 도심지가 고급화하면서 도시 소매업은 점점 더 활성화되고 있다. 미국의 상인 계급 역시 변모하고 있다. 만약 우리가 맥도널드나 스타벅스 같은 거대 기업들을 유럽에 제공하고 있다면 그들 역시 우리에게 보여줄 뭔가를 가지고 있을 것이다.

전 세계 어디서든 개발업자들은 훌륭한 쇼핑 환경을 제대로 작동시키는 것이 무엇인지 면밀히 조사하고 있다. 엔터테인먼트와 함께 쇼핑몰은 가장 성공적인 미국 수출품 중 하나다. 지금은 쿠알라룸푸르에서 두바이에 이르기까지, 또 도쿄에서 리스본에 이르기까지, 세계 도처에서 쇼핑몰을 찾아볼 수 있다. 외관만 보면 미국의 쇼핑몰이나 다른 나라의 쇼핑몰이나 별반 차이가 없어 보인다. 하지만 그 외관에 속아서는 안 된다. 모든 국가는 고유한 지역 관습과 문화적 규범과 사적인 경계선을 가지고 있으므로 이를 직시하면서 잘 대처해야 하기 때문이다. 남아프리카공화국과 브라질과 멕시코의 쇼핑몰들은 미국과 달리 보안 문제에 직면해 있다. 따라서 이들 국가에서는 쇼핑몰이 단순히 쇼핑을 하고 다른 사람들에게 추파를 던지는 장소가 아니라 보호받는 영역, 즉 철저히 격리된 사설 클럽 같은 역할도 하고 있다.

상파울루에 위치한 이구아테미는 하이브리드 쇼핑몰(전형적인 미국식 쇼핑몰에 지역의 근원적인 문제와 해법을 결합시킨 쇼핑몰)을 보여주는 좋은 사례이다. 상파울루는 위험한 지역이다. 따라서 이구아테미의 출입문에 들어서자마자 가장 먼저 보안 요원이 보인다고 해도 놀랄 일이 아니다. 쇼핑몰에서 순찰을 도는 보안 요원들은 사회 초년병도 아니고 다른 직장에서 은퇴한 이들도 아니다. 매서운 눈초리로 감시하는 그들은 전문 직업인이다. 이구아테미에서 두 번째로 눈에 띄는 것은 열 지어 행진하는 곡마단이다. 그들을 구경하는 것만으로도 상당한 즐거움을 얻을 수 있다. 이것은 미국이나 유럽의 쇼핑몰이 결코 모방할 수 없는 사회적 무대장치라 할 수 있다. 나는 지금 나이에 이구아테미를 방문하게 된 것을 다행으로 생각한다. 만약 내가 20대의 나이에 이구아테미를 주기적으로 드나들었다면 10분마다 지나치는 여인들과 뜨거운 사랑에 빠져들었을 테니 말이다. 이구아테미가 가지고 있는 아주 흥미롭고 독특한 특성은 매장이 아니라 그곳의 물리적 환경이다. 브라질의 문화적 배경에서는 대부분의 성인 자녀들이 결혼할 때까지 부모와 함께 집에서 같이 생활한다. 그래서인지 자녀들이 시내로 외출을 원한다 해도 그들의 선택은 제한적이다. 기껏해야 식당이나 나이트클럽 혹은 쇼핑몰에나 갈 수 있기 때문이다. 따라서 이구아테미 방문은 20대의 브라질 자녀들에게 비슷한 사회적 계급에 속한 동년배를 보고 만나고 어울릴 수 있는 환경을 제공한다. 그곳은 밤낮으로 개방되어 있는 안전한 환경이다. 미국의 쇼핑몰에서는 열여덟 살 미만의 청소년들에게 주로 이러한 사회적 기회를 제공한다. 스물다섯이나 먹은 청년이 여자들에게 말을 건넬 요량으로 J. C. 페니나 홀리스터 앞을 서성거리는 것은 그리 익숙한 광경이 아니다. 그러나 브라질에서 당신이 스물다섯 살 청년이고 집에서 여자들을 제대로 대접할 수 없다면(부모가 가까이서 몰래 엿듣거나 한다면) 쇼핑몰은 데이트를 위한 적격의 장소가 될 수 있다.

이구아테미는 시끌벅적하다. 부분적으로 이것은 복도와 중앙 홀이 좁기 때문이다. 무더운 날씨에 온도 제어에 도움이 되는 석조와 타일로 바닥재를 사용한 때문이기도 하다. 그러나 시끄러운 소음 그 자체는 여성들이 신는 하이힐에서 울리는 딸가닥거리는 소리이다. 브라질인들이 그곳에서 알래스카까지 걸어간다 해도 그들을 지켜보면서 나는 결코 지루함을 느끼지 않을 것이다. 그들은 저마다 내면의 주크박스를 가지고 있는 것처럼 보인다. 그리고 그 주크박스에서는 항상 흥겨운 삼바 리듬의 곡들이 흘러나오고 있다.

하이힐 샌들, 스파이크힐, 슬리퍼, 미니스커트와 짧은 반바지 차림의 인파로 가득한 이구아테미에서는 고객들의 각종 요구에 실용적인 해법을 찾아내려고 애쓰고 있다. 망가진 혁대가 보이는가? 여별의 집 열쇠가 필요한가? 다른 지방으로 가는 항공편을 예약하고 싶은가? 드라이클리닝한 세탁물을 찾고 싶은가? 만약 당신이 이러한 요구 사항을 가지고 있다면 이구아테미는 적격의 장소이다.

비디오 매장인 블록버스터 멕시코에서는 가족적인 분위기와 함께 적절한 수준의 보안을 제공하고 있다. 자동차를 타고 그곳에 들어서면 3중의 방어선(주차장, 출입구, 금전등록기)과 마주친다. 쇼핑몰과 마찬가지로 블록버스터가 현지에서 생존 가능한 까닭은 거리의 위험으로부터 그곳이 안전하기 때문이다. 남미의 가족들은 대체로 끈끈한 유대감을 가지고 있다. 그들은 가족들끼리 함께 시간 보내는 걸 좋아한다. 그 때문에 블록버스터 멕시코에는 대가족으로 보이는 사람들로 가득하다. 실제로 금요일의 이른 오후부터 저녁때까지 매장 안은 사람들로 몹시 붐빈다. 이전에 우리는 필립스의 판매 대리인이 블록버스터 멕시코 내부에 설치된 자사의 최신 홈 시어터를 과시하는 걸 본 적이 있다. 그가 자랑한 이유는 그곳이 사람들이 몰려드는 장소였기 때문이다. 재치 있는 아이디어였다. 미국에서 누군가가 이 같은 아이디어를 떠올린 적이 있을까?

블록버스터 멕시코에서 컨설팅 작업을 부탁했을 때 나는 흔쾌히 받아들였지만 한 가지 요구 사항을 내걸었다. 그것은 주말에 경영진이 나와 함께 매장을 방문해야 한다는 것이었다. 그러자 그들은 주말이면 시골 별장에 가야 하기 때문에 매장을 찾은 적이 한 번도 없다고 응답했다.

다시 말하지만 나는 이러한 문제점을 자주 목격하고 있다. 수치 계산에는 분주하지만 실제 매장을 일부러 방문한 적이 없는 최고 경영자들이 많은 것이다. 예전에 미국 자동차업체의 고위 간부들을 유럽 대리점의 여자 화장실로 안내했던 일이 기억난다. 당연히 그들은 여자 화장실에 들어가 본 적이 한 번도 없었다. 화장실은 어둑어둑하고 지저분했으며 전체적으로 허름해 보였다. "여러분은 진정 여러분의 아내가 이런 화장실에서 볼일을 보길 원하십니까?"라고 내가 물었다. 그들은 고개를 가로저었다. 여기서의 핵심은 그들이 이 같은 사실을 전혀 몰랐다는 것이다. 심지어 역동적인 CEO 폴 켈리가 이끄는 더블린의 브라운토머스 백화점에서도 나는 고위 간부들과 실제 매장 경험 간의 단절을 목격한 적이 있다. 휘황찬란한 브라운토머스 백화점은 다른 훌륭한 소매업체들과 마찬가지로 브라운토머스 직원들(모든 백화점을 특별한 존재로 만드는 직원들)의 특별한 능력에 초점을 맞추려고 많은 노력을 했다.

내가 브라운토머스 백화점의 기본 방침을 이해하자 폴 켈리는 내게 백화점 열쇠를 건네면서 백화점을 둘러본 후 개선할 점이 있는지 알려달라고 말했다. 이튿날 나는 그를 대동하고 백화점의 여직원 탈의실을 찾아갔다. 비좁은 녹색 사물함, 적나라한 조명, 불편한 의자와 3개의 작은 거울이 있는 그곳 탈의실은 마치 미 해군 특수부대의 여군 막사를 보는 듯했다. 그야말로 삭막한 풍경이었다.

백화점 오픈 20분 전이면 그 음침한 탈의실은 말 그대로 수백 명의 여자들로 북적였다. 그 탈의실이 바로 브라운토머스 직원들이 맨 처음 업무를 시작하는 곳이었다. 심지어 폴 켈리조차 30년 전 자신이 트리니티 대학에서 사용하던 탈의실이 더 쾌적하다고 중얼거릴 정도였다. 나는 그를 잘 알기에 이 문제를 해결할 거라고 믿어 의심치 않았다.

어떤 매장에서 직원들의 사기를 측정하는 가장 간단한 방법 중 하나는 회사가 그들에게 제공하는 편의 시설과 공간을 살펴보는 것이다. 그렇다고 베이비시터나 안마사를 직원으로 채용할 필요는 없다. 일선 직원들에게 좀 더 많은 애정과 관심을 갖는 것만으로 충분하기 때문이다.

우리의 멕시코 사무소와 관계를 맺기 시작할 무렵, 나는 지금껏 내가 본 것 중에서 가장 흥미로운 비즈니스 모델을 대면하게 되었다. 그것은 엘렉트라라고 불리는 소비자 전자제품 체인점이었다. 오늘날 그들은 약 구백 곳의 매장을 운영하면서 연간 10억 달러의 매출을 올리고 있으며, 과테말라와 페루와 온두라스로 사세를 확장하고 있다. 일반적으로 사용되는 등급 체계에 따르면, 니먼 마커스는 A 등급에 해당하며 월마트는 C, D, E 등급을 오가는데 엘렉트라는 C 등급과 D 등급 시장(여기서 등급은 쇼퍼의 수입 수준을 지칭한다)에 적합한 체인점이다. 따라서 엘렉트라는 근면한 빈곤층과 신흥 중산층을 목표로 삼고 있다(그리고 그들에게 몹시 필요한 사기 진작에도 도움을 주고 있다).

장담컨대 당신은 엘렉트라에 대해 들어본 적이 없을 것이다. 대다수 미국인들도 들어본 적이 없을 것이다. 물론 이것은 엘렉트라의 구매자 층이 경제 사다리의 윗부분에 위치해 있지 않기 때문이다. 그러나 엘렉트라는 혁신적인 대출 및 구매 시스템을 마련해놓고 있다. 그 이유는 무엇일까? 효과가 아주 좋기 때문이다. 게다가 이러한 시스템은 점점 발전하는 멕시코의 번영과도 흐름을 같이

하고 있다.

남미 시장에서 누군가 매장 안으로 들어와 자신이 집과 직장과 우편 주소를 가지고 있다는 사실을 입증만 하면 엘렉트라에서는 그 사람에게 적정한 수준의 자금을 대출해줄 것이다. 그 대가로 소비자는 매주 소액의 현금 지불에 동의한다. 가족 전체가 대출에 대한 책임을 진다. 요컨대 엘렉트라는 소비자 가전제품과 백화점에서 거래를 매듭짓는 은행과 같은 역할을 한다.

매장 정면은 차고처럼 개방되어 있으며 사방에서 제품들이 넘쳐난다. 엘렉트라로 들어서는 길과 나가는 길은 바닥에서 천장까지 구매 물품들로 가득한 좁은 통로로 이루어져 있다. 그러나 지불 공간은 매장 후미에 위치해 있는데, 격리된 벽과 방탄유리로 지어졌다는 점에서 지극히 현실적이다. 이것은 직관력 있는 시스템이며, 사회적 발전을 위한 수단으로서 매우 혁신적이다.

그곳에서 소비자가 첫 번째로 구매하는 제품은 무엇일까? 냉장고다. 두 번째는? 스토브다. 세 번째는 TV세트다. 네 번째는 세탁기다. 휴대용 카세트플레이어, 품질 좋은 매트리스와 침대 스프링, 근사해 보이는 가구도 구매한다. 엘렉트라에는 가정에 필요한 모든 물품들이 갖춰져 있다. 가족 전체가 사회적·경제적 사다리에서 한 단계 더 높이 올라갈 수 있도록 도움을 주고 있는 셈이다. 뿐만 아니라 그곳에는 당좌예금 계좌와 저축예금 계좌가 마련되어 있으며, 고객들은 각종 보험 상품도 선택할 수 있다. 만약 당신의 가족 구성원 중 한 명이 미국에서 일하고 있다면 그 사람이 온라인으로 당신의 엘렉트라 계좌에 분담금을 송금하는 것도 가능하다. 이것은 당신이 엘렉트라에서 빌린 대출금을 더 빨리 상환하여 다른 물품들을 구입할 수 있음을 의미한다. 이런 식으로 엘렉트라는 고객이 경제적 사다리를 오를 때 항상 그들 곁에 있으면서 그들의 손을 잡고 방향을 알려준다.

그렇다면 엘렉트라에서는 대출금에 높은 이율을 부과하지 않을까? 이자를 받는 건 당연하다. 그러나 엘렉트라는 사회적 유동성(주소, 직업, 계층 등의 이동)도 가능케 하고 있다. 그들은 개인이 아닌 가족 전체(확대 가족 포함)를 대상으로 돈을 빌려준다. 그렇다면 회사의 악성 부채 비율은 얼마나 될까? 놀랍게도 그 비율은 아주 낮은 편이다. 일반 은행보다 훨씬 낮은 수준이기 때문이다. 결국 이것은 엘렉트라와 남미 가족들 그리고 남미 전체의 생활 수준에 모두 득이 되는 시스템이다. 그야말로 독창적인 제도인 것이다.

물론 이와 같은 흥미로운 사례들이나 소매업의 혁신이 미국이 아닌 다른 나라에서만 발생하는 현상이라고 주장하는 것은 아니다.

미국의 유망한 몇몇 회사들도 변화의 고삐를 당기고 있기 때문이다. 텍사스 주 포트워스 외곽에 위치한 한 쇼핑몰은 사양길을 걷다가 지금은 라틴계 쇼핑몰인 라그란플라자로 탈바꿈했다. 그곳은 자체적으로 마리아치(멕시코 전통 음악을 연주하는 유랑 악사) 밴드와 라틴풍의 대형 매장들을 갖추고 있다. 그리고 스페인 영화를 상영하는 극장 시설, 융자 신청하는 법을 가르쳐주는 교육관, 치과용

귀금속(최신 용어로 '그릴[Grille]'로 알려진 귀금속류)을 맞춤화하기 위해 치과병원과 귀금속점을 결합시킨 새로운 산업 시설도 갖추고 있다. 그 쇼핑몰은 자신들에게 적합한 시장을 알고 있으며, 굳이 모든 이들을 만족시키는 쇼핑몰이 되고자 애쓰지 않는다. 그리고 이것이 성공의 기폭제 역할을 하고 있다.

할렘 12번가에 위치한 페어웨이는 오래된 창고 안에 위치한 쇼핑센터이다. 소방관, 치즈를 사는 가정주부, 할렘에 거주하는 어머니, 웨스트체스터 교외로 귀가하던 도중 저녁거리를 준비하는 사업가 등등 다양한 유형의 뉴욕인들이 그곳에서 쇼핑을 한다. 플래티넘 아맥스 카드를 사용하는 고소득층의 사람들이 있는가 하면, 푸드스탬프(정부가 저소득자들에게 주는 식료품 할인 구매권)를 사용하는 사람들도 있다. 페어웨이에서의 쇼핑은 기분을 들뜨게 하는 모험이다. 커피 코너를 방문해보자. 로스터가 자신이 막 갈아놓은 커피 브랜드를 고함을 지르며 당신에게 알려줄 것이다. 저녁식사로 스테이크나 로스트치킨을 원하는가? 그곳의 냉동식품 코너에서 쇼핑하려면 두툼한 재킷으로 몸을 감싸야 한다. 냉동식품이 담긴 차가운 케이스가 있는 것이 아니라, 실내가 전체가 커다란 냉장고 역할을 하고 있기 때문이다.

나는 항상 이 같은 사례를 통해 명심해야 할 교훈을 얻는다. 성공적인 소매 경험은 임대주가 아닌 플레이스메이커에 의해 만들어진다. 그리고 그것이 공작이든, 딕시랜드 재즈밴드든, 인어이든, 그들은 자신의 공간을 흥미진진한 곳으로 만드는 방안을 강구해야 한다. 북미 지역에서 대다수 임대주와 발전적인 개발업자들이 마케팅 컨설팅 회사의 문을 두드리기 시작했다는 것은 단순한 우연의 일치가 아니다. 고객들의 쇼핑몰 방문 횟수와 그곳에서 보내는 평균 시간이 줄어들면서 방문 고객수를 계산하거나 평방면적당 매출을 조사하는 것만으로 해결책이 될 수 없음을 이제 그들은 인식하고 있다. 매장 문 밖에 있는 공공 공간, 좌석, 화장실과 주차장도 가격 책정과 시각적인 광고 못지않게 매출에 많은 영향을 미치고 있기 때문이다.

하나의 공간이 모든 사람들에게 유익할 필요는 없다. 물론 민족성을 두고 하는 말은 아니다. 젊은 가족들에 초점을 맞춘 쇼핑몰, 10대를 목표로 삼는 쇼핑몰, 노년층 관리에 각별히 신경을 쓰는 쇼핑몰이 가능하다는 의미이다. 만약 이런 쇼핑몰이 생기면 구매자들은 남녀노소 할 것 없이 누구든 진심 어린 고마움을 느낄 것이다.

이 책의 초판이 출간된 이래로 나는 예전에 비해 여행할 기회를 더 많이 갖게 되었다. 현재 나의 출장 기간은 연간 150일을 넘나든다. 인바이로셀이 국제적인 라이센스 계약을 맺으면서 생긴 또 다른 즐거움은 인바이로셀의 해외 라이센시들과 얼마간의 시간을 함께 보낼 수 있게 되었다는 것이다. 내게는 이보다 더 큰 즐거움도 없을 것이다.

지금까지 내가 항공기로 이동한 거리는 얼추 650만 킬로미터에 달한다. 만약 내게 일이 없는 한가한 시간이 조금이라도 주어진다면 나는 집에 머무는 것을 선택할 것이다. 그러나 며칠쯤 지나면 더 이상 견디지 못할 것이다. 온몸이 근질거리기 시작할 테니 말이다. 비즈니스 전사들의 세계에서 나보다 여행을 더 많이 한 이들이 있을 것이다. 하지만 나처럼 파란만장한 변화의 시간을 보낸 이들은 극히 드물 것이다. 아래에 보이는 가방은 충분한 보상을 받을 만한 자격이 있다. 저기, 통로에 있는 좌석이 내 자리인가? 아무도 그 자리에 앉을 수 없다. 거긴 내 자리이니까.

20

변화를 거듭하는 쇼퍼들

인류는 동아프리카의 동굴과 야영지를 떠나 전 세계 도처로 이동하기 시작한 이래로 물건을 사고팔고 거래했다. 몇 해 전에 나는 손수레에 채소를 담아 파는 한 터키인의 얘기를 경청한 적이 있다. 그는 매일매일 물건을 어떻게 정리하고 진열하는지 내게 설명했다. 그는 햇살이 비치는 각도, 소비자들이 요리를 위해 채소를 준비하는 순서, 가지를 먼저 살지 아니면 토마토를 먼저 살지 결정하는 순간의 심리에 관해 말했다. 뿐만 아니라 채소를 담은 손수레를 고려하여 자신이 서 있어야 할 위치와 다양한 잠재 고객들과 교류하는 최선의 방법에 관해서도 자기 의견을 말했다. 그의 설명은 아무리 들어도 지루하지 않았다. 그가 말할 때면 그의 조상, 그의 조상의 조상이 얘기하는 음성의 메아리를 듣는 듯했다. 이것은 깨우침을 주는 독백이었다. 내가 지금껏 만난 50개 매장 관리자들 중 어느 누구도 똑같이 모방할 수 없는 것이었기에 더더욱 그러했다.

그의 설명은 쇼핑의 과학이 새로운 사실이 아님을 다시금 내게 상기시켰다. 갑작스런 자극에 투쟁할 것인가, 도주할 것인가를 결정하는 본능적 반응 그리고 두뇌에 의해 호흡하는 공기를 조절하는 방식과 함께 쇼핑도 사실상 인류의 DNA에 각인되었다. 인간이 힘이나 체구 또는 속도에 기반을 둔 경쟁을 뛰어넘어 사회적 계층에서 남보다 더 앞서 갈 수 있었던 최초의 방편이 어쩌면 쇼핑이 있는지도 모른다.

터키 이스탄불의 경우를 생각해보자. 역사적으로 이스탄불은 가장 오래된 문화적 활동의 중심지에 위치한 도시였다. 하나의 민족으로서 터키인들은 갖가지 피부색과 체형과 체구를 가지고 있다. 사람들로 붐비는 거리를 지나다보면 그들의 얼굴에서 변화무쌍한 유전적 혼합의 증거를 발견할 수 있고, 사방에서 다양한 냄새(체취, 양모제, 몹시 자극적인 향신료, 각종 음식에서 풍기는 냄새)를 맡을 수 있다. 또한 깡통 부딪치는 소리가 나는 음악, 새된 목소리의 아이들의 재잘거림, 가게 앞에서 호객 행위를 하는 젊은이의 간청하는 음성도 들을 수 있다. 이스탄불에 위치한 그랜드바자르는 500년의 장구한 역사를 가진 대형 시장으로, 지금도 그 명성을 그대로 유지하고 있다. 대다수 가게들은 정교한 금 장신구, 향신료 통, 채색된 헤나(적갈색 염료) 상자와 간판을 가지고 있다. 특히 간판들은 최첨단 LED 간판부터 낡은 네온 간판과 파리똥으로 얼룩진 옛 방식의 그림 간판에 이르기까지 각양각색이다. 그러나 도처에서 가장 흔히 보이는 것은 인터넷 주소이다. 그랜드바자르는 고유한 웹 사이트를 가지고 있으며, 이를 통해 사람들은 사전 쇼핑을 하거나 상인들과 직접 연락할 수 있다. 삼천 년 이상 장사꾼과 쇼퍼들을 끌어들였던 도시에서 전통 매장과 인터넷의 융합이 이루어지고 있는 것이다.

면 거리에서 찾아온 방문객들도 있을까? 그들을 발견하는 것은 그리 어려운 일이 아니다. 이 도시는 아득히 먼 옛날부터 이방인들을 손님으로 맞아들였다. 터키는 다수의 구소련 공화국들과 인접해 있는 탓에 지금도 과거 오스만 제국에 속했던 지역의 방문객들을 끌어들이고 있다. 그곳은 중산층 독일인들이 저렴한 비용으로 찾아오는 훌륭한 휴가처이기도 하다(두 나라의 이런 관계 형성은 1920년대로 거슬러 올라간다).

그랜드바자르의 상인들은 관광업이 무엇을 요구하고 어디에 관심을 갖는지 미리 예상한다. 식품점에서는 여행객이 집으로 가져갈 수 있도록 잘 준비된 이란산 캐비아를 광고하고 있다(드라이아이스를 넣고 밀봉한 포장은 여행객으로 하여금 구매를 주저하지 않게 만든다). 심지어 현지 샤프란 노점상은 다양한 품질을 접할 수 있도록 수차례 테스트해볼 수 있는 기회를 제공하기도 한다. 노점상은 여러 등급의 샤프란을 물이 담긴 그릇에 넣고 뒤섞는다. 그러고는 쇼퍼들이 다양한 색조와 풍부한 색감에 대해 속삭이는 동안 한 걸음 뒤로 물러난다. 그가 물건을 다루는 솜씨는 지금껏 내가 보았던 여느 장사꾼들보다 뛰어나면 뛰어났지 결코 못하지 않았다.

이스탄불에 있는 그랜드바자르나 두바이에 있는 골드수크 같은 시장의 경우, 그곳의 거래 규칙과 수단은 오랜 역사를 가지고 있다. 예전에 나는 터키의 수도인 앙카라에서 컴퓨터를 수리하기 위해 친구와 함께 전자제품 수리점을 찾아간 적이 있다. 우리는 가게 안으로 들어가 주인과 함께 차를 마시면서 가족의 안부를 묻거나 날씨와 지역 축구 게임에 관해 얘기를 나누었다. 그러자 우리가 가게 안으로 들어갈 때는 수리비가 대략 50달러였지만 가게를 나설 때는 7달러밖에 되지 않았다.

이 책의 내용은 대부분 좀처럼 변하지 않는 쇼핑의 특성에 관한 것이다. 이것은 일반적인 상식이기도 하다. 그러나 만약 20년 전에 내가 여성들의 화장품 쇼핑 방식에 관해 널리 인정받는 전문가가 되고 싶다고 말했다면, 여성들이 쇼핑하는 동안 그들을 관찰하며 많은 시간을 보냈다는 이유만으로 정신과 의사에게서 전화를 받았을 것이다. 내가 패스트푸드 드라이브스루에 늘어선 줄에 적용되는 역학의 전문가가 되고 싶다고 했어도 마찬가지였을 것이다. 사실 지금도 기업체 회의실에서 사람들이 나를 수석 연구원 대우를 할 때면 다소 불편함을 느낀다. 소매업에 종사하는 사람들은 대부분 어느 정도 상인의 유전자 덕분에 그런 삶을 살아가고 있다. 그럼에도 나는 소매업에 이르는 길을 발견했다는 사실에 감사하고 있다. 나와 동료들은 색다른 것에 상당한 흥미를 느꼈다. 그래서 우리는 많은 시간을 투자하여 인간과 공간, 제품과 서비스 세계를 둘러싼 문제 해결에 나설 수 있었다. 우리는 쇼핑가를 걸어가거나 식당 메뉴를 읽거나 혹은 공항을 지날 때마다 기존의 경험에서 벗어나 무언가 개선할 수 있는 방안이 있는지 그것을 찾으려고 애쓴다. 내 이웃의 상인들은 공짜로 제공하는 나의 조언을 넌더리가 날 정도로 자주 듣는다. 만약 내가 연인과 함께 휴가를 보낸다면 그녀는 머릿속으로 그만 좀 분석하라고 내게 한마디 할 게 분명하다. 그러나 잔소리를 듣더라도 나는 그녀를 이끌고 쇼핑몰 안을 어슬렁거릴 것이다. 그나마 다행이라면 문화인류학자인 마거릿 미드처럼 현지조사를 위해 먼 곳까지 찾지 않아도 된다는 것이다.

쇼핑의 과학은 부분적으로 자연과학과 사회과학, 예술이 혼합된 지식 분야이다. 그러나 소매업자나 마케터의 강점을 증진시키고, 잘못된 결정의 확률을 줄여주는 정보를 제공한다는 점에서 실용적인 분야이기도 하다. 우리의 가치는 단순한 자료 수집을 뛰어넘어 그것의 의미와 대응 방안에 대해 올바른 예상을 하는 능력에 있다. 감히 말하자면 대부분의 경우 우리의 해석이 옳은 것으로 입증되었지만 가끔은 잘못된 해석을 할 때도 있었다. 우리가 조사를 계속하는 것도 그 때문이다. 심지어 우리 회사의 고위 경영진들도 1년에 90일간 출장을 떠나 전 세계 도처의 매장, 은행, 식당과 쇼핑몰에서 주말을 보내고 있다. 그러니 우리의 개인적인 삶은 피해를 입을 수밖에 없다.

게다가 쇼핑의 과학의 진리는 일시적이다. 인간의 기본적인 해부학적 사실들은 어느 정도 변하지 않은 채 그대로 남아 있을 수 있다. 그러나 매장 그 자체와 쇼퍼의 취미와 행위는 꾸준히 변화한다. 1900년대의 농부는 농업 기술자인 1950년대의 손자보다 천 년 전에 농사를 짓던 선조들과 더 많은 공통점을 가지고 있었다. 마찬가지로 1900년대의 상인과 오늘날의 상인은 현격한 차이를 보인다. 1970년대만 돌이켜보더라도 그 당시에 선두주자였던 많은 소매업체들이 지금은 자취를 감추었거나 사세가 크게 기울었다. 코르벳, 울워스, 몽고메리 워드 같은 업체들은 지금 역사책에서나 찾아볼 수 있다. 다른 많은 기업체들도 조만간 그들의 전철을 밟을 것이다. 언젠가는 월마트가 휘청거리고, 스타벅스가 쇠퇴할 수도 있지 않을까? 톱숍도 지금처럼 계속 세계화를 추진할 수 있을까? 예전에는 적당한 가격에 적당한 물건을 가지고 있으면 성공은 절로 보장되었다. 그러나 오늘날에는 이것이 기껏해야 생존을 위해 필요한 요소에 지나지 않는다. 지금은 누구나 치열하게 경쟁하는 시대이다. 따라서 어디서든 위협이 찾아올 수 있다. 매장 소유주가 자신이 속한 업계의 다른 업체들만 경쟁 상대로 간주한다면 이것은 위험하리만치 편협한 사고방식이 아닐 수 없다. 실제로 소매업자들은 소비자들의 시간과 돈에 대한 온갖 요구 사항들과 경쟁해야 한다. 최근에 영화관을 찾는 고객들을 조사한 적이 있다. 이 조사를 통해 우리는 고객들이 영화관에서 20달러를 쓰며 2시간을 보내는 동안 다른 소매 활동의 기회는 아예 사라진다는 사실을 알게 되었다. 이와 유사하게 남은 점심시간 20분을 서점을 방문하기보다 컴퓨터 매장을 구경하면서 보내는 것이 더 즐겁다면 이러한 경험은 도서보다 소프트웨어의 판매 가능성을 더 높여줄 것이다. 선견지명 있는 소매업자나 제조업자들이 왕으로 군림하던 시대는 이미 종말을 고했다. 21세기는 소비자가 곧 왕이다. 패션이 거리에서 나오듯이 이젠 소매 활동의 세계도 쇼퍼들이 찾아가는 곳을 따라가야 한다.

다른 무엇보다도 쇼핑은 사회적 변화를 따라간다. 따라서 이러한 변화를 이해하지 못하는 사업가에겐 고민거리가 생길 수밖에 없다. 여기서 의심의 여지가 없는 한 가지 사실은 우리 시대에 발생하는 주요한 사회적 변화가 여성의 삶과 관련이 있다는 것이다. 존경받는 사회비평가이자 미래학자인 와츠 웨커는 남자들이 색다른 가족 애완동물이 되어가고 있다고 주장한다. 소매업자들은 여자들이 어떤 삶을 원하며 무엇을 원하고 필요로 하는지, 또 그들 자신이 앞으로 시대에 뒤떨어지지 않을지 반드시 주의를 기울여야 한다. 남자와 아이들의 삶에서 벌어지는 많은 변화도 따지고 보면 여자들이 주도하는 변화에 단순히 부응하는 것에 지나지 않는다. 소매업자들은 여자들의 요구를 경청하고 겸손해야 한다. 오늘날 쇼퍼들은 변덕스럽다. 브랜드(제품이나 매장)에 대한 그들의 충성도는 가장 최근의 쇼핑 경험의 여운이 남아 있을 때만 지속될 뿐이다.

만약 1분기 회계연도의 저조한 실적이 전국의 소매 체인점들에 충격적인 여파를 남긴다면 2분기 혹은 3분기 회계연도의 저조한 실적은 생존을 위협할 수 있다. 현 상태에 안주하지 않으려면 현지 매장과 그곳에서 결정을 내리는 이들 간의 거리감을 없애는 것이 최선의 방어책이다. 따라서 오늘날 경영진이 내릴 수 있는 가장 현명한 결정은 매장 관리자 수준의 직책에 더 많은 책임과 권한을 부여하는 것이다. 고위 간부들은 매장에서 쇼퍼들에게 봉사할 수 있는 방법을 관리자들에게 가르치기 위한 수단을 개발해야만 한다. 1998년에 나는 월마트의 남성 경영진들에게 최근 여성용 탈의실의 페인트칠만 보아도 그곳 매장 관리자의 성별을 구분할 수 있다고 말한 적이 있다. 사실 나 자신도 내 주장을 신뢰한 것은 아니었다. 하지만 몇 달 후 나는 월마트의 많은 탈의실들이 깔끔하게 새로 페인트칠된 것을 발견했다. 남성 관리자들은 비내구소비제 코너를 몹시 싫어한다. 화장품을 예로 들자면, 인건비를 많이 잡아먹을 뿐 아니라 절도 문제가 발생할 가능성이 높기 때문이다. 반면에 TV나 소형 냉장고 같은 내구소비재들은 진열하기 쉽고, 관리도 한결 용이하다. 한편 여자들은 비내구소비재들의 효과를 직감적으로 이해한다. 내가 탈의실 문제를 지적한 지 10년이나 지났건만, 월마트는 여전히 의류 사업을 제대로 진척시키지 못하고 있다. 여기서 한 가지 간단한 해결 방안은 여성 매장 관리자의 수를 늘리는 것이다.

그러나 쇼핑의 과학으로부터 배움을 얻을 수 있음에도 불구하고 창조적인 소매업자라면 교과서적 원칙에서 벗어나 독자적인 길을 걸을 수 있다. 우리는 이러한 여지가 있음을 인식하고 있다. 알다시피, 소매의 기본 원칙은 쇼퍼들로 하여금 매장 이름을 쉽게 발음할 수 있게 하는 것이다. 그런데 작은 매장으로부터 시작하여 온라인 사업으로 크게 성공한 내 친구는 'Mxyplyzyk'라는 작은 매장을 가지고 있다. 슈퍼맨 만화에 나오는 잘 알려지지 않은 캐릭터로부터 의도적으로 차용한 명칭인데 발음이 쉽지 않다. 그곳은 욕실 설비부터 서적에 이르기까지 온갖 물품들로 가득한 혼잡한 매장으로, 가격표도 사방에 흩어져 있다. 계산대에서의 절차는 구식이며 영수증도 직접 손으로 작성한다. 그러나 나는 그 매장 소유주인 케빈에게 소매와 관련하여 그 무엇도 가르칠 게 없다. 그는 자신만의 생각으로 독창적인 판매 방식을 고안했다. 그리고 이러한 판매 방식에 아주 만족해하는 것처럼 보인다. 이렇듯 우리가 쇼핑의 과학을 전파하고 있지만 케빈처럼 용기 있는 이들은 독자적인 길을 걷고 있다.

전문적인 관찰자로서 우리는 상거래 세계에서 색다른 역할을 하고 있다. 나는 농담 삼아 소매업계에서 좀도둑질을 목격하고 즐거워하는 유일한 인물이라고 말하곤 한다. 추적자의 눈앞에서 누군가 물건을 훔친다면 이것은 곧 그가 우리의 존재를 눈치채지 못했음을 의미하기 때문이다(간혹 우리의 존재를 들키기도 하지만 대부분의 경우 그 주인공은 관찰력이 뛰어난 아이들이다). 실제로 좀도둑질과 관련된 기억들은 내 머릿속에 생생하게 남아 있다. 보스턴 워싱턴 스트리트에 위치한 파일린스 베이스먼트의 향수 판매대에서 잘 차려입은 중년부인의 비디오를 조사할 때였다. 그녀는 반복적으로 점잖은 직원을 멀리 떨어진 곳으로 심부름을 보냈다. 그 사이에 그녀는 판매대에 있던 향수병들을 여성용 대형 손가방에 쓸어담았다. 실제로 우리는 잘 차려 있는 절도범이 한 가지 제품을 사면서 다른 제품을 훔치는 광경을 자주 목격한다. 사우스캐롤라이나 주 스파튼버그에 위치한 어느 잡화점에서 추적자들은 일회용 기저귀들(깨끗한 기저귀)이 매장의 후미진 곳에 쑤셔 넣어져 있는 것을 계속 발견했다. 이 수수께끼가 풀린 것은 어떤 쇼퍼가 절반쯤 비운 기저귀 포장에 값비싼 두통약병을 담는 것을 추적자들이 발견했을 때였다. 가장 애처로웠던 장면은 잠든 유아의 기저귀 속에 드라이버 하나를 쑤셔 넣는 아빠의 좀도둑질이었다.

우리의 작업은 「스타트랙」에 나오는 승무원들의 작업과 흡사하다. 즉 우리는 현장에서 관찰하고 보고하지만 개입하지는 않는다. 우리는 우리의 최종 고객, 즉 쇼핑하는 대중과의 신뢰를 유지하는 하나의 방편으로, 비디오로 촬영한 이들의 프라이버시를 보호한다. 나는 조사자로서 공적 옹호를 중시하기 때문에 우리 작업에서 프라이버시 문제에 아주 민감한 편이다. 어느 저명한 잡지에서 인바이로셀에 관한 기사를 처음 실으면서 우리를 '슈퍼마켓 스파이'라고 불렀을 때 가슴이 철렁 내려앉는 기분이 든 것도 그 때문이다. 몇 해 전 BBC 라디오의 1시간짜리 전화 토크쇼에 내게 출연을 요청한 적이 있었다. 나는 기꺼이 참여하겠다고 말했다. 그러나 막상 전화를 받았을 때 그들이 일종의 매복 공격을 준비했음을 알아차리고 경악을 금치 못했다. 다른 초대 손님은 소비자 옹호 운동

전문가였고, 주제는 프라이버시였다.

지금 당신이 무엇을 하든 조지 오웰의 『1984』에 등장하는 빅브라더 같은 인물이라고 나를 비난하지 않았으면 한다. 만약 인바이로셀이 매장에 설치한 카메라가 사람들의 프라이버시를 침해한다고 생각한다면 먼저 런던 거리부터 활보해보라. 그 도시에 설치된 대략 50만 대의 폐쇄회로 카메라 중 몇 대의 카메라에 분명 당신의 얼굴이 찍혀 있을 것이다. 이러한 카메라에는 대부분 안면 인식 소프트웨어가 장착되어 있다. 영국 전역을 따지면 이 같은 카메라는 자그마치 1,700만 대나 된다.

만약 당신이 있는 곳이 런던이 아니라면 직접 그곳을 찾아가는 대신 웹사이트에 로그온할 수 있다. 나는 불과 10분 만에 당신이 얼마를 벌었는지, 어떤 정당에 가입했는지, 공공 도서관에서 어떤 책을 빌렸는지, 검거 기록이 있는지, 당신 이웃의 이름과 전화번호가 무엇인지 알아낼 수 있다. 심지어 구글맵을 이용하여 당신 집 굴뚝에서 연기가 나오는지 여부도 파악할 수 있다.

우리의 카메라는 슈퍼마켓이나 백화점 또는 은행에 설치된다. 나는 당신이 누구인지, 당신의 이름이 무엇인지, 당신의 전화번호가 무엇인지, 당신이 어디에 사는지, 당신이 가지고 있는 것이 사냥개인지 열대어인지에는 관심이 없다. 내의 관심사는 오직 당신의 쇼핑 패턴뿐이다. 내게 당신은 쇼퍼 #X3이다. 당신은 낡은 청바지와 로큰롤 명예의 전당 로고가 박힌 티셔츠 차림에 길이 잘든 보트슈즈를 신고 있다. 그리고 이것으로 충분하다.

몇몇 동료들은 내가 이 책을 출간함으로써 내가 가진 모든 비밀을 외부로 드러내는 위험을 감수하고 있다고 주장했다. 기업에서 그 비밀을 습득할 경우, 우리를 더 이상 고용하지 않게 된다는 의미였다. 그러나 이 책은 특정한 방향을 알려주는 시발점 역할을 할 뿐이다. 아마도 고객에게 관심이 있는 사업체라면 내가 이 책에 언급한 많은 것들을 이미 실행에 옮기고 있을 것이다. 우리는 올바른 방향으로 나아가고 있는 업체들과 그들의 작업에 언제나 만족해한다. 우리의 조사 결과에 대해 우리 고객들이 항상 언급하는 두 가지가 있다. 첫 번째는 조사 결과가 사람들의 쇼핑 방식에 관해 상식적으로 이미 알고 있는 사실을 증거로 입증한다는 것이다. 예를 들어 우리가 전달한 보고서를 보고 그들은 코트나 쇼핑백을 들고 있는 고객이 양손이 자유로운 고객만큼 많은 물건을 구입하지 못한다는 사실을 새삼 깨달았다. 심지어 우리 자신도 이 같은 조사 결과에 놀라움을 금치 못했다. 실제로 우리는 며칠 동안 쇼퍼들을 관찰하면서 그들이 얼마나 많은 물건을 구입하는지 헤아린 후, 양손이 자유로운 고객과 그렇지 않은 고객을 비교했다. 일단 우리가 과학적으로 이러한 사실을 입증하면 업체 관계자들은 갑자기 그 사실을 깨달은 듯한 반응을 보였다. 어쨌든 나는 이 같은 반응을 좋은 징조로 생각한다. 과학은 합리적이기 때문이다. 그러나 지금까지 세상의 모든 상식이 많은 소매업자들로 하여금 고객의 쇼핑 방식을 향상시키도록 유도한 것은 아니었다. 문제는 지금도 대다수 매장들, 심지어 아주 세련된 대형 소매업체 소유의 매장들조차 이런 사실을 잘 모르고 있다는 것이다.

또 다른 공통된 의견은 우리의 조언이 대부분 극적인 쇄신보다 미세한 조정에 더 가깝다는 것이다. 매장 전체에 열 가지 정도의 사소한 변화를 시도하면 종종 상당한 개선이 이루어질 때가 있다. 그럼에도 전략에 초점을 맞춘 마케팅 세계에서는 전술적인 측면을 무시하곤 한다.

예를 들어 앞서 1장에서 언급했던 노년의 여인들은 잡화점 화장품 코너에서 좋지 않은 서비스를 받고 있었다. 주름살 제거 크림처럼 매력적이지 않은 제품들이 바닥에 위치한 탓에 쇼퍼들이 어쩔 수 없이 무릎을 꿇어야 했기 때문이다. 실제로 우리가 수집한 비디오에는 제품 종류를 확인하기 위해 노년의 쇼퍼들이 기어다니는 장면이 담겨 있었다. 이것은 진정 마음 아픈 장면이었지만 결과적으로 효용성이 있었다. 노년의 쇼퍼들을 수용하고자 몇몇 화장품 진열대의 설계가 변했기 때문이다. 그러나 2005년에도 지난 12년 전과 똑같은 장면이 비디오에 담겨 있었다. 노년의 여성이 자신이 원하는 제품을 찾기 위해 무릎을 꿇는 바로 그 장면이었다. 그 제품을 60센티미터쯤 높은 위치로 옮기는 것만으로 소비자의 편리와 매출에 큰 변화를 가져올 수 있음은 물론이다. 그러나 지금도 이와 동일한 실수가 반복적으로 발생하고 있다.

10년 전쯤에 우리는 오스트레일리아의 한 슈퍼마켓에서 사람들이 꽃을 쇼핑하는 과정을 조사한 적이 있다. 우리가 그 이유를 찾아내기 전까지 그곳 매장의 매출은 예상보다 훨씬 저조했다. 문제는 커다란 통에 많은 꽃을 담는 진열 방식이 쇼퍼들에게 혼란을 주었다는 것이다. 꽃 가격이 얼마인지, 또 그 꽃이 다발로 팔리는지 한 송이로 팔리는지 도통 알 수 없었기 때문이다. 커다란 통에 수북이 담긴 꽃들은 일단 고객이 그것을 집에 가져가면 어떻게 보일지에 대해 아무런 정보도 주지 않았다. 즉 가장 간단한 문제가 충분히 고려되지 않았던 것이다. 특히 그 진열은 이따금 그곳을 찾은 대다수 고객들의 꽃 구매를 방해하는 요소였다. 그래서 우리는 작은 변화를 모색했다. 커다란 통 앞에 개별적으로 꽃다발을 진열하고, 가격을 좀 더 분명히 표시하는 방식이었다. 그러자 갑자기 꽃이 불티나게 팔려나가기 시작했다.

사소한 변화가 많은 발전을 가져올 수 있다는 사실은 놀랄 일이 아니다. 결국 과학이란 대부분 아주 작은 차이에 관한 연구이기 때문이다. 때때로 이러한 방식을 통해 중요한 진리의 발견이 이루어진다. 찰스 다윈은 새 부리의 길이를 측정하러 돌아다녔는데, 일반인의 기준에서 보면 아주 사소한 작업이었다. 그러나 그의 이론으로부터 생명체에 관한 당시의 이론에 근본적인 변화가 발생했다. 지금은 다윈의 주요한 발견들(성공적인 생명체는 자신의 환경에 가장 잘 적응한 생명체라는 개념)이 일반 상식처럼 들린다. 매장의 경우도, 환경이 생명체에 적응해야만 한다는 점만 제외하면 이와 유사하다.

소매업처럼 평범한 세계에서 이러한 모든 변화는 비현실적인 이상처럼 비칠 수 있다. 그러나 매장과 쇼핑은 결코 1차원적인 것이 아니다. 쇼핑의 여명기, 즉 기초적인 물물교환이나 노천 시장

뿐이었던 시기로 거슬러 올라가보자. 예를 들어 그 당시에는 사고 파는 것과 아무런 관련이 없는 쇼핑의 사회적 측면이 존재했다. 쇼 핑은 사람들을 모이게 하는 활동이다. 여성들이 가사에 묶인 노예 와 같은 존재였을 때 쇼핑은 그들을 집 밖으로 나갈 수 있게 했다. 더 원시적인 시대에서 쇼핑은 사람들이 모여 집단으로 행하는 행 사였다. 그들은 쇼핑을 하면서 함께 이야기를 나누고 정보와 소문 과 의견을 교환했다. 지금도 쇼핑은 이 같은 용도를 가지고 있다. 오늘날 집 밖으로 나가 타인의 회사에서 일해야 하는 직장인들의 경우, 쇼핑을 하면서 사회적 교류를 하고 싶은 마음이 없을지도 모 른다. 그러나 매장이나 쇼핑몰에서 물건을 살피면서 사람들을 구 경하는 것은 중세시대든 오늘날이든 상당한 만족감을 주는 것처 럼 보인다.

쇼핑은 영화나 동물원처럼 오락의 한 형태이다. 오늘날에 특히 이런 기능을 강조하는 추세이다. 윌리엄스소노마나 홀 푸즈 혹은 런던의 셀프리지스 같은 소매업체들은 하루가 다르게 기대치를 높이고 있다. 예전에는 오직 울워스와 지역 잡화점에서만 동일 매 장에서 식사와 쇼핑을 함께 할 수 있었다. 그러나 지금은 내 사무 실로부터 15분도 걸리지 않는 거리에 커피숍이 있는 서점과 간이 식당을 갖춘 가정용품점과 의류점, 그리고 고객들에게 뜨거운 커 피를 제공하는 은행이 있다. 만약 당신이 하드록 카페나 할리 데이 비슨 카페, 크랙커배럴을 방문한다면 선물 전문점이 있는 레스토 랑에 들어온 건지 아니면 식당이 있는 일반 매장 안에 들어온 건지 분간하기 힘들 것이다. 그러나 이러한 차이는 더 이상 중요하지 않다. 어쨌든 판매(즉 쇼핑)가 이루어지고 있기 때문이다.

이전 시대에는 박물관과 오페라하우스와 동물원 같은 문화와 학습을 위한 공공 시설물을 설립한 주체가 도덕적이고 공민 의식을 가진 재계 거물들이었다. 재계 거물들이 세상을 떠나자, 이번에는 도덕적이고 공민 의식을 가진 기업들의 기부를 통해 이런 시설물이 유지되었다. 오늘날에는 대다수 박물관들이 소매에 의해 독립적인 수입원이 가능하다는 사실을 인식하고 있다. 즉 25센트짜리 연필에서부터 수천 달러를 호가하는 보석류와 미술품, 공예품에 이르기까지 각종 물품을 제공하는 매장을 통해 진지한 쇼핑의 기회를 창출할 수 있는 것이다. 오늘날의 쇼퍼들은 도덕적인 공민 의식을 갖기 시작하면서 자신들의 소비가 이러한 가치 있는 시도를 후원하고 있다는 사실을 잘 알고 있다. 더욱이 이것은 혁신적인 소매 활동의 특성도 가지고 있다. (영리하게도 박물관들은 대개 정문 옆에 매장을 위치시키고 있다. 그래서 쇼퍼는 입장료를 지불하거나 실제로 전시물을 대면하지 않고서도 매장 안으로 들어가 물건을 구매할 수 있다.) 박물관 쇼핑은 잘 교육받은 교양 있는 고객들 사이에서 인기를 끌고 있고, 덕분에 지금은 뮤지엄 스토어(본질적으로 박물관 없는 박물관 매장) 같은 사업이 등장하고 있다.

어떤 측면에서 우리는 매장을 마치 박물관처럼 대한다. 우리에게 관심을 불러일으키는 무언가에 대한 배움을 얻는 장소로 말이다. 유행하는 최신 패션 발표, 컴퓨터 소프트웨어 기술 혁신, 자동차 기화기에 적용된 최첨단 기술, 신간 범죄 소설 등이 그런 것들이다. 많은 사람들이 삭스에서 열리는 고급 여성복 봄 컬렉션의 시작을 뉴욕 현대 미술관에서 열리는 새로운 초대형 전시와 비슷한 것으로 여기고 있다. 10여 년 전 이 책 초판이 출간되었을 때 나는 링컨 센터 CFO(타임사 시절부터 우리의 오랜 고객)를 만났다. 그는 이전에 먼지투성이 파일에서 25년 전에 내가 작성한 보고서를 발견했는데, 그것은 그의 회사가 설립한 문화단지의 교통 흐름 및 소매활동 관리에 관한 내용이었다. 당시에 그는 "우린 이제 준비가 되어 있다"고 말했다. 진열창 뒤에 멀리 상품을 진열하는 대신 '개방식' 진열(고객들이 가까이서 살피고 관찰할 수 있도록 테이블과 선반에 물건을 진열하는 방식)을 추구하는 매장 설계 동향을 생각해보자. 이것이 박물관의 진열 방식과 어떤 차이가 있는 걸까? 포장업계의 동향 역시 학습 효과를 부각시키고 있다. 과거에는 우리가 구입하는 박스와 병과 항아리에 지금처럼 많은 정보가 인쇄되어 있지 않았다.

  심지어 매장이 숭배의 장소가 되었다고 해도 터무니없는 억지는 아니다. 인간이 만든 물건들에서 행복감을 느끼는 공간으로써, 자기 개발, 아름다움, 지식 또는 재미에 대한 자신의 믿음을 표출하고 재확인하고 공유할 수 있는 사원과 같은 역할을 하고 있기 때문이다. 기독교 달력에서 중요한 명절인 크리스마스와 부활절 중에서 쇼핑의 잠재력이 가장 큰 명절이 크리스마스인 것도 우연의 일치가 아니다(크리스마스는 상업적이라는 것은 말할 것도 없고 해마다 점점 더 세속화되고 있다). 많은 소매업자들에게 해마다 구세주가 도래하는 크리스마스는 사업의 성패를 좌우할 정도로 중요하다.

쇼핑은 보편적인 경험이다. 그러나 우리의 작업은 변함이 없다. 우리는 파리에서부터 도쿄까지 도처에서 공통점을 찾아내며, 조명과 오른쪽 선호와 성별처럼 생물학적 기반의 영구적 요소들이 어떤 부분인지 조사한다. 우리는 무엇이 변화하고 있는지, 또 그런 변화의 이유가 무엇인지도 조사한다. 오늘날의 상인 공동체는 더 이상 시장을 이끌 수 없고, 뒤따라가기 급급한 실정이다. 앞서 언급한 것처럼 쇼핑은 사회적 변화, 그리고 나아가 사회적 혁명을 알려주는 훌륭한 척도이다. 그렇다면 H&M과 스티브 앤 배리가 누구나 아는 저렴한 일회용 의류를 발명한 것이 무엇을 의미할까? 왜 농산물 직판장이 호황을 누리고 있는 걸까? 현재 여성이 가정을 지배하고 있다면 이것이 어떻게 주변 환경을 변화시킬까? 온라인 세계와 휴대폰으로 집중되는 현상의 결과가 전통적인 매장 설계에 어떤 영향을 미칠까?

마지막으로 독자 여러분이 이 책을 읽은 후 현업으로 돌아가 상황을 좀 더 다른 시각으로 보았으면 하는 것이 개인적인 나의 바람이다. 지금까지 이 책을 읽어준 것에 대해서도 감사드린다.

감사의 말

1975년 봄에 대학을 졸업했을 때, 내 기숙사 방의 한 면은 문학 잡지사에서 보낸 거절 편지로 온통 도배되어 있었다. 만약 그 편지들 중 단 하나라도 받아들여졌다면 어떤 상황이 벌어졌을까? 나는 작가가 되고 싶었다.

결국 나는 작가가 되는 대신 뉴욕으로 건너가 다른 일을 했지만, 부업 삼아 글쓰기는 계속했다. 1979년에 계간지 『언머즐드 옥스 (*Unmuzzled Ox*)』에서 『시인의 백과사전(*The Poet's Encyclopedia*)』이라 불리는 문집에 내 단편을 발표했다. 예술이 살아 숨 쉬는 뉴욕 시내에 거주했던 나는 간행물에 내 이름이 실렸다는 사실에 흥분을 감추지 못했다. 그 후 몇 해에 걸쳐 나는 업계 신문에 기사를 발표했으며 단행본을 위한 글을 쓰기도 했다. 당시 문학적인 글쓰기로 급여일에 받은 최고 금액은 200달러였다. 금액이 적다고 해서 내가 글쓰기를 하지 않은 것은 아니었다. 조사 보고서와 많은 기획 안들을 작성했으니 말이다.

아이러니컬하게도 이 책을 쓰게 된 계기는 잡지 세계에 그 뿌리를 두고 있다. 2명의 저명한 저널리스트들이 내 인생의 전환점에 도움을 주었기 때문이다. 많은 논픽션 베스트셀러 작가인 에리크 라르센은 1993년도 『스미소니언(Smithsonian)』지에 인바이로셀에 대한 최초의 소개 글을 써주었다. 그 기사 발표 이후, 인바이로셀은 세상에 알려지기 시작했다. 1996년 여름에 우리는 브로드웨이에 위치한 새로운 사무실로 옮겨갔다. 그 무렵 호리호리한 체구에 곱슬머리를 가진 한 사내가 사무실을 방문했다. 그는 『뉴요커』에서 근무하는 과학 보도 기자라고 자신을 소개했다. 반신반의하던 나는 하마터면 잡지사에 전화를 걸어 직원 중에 맬컴 글래드웰이라는 사람이 있는지 확인할 뻔했다. 앞서 언급한 것처럼 '쇼핑의 과학'이라는 타이틀이 붙은 글래드웰의 기사가 1996년 가을에 발표되었다. 그리고 그 기사 덕분에 인바로이셀은 성공가도로 향하는 새로운 전환기를 맞이하게 되었다.

그 후 나는 낯선 이들로부터 오는 전화 메시지들에 우선순위를 정하는 법을 알아야 했다. 수백 명의 사람들이 우리와 함께 일할 수 있는지 여부를 문의하기 위해 이력서를 보냈다. 부끄럼을 많이 타고 대머리에 수염을 기른 말더듬이(맬컴은 『뉴요커』의 기사에서 나를 '얼빠진 이처럼 보이는 인물'로 묘사했다)가 회의와 세미나에 초빙되었으며, 갑자기 많은 신문사와 잡지사들이 내게 접근하기 시작했다. 지금도 일주일에 8시간가량 나는 언론과 접촉한다. 나는 그들의 말을 듣고 질문에 답한다. 내가 잘 아는 분야라면 정보를 알려주고 잘 모르는 분야라면 의견을 제시한다.

『뉴요커』에 기사가 실리면서 책에 대한 아이디어가 다른 의미로 다가오기 시작했다. 나의 오랜 친구인 알렉산더 앤더슨 스파이비가 글렌 하틀리와 그의 파트너이자 아내인 린 추를 내게 소개했다. 작가 대리인 협회 소속이었던 그들은 내 에이전트가 되었다. 그들이 내게 보인 관심은 너무나도 귀중한 것이었다. 그들의 고객 목록을 볼 때면 나 자신이 마치 줄지어 늘어선 금화들 가운데 튀어나온 구리 동전 같은 느낌이 들었다. 한때 그들의 책이 한꺼번에 다섯 권이나 『뉴욕 타임스』 논픽션 베스트셀러 목록에 오른 적도 있었다.

앨리스 메이휴는 사이먼 앤 슈스터에서 10년 이상 내 책을 담당한 편집자이다. 내가 아는 그녀는 대통령에 관한 작품부터 2차 세계대전에 관한 작품에 이르기까지 미국 역사를 재구성하는 작업을 진행했다. 그래서 나는 종종 그녀가 왜 나와의 작업을 선택했는지 의구심이 들었다. 하지만 그녀의 면전에서는 조금도 그런 내색을 하지 않았다. 그녀의 재기 넘치는 강렬한 눈빛과 강철 같은 지성을 지켜보는 것만으로도 그저 즐거웠기 때문이다.

풍부한 경험을 가진 잡지 편집자 빌 토넬리도 이 책의 완성에 도움을 주었다. 그는 맵시 있는 사내이며 상냥하고 점잖은 영혼의 소유자다. 내가 좋아했던 고등학교 영어 선생님의 아들이자 『오, 디오프라 매거진(*O, the Oprah Magazine*)』의 유능한 편집자인 피터 스미스는 이 책의 수정을 책임졌다. 그리고 내 조수인 앤젤라 마우로는 인내심 있는 독자의 역할을 하면서 지속적으로 도움을 주었다.

개정판 원고의 일부는 내가 작성한 칼럼으로 『DDI』와 『컨퍼런스 보드 리뷰(*The Conference Board Review*)』에 게재되었는데, 록산나 스웨이와 바딤 리버맨이 각각 편집을 맡아 도움을 주었다.

비즈니스 세계에서는 어느 누구도 친구나 멘토 없이 성공 가도를 달릴 수 없다. 리처드 커츠는 내게 시장조사를 가르쳐준 최초의 스승이며, 미치 울프는 내 사업 초창기에 소중한 길잡이 역할을 해주었다. 두 분 모두 내 인생의 지표로 남아 있다. 현재 나는 15년 이상 함께 작업한 고객들을 가지고 있다. 우리의 작업이 실험적이고 모험적이었음에도 불구하고 맨 처음에 우리를 고용했던 그들의 용기에 감사를 전하고 싶다. 현재 드래프트에서 일하는 짐 루카스, 헤인즈브랜즈에서 일하는 마이크 어니스트, 존슨 앤 존슨에서 일하는 케빈 키타트코스키, 에스티로더에서 일하는 로빈 펄, 휴렛팩커드에서 일하는 스티븐 스미스, 마이크로소프트에서 일하는 린다 톰슨, 킹 케이지에서 일하는 톰 쿡, 버라이즌 와이어리스에서 일하는 조 갤로, 샘스 클럽에서 일하는 어니스토 디아즈, T-모바일에서 일하는 크리스 로쿠자, 그리고 지금은 은퇴한 월튼 코너와 밥 세실이 그들이다.

매장 디자인 공동체와 소매 디자인 협회도 인바이로셀에 많은 도움을 주었다. 디트로이트에 위치한 JGA에 소속된 켄 니쉬, 로스앤젤레스에 위치한 슈크 켈리에 소속된 케빈 켈리, 신시내티에 위치한 RRCH에 소속된 앤드류 맥퀼킨, 보스턴에 위치한 버그메이어 어소시에이츠에 소속된 조 네빈, 콜럼버스에 위치한 슈트 거드먼에 소속된 데니 거드먼과 그의 아내 엘 슈트, 애틀랜타에 위치한 스웨이 어소시에이츠 출신의 러셀 스웨이, 볼트모어에 있는 몽크 애스큐 같은 이들이 그들이다.

매장 자체에 소속된 디자이너와 비주얼 머천다이저들도 우리에게 도움을 주었다. 타깃에서 일하는 주디 벨, 소니 스타일에서 일하는 크리스틴 벨리치, 올드 네이비에서 일하는 마이클 케이프, 베스트 바이에서 일하는 제임스 대미언, 웨스트 마린에서 일하는 재니스 힐리, 시어스 홀딩스에서 일하는 글렌 러셀, 월마트에서 일하는 찰스 짐머맨, 페더레이티드에서 일하는 카먼 스포퍼드 같은 이들이 오랜 기간 우리에게 지원을 아끼지 않았다.

필립스, 마이크로소프트, 펩시, 아디다스, 유니레버 출신의 직원들도 우리에게 믿음을 주는 보물 같은 존재이다. 그들은 8년 이상 우리와 함께 작업하면서 우리와 비슷한 기질을 갖게 되었다. 그들 중 많은 이들이 새로운 사업을 준비하면서 이 책에 감사의 뜻을 전했다.

대다수 컨설턴트들이 그러하듯이 내게도 정보와 전쟁 이야기와 통솔력에 관한 대화를 주고받을 수 있는 동료들이 있다. WSL 스트레티직 리테일에서 근무하는 웬디 리브만은 내가 숭배하는 여신 같은 존재이고, 와츠 웨커는 궁중의 어릿광대 같은 존재이며,

마크 고베는 저명한 디자이너이고, 페이스 팝콘은 트렌드 탐색 전문가이다. 그리고 마셜 코헨은 소매에 적합한 짧은 문장의 달인이고 케이트 뉴린은 재발명가이며 조지 웨일린은 지혜로운 안내자이다. 이들은 모두 이메일과 전화 통화와 좋은 분위기를 함께 교류하는 동료들이다.

앞서 나 자신을 학구적인 세계를 떠난 망명자처럼 묘사했다. 그러나 몇몇 친구들은 아직도 도처의 대학에서 학생들을 가르치고 있다. 샌 루이스 오비스포에 위치한 캘리포니아 폴리테크닉 주립 대학 소속의 매리앤 울프, 쿠츠타운 대학 소속의 독 오그든, 인디애나 대학 소속의 레이 버크, 이곳 뉴욕에 위치한 FIT 소속의 조 웨이샤가 그들이다.

나는 인바이로셀 초창기에 나와 함께 일하려면 엄중한 기준에 따라 재미있는 사람이어야 한다고 농담처럼 말하곤 했다. 오헤어 국제공항에서 오도 가도 못하는 상황일지라도 재미난 얘깃거리를 가지고 있는 인물이어야 한다고 말이다. 인바이로셀의 1세대 출신으로 지금까지 남아 있는 이는 세 사람이다. 톰 무즈먼과 크레이그 차일드레스와 앤마리 루스로가 그들이다. 오랜 세월 동안 함께 일한 그들에게 감사의 뜻을 전하고 싶다. 공교롭게도 이 세 사람은 모두 아이오와 대학과 어느 정도 연고를 가지고 있다.

이번 개정판에서 새롭게 소개한 외국인 파트너로, 미국이 아닌 다른 지역에 거주하는 동료들도 많이 있다. 두바이 출신의 압둘라 샤리프, 도쿄 출신의 켄지 오노데라, 더블린 출신의 앨런 오닐, 파리 출신의 장 피에르 바드, 필리핀 출신의 마크 길리언 등이 그들이다. 그리고 전문가 집단인 유나이티드 아티스트도 우리에게 도움을 주었다. 스페인 출신의 호세 루이스 누에노, 스위스 출신의 다비드 보스하르트, 덴마크 출신의 마르틴 린드스트롬, 스웨덴 출신의 셸 노어스트롬이 그들이다. 우리는 1년에 두 차례에 모임을 갖고 식사를 하며 담화를 나눈다. 그 모임이 내게는 다른 무엇보다 즐거운 시간이다.

내게는 신이 준 선물인 가족도 있다. 내 여동생 리사와 그녀의 남편 마이클, 그들의 자녀인 가브리엘과 미란다, 내 어머니인 사비, 폴과 케이트 레이머 부부와 그들의 자녀가 혈연과 결혼으로 맺어진 내 가족이다. 그리고 헤이먼 가족과 휴이츠 가족과 레너 가족은 나를 입양하여 보살펴준 가족이다.

사람들은 누구나 친구들을 가지고 있다. 나 역시 남녀 모두 친하게 지내는 친구들이 있다. 조지프 구글리에티, 랍 카펠트, 존 버클리, 패트릭 로드멜, 하잠 가말, 피터 카이, 스탠 벡, 테리 슈크, 존 라이언, 랍 로카시오와 릭 모피트는 나의 남자 친구들이며, 에리카 스지카우스키, 해숙 김, 사라 보웬, 다코타 율슨, 메도라 버클리, 수잔 타워즈와 리즈 가말은 나의 여자 친구들이다.

그리고 다른 누구보다 내가 사랑하는 셰릴 헨즈는 뛰어난 기량을 가진 플루트 연주자로, 야간과 주말에 일한다. 이 책은 문제의 소지가 없도록 정해진 기간 내에 완성되었다.

당신이 매장에서 광고판을 설치한다고 가정해보자. 대체 어디가 안성맞춤일까? 일단 고객들의 왕래가 빈번한 곳이 좋을 듯싶다. 마침 입구 근처에 자투리 공간이 있다. 이왕 제작하는 거, 좀더 세련되고 예술적으로 보이는 광고판을 제작하고 싶다. 화려한 색상에 현란한 문양도 집어넣는다. 당신의 눈에는 무엇 하나 흠잡을 데 없어 보인다. 그런데 막상 광고판을 설치하고 보니 그 효과가 별무신통이다. 대체 무엇이 잘못된 것일까?

실제로 이것은 다양한 쇼핑 환경에서 흔히 마주칠 수 있는 상황이다. 이 책의 문제의식 역시 이런 상황에서 출발한다. 다만 그 해답을 찾아가는 과정이 기존의 접근 방식과 차별성을 보인다. '쇼핑의 과학'이라는 제목 그대로 쇼핑에 과학적 방법론을 적용시킨 것이 그것이다.

10년 전 이 책의 초판이 나온 당시만 하더라도 일반 매장을 중심으로 하는 쇼핑 환경에서 이 책이 주장하는 이른바 '쇼핑의 과학적 원리'에 대한 개념이 희박했다. 그 때문에 광고판 설치나 진열대 배열 같은 가장 기본적인 측면조차 쇼퍼가 아닌 매장 경영자나 직원들의 시각이 주로 반영되어 있었다. 사람들이 서로 밀치면서 오가는 번잡한 매장 입구에 광고판을 설치한다든지 미관상 좋아 보이지 않는 물품은 진열대 사각지대에 위치시키는 경우를 흔히 볼 수 있는 것도 그 때문이었다. 이러니 광고효과가 없고 매출이 오르지 않는 것도 어쩌면 당연한 노릇인지도 모른다. 이 같은 문제에 대한 해결책으로 이 책에서 제시하고 있는 것이 바로 쇼핑의 과학이다.

이 책에서는 거창한 이론이나 성공담을 가지고 내용을 전개하지 않는다. 어디까지나 실증적인 데이터를 가지고, 이를 토대로 분석하고 문제점과 해결책을 찾아낼 뿐이다. 이런 접근방식은 지극히 현실적이고 고객 중심적이다. 과학적 원리에 기반을 두고 있기에 타당성이 있으며, 실제 매장에서 수집한 광범위한 데이터를 토대로 하기에 그만큼 실용적이다. 그리고 이것이 바로 이 책의 가장 돋보이는 특징이자 강점이다.

지난 10년 동안 쇼핑 환경에도 많은 변화가 있었다. 특히 인터넷을 통한 온라인 쇼핑의 급성장이 두드러졌다. 이번에 새롭게 이 책의 개정판이 나온 이유도 이런 쇼핑 환경의 변화에 발맞춰 새롭게 수정하고 추가할 부분이 발생했기 때문이다. 최근의 쇼핑 환경은 (반드시 이 책의 영향 때문만은 아니겠지만) 이 책이 분석하고 지향하는 방향으로 점점 변화해가는 추세를 보이고 있다. 모르긴 몰라도, 이런 변화가 이 책이 제시하는 접근 방식과 그 흐름을 같이하기 때문이 아니까 싶다.

마지막으로 이 책이 마케팅을 공부하는 학생들뿐만 아니라 현재 매장을 운영하거나 관리하는 사람들, 앞으로 매장을 운영할 사람들을 위한 유용한 실용서로서 널리 활용되었으면 하는 바람이다.

신현승